工作总结写作
规范·技巧·例文

夏欣　刘千瑞◎编著

扫一扫，获取本书例文

中国纺织出版社有限公司

内　容　提　要

　　本书全面系统地讲解了"总结"写作的基本知识，从四个维度介绍了如何精致巧妙地搭建文章结构、如何言简意赅地描述文章内容、如何规范严谨地把控文章用词，并选配了来自党政机关、社会团体、企事业单位工作一线的大量实用范例。本书是对单位文员写作"总结"较为实用的工具书，读者可现查现用，快速成文。

图书在版编目（CIP）数据

　　工作总结写作：规范·技巧·例文 / 夏欣，刘千瑞编著 . -- 北京：中国纺织出版社有限公司，2022.6（2023.8重印）
　　ISBN 978-7-5180-9471-4

　　Ⅰ.①工… Ⅱ.①夏… ②刘… Ⅲ.①工作总结—写作 Ⅳ.①H152.3

　　中国版本图书馆CIP数据核字（2022）第055936号

责任编辑：段子君　　责任校对：高　涵　　责任印制：储志伟

中国纺织出版社有限公司出版发行
地址：北京市朝阳区百子湾东里A407号楼　邮政编码：100124
销售电话：010—67004422　传真：010—87155801
http://www.c-textilep.com
中国纺织出版社天猫旗舰店
官方微博http://weibo.com/2119887771
天津千鹤文化传播有限公司印刷　各地新华书店经销
2022年6月第1版　2023年8月第2次印刷
开本：710×1000　1/16　印张：20.75
字数：413千字　定价：68.00元

凡购本书，如有缺页、倒页、脱页，由本社图书营销中心调换

前言 Preface

"总结"是各级各类单位日常工作中十分常用的写作文种，它有助于对本单位工作进行全面系统的梳理，同时也可以向外界展示一段时间内单位所取得的工作成效，通过对以往工作进行详细的梳理、分析、评价，从理性高度透视出其中的经验和教训，从而更好地指导今后的工作。

总结写作是办公室文员必备的一项基础行文技能。本书详细介绍了总结写作的分类、基本要求、注意事项、前期准备、写作流程、整体架构和方法以及不同政府机关、企事业单位的例文解析，希望读者能够更加清晰地把握全书结构。

本书最大的特色就是为各级各类机关单位提供了不同层次、不同系统、内容新颖、结构规范、篇幅适中的例文，并就写作方法做出了针对性突出、言简意赅的评析，以便广大读者在需要时，可以一书在手，对标实际工作收获灵感，在例文的基础上进行改写和填充，从而很高效地形成一篇高质量的总结。

本书在例文的选取上遵循格式规范、内容新颖、视角有别、篇幅适中的原则，尤其注意在介绍写作知识与技巧的同时，使读者从例文中获取不同系统、不同行业与时俱进的全新知识。例文主要引自国家权力机关和行政机关的公报、政报、文件汇编及相关著述。

本书未能一一标注出所有文章的出处，在此特向制发机关及有关人员致以深深的谢意。由于编著者水平有限，书中疏漏之处在所难免，恳请读者朋友批评指正。

编著者
2021 年 12 月

目录 Contents

第一章 总结写作基本知识

第一节 总结写作概述 …………………………………………… 2
第二节 总结写作的分类 ………………………………………… 3
第三节 总结写作的基本要求 …………………………………… 7
第四节 总结写作的注意事项 …………………………………… 8

第二章 总结撰写的结构及写作流程

第一节 总结撰写的前期准备 …………………………………… 12
第二节 总结撰写的写作流程 …………………………………… 14
第三节 总结撰写的整体架构 …………………………………… 21
第四节 总结撰写的方法体系 …………………………………… 24

第三章 政府机构和社会团体工作总结写作范例评析

第一节 人民政府工作总结 ……………………………………… 30
第二节 局、委、办工作总结 …………………………………… 55

第三节　科室工作总结……86
第四节　社会团体工作总结……101

第四章　事业单位常用工作总结写作范例评析

第一节　教育类事业单位工作总结……119
第二节　文化类事业单位工作总结……133
第三节　卫生类事业单位工作总结……153
第四节　社会福利类事业单位工作总结……170
第五节　体育类事业单位工作总结……184
第六节　交通类事业单位工作总结……194
第七节　农林牧渔水类事业单位工作总结……222

第五章　公司企业工作总结写作范例评析

第一节　科技类公司工作总结……261
第二节　文化、传媒类公司工作总结……286
第三节　咨询类公司工作总结……290
第四节　管理类公司工作总结……297
第五节　房地产类公司工作总结……311

参考文献……323

第一章
总结写作基本知识

第一节　总结写作概述

总结是人们对自身实践活动进行回顾、总结、评价并做具体分析研究以指导接下来工作的过程。要想写好一篇总结报告，首先要做的就是真正了解总结的本质含义，弄清其写作的目的和意义。

一、总结的含义

总结，是国家机关、企事业单位或个人以马克思列宁主义、毛泽东思想、邓小平理论、"三个代表"重要思想、习近平新时代中国特色社会主义思想为指导，对过去的实践活动进行的总体归纳和全面概括，是由感性认识上升到理性认识的结论分析和深入研究，是不断探索后发现的一般规律，是一种用于指导下一阶段工作的书面文体，常用于各级党政机关、社会团体以及企事业单位。

当工作进行到一定阶段或告一段落时，需要我们回头对所做过的工作认真地分析研究，肯定成绩、找出问题。归纳出经验教训，提高认识、明确方向，并通过文字表述出来。而我们所谈的总结，大多是指工作总结。工作总结的理论框架来自实践，同时也服务于实践，上一阶段工作总结质量的好坏直接影响着下一阶段实践的发展，因此应予以高度重视，认真研究、学习这一常见文体的写作。

二、总结的意义

总结的目的在于通过回顾、分析、归纳已经做过的工作，从中找出一些经验类的做法和工作中的失误，寻求改进的方法。所以，总结并不仅仅是过去工作的简单罗列，而是一个回顾过去、面向未来，寻找更好的发展途径。

（一）发现普遍规律

在总结的过程中，通过回顾以往工作，归纳工作中疏忽的细节、造成的错误等，探寻其中原因，从而发现规律。遵循这些规律进行下一阶段工作，能更好地将理论与实践联系在一起，起到事半功倍的效果。

（二）提升工作能力、提高工作效率

总结经验对提高我们的思想高度、理论层次、工作水平都具有重大意义。总结工作不仅能使我们获得丰富和系统的经验，分析成功和失败的原因，而且能使我们养成了解具体情况、研究相关工作、分析具体问题的良好习惯，提高运用正确的态

度、观点和方法来观察事物、处理问题的能力。因此，写好工作总结对于我们个人来说，是一个锻炼和提升自我的机会。我们应勇于实践，勤于、善于总结，在实践和总结中锻炼提高自己。

（三）推动工作进一步发展

生活中，一些人工作多年，但没有进步，重要原因是不善于对实际情况进行理论的概括总结，不善于按客观规律办事。在实际工作中，总结可以指导未来的工作，推动工作发展。就像列宁所说，应该"从今天的历史经验中吸取教训，以便应用于明天"。通过总结，我们可以找出具体的经验或教训，发现规律，将零散的、肤浅的感性认识上升为系统、深刻的理性认识，从而得出科学的结论，以便调整改革与前进的方向，减少未来工作中相似错误的出现，从而促进今后工作的进一步发展。它还可以作为先进经验被上级推广开来，为其他部门、单位所汲取、借鉴，推动实际工作的顺利开展。

当我们进行一段实践后，就需要认真地回顾分析过去一定阶段的工作、学习或思想情况，以便肯定成绩、发现不足、探索规律，明确前进方向，更好地指导今后的实践。

第二节　总结写作的分类

根据不同的分类标准，可将总结分为许多不同的类型。根据内容可分为全面总结、专题性总结；根据性质可分为工作总结、学习总结、生产总结、思想总结、劳动总结、会议总结等；根据范围可分为个人总结和单位总结，单位总结又可分为全国性总结、地区性总结、部门总结等；根据时间可分为月度总结、季度总结、年度总结、阶段性总结等。区分以上总结的类型，目的在于明确重心、把握界限，为构思写作提供方便。上述分类并无绝对性，它们相互之间可以兼容、交叉。

一、综合性总结

综合性工作总结，也称全面总结，是用文字对相关部门一个时期的全面工作所进行的系统回顾、归纳。综合性总结涉及的方面多，内容丰富，比专题性、经验性总结的写作难度大，要求高，篇幅也长一些。因此，综合性写作要统筹兼顾各方面工作。

在写作过程中，既要反映各方面工作的具体情况，又要突出中心，抓住重点。其有效办法就是要搞好三个统一：统一中心内容。搞清楚是以反映工作情况为主，还是以反映经验体会为主，要有一个明确的中心，统一主题思想。写综合性总结要树立一个鲜明的中心思想，确定一个主题，围绕主题写作就会减少偏题的概率。统一对工作形势的估价。写综合性总结之前，要对本组织、单位在该阶段的工作形势有一个明确的评价。搞清楚总体的形势如何，哪些工作做得最好、成效最突出，哪些做法和经验值得总结推广，哪些组织的工作最典型，哪些问题和原因需要归纳、总结。在这些方面统一了思想认识，总结就有了主攻方向，结构编排就更加轻松，也容易产生灵感。

总结通常包括基本情况、主要成绩、做法体会、存在问题等。写这类总结，既要如实反映各方面的工作情况，又要注意突出中心、抓住重点、写深写透。要写好这样的总结并不容易，尤其是年终工作总结，下属组织都争着把自己所做的工作成绩反映出来，如果把握得不好，就很可能写得面面俱到却缺少重点、缺少特色。要想做到有重点、有特色，我们就应该在这几个方面着手。

（1）既要吃透"上头"，又要熟悉"下头"。在写作前，要做好准备工作：一方面要吃透上级领导部门相关工作部署，包括当时的大政方针政策，领导的要求和意图等；另一方面要熟悉本部门具体的工作情况，广泛收集资源、占有材料。吃透"上头"，写总结才会有准绳；熟悉"下头"，写起来才能言之有物，具体实际。

（2）既要反映全貌，又要突出重点。撰写综合性总结需要处理好两方面关系：一方面是总结的全面性，需要反映工作全貌，不能顾此失彼；另一方面是突出重点，不能事无巨细，面面俱到。这就需要在坚持全面性的基础上，分清主次，突出重点，详略得当。

（3）既要反映工作，又要提炼经验。综合性工作总结应该首先把主要工作反映出来，使人得出清晰的概念，但是只做到这一点还不够，还需要从总结各项工作中总结问题，提炼经验，以供未来工作借鉴，这样才能达到总结的目的。

二、思想总结

思想总结，指个人在党组织和培训部门培养与教育下总结成长道路和经验、体会时所使用的文书。其中最常见的是思想汇报，经常或定期向党组织和入党介绍人汇报自己的思想，是要求入党的同志主动接受党组织教育最常见的方式，也是党组织了解和掌握要求入党同志的思想、入党动机和当前工作情况的主要途径。

以思想汇报为例，思想汇报形式可采取口头汇报，也可写成书面材料。向党组织写思想汇报，主要是写自己的思想情况，当然也要涉及工作和学习，具体内容可根据每人的不同情况而定。包括工作和学习中遇到了什么问题，工作态度怎样，学习成果（体会）如何，一段时间以来的思想变化情况等。此外，还应该按照党章规定的党员条件找准自己存在的不足、今后要努力的方向，要明确、具体。思想上有什么想不通的问题也可以在思想汇报中提出来，以求得到组织上的帮助。

思想汇报的重中之重是要实事求是，对自己做一分为二的评价，不但要对自己的成长进步进行肯定，而且要找准存在的不足，敢于向党组织暴露缺点和问题，不得隐瞒或谎报。要向党组织如实汇报，交流和汇报要敢于亮出自己的真实想法，说真心话，让党组织能够真实地了解每个人的思想状况、入党动机，及时有效地得到党组织和党员的帮助。

思想汇报写作时，应根据不同时期的思想状况，对有新体会或认识特别深刻的一两方面的问题谈深谈透，不要罗列多个方面的问题泛泛而谈。同时，需要注意的是，党组织不会简单地用思想总结汇报次数的多少衡量一个人是否积极靠拢党组织，但是对于要求入党的人来说，经常、主动地向党组织递交思想汇报是加强同党组织联系、增强组织观念的一条有效途径。因此，积极向党组织靠拢的人应积极主动向党组织汇报思想。

思想汇报是个人向组织汇报自己在一段时间里或在一个重大事件、活动中的行为、思想表现的一种书面材料。通过向党组织汇报，不仅使组织能够及时了解自己的思想动态，而且可以得到组织的帮助和指导。作为一名要求入党的同志，为了使党组织更好地了解自己，接受党组织的教育和监督，要积极主动向组织汇报自己的思想、工作和学习情况，自觉地培养自己的组织观念，提高思想觉悟。在一般情况下，每半年至少应口头或书面汇报一次。已经入党的党员也应经常向党组织汇报自己的思想情况。

三、个人总结

从性质上讲，个人总结是一种介于"公文"与"私文"之间的文体，虽然记录的是个人的事，却带着一丝公文的色彩。从功能上讲，个人总结是特定时间段内个人工作情况和思想状态的真实反映，记录了个人的成长与进步。从价值上讲，个人总结既是展示能力素质和工作业绩的重要载体，也是总结经验、发现不足的有效途径。

1. 内容客观真实

个人工作总结要客观真实地反映一年的工作情况。首先，要做到全面收集材料。具体可以按照两个脉络进行：一是纵向的时间脉络，从年初到年底，把所做的工作梳理一遍，写清楚每个时间段的工作；二是横向的职责脉络，按照所负责的工作，分门别类汇总材料。纵向和横向两个脉络收集的材料汇集到一起，就形成了比较全面的全年工作坐标系，完成了哪些工作一目了然。

其次，内容要"实"，这是指总结者的态度要坦诚，即使是一篇普通的工作总结，也要用心、用情去写，写出真情实感来，既要避免过分夸大成绩的"王婆卖瓜"，也要避免刻意回避问题的"蜻蜓点水"。讲成绩要力求实事求是，讲问题要力求一针见血。如果一篇总结里只有成绩没有问题，那肯定不是一篇好的总结。要客观、到位，坚持问题导向，突出针对性，深入透彻地剖析工作中值得思考总结的内容，不回避问题，不避重就轻。同时，不写空话、套话。个人总结的内容以具体、有针对性为宜，让人能够通过总结了解总结者工作的真实情况，看出其不同于他人之处。切忌把一些大的政策和方针生搬硬套在总结里，只字不提你具体做了哪些工作，甚至空喊一些口号，把总结写得很宏观、很"高大上"，飘飘然不知所云。比如，要写参加"十九届五中全会"学习教育的内容，如果只是泛泛地讲参加了学习教育，学习了党章党规、系列讲话，就太过空泛，应该结合实际讲一讲具体学习了哪些内容，学习后的心得，如何在今后的实践中灵活运用等，这样才能全方位、立体式地反映出学习的实际情况。

2. 逻辑通顺清晰

年度个人工作总结行文有其特定的逻辑，一般应包括以下几个方面：年度工作学习的基本情况；取得的成绩、积累的经验；存在的不足和问题；下一步工作打算。这一逻辑比较符合认识事物中"是什么—为什么—怎么办"的一般规律。在基本情况部分，一般应包含思想政治理论学习、业务工作、遵规守纪情况等内容，与考察干部"德、能、勤、绩、廉"的要求相对应。要注意这部分内容一般不按照时间顺序来罗列，避免写成拉拉杂杂的流水账。当然，如果其间有工作调动等特殊情况，可以按照时间转换、分阶段来写。比如，上半年在一个部门工作，下半年在另一个部门工作，则可分两个部分来写工作情况，但在具体阶段中，不宜按月记录。成绩和经验可以独立成为一部分，也可以分散在各项工作之后。不足和问题、下一步工作考虑则应该分别独立成为一个部分。这些内容往往在撰写总结时容易被忽略，却是一篇好的总结必不可少的部分，体现着总结者对工作的深层次认识和思考。

3. 重点突出明确

一篇总结如果平铺直叙、四平八稳，那么阅读者就会不得要领，无法深入把握总结者工作的情况，读来也会味同嚼蜡、索然无味。因此，一定要把工作中的重点、亮点找出来，这些重点、亮点便是写总结的关键点和着力点。一般而言，重点、亮点应从几个方面去总结：一是理论学习方面重点学习掌握的内容。如近几年开展的党的"不忘初心"专题教育、"十九届五中全会"学习教育，其要求的学习内容必然成为相应阶段的学习重点。再如党中央的新政策、新理念、新方略以及新近制定出台的党内法规，这些时效性比较强、影响力比较大的内容往往也都是学习的重点。二是业务方面的重点工作任务，包括所承担和参加的重点工作、难点工作、有较强创新性的工作、取得明显成效的工作。三是参加的重要会议、培训等活动，其中给你带来较大的收获和感受的，也都是需要总结的内容。在总结时，要力求内容翔实、重点突出、不吝笔墨，写清楚你是怎么做的、有什么考虑、取得什么成效，结论性的东西要有具体事例或数据支撑；要力争写出今年与往年的不同，写出与别人的不同，这样才能使总结更加厚实，彰显出特色。

总结要做到文通句顺、用字用词准确，没有错讹之处，这是重视和认真的体现。更重要的是，要诚实地面对自己，深入地总结工作，让人从总结中看到思想、看到精神、看到力量，真正把撰写总结的过程变成自我认知、自我勉励的过程，变成真正使自己有所感悟、有所提高的过程，这也是撰写总结的初衷和价值所在。

第三节　总结写作的基本要求

总结的目的在于进一步指导实践。在总结中必须找出工作中存在的普遍性规律及具有指导性的经验，因此，不论何种格式的工作总结都应切忌"流水账"，即不分主次，不讲轻重，面面俱到，胡子眉毛一把抓。而只有找对写作方法、要领，才能写好总结，才能突出重点及重心，抓住事物的主要矛盾和矛盾的主要方面。把工作中的基本经验、主要做法，贯彻方针政策的成功之处，指导工作开展的得力措施，上一阶段所存在的问题等都总结归纳出来。下面列举几点写作中要遵循的基本要求。

一、明确其具体格式

1. 标题

标题的写法有两种，一种是包括单位名称、时间、总结对象和文种类别的标题，这种标题的写法同计划标题的写法相近；另一种是新闻式标题，即概括总结的核心内容的标题。

2. 正文

正文一般包括前言、主体和结语几个部分，分别写工作人员的基本情况、成绩与经验、问题与教训、今后的意见等几个方面的内容。

"前言"部分，通常用以概述情况或对工作背景和开展工作的条件，做一个简要交代。

主体的第一个部分是"成绩与经验"部分，在此要用翔实的材料，将工作成效和取得成绩的做法写明，最好要运用实例、结合数字，写具体，还要有体会，要能够从中找出规律性的东西。主体的第二个部分是"问题与教训"部分，在此要实事求是地把工作中的失误和问题写明，并深刻分析产生失误和问题的原因，指出应当吸取的教训。

写主体部分，必须做到观点与材料相统一、情况与分析相结合，而且材料要具体，情况要真实，观点要正确，分析要深入，只有这样，写出的总结才会具有较高的价值。夹叙夹议或先叙后议，都是总结的主体部分常用的写法。把存在的问题和解决问题的措施放在一起，在"问题与教训"部分之后写出，也是比较常见的写法。

在"今后的意见"也即"结语"部分，要结合经验和教训，提出改进工作的办法或下一步努力的方向。有的总结是在最后展望前景，表明决心。这部分内容也可以不写。

3. 落款

落款即写明汇报人及汇报时间等。

二、明确总结的目的

写总结的目的是梳理思路、归纳工作经验，分析工作中的得失，并找到解决问题的办法，以所获得经验为基础指导下一阶段工作。有很多人不明白为什么写总结：有的是应上级要求而写，有的是为了年终向群众做报告才写，有的是看别人写我也写，有的是因沿袭惯例而写，有的甚至就是为了写总结而写总结。他们不明白总结的作用与意义，自然也就写不出具有指导性的总结。写总结是回头看，但回头看不是为了沉醉过去的辉煌成就里，而是为了更好地向前走。简而言之，写总结的目的是从过去的实践中找出今后可以借鉴之处，以便更好地进行下一步的实践活动。

三、明确其核心内容

很多总结起草者常感慨，写总结难在平衡关系上，写总结的指导性主要体现在经验教训上，所以总结的侧重点在于寻找经验教训，即要写出规律性的内容。

要突出总结的指导性，就要对前一段的实践活动进行深入的分析研究。总结中得出的经验教训必须是符合实际的真知灼见，这样的总结才真正有指导意义。同时，还要把经验教训作为核心内容来写。有两个问题需要注意：一是要围绕经验写成绩。写总结自然要写成绩，但成绩不是为了评功炫耀，自吹自擂，而是为了肯定前一段的实践活动，为了从成绩中得出经验，为了证明经验是否正确；如果写成绩时只注意肯定以前而忽略了突出经验，自然会导致总结的指导性不强。二是谋篇布局时注意突出强调经验教训，以上一阶段工作中的经验教训优化、指导接下来的工作。只有通过对上一阶段工作中存在的问题进行分析、总结归纳，从而总结出实用的经验教训，下一阶段的工作才会有所借鉴，有所进步，工作总结才会有意义、有价值。

第四节　总结写作的注意事项

总结报告是非常实用的管理方法。它是企业、工作单位提高管理水平，不断改进、提高各项工作质量的重要途径；也是企业、工作单位加强知识管理、降低学习成本、减少低水平重复的重要举措。作为一名工作人员，总结不仅是个人工作的总结，更是与领导、同事沟通、交流的重要载体，因此无论是总结报告的内容，还是内容的表现形式都格外重要。因此，在总结报告写作时，应重点注意如下事项。

一、要坚持实事求是原则

总结要坚持实事求是，努力实现真实性、客观性、系统性、规律性与指导性的统一。实践的广泛性和复杂性决定了工作总结种类的多样性。但不论是哪一类的总结，都必须坚持实事求是、一切从实际出发的基本原则。真实性、客观性是总结的生命所在。不真实的总结不仅起不到总结经验、发现教训、指导工作、鼓舞士气的作用，反而会造成不良的影响。因此，任何类型的工作总结都必须符合事物的本来面目，不能主观臆想和夸饰。要维护总结的客观真实性，必须彻底克服"假、大、空"的浮夸文风，做到情况是客观的、估价是客观的、经验是客观的、今后的意见也是客观的。有人认为在总结中应该"三分工作七分吹"，在总结中夸大成绩，隐瞒缺点，报喜不报忧。这种弄虚作假、浮夸邀功的坏作风，对单位、对国家、对事业、对个人都没有任何益处，必须坚决防止。同时，总结中也要明确问题所在，仔细总结上一阶段的工作中的失误与错误，并深刻剖析其产生的原因，对此做出针对性的方案，以便下一阶段更好地开展工作。

二、要注意共性，把握个性

总结很容易写得千篇一律、缺乏个性。当然，总结不是文学作品，无须刻意追求个性特色，但千部一腔的总结是不会有独到见解和独特价值的，因此也是不受人欢迎的。为了避免这一问题，应该针对实际问题，结合自己的风格特点去写，不要拷贝网上的模板，避免跟其他人一样，仅仅是机械地汇报工作。总结要针对自己做过的具体工作，以新鲜的角度，汇总新颖的材料，写出独到的见解、深刻的体会，并对自身和工作单位未来的发展提出与自身职位相匹配的建设性的意见及切实可行的方法。

三、要详略得当，突出重点

突出重点是写总结的一个难点，在写作中应注意三个方面：一要明确总结的具体目的，目的明确了，就可以缩小范围，有的放矢。二要围绕中心把各类问题和材料排好队，并联系实际进行比较，通过比较，突出主要问题，总结的重点就突出了。三要结构要严谨。在突出重点的同时，还要在立意、谋篇、布局上下功夫，讲究如何开头，如何收尾，正文部分如何安排好层次、段落、过渡、照应，以便在正确观点的统领下，把材料很好地组织在一起，把意思表达清楚、明白。

有人写总结总想把一切成绩都写进去，不肯舍弃所有的正面材料，结果文章写得臃肿拖沓，没有重点，不能给人留下深刻印象。总结的选材不能求全贪多、主次不分，要根据实际情况和总结的目的，把那些既能显示本单位、本地区特点，又有一定普遍性的材料作为重点选用，写得详细、具体。而一般性的材料则要略写或舍弃，突出一篇总结最有价值的部分。

第二章
总结撰写的结构及写作流程

第一节　总结撰写的前期准备

工作总结所反映的是一个地方或单位工作的情况、成效乃至其水平和质量，这就要求我们以严谨、负责的精神去对待，以积极、主动的精神做好准备工作。是否积极主动，与工作总结的质量直接相关。如果抱着应付了事的态度，准备工作做得不充分，那就很难写出"高屋建瓴"的总结来。那么，起草总结需要做好哪些准备工作呢？

一、提高个人的思想修养，更新自身知识体系

一方面，正确的世界观、人生观、价值观对作者的文风、作品的质量至关重要。公文写作人员要在这些方面保持清醒的头脑，用政治理论武装自己的头脑，在政治思想上与中央保持高度一致。古人说："志高者意必远。"作者树立了正确、远大的理想，写作时才能正确地"言志"，做到文义深远。另一方面，"读书破万卷，下笔如有神"，作者只有博览群书，才能对各方面的知识融会贯通、运用自如。同时，总结写作要求的学识既要博，也要专，更要与时俱进。如果写政党建设的总结，作者没有一定的政党理论基础，又或是自身的知识体系落后于当今政策方针，对党的相关精神和工作部署没有很好把握，是写不出好文章的。所以，这就要求作者在日常生活、工作中既要强化自己的思想境界，提高文化修养，也要增进各方面的科学文化知识，不断优化、更新自身的知识体系。

二、把握领导意图、了解内容实质

所谓"领导意图"，就是领导对撰写某一总结的目的和打算。作为执行领导工作意图的下级，搞清楚这些问题决不能自以为是，而是要有更高的站位和联系实际的能力，才能使意图更清晰、更明了，做起事来才能既有方向，也能创新，从而达成领导想要的目标。如果在起草总结前，不了解领导的真正意图，则无法把握这篇总结的内涵与核心，只能是自作主张，乱写一气。所以，在写作前，必须通过多方面渠道仔细了解、牢牢把握领导的意图，了解得越具体越好，越透彻越好。

所谓更高站位，就是思考更高级别的领导是怎么想的。自己领导的工作意图不是凭空产生的，而是贯彻他的领导想法而形成的。就拿一个城市来说，部门领导的工作意图一定是贯彻市委市政府的决策部署。下级只有站在市委市政府的高度来看部门工作，才能真正把握部门领导的工作意图，形成的工作思路才是部门领导所希望看到的。不然，下级所理解的领导工作意图一定是照葫芦画瓢没有高度的。

所谓联系实际，就是结合本职工作把贯彻领导工作意图创造性地形成自己的思路和具体措施。如果领导说什么就是什么，说怎么干就怎么干，这种被动的做法一定毫无新意，完成任务可以，但走在前列就很难。因为领导的工作意图往往是全局性、原则性、指导性的，特别是那些批示性的意见更是如此。所以，一定把领导工作意图和工作实际相结合，创造性地拿出举措和办法，才能确保领导工作意图落地开花。提高站位和联系实际并非易事，需要下级加强学习、善于思考、勤于实践、大胆创新。学习提升高度，思考增加深度，实践丰富阅历，创新拓展思路。

当然，领导的工作意图有些时候是很清晰的，下级只要结合工作去执行就好。但有些时候领导的工作意图是"概念"性的，抑或只是一种想法，那就需要下级做好沟通，或者把握住领导想要的结果是什么，坚持结果导向、目标导向，最大程度地发挥主观能动性，尽可能揣摩、分析领导的关注点和下一步工作安排。对领导的意图有了一定把握，写作就有了"尚方宝剑"，就知道该如何谋篇布局、安排内容了。

三、要学习有关文件和报刊，深刻领会中心和上级指示精神

上级指示精神，是各级组织工作的指南。把握了这个指南，工作就能沿着正确方向前进；离开了这个指南，就会迷失方向，甚至会走到斜路上去。总结写作人员要在第一时间学习、领会上级领导的指示精神，提高政治领悟力，吃透指示精神，深刻领会上级意图，并将这些精神转化到具体工作中，这样才能在公文里正确体现上级的核心精神，才能保证上级的具体思想和安排部署在当地得到贯彻和落实。

四、立足实际，收集材料

只有了解当地实际情况，才能做好上下结合这篇文章，才能有针对性地提出问题和解决问题。要了解当地实际，就要多翻阅一些资料，经常深入下去，做些调查研究，事物是不断发展变化的，现代化建设日新月异，新情况、新问题、新事物层出不穷，这就需要我们经常地了解当地实际，把握新鲜事物，否则，就轻易犯"照抄、照搬、照传"的弊端，就轻易发生"言之无物，空话连篇"的缺陷。

1. 磨刀不误砍柴工

写作人员可以仔细研读近三年的工作报告，不光是读内容，更要读这三年来报告的说法和变化，尤其是上一年提出的工作，下一年如何总结的，然后又是怎么结合总结罗列未来的工作要点的。如果只看一年的报告，其作用性不大，因为看不到延续性和继承性。所以要对所属单位所报告的工作进行详尽的了解，做到心中有数，才能下笔有神。

2. 吹尽黄沙始到金

写作一个单位的工作报告，是办公室工作人员的职责，但办公室人员也不能完全地闭门造车。因为单位的工作繁多，办公室人员往往有理解不透、接触不深、格局不够的情况，因此就要寻找各个业务部门，与相关人员进行沟通，必要时可联系相关分管领导予以协助。还可以到不同地区实际调研，实地了解情况，以保证信息的真实性、可靠性。此时需要最大范围和限度的收集资料，并在资料中不断地提炼报告的预备素材，就像沙里淘金一样。惯常的做法是让每个部门上报本部门的工作总结，然后根据上报情况，再选择几个重点领域分管领导进行当面采访，这样一般能够获得写作工作报告的相对全面的素材。

3. 腹有诗书气自华

经历了上述两个阶段后，自然对撰写总结有了大框架，这时，便可重点收集、搜索相似单位、职务的工作报告，仔细阅读，吸取其他总结报告的长处，模仿逻辑性较高的思路、描述或段落来丰富文章架构。

五、统筹兼顾，科学组织

在碰到写大材料或者是在省市领导来去匆匆，一人准备汇报材料来不及的时候，就需要多人合作，共同完成。这就需要采取"统—分—统"的方法组织写作，即：统一研究写作提纲，分头去写，最后一人统稿。这种方法注重的问题有三：一是根据各自的特长，科学、合理进行分工。参加的人员各有特点，要注重发挥他们的特长，谁熟悉哪方面的工作，就写哪一部分，分工负责。二是拟稿人要按提纲去写，如有大的变动，需征得主笔同意，以免偏题；对一些细节问题，可以灵活把握。三是主笔统稿时要把好"四关"，即把好"政治关"，看看是否符合上级的指示精神，是否符合党的路线、方针、政策；把好"实际关"，看看是否符合当地实际情况；把好"结构关"，看看结构、布局是否合理、清楚，有无重复的地方，前后风格是否一致；把好"文字关"，看看文字表述是否准确，是否言简意赅。该调整的调整，该删减的删减，该补充的补充。最后，交上级领导审查、定稿。

第二节 总结撰写的写作流程

在工作中，总结具有承前启后、继往开来的作用，撰写总结是深化认识、推动发展的重要途径。常言道：文无定法，但有章可循。不论写哪种类型的总结，都要遵循基本的写作步骤，这样才能写出一篇规范的总结。

一、前写作阶段

（一）明确主旨，理清思路

古人云："文以意为主，意犹帅也"。每一篇公文都有行文目的和用意。写总结首先要明确主旨。主旨在作文构思中起着"统帅"作用，决定了材料的取舍、结构的划分和观点的拟定。总结的主旨除了要求鲜明、集中外，更重要的是要求正确。既要符合"上情"，包括党的路线方针、国家的政策法规、上级要求和领导意图；也要符合"下情"，即要准确客观反映单位情况。这就要求我们在写总结时，必须"抬头看"，学习领会上面文件精神，学会站在一定高度上、从大局出发认识和分析问题；同时也要"俯下身"，熟悉了解基层实际情况，坚持深入一线、深入群众听取和收集意见和诉求。

1. 领会意图，明确"为何写"

总结报告是领导思想意志的体现。只要把握住了领导的意图，就把握了全文的主旨和基调。写总结的难点就在于如何表达领导意图。俗话说："干活不依东，累死白搭功。"起草者的主要任务就是要准确地领会、表达领导意图，创造性地深化、拓展领导意图。领导的意图包括总体性意图和具体性意图、明示性意图和暗示性意图、确定性意图和非确定性意图，对这些意图一定要心领神会，才能更好地抓住行文的主旨。在把握领导意图上，我们要善于"换位思考"，站在单位高度和领导角度上看问题、写材料，这样才能使写出的总结上高度、有深度。努力做到"三个要"：一要跟踪。平时要重视揣摩领导的思想观点，了解领导的关注点和兴奋点，把不同场合下领导对同一问题的看法和主张串联起来，分析吃透并提炼成文字。二要加工。善于和敢于对领导的思想观点进行加工再创作，既得"提炼深化"进行升华，也得"穿衣戴帽"做好修饰。三要交流。寻找机会与领导进行"双向交流"，在思想上产生"同频共振"。在写总结过程中，我们应尽可能减少中间的转达环节，争取直接与"一把手"做面对面的沟通，实现思想对接，避免做无用功。

2. 梳理思路，明确"写什么"

就是要根据主旨和有关要求，理清写作思路和重点。写总结实质上是思维活动的过程。常言道："七分想，三分写。"最好是先打腹稿，然后再动笔。在总结的构思上，要善于借鉴与模仿。有人说过：要用50%时间看公文，用50%时间写公文。刚开始甚至得用80%的时间来研习公文，特别是学习写作思路和重点。因此，我们平时要多留意收藏范文和模板，这样写作时便能派上用场。总而言之，一篇令人耳目一新的总结稿出炉，借鉴是可靠的根基，消化是必需的程序，创新是成功的关键。

（二）收集有关资料

总结的目的和主题明确之后，就可以围绕这个主题广泛搜集材料并进行一定的调查研究。写总结好比盖房子，前提是要拥有大量的材料。只有肚里有货，才能笔下有文。写总结要实事求是，客观反映现实，重实际、说实话、求实效。掌握的材料丰不丰富、准不准确，直接影响到写作质量的高低。我们需要通过认真细致的回顾分析，深化对以往工作情况的了解和认识。不仅要知其然，还要知其所以然，做到心中有数。在案头准备的过程中，既要找所需的素材，也要找可用的观点。搜集材料要在"全"和"实"两字上下功夫，采取先发散后集中的方法，尽可能地找全与总结内容有关的真实材料。材料有"死"的也有"活"的，前者指从文件和网络、期刊等媒体上查阅检索到的各种现成资料，后者指通过观察、调查、采访等方式直接得到的客观事实。

对于材料，最好是"详细占有"。所谓详细占有，一是要了解实践的全过程。如一年的工作可分多少个阶段，各阶段做了哪些事情，遇到过什么困难和问题，如何去解决，结果如何。二是掌握一批典型事例。典型事例，不一定就是"先进典型"。矛盾的典型实例、做法的典型实例、群众意见的典型实例都可以。对于这些实例，要摸透前因后果，说得清来龙去脉。三是掌握关键数据。绝对数字、百分比都要清楚，做到心中有数。四是掌握背景材料。背景，指工作的历史和环境，如本单位过去的情况、兄弟单位的情况、国内外的气候和国家有关的政策法令等，这些都应有所了解，便于从中看出发展、看出联系。在材料的收集阶段，要注意以下几个方面：

第一，掌握材料的渠道要宽。有些同志认为将各部门交来的工作总结以及日常送交的简报、报表等收集起来，凑一凑、理一理就可以了。其实这种观点是不对的。虽然凭这些材料形成一份工作总结，也许并不困难，但它们毕竟是书面上的信息，只是材料的一个方面，而不是全部。收集材料还有一些重要渠道不可忽视，如：实地调查，掌握第一手资料；听取群众意见，收集社会反映；查阅有关综合部门的动态分析材料，尤其是反映问题和不足方面的材料；注意掌握领导同志对工作情况的分析和对工作成效的评价，尤其是分管某项工作的领导，他所掌握的情况更详细，看法也更带权威性。只有多渠道了解情况，才能使材料全面、具体、丰富。即使有些材料不一定能成为题材，也要注意收集，因为从把握事物发展全过程、总面貌的需要来看，任何材料都不会显得多余。

第二，事实要搞准。实事求是地反映情况，是起草工作总结的基本要求。我们常说统计数字要注意打假防假，其实对工作总结也要注意打假防假，因为工作总结反映政绩，如果搞假数字、假典型、假经验，同样贻害不浅，不仅使自己的工作情况和效果失真，更有害的是使上级对该地区该部门的工作评价失真，甚至会给领导决策提供错误依据。为什么我们不能仅凭下级送交的工作总结了解情况呢？道理也在于此。应该说，多数地区和单位是会实事求是地总结自己的工作的，但的确有的工作总结与事实有较大出入，有一定的水分，没做的说成做了，做得一般的说成做得很好，还出了这样那样的经验，说得天花乱坠，到那里仔细一看，根本不是那么回事。如果我们仅听这一面之词，就容易出现偏差。所以一定要十分注重材料的真实可靠性，对重要的材料要认真核实，尤其在需要列举典型事例时，要搞清楚这个典型是否真有那么好，能不能站得住脚，写上去人家服不服气。列举数字同样要注意这一点，不能想当然，不能统计加估计。

第三，对来自各方面的材料要进行综合分析，从总体上、宏观上把握事物发展的态势和特征，从而得出正确的结论。上一级的工作总结，毕竟不是下一级工作总结的简单相加，而要从中找出带共性、规律性的东西，由此体现全局工作的总体面貌。比如经济工作，各基层单位各有各的举措和特点，成效、体会都不一样，那么从全局来看又是一种什么状况？是喜大于忧还是忧大于喜？是富有特色还是流于一般化？是经验多还是教训多？有了综合分析，就等于给全年的工作成效定了"调子"，也为具体内容的展开提供了依据。没有这种判断，整个材料就成了没有"主帅"的"散兵游勇"，变成零碎的情况罗列，这样的工作总结必然是不成功的。可见，在起草总结之前，对情况的透彻分析和总体把握是必不可少、至关重要的。

（三）进行分析研究

占有材料之后，就要分析研究。在分析中，要注重寻找与把握工作中带有规律性的东西。这是写总结的硬功夫，是重点和难点之所在。有人写总结，只是把所收集的情况和材料一一堆积上去，或者只是原原本本地把工作的过程写出来，面面俱到，庞杂累赘，抓不住要领，形成一本"流水账"，使人读后不知总结要说明什么问题，更不能从中得到有益的启示。这种总结是很容易写的，但写出来用处不大。一份好的总结，应当抓住重点，分清主次，概括地反映总体的情况，重点说明几个问题。问题太多就会冲淡主题。非重点的问题，可以少用些笔墨，至于细枝末节或无关问题则一律不写。关于分析，毛主席通俗地将其说是"一分为二"，即"去粗取精、去伪存真、由此及彼、由表及里"。具体地说，就是把材料分为粗糙和精确的材料，舍弃粗糙的，保留精确的；把材料分为虚假和真实的材料，舍弃虚假的，保留真实的；再进一步，用联系的、发展的观点，对精确和真实的材料做出分析；最后，透过现象抓住本质，得出规律，引出必然的结论。

总而言之，收集材料及调查研究，是一个酝酿的过程，有利于掌握全面的、丰富的素材，了解问题的各个方面，然后经过分析思考产生一个认识上的飞跃。

二、写作阶段

（一）拟定提纲，安排结构

动笔之前，还需解决"怎么写"的问题。就像盖房子，有了材料，还得有蓝图。做好谋篇布局，实现纲举目张，不能想到哪儿写到哪儿，否则容易推倒重来。总结提纲的制定要求条理清晰、层次分明、结构严谨、逻辑性强。我们的做法是分两步走，先拟大纲后定细纲。首先，拟定大纲。先拟出二级标题，搭个框架，主要是理清文章大体的脉络，不要一下钻进枝节里。关键是尽早把提纲报领导审阅，进一步探明领导的意图，为下一步写作打下基础。其次，提出细纲。细纲具有承上启下的作用，越细越好。细纲起码做到三级至四级标题，最好细到把总结中所有的主要观点都提炼出来。

拟定细纲时要注意两个方面：一是层次要非常清晰，二是观点要非常具体。

设计结构。写作的侧重点决定了文章的结构。写总结要遵循"结构为内容服务"的原则，从行文主旨出发，考虑写几个部分，每个部分写几个观点，每个观点再写几层意思。在写作中，如果结构出了问题，容易导致总结内容写偏，或者不能很好地表达内容。总结常用的结构有三分式、二分式、并列式和复合式等类型。采用哪种结构应根据总结的背景、思路和侧重点而定。

提炼各级标题。"文章讲究筋"。各级标题就是这些"筋"。它是文章结构的骨架和经脉，也是对主题内容的提炼和概括。在撰写总结时，我们要用心锤炼大小标题，使之深化和细化主题。那么，如何拟写标题？以加强科研管理为主题，可以有5种"变脸法"。任务型：努力加强科研管理制度建设；措施型：以制度建设为抓手，加强科研管理；效果型：努力实现科研管理能力不断提升；措施+效果型：狠抓科研管理制度建设，加快提升科研管理水平；设问型：如何更好地强化科研管理。在组织小标题时，既可用并列式的"排比句"，更提倡递进式的"设问句"。如果采用一组设问型的小标题，更能起到层层递进、引人入胜的效果，适用于专题性的总结。

（二）起草初稿、拟写正文

前面的酝酿准备好比"十月怀胎"，动笔起草则是"一朝分娩"。在总结的提纲出来后，初学者习惯用"装筐式"写法，把文章当作一个筐，东一个西一个往里装材料。这样写，容易造成材料与观点脱节，而且越写越臃肿。相比之下"雕塑式"写法更为合适，它把写文章比作雕塑人物。就是说，写文章要讲究逻辑性，理清"条"与"块"，处理好材料与观点的关系。在写作素材的筛选、提炼和使用上，既要用"塑"法，把泥一块块地贴上去，支撑起一个个观点，还要用"刻"法，把泥一块块地削下来，提炼出一个个经验，做到每段文字都是一个逻辑体系。这样，写出来的文章才能是一个有机的整体。另外，对于起草单位工作总结，有必要成立写作小组，进行细化条块和分工撰写。

调动情绪。正所谓"万事俱备，只差东风"。撰写总结，还需要一种发自内心的写作欲望。动笔时讲究身心俱入，进入写作状态。对于起草总结的初稿，我们的经验是要一气呵成。最好是集中时间，专心致志，争取一两天把它攻下来，时间不能拖得太长。起草过程中，思想、观点和素材都要写进来，不要断断续续、零零散散，否则，写来写去最后往往写偏了，或者写不下去。起草过程中，如遇到难点问题，不必停下来，可以先跳过去，之后再回来写，这样写起来更顺利。

组织素材。工作总结都有篇幅限制，不能"天马行空"，必须遴选素材，去伪存真、去粗取精、去繁就简。筛选素材有几个标准：一要符合表达的意图，能够服务观点；二要具有代表性和说服力，能够反映情况；三要能与上下文衔接，做到恰如其分。所谓"才之能通，必资晓术"，写作时还要懂得技巧方法。我们常说写作有三种境界，一则抄写——照搬现成，二则改写——吸收改造，三则真写——原始创作。在起草总结时要同时运用这三种写作方式，这样写起来快速又高效。

在列出提纲后，要按照提纲所列的顺序和大致框架，紧扣主题撰写正文。写作中应注意以下两点：

一是拟写正文的注意事项。

（1）观点鲜明，用材适当。也就是说要用观点来统领材料，使材料来为观点服务。运用材料要能说明问题，做到材料与观点统一。在写作当中，要注意明确观点，用语不能含糊不清，模棱两可、词不达意，似是而非。如果观点不明，令人不知所云。如果只讲观点没有实际材料，就会使人感到抽象空洞、缺乏依据，不易信服。如果只罗列材料没有鲜明的观点，则会使人弄不清要说明什么问题，不了解总结的意图。

（2）语句简洁，交代清楚。拟写总结既要尽量节省用字、缩短篇幅、简练通顺，又要注意将问题交代清楚。

二是拟写正文的步骤。

拟写正文主要包括 7 个步骤。但是具体写作并非按总结文体的结构模式顺序进行，而是首先进行基本经验的写作，把"撰写前言部分"排在"问题和差距""设想或打算""成绩和做法"之后。标题写作则在其后。最后是签署落款和日期。现分述如下。

（1）撰写前言部分。包括单位名称、工作性质、主要任务、时代背景、指导思想以及总结目的、主要内容提示等。这一部分主要是客观情况。

（2）概括成绩和做法。如果是专题性总结，可用典型人物、事例、统计数字、图表列述。如果是综合性总结，就应用横式结构分述了。这一部分是对计划落实的情况而言，涉及对前一阶段的工作情况和工作方法的评价，也是客观存在的实际，只是要进行条理性的概括。

（3）分析归纳具有规律性的基本经验。这是总结的主体部分，是总结的理论价值的体现，对今后的工作具有指导作用，也是总结写作首先要解决的"攻坚战"。例如期中教学质量检查的总结写作就是分述学风、教风、校风建设。

（4）列出存在问题和差距。存在的问题、差距和不足，可以分类列述。反面典型人物和事例、统计数字、图表等更具说服力。以基本经验的理论视野俯瞰具体实践，则存在问题和差距更为明显。

（5）今后设想或打算。一般包括改进工作的措施、应该吸取的经验教训或解决问题的办法；需要新出台的举措、开展的工作等。针对存在问题和差距提出今后设想或打算，则针对性和说服力较强。这部分涉及今后工作的开展，是总结写作的重点内容之一。

（6）拟定全文标题。此时总结文体已成，全局已定，拟定标题就比较轻松了。

（7）签署落款和日期。

三、后写作阶段

后写作阶段包括 8 个步骤：修改润色；版面设计；打印文稿；请领导审阅；提出

修改意见；必要时征求群众意见；分析反馈意见，作出相应修改；反复修改。之后交领导审定，成文。

后写作阶段的主要工作在于初稿写出后，要认真进行修改。常言说："十分文章，三分写作，七分修改。"总结初稿只是个"胚胎"，还需反复雕琢，方能成为精品。好的总结，不是写出来的，而是改出来的。反复修改就是对总结初稿进行全面深加工的过程。修改中要注意五点：一是看主题是否鲜明，论述有没有到位；二是看观点是否正确，表达有没有问题；三是看结构是否合理，设计有没有漏洞；四是看素材是否适当，效果有没有发挥；五是看语言是否精练，文字有没有多余。

讨论修改。"好的稿子是议出来的。"总结的修改实际上是集思广益、统一思想的过程。在总体的改稿中，有必要建立会商机制，既要有"几下几上"式的征求意见，也要有"三堂会审"式的集中审议。作为总结的统稿人，要做好"上下左右"沟通协调工作，在体现领导意图的基础上，充分考虑与吸收机关各部门、基层各单位的意见，统筹总结各部分的排列组合，归纳各条线工作的特点亮点。对于个人而言，修改的一个好办法是：写完后改一遍扔在一边，如果时间允许，等三五天后捡起来再改，这样改起来效果会更好。修改总结时，我们时常会遇到材料越改字数越多的问题。最有效的压缩办法就是在结构上动刀子。主要是采用"加减法"，就像雕像一样，泥巴贴了很多，还得削成人形。在压缩素材时既要"捞干货"，也得"溜缝儿"，使整篇总结既精练又圆润。最后，总结定稿后要重视排版校对。"细节决定成败"。有时排版中不小心删了字，如此稍有不慎都会功亏一篑。可先排版出一份，待核对后再付印。

跟踪问效。总结发布后，要关注实际效果和听众反应，为下一次撰稿提供经验与借鉴。多询问"有何印象"，多自省"搞回头看"。对于起草者，很重要的一点就是要学会在修改反思中提高写作水平。特别是要认真学习领会领导的修改意见，这是最好的案例教材，也是写稿子最重要的收获。我们经常把修改的过程稿保留下来，事后比较分析，学习提高。对于撰写总结，写手与领导的差距主要体现在对写作高度的把握、深度的挖掘和力度的拿捏上。比如，领导对"存在的问题"的修改，点得轻重、挖得深浅、拔得高低、用的措辞等都大有学问，值得品味。

总而言之，撰写工作总结，重在客观反映事实，难在充分体现意志，贵在不断创新写法。起草者要勤于学习，善于思考，乐于讨论，敢于创新，才能写出高水平的总结。"挥笔天地间，大写千秋业。"这是我们共同努力追求的境界。

第三节　总结撰写的整体架构

一、总结的宏观结构

写总结没有固定的模式，以上所述各个部分所占的比重和笔墨多少，各个部分根据什么样的逻辑联系起来，强调什么，突出什么，都应根据实际工作的情况和总结的侧重点来考虑，所选择的素材应当反映事物内在的联系，服从全文的中心。其结构原则，一是要根据客观材料，在总结所要表达的总的观点指导下，确定总结写哪几个部分；二是要根据事物内在的联系，确定各个部分之间、部分与中心之间的关系，即结构各个部分之间的关系；三是要根据客观实情确定中心和重点；四是要根据各部分之间的关系、总结的重点以及认识规律，确定各个部分的次序。一般说来，总结不外乎从纵横两个角度来组织材料，安排结构。通常采用以下一些形式。

1. 分部式

即按照"情况—成绩—经验—问题—意见"或者"主旨—做法—效果—体会"的顺序，先写主要工作情况，即做了哪些工作，取得了什么成绩，然后写主要做法、经验、教训或体会。这种写法将总结分成了几个大部分，依次来写。为了做到眉目清楚，每个部分可用小标题，或者用序号列出。这是长期以来写总结沿用的习惯写法，所以又称传统式或程序式结构法。这种写法的好处是容量较大，眉目清楚，适用于大型总结、全面总结。

2. 阶段式

这是把要总结工作的整个过程，按时间顺序划分成几个阶段来写。每个部分把其中一个阶段的工作情况、经验教训结合在一起来写。采用这种纵式结构，全文脉络清楚，便于突出工作的发展进程和每个阶段工作的特点，适用于周期较长而又有明显阶段性的工作总结。运用这种结构形式，一定不要写流水账，要注意突出各个阶段的特点，注意各阶段之间的连贯性。

3. 条文并列式

这是把总结的内容按性质分类，逐条逐项排列。一种是以经验体会为序分条，结合经验体会的分析阐述，自然地介绍工作情况，夹议夹叙，讲清问题；另一种是以工作项目为序分条，在介绍工作情况的基础上，引出经验教训。两种写法，前者更佳。各条有相对的独立性，又围绕中心有密切的联系。各条文之间，表面看是一种并列形式，实质上要体现一定的逻辑关系，或者是并列关系，或者是主从关系等。这种结构形式能突出总结的理论性，适用于专题经验总结，也称为经验体会式。

4. 总分式

这种结构形式常用于全面总结。先总述工作情况，如形势、背景、成绩，然后再分若干项主要工作逐次总结。它区别于条文式的地方是：它的开头部分即综述部分比条文式写得更周到、全面、详尽些；它的主体部分既可以分条，也可分部分列小标题，且分项一般按工作内容、范围来分类。运用这种结构方式要突出重点，不是主要方面的工作不必专门列项来写，可在总述情况时加以交代。分项总结的工作，也不必面面俱到，平均用力。

5. 贯通式

这是围绕中心，按时间顺序或者事物发展顺序，抓住主要线索，层层分析说明，总结工作的全过程。它不分条款，不用小标题，前后贯通，一气呵成，按自然段落安排层次。这种结构适合内容比较单一的专题总结。

二、总结的微观结构

总结的基本结构一般包括三大部分：标题、正文、落款。标题，一般有单、双标题两种。正文，包括做法和体会、成绩和缺点、经验和教训。正文中的前言，目的在于让读者对总结的全貌有一个概括性的了解，从而为阅读、理解全篇打下坚实的基础。正文的结尾，在总结经验教训的基础上，明确下一步的任务，提出今后努力的方向或目标。落款即署名和日期，日期一般置于落款单位之下，如标题中已标出单位，落款则可省去。现将总结的三部分具体分析如下。

（一）标题

一是公文式标题。也叫四项式标题，由单位名称、时间、事由、文种等项组合而成。有的是完全式标题，即四项都有，如《××县人民政府××年度工作总结》；有的是不完全式标题，省去文种以外的一项或两项，如《××年三无一有竞赛活动总结》《工作总结》等。

二是非公文式标题。也叫新闻式标题，常用于专题总结，这种标题比较灵活，一般又分为单标题和复式标题两类。

单标题，即用所要表述的中心观点作为标题。如××年初政府系统办公室"三无一有"竞赛活动总结表彰大会上，××市作的典型发言《强化调查研究服务领导决策》，用的就是这种单标题的形式。

双标题，即既有正题又有副题，正题突出中心，副题注明单位、时间、事由和文种。如《综合治理，齐抓共管，持之以恒——××县整顿社会治安工作总结》。

（二）正文

1. 总结正文的内容

由于工作情况不同，总结正文的内容也就不同，总的来说，正文一般依次撰写四方面内容：

（1）对某一阶段内的工作情况进行整体回顾。这是总结的开头部分，用来交代总结的缘由，或对总结的内容、范围、目的作限定，对所做的工作或过程作扼要的概述、评估。这部分文字篇幅不宜过长，只作概括说明，不展开分析、评议。

（2）写成绩与体会，包括具体的做法、事例、数据等。这是总结的目的，也是总结的中心和重点，是正文的支柱，所谓成绩是工作实践过程中所得到的物质成果和精神成果。所谓经验体会是指在工作中取得的优良成绩和成功的原因。在总结中，成绩表现为物质成果，一般运用一些准确的数字表现出来。精神成果则要用前后对比的典型事例来说明思想觉悟的提高和精神境界的提升，使精神成果在总结中看得见、摸得着，才有感染力和说服力。这部分材料如何安排很重要，一般写法有以下两种。一种是写出做法、成绩之后再写经验，即表述成绩、做法之后从分析成功的原因、主客观条件中得出经验教训；另一种是写做法、成绩的同时写出经验，"寓经验于做法之中"。也有在做法、成绩之后用"心得体会"的方式来介绍经验的。

（3）提出存在的问题与不足，分析产生问题的原因。这部分一般放在成绩与经验之后写。存在的问题虽不在每一篇总结中都必须写，但思想上一定要有个正确的认识。每篇总结都要坚持辩证法，坚持一分为二的两点论，既看到成绩又看到存在的问题，分清主流和枝节。这样才能发扬成绩、改正错误，虚心谨慎，不断前进。写存在的问题与教训要客观、中肯、恰当、实事求是。

（4）表明今后的设想和努力方向。这是总结的结尾部分。它是在上一部分总结出经验教训和问题与不足之后，根据已经取得的成绩和新形势、新任务的要求，提出今后的设法、打算，成为新一年制订计划的依据。内容包括应如何发扬成绩，克服存在问题及明确今后的努力方向，也可以展望未来，得出新的奋斗目标。

2. 总结正文的结构

总结正文的结构由前言、主体和结尾三部分组成。

（1）前言。即写在前面的话，是工作总结起始的段落。前言的写法多种多样，有的概述变化情况及主要成绩；有的介绍基本情况；有的概述总结的目的、方法等等。开头力求简洁，开宗明义。

（2）主体。这是总结的核心部分，这部分一般应叙述总结事件的过程、做法，并在全面回顾工作情况的基础上，深刻、透彻地分析取得成绩的原因、条件、方法以及存在问题的根源和教训，揭示工作中带有规律性的东西。由于主体的篇幅大、内容多，要特别注意层次分明、条理清晰。

（3）结尾。作为总结的最后一部分，结尾对全文进行归纳、总结，或突出成绩，或表明今后的打算和努力的方向，或指出工作中的缺点和存在的问题，或总结经验，或提出改进意见。这段内容要与开头相呼应，篇幅不宜过长，要求简短利索。

正文是工作总结的主体，一篇总结是否抓住了事情的本质，是否实事求是地反映出了成绩与问题，是否科学地总结出了经验与教训，是否中心突出，重点明确、阐述透彻、具有逻辑性、使人信服，全赖于主体部分的写作水平与质量。因此，一定要花大力气把主体部分的材料安排好，写好正文。

（三）落款

落款包括署名和时间两项内容。如果总结的法定作者和日期已经在标题中或题下标明了，则不需要再写落款。如果为突出单位，把单位名称写在标题下边，则结尾只落上日期即可。如果总结的标题中没有写明总结者或总结单位，就要在正文结尾右下方写明，最后还要在署名的下方标出日期。

总之，工作总结是一种全面总结，写作时要求全面占有材料，一分为二地看待问题，但必须有所侧重，突出重点，防止记"流水账"、四面出击。

第四节　总结撰写的方法体系

一、总结的框架

工作总结通常来讲是三部分。即取得的成绩，存在的问题，下一步打算。当然有时也把它分为四部分。即取得的成绩，经验和体会，存在的问题，下一步打算。其中，所获得的经验和存在的问题是文章的主体。这里着重说说主体部分常用的几种结构方式。

1. 并列式

并列式又称分部式、横式，即按性质归类，把做法和体会等分成几个相互并列的部分。如在教育事业单位中，主体部分可介绍四点经验：第一，教学内容系统化；第二，党员教育层次化；第三，教学形式多样化；第四，组织管理制度化。每一点又有若干并列的内容。这种方式，专题经验总结使用得特别多。

2. 阶段式

阶段式又称时间式。即按时间顺序，将内容分成若干个阶段来写，每个阶段均有特点，相互独立，合起来又有连贯性，成为一个有机统一的整体。如某交通部门关于实现运输第三个安全年的材料，主体分为四大部分：第一季度重点抓好春运，第二季度重点抓好防洪，第三季度重点抓好战高温，第四季度重点抓好迎春运。每个阶段，都把认识、做法、效果和体会结合在一起讲。全文时间线索很明晰，阶段性很清楚。这种结构方式用得不多，但也不是没有。实践时间比较长，各阶段又有鲜明特点的，可用这种方式。

3. 递进式

递进式又叫层递式，即按分析问题逐步深入的思维步骤，或由结果追溯到原因，或由现象递进到本质，层层深入，环环相扣地叙写。常用的"成绩—主要原因—问题和意见"三步式的结构方式，就是一种递进式。制定提纲，可以根据内容的特点和表达的方便，选用适当的结构模式，灵活变通。整个过程，应由简短到详细，先写简单提纲，然后逐步展开，写出有大纲、有细目、有材料要点的详细提纲。提纲拟好了，就是行文成功的一半。

二、总结的结构

工作总结常见有三种结构。纵式结构、横式结构、纵横式结构。纵式结构就是按照工作开展的顺序和步骤写，这样写主要着眼于工作过程的回顾，总结得比较全面。横式结构就是按照内容的侧重点安排，彼此内容是独立的，主要突出重点和特色工作，显得层次分明。纵横式结构就是两者兼顾，既有发展过程，也有侧重点叙述。就是先写整体的几项工作，再归纳几条经验和教训。

1. 纵式结构法

即按照工作进展的过程来写，从交代背景到工作展开的步骤、方法、成效、体会一路写来，这种方法常用于单项工作总结。如某市卫生局《关于开展行风建设和评议活动的总结》，首先在开头部分交代：根据市委、市政府《关于××单位开展行风建设和评议活动的工作方案》开展这一活动，概括性地说明取得了什么效果；然后在主体部分展开工作情况：分为制订方案、宣传发动、查摆问题、听取群众意见、集中整改等几个步骤进行，采取了挂牌服务、设立举报电话和举报箱、派出人员暗访、强化督查等多项措施，发现和查处了一批违法乱纪的人和事，促进了医德医风建设、提高了服务水平和质量、改善了医疗单位的形象；最后归纳几条工作体会。这种结构比较简单，只要按事情发展过程、前因后果讲清楚就行，就能达到层次分明、脉络清楚的效果。

2. 横式结构法

即不是按过程而是按不同内容和特点来安排层次，它们之间是并列关系。这种方法常见于综合性工作总结。所谓综合性，即一个地方或单位的数项工作同时总结，故不宜用纵式结构法。如某县政府年终工作总结，开头部分：概括全年工作，列举国民经济主要指标完成结果；情况部分：交代所做的主要工作，包括农业、工业、第三产业、招商引资、个体私营经济、财政金融、社会发展事业等方面所采取的措施、工作特点和取得的具体成效；体会部分：介绍工作经验，如突出发展重点、加强宏观调控、优化发展环境等。这种结构通常是"中间大，两头小"，即开头部分简写，情况部分详写，体会部分又较简练。因为数项工作内容同时展开，在排列顺序、叙述方法上要有所讲究，做到布局合理、主次分明。

3. 纵横交叉结构法

即数项工作同时总结，体会不单独作为一个部分，而分别附着于各项工作之中，这种办法也只有综合性工作总结才会用到。也就是说，主体部分的每一个层次都是既谈情况又谈体会，这是纵式；而若干层次呈并列关系，又是横式。如某市外经贸局的年终工作总结，主体部分的第一层次是"外贸出口降幅回落，走出低谷"，第二层次是"优化环境，利用外资氛围更浓，效果更好"，第三层次是"拓展市场，对外经济技术合作加快发展"，第四层次是"注重学习锻炼，队伍建设不断加强，综合素质得到提高"，每一层次既讲做了什么，怎么做的，又讲特点和体会。这种结构方法的难点主要在于，每一层次的情况和体会要做到夹叙夹议，水乳交融，而不能机械地划分为两段式，否则就会给人以拼凑之感。

三、总结的思路

工作总结当然离不开某一阶段内所做的具体的工作，但不能泛泛而谈，写得过于笼统，面面俱到。所以，我们可以从以下几个方面入手，将总结写的更有针对性。

（一）根据工作职能总结

这是一种最主要的总结角度，常用于年度工作报告，用于对工作进行全面总结。如税务部门的主要职能是"执好法、收好税、带好队、服好务"，某省国税局在总结工作时就归纳为"税收收入跃上新台阶、依法治税得到新加强、队伍素质有了新提高、纳税服务有了新改进"等部分，这就是从工作职能出发来总结工作的。

（二）根据工作特色总结

这种方法常用于专项工作的经验介绍，需要充分掌握材料，并从大量的资料中挖掘出闪光点。

如有位同志承担了撰写本单位思想政治工作总结的任务，抓住本单位思想政治工作"工作扎实、细致耐心、方式灵活、领导带头"的特点进行总结，就归纳为"立足一个实字，增强思想政治工作的针对性；着眼一个细字，增强思想政治工作的感染力；突出一个活字，增强思想政治工作的吸引力；强调一个带字，增强思想政治工作的感召力"等部分。选用这种角度，对作者的写作能力要求很高，但写好了就别具一格，很有说服力。

（三）根据采取的工作措施总结

主要用于对某方面的工作进行总结。如某市纪检部门抓"执行力建设"时采取了"统一思想、转变作风、加强督办、素质培训"四大措施，总结时就归纳为"统一思想抓落实，转变作风抓落实，督促检查抓落实，提高能力抓落实"四部分。

（四）根据解决的问题总结

在总结工作时，针对解决的问题来归纳，往往也会取得很好的效果。如某单位的服务部门总结工作，从解决"脸难看、事难办、门难进"等问题出发，将工作总结为"进一步提高服务意识，尽量让老百姓少受一点气；进一步改进服务环境，尽量让老百姓少跑一点路；进一步优化服务手段，尽量让老百姓少花一点钱；进一步提升工作效率，尽量让老百姓少排一点队"四个方面。用这种角度来总结工作，针对性强，直接鲜明，能给人留下较深的印象。

四、总结的新颖性

文章贵在创新。所谓"妙笔生花"，创新是妙笔之本、生花之根。总结报告包括其他报告的写作创新应该是全方位的。

1. **主题上创新**

要做到三切合，即切合时代大主题，切合全党工作大主题，切合部门工作大主题。我们围绕这样的永恒主题、大主题、新主题，开展工作，搞好总结，从实处着力，从小处开口，从新处落笔，就会起到很好的总结效应。

2. **题材上创新**

要做到三贴近，即贴近党中央，贴近百姓生活，贴近社会需求。只有这样的题材，才有总结的更大价值、更大作用、更大效果。重大题材的总结容易做到三贴近，因为重大题材大都与党委、百姓和社会相关联。

3. **支点思想上创新**

主题思想如皓月一轮，支点思想如繁星点点，支点思想与主题思想的关系就是四个字：众星捧月。支点思想一般表现在做法与成绩里。支点思想要具有"三从""三性"：从战略上产生，从全局中产生，从长远处产生；要具有本质性、规律性、指导性。

4. **材料选择上创新**

总结对于材料，一是需要大量地占有材料，二是需要围绕主题精选材料。最后用在总结中的材料，要适量、要准确、要典型。总结报告的重要特点是典型性，主要是所用材料的典型性，所以选材标准是"三最"：最突出、最鲜亮、最有特色。

5. **语言上创新**

总结报告的语言特色，应该追求平实、简洁、深刻、精辟、有力。总结报告要有妙语，"文无妙语不出手、语不惊人继续整"，一篇好的总结报告，要让人看后听后记住一两个好句子，正所谓"不求万言留青史，但望一句动人心"。

# 第三章
政府机构和社会团体
工作总结写作范例评析

扫一扫，获取本书例文

写作思路

开篇：这一部分主要是"扣帽式"陈述，可引用上级下发总结上报要求文件中的引入用语。包括单位名称、工作性质、主要任务、时代背景、指导思想以及总结目的、主要内容提示等。如：××年是新中国成立×周年，是决胜全面建成小康社会第一个百年奋斗目标的关键之年，是××（单位名称）"十三五"规划的关键之年。××（单位名称）按照《关于××的通知》要求，在××（单位领导班子）的引领下全体工作人员解放思想、改革创新、凝神聚力、奋发进取，推动了各项事业的健康发展，现将××（时间段）的工作总结如下。

列举成绩和做法：这是总结的主体部分，需要分类归纳具有规律性的内容。可用典型人物、事例、统计数字、图表列述。这一部分是对计划落实的情况而言，涉及对前一阶段的工作情况和工作方法的评价，也是客观存在的实际，只是要进行条理性的概括。

存在问题、差距和不足：此部分写作应把握好度，既不可虚无，也不可说成一无是处。透过反面典型人物和事例、统计数字、图表等更具说服力。以基本经验的理论视野俯瞰具体实践，则存在问题和差距更为明显。如：××年，在××（上级单位）的正确领导、全体工作人员的不懈奋斗下，××（单位名称）虽已取得一定成绩，但仍存在一些不足。一是……二是……三是……

总结要涵盖对下阶段的计划或工作思路，下一步工作计划，一般包括改进工作的措施、应该吸取的经验教训或解决问题的办法；需要新出台的举措、开展的工作等。针对存在问题和差距提出今后设想或打算，则针对性和说服力较强。这部分涉及对未来工作的设想和展望，开门见山直接切入正文，是总结写作的重点内容之一。如：下一步工作计划：一……二……三……

第一节　人民政府工作总结

【例文1】

××省政府2019年工作总结

各位代表：

现在，我代表省人民政府向大会作政府工作报告，请予审议，并请各位政协委员提出意见。

一、工作回顾

去年是不平凡的一年。我们始终坚持以习近平新时代中国特色社会主义思想为指导，坚决落实党中央、国务院决策部署，在中共省委的坚强领导下，认真贯彻习近平总书记对我省工作的重要讲话指示精神，坚持稳中求进工作总基调，大力实施创新引领开放崛起战略，打好三大攻坚战，构建"四大体系"，打造"五大基地"，迈出了高质量发展的坚实步伐，为建设中国特色社会主义社会交上了优异答卷。

1. 经济发展迈上新台阶。地区生产总值增长7.6%，规模工业等主要经济指标增速位居全国前列。"四上"企业净增3000多家。全口径财政总收入突破5000亿元，全口径税收突破4000亿元，地方一般公共预算收入突破3000亿元，地方税收突破2000亿元，财税收入质量持续改善。

2. 创新开放开拓新局面。全社会研发投入强度增幅居全国前列，高新技术企业突破6000家，高新技术产业增加值增长14.3%。融入"一带一路"建设取得积极成效，进出口总额突破4000亿元，并持续增速。

3. 三大攻坚夺取新战果。重大风险得到有效防范和化解。将有20个贫困县摘帽、718个贫困村出列、63万农村贫困人口脱贫，全部贫困县、贫困村将摘帽出列。全省地表水水质总体为优，国省考核评价断面Ⅰ—Ⅲ类水质比例提升。

4. 民生改善取得新成效。村卫生室、乡镇卫生院全科医生、县市二甲公立医院实现全覆盖。普遍提高企业退休人员基本养老金、乡村教师、退役军人待遇，提高最低工资、城乡低保、困难残疾人生活补贴和重度残疾人护理补贴标准。消除义务教育大班额2万个，创造了城乡义务教育一体化发展新经验。12件重点民生实事全部办成，人民群众获得感、幸福感、安全感不断提升。

过去一年，我们围绕推动高质量发展，重点抓了八个方面的工作。

一是精准施策稳定经济增长。不折不扣落实国家减税降费政策，新增减税超过460亿元，企业社保缴费减负60亿元。出台促进中小企业健康发展、降低企业经营成本等政策措施，规模工业企业每百元营业收入成本下降1.6%左右。持续开展产业项目建设年活动，新开工投资5000万元以上的产业项目2300多个，开工建设或建成投产100亿元以上的重大产业项目12个。坚持做强大企业、培育小巨人，新增千亿工业企业1家、国家认定的"专精特新"小巨人企业10家、制造业单项冠军4个。军民融合重大示范项目进展顺利，省军民融合公共服务平台上线运行。出台支持物流等服务业发展政策，旅游收入增长13%左右，最终消费对经济增长的贡献率超过50%。金融服务实体经济能力增强，金融机构存贷款余额分别突破5万亿元、4万亿元，存贷比超过80%，中小微企业、民营企业贷款分别增长13.5%、13.7%，制造业贷款增长8.6%。建立覆盖市州的再担保体系，新增直接融资超过850亿元。

二是多措并举优化经济结构。三次产业结构调整为9.2∶37.6∶53.2。投资结构进一步改善，工业投资、技改投资、民间投资分别增长17.8%、35.7%和18.3%。新旧动能加快转换，战略性新兴产业增长30%左右，电子信息、新能源、新材料加速发展，大数据、人工智能等增速超过30%，移动互联网主营业务收入超过1300亿元。农业结构进一步调整，粮食播种面积和总产保持稳定，超级杂交稻亩产再创新高，生猪生产逐步恢复，"一县一特""一特一片"深入实施，确定重点支持30个农业、工贸、文旅特色产业小镇，农产品加工业营业收入增长9%。区域保持协调发展，生态经济区绿色发展水平提升。

三是凝心聚力打造创新开放高地。创新型省份建设加快。出台实施科技成果转化、高新技术企业经济贡献奖励、科研人员股权和分红激励等法规和文件。优化自主创新示范区空间布局，启动国家可持续发展议程创新示范区建设。实施重大科技创新项目。全省技术合同交易额增长74%。专利申请量、专利授权量、有效发明专利拥有量分别增长12.3%、11.7%和14.9%。

发挥"一带一路"区位优势，深入实施开放崛起专项行动。积极应对中美经贸摩擦，与"一带一路"沿线国家贸易额增长54%。机电和高新技术产品出口分别增长52.9%、71.1%。进出口额过亿元、过十亿元企业分别新增277家、9家。引进112家"三类500强"企业投资项目201个，实际使用外资、到位内资分别增长11.8%、18.8%。客运航线覆盖五大洲，开通国际全货机航线8条。海关机构实现市州全覆盖，外商投资负面清单管理模式全面实施，国际贸易"单一窗口"主要业务申报率达100%，海关特殊监管区域实现进出口额增长64.9%。不断加强与中部地区和泛珠三角区域合作，全国红色旅游融合发展创新区创建、品牌打造等工作进展顺利，区域合作实现良好开局。与央企对接合作更加紧密。

四是持之以恒强基础补短板。加快构建内外无缝对接的陆路、水运、航空、能源、信息大通道，地下综合管廊等市政基础设施加快建设，农村危房改造、棚户区改造、公租房建设稳步推进。新建商品房销售面积和价格保持基本稳定。全省城镇化率提高1.2个百分点。实施乡村振兴战略，建设自然村通水泥（沥青）路×万公里；以"一拆二改三清四化"为抓手，实施"千村美丽、万村整治"工程，整治农业"大棚房"、农村"空心房"，完成117万户农村改厕任务，新建美丽乡村300个。

五是群策群力打好三大攻坚战。重大风险防控有力。健全化债工作考核评估和激励机制，设立省级债务化解基金，清减国库暂付款，清理整合350家融资平台，完成省高速公路集团、轨道交通集团两家融资平台转型，超额完成全年债务化解计划，有效防范和化解了政府隐性债务风险。坚持开前门、堵后门，首次发行棚户区改造、园区建设、"两供两治"等专项债券，保障重点项目融资需求。严厉打击"一非三贷"等违法行为。开展道路交通等安全生产顽疾痼疾集中整治，"两客"智能监管系统上线运行，安全生产事故起数、死亡人数明显下降。战胜多轮急重洪旱灾害。食品药品安全形势平稳。

脱贫攻坚成绩斐然。新增统筹整合涉农资金的50%用于深度贫困地区，实施控辍保学行动，完善义务教育阶段资助政策，大力开展驻村扶贫、对口帮扶和"户帮户、亲帮亲，互助脱贫奔小康"行动，务实推进东西部扶贫协作，形成了促进扶贫产业发展的新经验、新模式。全年投入产业扶贫资金200多亿元，带动350万贫困人口稳定增收。建档立卡贫困人口基本医疗、住房安全和饮水安全突出问题动态清零,易地扶贫搬迁建设任务全部完成。

六是坚定不移深化各项改革。巩固"三去一降一补"成果,累计关停取缔"散乱污"企业1563家。推出40项改革举措,重要领域和关键环节市场化改革取得突破。省属国有企业"压层级、减法人、去僵尸"进展顺利,重组整合企业6家;混合所有制改革、员工持股试点改革取得成效。省级党政机关和事业单位经营性国有资产统一监管有序推进,国有金融资本实行统一管理。财政专项整合等工作深入推进。落实党和国家机构改革要求,全省政府机构改革任务整体完成。公务员职务与职级并行制度顺利实施。生态环境垂直管理制度、地勘单位改革扎实推进。工程项目建设审批制度和城乡建设用地增减挂钩改革加快推进。不动产统一登记改革不断深化。农村集体产权制度改革整省推进。绩效评估改革等工作得到中央有关部门肯定和推介。开展优化营商环境执行年活动,出台招商引资"十个严禁",推行市州营商环境试评价,营商环境改善得到社会高度认可。取消各类行政权力105项,全面推行"双随机、一公开"监管,公布×件"一件事一次办"事项,企业开办时间压缩至3个工作日以内。法人信息平台投入使用,自然人信息平台基本建成,自然资源和地理空间数据库不断完善。

七是坚持不懈保障和改善民生。财政民生支出增长7.7%,占财政支出的70.3%。城乡居民人均可支配收入分别增长8.6%和9.2%,居民消费价格涨幅2.9%。新增城镇就业80.8万人、农村劳动力转移就业45.5万人。率先实施企业职工养老保险省级统筹。建立城乡居民基本养老保险待遇确定和基础养老金正常调整机制。省职业年金基金正式运营。社会救助和保障标准与物价上涨挂钩联动。健全各级教育经费保障机制。高校"双一流"和教育信息化2.0建设加快。着力解决留守儿童监护缺失以及失学辍学问题。出生缺陷综合防治、医养结合不断强化。开展药品集中带量采购试点,部分药品价格非正常上涨势头得到有效遏制。现代公共文旅服务体系建设加强,新开放公共文化场馆12个。民族、宗教工作推进有力。开展集中化解信访积案百日行动和突出信访问题专项治理,"网格化+信息化"社会治理广泛推行。"一村一辅警"实现全覆盖,"城市快警"平台全面铺开。集中打击突出违法犯罪,深入推进新一轮禁毒人民战争。扫黑除恶专项斗争取得重大阶段性成果,促进了治安秩序、社会风气和发展环境持续改善,群众满意度明显提高。

八是从严从实加强政府自身建设。认真执行宪法宣誓制度。自觉接受人大法律监督、工作监督和政协民主监督及社会监督,提请审议环境保护条例、种子法实施办法等地方性法规草案8件,办理省人大代表建议1309件、省政协提案709件。建立省政府重要工作进展定期通报、年度目标任务清单制度,进一步完善督查激励措施。贯彻中央"基层减负年"部署,落实省委全面加强基层建设的要求,坚决整治形式主义、官僚主义。以省政府名义下发的文件、召开的会议分别减少13.3%、39.5%,省级督查检查考核事项精简80%以上。真抓实干成效明显的16个方面工作受到国务院通报表扬。依法统计、依法普查,圆满完成第四次经济普查工作。强化"互联网+监督",加快公共资源交易全流程电子化进程。坚持政府过紧日子,财政一般性支出压减10%。严格落实"一岗双责",加强政府系统党风廉政建设,坚决整治"拉款子""打牌子""提篮子"、串标围标、涉砂涉矿涉股等突出问题。

过去一年,我们不断加强国防动员和后备力量建设,全面深化民兵调整改革,创新发展兵役征集、国防教育、人民防空、军事设施保护和"双拥"工作,扎实做好移交安置、就业创业、拥军优抚、褒扬纪念、军休服务等工作。解放军和武警部队、广大民兵预备役人员在脱贫攻坚、抢险救灾、维稳处突和社会治理等方面发挥了积极作用,为全省改革发展稳定大局作出了突出贡献。

各位代表!

过去一年,我们扎实开展"不忘初心、牢记使命"主题教育,深入学习贯彻党的十九大和十九届二中、三中、四中、五中全会精神,不断增强"四个意识",坚定"四个自信",做到"两个维护",把"守初心、担使命,找差距、抓落实"的总要求贯穿到各个环节,覆盖到各个方面,推动全面建成小康社会取得新的重大进展。

我们全面贯彻新发展理念,狠抓发展第一要务,增强创新第一动力,用好人才第一资源,主动应对国内外风险明显上升、经济下行压力持续加大的严峻挑战,努力办好本省的事情,迈出了建设富饶美丽幸福新省份的坚实步伐。

各位代表,过去一年的成绩来之不易。这是以习近平同志为核心的党中央坚强领导的结果,是中共省委带领全省上下团结一心、拼搏奋斗的结果,是各级人大、政协监督和社会各界人士关心支持的结果。在此,我代表省人民政府,向全省各族人民、各民主党派、各人民团体,向人民解放军指战员和武警官兵、政法干警和民兵预备役人员,向中央单位,向关心支持本省改革发展的海内外各界人士,表示诚挚感谢!

我们也清醒认识到,全省经济社会发展还面临不少困难和问题。一是稳增长压力较大。传统产业仍在转型,新兴产业尚在培育。企业经营困难增大,小微企业、民营企业融资难融资贵问题仍然突出。二是风险隐患不容忽视。较大以上安全事故尚未得到有效遏制,抵御自然灾害的能力还不强,财政收支矛盾和金融等领域风险挑战依然很大。三是民生工作还有不少短板。基本公共服务还存在薄弱环节。四是营商环境有待进一步改善。部分地方政策落实不够到位、措施不够有力,治理能力与新时代要求相比还有差距。我们要高度重视解决这些问题。

二、关于新一年工作

今年形势将比去年更加复杂严峻,但我国经济稳中向好、长期向好的基本态势没有改变。我们要紧扣巩固全面建成小康社会成果,胸怀中华民族伟大复兴的战略全局和世界百年未有之大变局这两个大局,抢抓战略机遇,进一步释放积蓄的发展动能和市场活力,加快建设富饶美丽幸福新省份。

要坚持科学稳健,立足当前、着眼长远,坚持问题导向、目标导向、结果导向,坚决摒弃粗放式发展模式,努力扩大有效需求,正确处理稳增长与防风险的关系,保持经济运行在合理区间。

要坚持系统优化,强化全局观念,增强改革发展的系统性、整体性、协同性,运用系统工程方法优化经济治理方式,在多重目标中寻求动态平衡,在协调不同部门、地区和政策中增强治理效能。

要坚持改革创新,落实"巩固、增强、提升、畅通"八字方针,破除改革发展面临的体制机制障碍,着力构建系统完备、科学规范、运行有效的制度体系,着力提升科技实力和创新能力,加快培育经济合作和竞争新优势,打造内陆创新开放高地。

要坚持底线思维,增强忧患意识,全面防范和化解重大风险,整治安全隐患,维护社会稳定,守住就业底线,努力实现"一脱贫三促进六覆盖"。

今年工作的总体要求是:以习近平新时代中国特色社会主义思想为指导,全面贯彻党的十九大和十九届二中、三中、四中全会精神,认真贯彻习近平总书记的重要讲话指示精神,坚持稳中求进工作总基调,坚持新发展理念,坚持以供给侧结构性改革为主线,坚持以改革开放为动力,深入实施创新引领开放崛起战略,着力推动高质量发展,坚决打赢攻坚战,全面做好"六稳"工作,统筹推进稳增长、促改革、调结构、惠民生、防风险、保稳定。

今年主要预期目标是:地区生产总值增长7.5%左右,城镇调查失业率5.5%左右,居民消费价格涨幅3.5%左右,农村贫困人口全部脱贫,居民收入增长与经济增长同步,财政金融风险有效防控,生态环境进一步改善,万元GDP能耗下降1%。

今年要重点抓好以下工作:

(一)坚持高质量发展,确保经济实现量的合理增长和质的稳步提升

推动制造业高质量发展。加快建设制造强省,推动先进制造业发展,创新振兴实体经济的体制机制和政策措施,努力提高制造业占GDP的比重,实现规模工业增加值增长7.5%。大力培育工程机械、轨道交通装备、中小航空发动机等世界级产业集群,提升电子信息、新材料、节能环保、新能源、装配式建筑等产业集群规模和水平,壮大消费品工业集群,推进工业新兴优势产业链强链补链延链,打造制造业高质量发展基地。加快制造业数字化、网络化、智能化、绿色化发展,鼓励引导食品、石化、有色等传统产业拓展"智能+",创建一批智能制造示范企业和示范车间,推进国家智能网联汽车测试区等重大项目建设,力争在人工智能、区块链、5G与大数据等领域培育形成一批新的增长点,打造以中国智能制造示范引领区为目标的现代制造业基地。推进军民融合深度发展,加快国家军民融合重点区域和网络安全产业园区建设,积极创建国防科技工业军民融合创新示范基地,打造一批具有重要影响力的军民科技协同创新平台。持续推进以产业项目建设为重点工程,抓好一批百亿级重大产业项目建设投产。

做强大企业、培育小巨人。继续实施企业研发财政奖补、技术改造税收增量奖补政策。对发展贡献大的企业,实行"一企一策"对口服务和政策激励。支持一批自主创新能力强、技术水平先进、市场占有率高的大型企业和集团进一步做强做优做大。大力发展企业区域总部,以及采购中心、结算中心等功能性总部。促进中小企业走"专精特新"之路,鼓励细分领域标杆企业参与工业新兴优势产业和工业

"四基"建设，培育一批小巨人企业，力争全年新增规模工业企业1000家。

提升现代服务业发展水平。促进先进制造业与现代服务业深度融合，实施服务业高质量发展三年行动。大力发展数字经济，加快发展基于移动互联网、云计算、区块链、物联网等新技术的信息服务。重点发展工业设计、技术转移转化、创业孵化、知识产权保护及应用等科创服务，积极发展法律咨询、会计审计、信用中介、检测检验认证、博览会展等商务服务，推动生产性服务业向专业化和价值链高端延伸。增加文化旅游、健康养老、家政和托育等生活服务有效供给，促进生活性服务业向高品质和多样化升级。大力发展高效安全、绿色普惠、开放创新的现代金融服务，构建科技金融、文化金融、绿色金融、供应链金融协同发展体系，加快金融中心和基金小镇建设。在股权交易所设立专板，培育科创板上市后备资源，推动企业上市。完善政府性融资担保体系，推动政银担风险分担机制落地。

推动消费稳定增长。扩大实物商品消费，促进服务消费提质扩容。挖掘汽车、家电、家居等重点领域消费潜力，积极培育体验消费、网络消费，打造时尚消费、品质消费和"夜经济"地标，力争新增限上企业1000家、总数突破1.2万家。继续实施内贸流通促进工程，完善农村商贸流通基础设施，健全农产品仓储保鲜冷链物流设施，畅通城乡物流配送网络，提振农村消费活力。加快消费环境配套公共设施便利化、智能化改造，健全缺陷产品强制召回、质量终身负责和服务质量保障制度，严厉打击制假售假、非法宣传行为，切实维护消费者权益。

营造透明公正便捷高效的营商环境。落实《优化营商环境条例》，继续开展市州营商环境评价，实行市场准入负面清单和公平竞争审查制度，加快打造市场化、法治化、国际化营商环境。深化"放管服"改革，有序推进"证照分离"改革全覆盖，加快完善"双随机、一公开"监管机制，突出抓好食品、药品、特种设备和重点工业产品质量安全监管。健全覆盖全社会的征信体系，落实"黑名单"制度，加大失信惩戒力度。巩固和拓展减税降费成果，加大规范涉企收费、清理拖欠企业账款力度，帮助企业解决用地、用电、用气、用工、物流和融资难融资贵等问题。弘扬优秀企业家精神，保护企业家合法权益，构建亲清政商关系。

（二）紧扣全面建成小康社会目标，坚决进行好三大攻坚战收官后续工作

确保完成脱贫攻坚目标任务。坚持精准扶贫、精准脱贫基本方略，集中兵力打好深度贫困歼灭战，确保现行标准下剩余的19.9万农村贫困人口全部脱贫。加快补齐"两不愁三保障"和饮水安全短板，逐村逐户对账销号。加强返贫监测预警，及时将因病、因灾等返贫人口纳入帮扶。严格落实"四个不摘"要求，开展"三落实""三精准""三保障"问题"回头看"，加大产业扶贫、就业扶贫力度，扎实抓好易地扶贫搬迁后续帮扶工作，确保脱贫成果得到人民认可、经得起历史检验。推进"千企帮村、万社联户"、东西部扶贫协作和对口帮扶。持续开展扶贫领域腐败和作风问题专项治理。推动脱贫攻坚与乡村振兴有效衔接，加快提升贫困地区的基础设施和基本公共服务水平，统筹贫困地区和非贫困地区发展，探索建立解决相对贫困问题的长效机制。

确保实现污染防治攻坚战阶段性目标。加大中央交办、督办的突出生态环境问题整改力度，继续开展污染防治攻坚战"夏季攻势"，打好蓝天、碧水、净土保卫战。水治理方面，推进系统联治，加快实施山水林田湖草生态保护修复工程，全面完成重点水域禁捕退捕；大气治理方面，加强重污染天气防范和应对，抓好长株潭及传输通道城市大气污染联防联控，推进钢铁等行业超低排放改造，完成超标排放柴油货车淘汰任务，推进船舶靠港使用岸电工作，开展扬尘、餐饮油烟等面源污染治理。土壤治理方面，推进长株潭地区重金属污染耕地种植结构调整，开展打击固体废物环境违法专项行动、"三磷"专项排查整治行动，积极推进垃圾就地分类和资源化利用。加强尾矿库污染防治，推动矿业绿色发展。推进全域土地整治，开展国土绿化行动，持续推进生态廊道建设、天然林保护修复。

确保不发生重大风险。加快地方融资平台市场化转型，做好政府债务化解工作。开展债务动态监控和风险预警，严禁新增隐性债务，严守政府债务管控底线，坚决杜绝违规举债。完善化债激励约束机制，严格执行化债方案，通过增收节支、盘活资产、债券置换、增信展期等措施，有效化解债务风险，严防虚假化债。做好地方政府债券发行和使用管理，发挥专项债券稳投资促增长的作用。开展政府资产负债管理试点。规范市县财政管理，进一步压减国库暂付款，推进交易场所清理整顿，持续开展互联网金融风险、"一非三贷"和金融领域涉黑涉恶专项整治。完善应急管理体制机制，聚焦水旱、地质、气象、森林火灾和地震等自然灾害，聚焦煤矿和非煤矿山、危化品和烟花爆竹、水陆空交通、工程建筑和消防等重点领域，强化监测预警和应急处置，及时清零重大隐患，提高本质安全度，坚决杜绝重特大事故，坚决遏制较大事故。

（三）坚持创新引领开放崛起，打造内陆创新开放高地

加快建设创新型省份。推动国家自主创新示范区、可持续发展议程创新示范区建设，支持有条件的市县创建国家创新型试点城市。加快大学科技城、视频文创产业园"两山"建设，推进工业创新中心和先进轨道交通装备、生物种业等技术创新中心建设，积极创建国家实验室。紧扣国家科技重大专项和科技创新2030重大项目，实施重大装备、自主可控计算机、人工智能与机器人等重大专项，开展生物与农业、环境与生态、新材料与先进制造、人口与健康等领域基础研究和原始创新，努力在关键材料、基础零部件、制造工艺、核心元器件、高端检验检测装备等领域取得重大突破。加快高新技术企业增量提质，支持企业和研发机构创制国家标准、国际标准。持续加大全社会研发投入。建立科技创新成果清单和企业需求清单，促进更多科技成果就地转化。健全人才引进、培育、激励和服务机制，引聚选育一批高层次创新团队和领军人物。

打造开放新高地。主动服务国家开放战略，深化与"一带一路"沿线国家合作，落实与非洲、东南亚等地重点合作项目。建立健全对非经贸合作交流长效机制。建立与粤港澳大湾区跨省对话合作常态化机制，建设优质蔬菜生产基地，促进交通基础设施互联互通、能源设施共建共享。推动外贸高质量发展，支持轨道交通、装备

制造、工程机械、建筑业等优势产业和企业"抱团出海""借船出海",扩大对外工程承包和劳务合作,打造一批产业集聚度高、产品竞争力强的外贸生产基地;实施"外贸破零倍增""外贸综合服务""外贸融资服务"等举措,加快培育跨境电商、市场采购等外贸新业态。构建对外开放新格局,增强城市群的创新开放引领带动作用,积极参与长江黄金水道建设与发展,构筑我省西部陆路出海大通道。加快临空临港经济区建设,打造具有区域竞争优势的国际航空枢纽。积极创建中国自贸区,抓好跨境电商综合试验区建设,推进高新区、经开区、海关特殊监管区域提质升级,优化口岸功能。落实国家区域发展战略,加强与中部和泛珠三角区域的创新合作,加快建设区域合作示范区,协作发展,深化交流合作。

（四）大力实施乡村振兴战略,着力推进农业农村现代化

加快发展现代农业。全面完成高标准农田建设任务,统筹推进水库除险加固、农村水系综合整治、灌区节水配套改造等农村水利建设、运营和管护。稳住农业压舱石,落实粮食安全省长责任制,稳定粮食播种面积和产量。坚持走精细化路子,加快建设以精细农业为特色的优质农副产品供应基地。实施三个"百千万"工程、优质粮油工程,发展"一县一特""一村一品",做强农业优势特色产业。加快农林产品生产标准化、特征标识化、营销数字化,大力推行"身份证"管理,提升农产品品牌影响力和市场竞争力。发展设施农业,加快推进农业机械化、智能化和农业装备产业升级。完善科技等农业社会化服务体系,鼓励村级组织牵头成立专业技术协会、专业合作社。落实"菜篮子"市长负责制,大力推动农村创新创业,多渠道促进农民增收。实施乡村人才振兴行动计划,推动工商资本和人才下乡。

深化农业农村综合改革。深入推进农业供给侧结构性改革,稳步实施农村承包地"三权"分置改革,全面完成农村集体产权制度整省试点改革任务,加快农村宅基地房地一体确权登记颁证,扎实推进供销合作社、粮食收储、集体林权制度等改革。完善支持农业农村优先发展的制度政策,加大涉农资金统筹整合力度。加快多层次普惠性农业保险体系建设,提升农村金融服务水平。壮大集体经济,努力消除"空白村"。

加强和改进乡村治理。健全党组织领导的自治、法治、德治相结合的乡村治理体系。加大乡镇基本公共服务投入,推进农村社区综合服务设施建设,抓好全国乡村治理体系建设试点,推动社会治理和服务重心向基层下移,建设平安乡村。重视和发挥乡贤作用,加强村规民约建设,促进乡风更淳、乡情更浓。

大力改善农村人居环境。强化村庄规划编制和管理。全面完成农村人居环境整治三年行动计划,探索农村人居环境管护长效机制,全面开展村庄清洁行动,推进农村生活垃圾污水治理。加强农业面源污染治理,做好农药化肥使用量负增长、畜禽养殖废弃物资源化利用、秸秆综合利用等重点工作。深入推进农村危房改造和"空心房"治理。开展全域推进美丽乡村示范创建。

（五）加强基础设施建设,推动形成优势互补高质量发展的区域经济布局

狠抓重大基础设施项目。加快市市通高铁的建设步伐,实现县县通高速、村村

通硬化路。大力实施市政设施、城乡环境、产业配套、防灾减灾、公共服务等五大补短板惠民生工程。加大泛在电力物联网建设力度，积极建设5G商用和新一代信息基础设施、工业互联网。着力解决重大项目建设中要素保障问题。

提升区域协调发展水平。建立国土空间规划体系，统筹划定落实生态保护红线、永久基本农田、城镇开发边界三条控制线。建设高质量发展的示范区、基本实现现代化建设的先行区、区域一体化发展的样板区。加快承接产业转移示范区建设，大力引进创新型企业和先进制造业企业，建设重要科技产业配套基地、制造业转移承接基地。继续推进产业转型升级。

提高新型城镇化质量。加快实施以促进人的城镇化为核心、提高质量为导向的新型城镇化战略，促进城市群、大中小城市和小城镇合理布局、协调发展，力争城镇化率达到58%。以中心城市引领城市群发展，增强大城市辐射带动能力。统筹城市地上地下空间开发利用、城市特色风貌营造和历史文化保护，加大城市公共基础设施建设改造力度，推进停车设施、地下综合管廊、智慧城市管理建设。全面开展地级城市生活垃圾分类，推进建筑垃圾资源化利用。坚持"房子是用来住的、不是用来炒的"，完善住房市场体系和保障体系，推进住房租赁市场发展试点，建立健全房地产市场平稳健康发展长效机制。加快城镇棚户区、城市D级危房、城镇老旧小区改造和城区老工业区搬迁改造，做好城市困难群众住房保障工作，把住有所居落到实处。

激发县域经济活力。制定促进县域经济高质量发展的政策措施，引导各地发展特色优势产业，促进城乡生产、生活、生态一体发展，推动一二三产业融合。加快省级特色产业小镇建设，加大财政、金融、土地等政策支持力度，推动城镇基础设施、公共服务向农村延伸。深化扩权强县改革，推进符合条件的县撤县设市（区），加快经济发达镇行政管理体制改革。完善一般性转移支付支持市县抓重点、补短板、强弱项工作机制。

（六）锐意推进各项改革，不断加强制度建设

着力推进供给侧结构性改革。优化产业布局，巩固去产能成果，坚决淘汰煤矿和非煤矿山、烟花爆竹、造纸、冶金等领域过剩落后产能，推动城镇人口密集区危险化学品生产企业和"沿江一公里"化工企业搬迁改造。优化创新供给，完善以企业为主体、市场为导向、产学研深度融合的技术创新体系，深化科技成果"三权"改革及技术收益分配制度改革，开展知识产权军民融合试点，推动科技要素市场向全省覆盖。

加快市场化改革步伐。推进国有经济布局优化和结构调整，探索在省属监管企业集团层面推进混合所有制改革，加快推进员工持股试点；完善国资监管方式，强化资金债务、项目投资等重点领域风险防控；加快剥离国企办社会职能。坚持"两个毫不动摇"，鼓励民营资本参与国企改制重组，支持民营企业进入交通基础设施、市政公用事业等领域。深化财政支出制度改革，加强预算管理，推广实施零基预算，出台深化政府采购制度改革实施方案，建立财政审计联动机制，促进全面预算绩效

管理落地见效。建立统一的国有金融资本出资人制度。稳步推进党政机关和事业单位经营性国有资产集中统一监管。完善产权制度和要素市场化配置。

加强统筹城乡的民生保障制度建设。深化教育领域综合改革，完善高考改革配套政策措施。建立促进创业带动就业、多渠道灵活就业机制。完善覆盖全民的社会保障体系。健全基本医疗卫生制度，深化医疗、医保、医药联动改革，提高公共卫生服务、医疗服务、医疗保障、药品供应保障水平，缓解群众看病难看病贵问题。

坚持和完善生态文明制度。实行最严格的生态环境保护制度，发布省级"三线一单"，构建以排污许可制为核心的固定污染源监管制度体系，建立以国家公园为主体的自然保护地体系。开展重点区域自然资源统一确权登记，深化自然资源产权制度改革，完善省市县三级自然资源储备体系，落实资源有偿使用制度，实行资源总量管理和全面节约制度。建立完善统一行使监管城乡各类污染排放和行政执法职责制度，实行生态环境损害责任终身追究制。

（七）繁荣发展社会主义先进文化，凝聚砥砺奋进的强大精神力量

牢牢把握社会主义先进文化前进方向。坚持马克思主义在意识形态领域指导地位的根本制度，全面贯彻落实习近平新时代中国特色社会主义思想，落实意识形态工作责任制。加强和改进学校思想政治教育，建立全员、全程、全方位育人体制机制。坚持以社会主义核心价值观引领文化建设制度，推动理想信念教育常态化、制度化，加强党史、新中国史、改革开放史教育，加强爱国主义、集体主义、社会主义教育，实施公民道德建设工程，推进新时代文明实践中心试点建设。

大力发展文化事业。把社会主义核心价值观要求体现到文化产品创作生产全过程，发展新闻出版、广播影视等事业。深入开展群众文化活动，推进数字广播电视户户通建设，推动县级公共图书馆、文化馆、档案馆全面达标升级。加强历史文化名城名镇名村、传统村落和文物保护利用。促进非物质文化遗产传承。

深化文化体制改革。建立健全把社会效益放在首位、社会效益和经济效益相统一的文化创作生产体制机制。理顺县级融媒体中心体制机制。持续深化国有文化企业改革，健全引导新型文化业态健康发展机制。鼓励社会力量参与公共文化服务体系建设。深化文化市场综合行政执法改革。

促进文旅融合发展。推动文化与旅游产业做强做大。积极培育文旅装备制造、红色教育培训、特色民宿、生态旅游等文旅融合新产品、新业态。支持传统文化创新发展，加快建设视听节目国际版权交易中心、高清视频实验室，建设以影视出版为重点的文化创意基地。加强优秀传统文化、红色文化、生态文化等资源开发利用。

（八）着力保障和改善民生，共建共享全面小康社会

促进更充分更高质量就业。坚持就业优先，落实稳岗补贴、技能提升补贴、社保降费等援企稳岗政策，抓好高校毕业生、下岗失业人员、农民工、退役军人等重点群体就业，托底帮扶残疾人、低保对象等困难群体就业，确保零就业家庭动态清零。深入推进就业服务行动，完善就业兜底保障机制。以创业带动就业，完善创业担保贷款贴息以及创业资金奖补政策，降低小微企业创业担保贷款申请条件，对农

民工回乡首次创业给予支持。健全保障农民工工资支付长效机制。坚决防止和纠正就业歧视，促进广大劳动者实现体面劳动、全面发展。

办好人民满意的教育。推动城乡义务教育一体化发展，推广典型县教育改革经验，加强和改进乡村寄宿制学校、村小及农村教学点规划建设，基本消除义务教育大班额。加快推进农村公办幼儿园建设，力争全省普惠性幼儿园覆盖率达到80%。提高普通高中生均公用经费拨款标准。推进高校"双一流"和高水平本科教育建设。积极创建国家职业教育改革先行示范区。大力推进"互联网+教育"升级和应用。完善立德树人体制机制，加强师德师风建设。支持和规范民办教育、合作办学。加快学校安防"三项建设"，抓好学校学生安全工作。继续开展控辍保学行动，落实义务教育阶段资助政策，解决进城务工人员子女上学难问题，让每个孩子在党的阳光雨露下茁壮成长。

加快健康大省建设。推进国家医学中心、区域医疗中心建设，加强县级医院综合能力和基层医疗卫生服务体系建设，完善分级诊疗模式，推进"互联网+医疗"。组织实施健康大省行动，加强公共卫生防疫、母婴安全保障、出生缺陷防治和重大传染病防控，遏制地方病、艾滋病、结核病和癌症等重大疾病。加强中医药人才培养、科技创新和药品研发。加快建设居家社区机构相协调、医养康养相结合的养老服务体系。加大对计划生育特殊困难家庭扶助保障力度。广泛开展全民健身活动。

稳步提高社会保障水平。全面推进养老、失业、工伤保险省级统筹，实行基本医疗保险市级统筹，实现城乡居民养老保险、医疗保险应保尽保，调整提高退休人员基本养老金待遇。扩大集中带量采购和使用药品品种范围，加快推进个人医保卡全省通用。健全重特大疾病医疗保险、救助制度，开展长期护理保险制度试点。加强社保基金运行管理，划转部分国有资本充实社保基金。完善农村留守儿童和妇女、老年人关爱服务体系，建立事实无人抚养儿童基本生活补贴制度。认真执行社会救助和保障标准与物价上涨挂钩的联动机制，抓好特困人员和低收入困难群众的救助工作，确保困难群众基本生活得到有效保障和改善。巩固全面建成小康社会的成果，一个不能少。

改进和创新社会治理。开展市域社会治理现代化试点，创新互联网时代群众工作机制。完善信访制度，畅通和规范群众诉求表达、利益协调、权益保障通道，及时就地化解矛盾纠纷。巩固完善"一村一辅警""城市快警"工作，加强应急处突力量建设，构建立体化、信息化社会治安防控体系。推动扫黑除恶常态化长效化，集中打击突出违法犯罪行为。落实"四个最严"，加强食品药品监管。加快构建现代人防体系。开展民族团结进步创建，依法加强宗教事务管理。扎实做好地区生产总值统一核算工作，发挥统计监督职能作用。支持工会、共青团、妇联、红十字会等群团组织更好发挥作用。

全面支持国防和军队现代化建设。坚决贯彻习近平强军思想，完善应急应战、激励创新、军民融合的配套政策措施。巩固深化民兵调整改革成果，创新开展全民国防教育，推进"智慧动员"项目落地。构建省级兵役信息平台，建立兵役信息核验制度，全面规范基层武装部和专武干部队伍建设。健全退役军人工作体系和保障制度，落实军人军属待遇保障政策。深入开展新一轮"双拥"创建活动。

（九）提升政府治理能力和水平，建设人民满意的服务型政府

坚持党对一切工作的领导，增强"四个意识"，坚定"四个自信"，做到"两个维护"，充分履行推动经济社会发展、管理社会事务、服务人民群众的重大职责，做到为人民服务、对人民负责、受人民监督，努力打造服务政府、责任政府、法治政府、廉洁政府。

不断砥砺初心、担当使命。坚定共产主义远大理想和中国特色社会主义共同理想，用习近平新时代中国特色社会主义思想武装头脑、指导工作。把不忘初心、牢记使命作为加强政府系统党的建设的永恒课题和全体党员、干部的终身课题，坚持不懈锤炼党员、干部忠诚干净担当的政治品格，切实增强学习本领、政治领导本领、改革创新本领、科学发展本领、依法执政本领、群众工作本领、狠抓落实本领、驾驭风险本领。全面贯彻党的基本理论、基本路线、基本方略，使政府一切工作顺应时代潮流、符合发展规律、体现人民愿望。我们一定要做政治上的明白人、老百姓的贴心人、干事创业的带头人。

构建职责明确、依法行政的政府治理体系。认真落实党的十九届五中全会精神，带头尊崇制度、执行制度、维护制度。推进机构、职能、权限、程序、责任法定化，完善和落实政府权责清单制度，推进机构职能优化协同高效，健全部门协调配合机制。完善政府立法体制机制，深化行政执法体制改革，规范执法自由裁量权，推进行政执法权限和力量向基层延伸。健全科学民主依法决策机制。认真落实省人大及其常委会决议决定，认真办理人大代表建议和政协提案。自觉接受省人大及其常委会监督、政协民主监督、监察监督、审计监督，主动接受社会和舆论监督。认真听取人大代表、政协委员意见，听取民主党派、工商联、无党派人士和各人民团体意见建议。

切实提高行政效能。推进基层政务公开标准化、规范化，用好法人、自然人信息平台及自然资源和地理空间数据库，推进跨系统、跨业务、跨部门、跨地区数据共享，破除部门数据壁垒，加快数字政府建设。深入推进"一件事一次办"，推动"互联网+政务服务"一体化平台全覆盖，实现政务服务"网上办理、全程在线、一网通办"。大力推行行政审批、证明事项告知承诺制。探索建立全省中介服务超市。贯彻落实全面加强基层建设的若干意见，抓基层治理、抓基础设施、抓基础管理，推动资源向基层倾斜、人才向基层流动、干部在基层成长。

坚持为民务实清廉。坚持人民至上，始终为人民利益和幸福而努力工作，加大力度消除民生痛点，真抓实干解民忧、纾民怨、暖民心，让人民群众获得感、幸福感、安全感更加充实、更有保障、更可持续。发挥真抓实干督查激励作用，用好绩效考核指挥棒，引导广大干部不兴伪事、不务虚功，激发干事创业精气神。严守政治纪律和政治规矩，加强党纪国法教育。严格执行廉洁从政各项规定，落实党风廉政建设主体责任和"一岗双责"，加强行政审批、行政执法、工程建设、资源开发、

公共资源交易、公共财政支出等重点领域监管，突出整治违规收送礼品礼金、接受管理服务对象宴请、出入私人会所、打着亲属经商的幌子谋取私利等问题。持之以恒正风肃纪，落实中央八项规定精神和省委实施办法，加大纠治"四风"力度，坚决反对形形色色的形式主义、官僚主义。坚守勤俭节约优良传统，做到量入为出、以收定支，大力压减一般性支出和非重点支出，兜牢"三保"底线，带头过紧日子，让老百姓过好日子。

各位代表！

历史正在我们手中创造，蓝图必将在接力前行中实现。让我们更加紧密地团结在以习近平同志为核心的党中央周围，在中共省委的坚强领导下，要坚持以习近平新时代中国特色社会主义思想为根本遵循，全面贯彻新发展理念，认真落实，科学践行"十四五"时期发展目标、工作思路、重点任务，增强创新力、挖掘市场力、提升文化力，开启全面建设社会主义现代化新征程齐心协力，开拓进取，为建设中国特色社会主义社会而努力奋斗！

××省政府
××年×月×日

【例文评析】

例文是关于省政府的工作总结，首先从经济发展、创新开放、三大攻坚和民生改善四个方面分析本年度的工作情况以及发展形势，存在着什么样的问题，随即又围绕推动高质量发展，重点抓了八个方面的工作，对本年度的工作进行全面而详细地阐述，这八个方面涉猎广泛，通过并列式的结构说明，让读者一目了然，清晰明了，层次分明，重点突出；整个例文的下部分阐述的是关于新一年工作的计划打算，共八条；紧扣全面建成小康社会目标、大力实施乡村振兴战略、坚持创新引领开放崛起、锐意推进各项改革、繁荣发展社会主义先进文化、着力保障和改善民生。都是贴近实际情况的计划，具有很强的可行性。

【例文2】

××市政府2020年工作总结

各位代表：

现在，我代表市人民政府向大会报告工作，请予审议，并请各位政协委员和其他列席人员提出意见。

一、工作回顾

去年，我们在省委、省政府和市委的坚强领导下，坚持以习近平新时代中国特色社会主义思想为指导，认真贯彻党的十九大和十九届二中、三中、四中、五中全会精神，自觉践行新发展理念，深入实施创新引领开放崛起战略，着力建设现代化城市和"三个中心"，不忘初心、牢记使命、攻坚克难、砥砺奋进，完成了目标任务，为庆祝建党 100 周年交出了合格答卷。

一年来，着重抓了八个方面的工作：

一是紧盯三大攻坚战。防范化解重大风险攻坚战扎实推进。坚持控总量、化存量、调结构，三项债务之和持续压减，隐性债务化解任务超额完成，政府债务风险总体可控。平台公司"撤并转"加快推进，清理整合融资平台公司 121 家，市轨道集团去平台、市场化转型成为全省样板。充分发挥专项债稳增长的作用，争取政府新增债券额度 249.2 亿元、企业债券 42.7 亿元。重拳整治套路贷、校园贷、非法高利放贷，立案打击非法集资 46 起，全社会尤其是校园金融环境更加健康。精准脱贫攻坚战深入实施。市内精准脱贫、市外对口帮扶"两个战场"统筹推进，全市 1.5 万名建档立卡贫困户实现脱贫，13.6 万贫困人口实现饮水安全，新增贫困劳动力转移就业 1065 人，改造农村危房 1359 户，累计发放兜底保障对象补助资金 7.3 亿元。污染防治攻坚战全面开展。生态环境垂直管理改革基本完成，监管执法始终保持高压态势。中央生态环保督察及"回头看"、省级环保督察反馈问题扎实整改，绿心地区工业企业全部退出，169 个年度污染防治项目全面完成。严格落实"六控十严禁"措施，主城区完成餐饮单位油烟净化 1.5 万家，提质改造加油站地下油罐 × 座，PM10 等主要污染物平均浓度持续下降，空气质量优良率 75.3%。新改扩建城区污水处理厂 4 家，新增污水日处理能力 39.5 万吨；集中式饮用水水源保护区水质达标率 100%。

二是紧盯现代产业发展。制造业高质量发展迈出坚实步伐。深入开展产业项目建设年活动，规模以上工业增加值增速位居全国省会城市前列。智能制造统领产业转型升级，"三智一自主"产业布局基本完成，智能制造试点企业达 668 家，入选国家首批 5G 城市。

产业链发展成效显著，22 条工业新兴及优势产业链完成投资 875 亿元，工程机械产业链总产值首破 2000 亿元，新增规模以上工业企业 311 家。重大项目支撑有力，新引进 2 亿元以上重大项目 162 个。现代服务业转型升级加速推进。金融业持续壮大，新增上市公司 2 家、过会企业 2 家。物流业加快发展，快递业务量增长 45%，社会物流总额达 3.6 万亿元。商贸业稳步增长。会展业影响扩大，全球高端制造业大会、国际工程机械展、国际商品博览会等重大会展成功举办，会展业成交额超 1100 亿元。现代农业"一县一特"产业格局初步形成。新型农业经营主体达 2.8 万家，国家级农业龙头企业增至 10 家，新增"三品一标"99 个，农产品加工业总销售收入突破 30 亿元。六大特色农业产业链加快建设，品牌效应明显增强。

三是紧盯营商环境优化。行政效能持续提速。深入实施营商环境优化年活动，纵深推进简政放权，编制公布权力清单、公共服务事项清单等 6 张清单，再次下放市级权限 136 项、取消权力事项 10 项，"一网通办"系统上线试运行。实体经济成本不断降低。坚决落实减税降费政策，全年为市场主体减税 217 亿元，社保降费 31.5 亿元；减少电费支出 10.5 亿元，累计为企业转贷超 30 亿元。试行工业用地"弹性年期出让"，为企业降低前期土地投入成本 50%。企业家合法权益有效保护。建立政企常态化沟通制度，设立民营企业信访专窗，实施企业合法权益保护十大举措，开展企业家权益保护专项行动，有效为企业挽回损失。惠企政策有力落实。搭建涉企政策发布平台，全面公开惠企政策，提供政策咨询、资金申报等全方位、一站式服务，兑现奖补政策资金30.4亿元。

四是紧盯改革开放创新。重点改革加速推进。10项重点攻坚改革、41项国家和省级改革试点顺利实施。市县两级政府机构和36家承担行政职能的事业单位改革圆满完成，市场监管等5支综合执法队伍组建成型。国资国企改革成效明显，组建市城发集团，关闭、整合、转型"僵尸"企业8家，国企混合所有制改革顺利实施，国企退休人员社会化管理全国试点稳步推进，市属国企资产总额突破1.2万亿元，增长20%以上。基层治理改革走在全国前列，开放高地加速崛起。开放平台不断夯实，跨境电商综试区交易额增长130%以上。开放通道有效拓展。开放主体持续壮大，有外贸实绩企业增加500家以上，进出口总额1亿美元以上外贸企业达41家，增长71%。交流合作日益深化。创新驱动持续增强。创新平台纷纷落户，创新活力竞相迸发，知识产权运营服务体系建设领先全国，创新成果加快转化，技术合同成交额达233亿元，增长61.2%，高新技术产业增加值占地区生产总值比重达30%。

五是紧盯重大平台提质。经济发展质量提升，主要经济指标增速均高于省、市平均水平；新增科创企业900多家，总数超过3000家。金融发展水平提升，基金管理总规模达2215亿元。

六是紧盯品质城市升级。宜居品质全面提升。城市空间结构不断优化，重点区域城市设计、功能布局日益完善。城市基础建设持续加强，改造老旧小区50个，获批全国城镇老旧小区改造试点；城市"双修"和新型城镇化综合试点取得阶段性成效；获批全国首批城市体检评估试点城市；高铁会展新城国际会议中心和配套工程全面动工，率先打造智慧站区。"清洁城市"行动成效明显，生活垃圾分类实现社区全覆盖，湿垃圾处理项目正式运行，城区环卫基础设施"三改"全面完成，改造老旧站厕489座，配置环保新能源环卫车辆180台，新能源智能化环卫保洁示范基地建成，城市文明水平持续提升。宜业环境不断改善。创业平台加快集聚，建成国家级创新创业平台7个、省级众创空间18家。综合配套功能更加完善，供电能力提升至800万千瓦。立体交通网络更加健全，机场扩建工程加速推进。宜游魅力更加彰显。大力发展全域旅游，精心打造旅游景点。国家生态园林城市创建步伐加快，新增绿地450公顷，新建公园70个，人均公园绿地面积12平方米，森林覆盖率55%，促成省植物园免费开放。

七是紧盯乡村振兴战略。农村人居环境逐步改善。农村"五治"扎实推进，农村旱厕全面清零，改造无害化厕所22万户；垃圾分类减量行政村覆盖率提高至92.8%；清理"一户多宅""空心房"8784户，建成农民集中居住示范点10个；新改建乡镇污水处理厂39座；1542个村（社区）建立红白理事会、修订村规民约，人情风、请吃风得到遏制。新型村级集体经济不断壮大。农村集体产权制度改革深入推进，清理核实集体资产226.1亿元，集体经济组织成员身份确认工作基本完成。铺排"四型"集体经济项目352个，年收入5万元以下的集体经济"薄弱村"全面清零。农村基础设施更加完善。建设高标准农田20.7万亩，完成农村公路安防设施建设800公里，所有建制村全部通客运班线、光纤宽带。

八是紧盯民生社会事业。民生实事全面完成。高质量完成民生实事。"15分钟生活圈"实现城区全覆盖，公办幼儿园新改扩建和社区居家养老服务中心、敬老院照料护理区建设顺利完成，区县（市）社会福利中心建设全面启动，农村公路和自然村通水泥沥青路建设任务超额完成，小微水体管护试点片区、村（社区）综合文化中心、公园、全民健身工程建设全面完成，棚户区、小餐饮"透明厨房"改造目标全面实现。同时，全面完成省定民生实事任务。社会保障更加有力。城镇新增就业14.8万人，城镇登记失业率控制在3%以内。城乡低保标准提高至每人每月650元，居民养老保险基础养老金上调至每人每月198元。坚决落实"房住不炒"，低房价优势转化为创新创业竞争优势；新建公租房9031套。科教事业蓬勃发展。完成小区配套幼儿园移交64所，公办和普惠性民办园占比85.2%；新扩建义务教育学校32所，新增学位4.7万个，义务教育阶段大班额基本消除。文体事业欣欣向荣。社会治理强力推进。"平安城市"建设不断深化，扫黑除恶专项斗争成效显著；禁毒和打击传销工作大力推进。流动人口管理成效明显，化解信访积案难案229件，出色完成急难险重救灾救援任务。国家食品安全示范城市创建持续推进，食品抽检合格率达98.2%。重要民生商品保价稳供。农民工欠薪案件动态清零。其他事业协调推进。民族宗教、社科普及、供销、移民、粮食、职工维权、青年双创、妇女儿童等工作取得新进展，港澳台侨、机关事务、公积金、地方志、档案、气象、水文、人防、地震、残联、文联、红十字等工作发挥新作用。

过去一年，我们深入开展"不忘初心、牢记使命"主题教育，聚焦解决制约城市发展和老百姓最急最忧最盼的问题，完成问题整改1000余个，取得实实在在的成效。各民主党派、工商联、无党派人士围绕中心、服务大局，参政议政、建言献策，有力推动城市高质量发展。实行市领导领办民生建议和重点提案。基本完成对政府工作部门和直属单位的巡察工作。加强国防后备力量建设，深化民兵调整改革，支持军队军事政策制度改革，健全退役军人管理服务保障体系，落实双拥优抚安置，军政军民团结更加巩固。

为者常成，行者常至。各位代表，过去一年，全市上下在同心同德中奋力奔跑，在群策群力中奋勇攻坚，我市发展行稳致远、欣欣向荣。这些成绩的取得，是省委、省政府和市委坚强领导的结果，是市人大及其常委会和市政协监督支持的结果，是全市上下团结拼搏的结果。在此，我代表市人民政府向全市各族人民，向各民主党派、工商联、无党派人士和人民团体，向驻长部队、武警官兵、政法干警、消防救援和民兵预备役人员，向所有关心、支持和参与我市发展的各界人士，表示诚挚感谢和崇高敬意！

安不忘危，兴不忘忧。我们也清醒地看到发展中存在一些问题和不足：制造业转型升级有待加快，外向型经济和现代服务业短板仍较明显；全社会研发投入不足，科技成果就地转化率不高；环境污染问题没有得到根本性解决，大气、水、土壤污染治理任务仍然较重；教育、医疗、养老等民生保障与群众期待还有差距；安全生产监管能力和水平亟待提升；城市精细化管理还需加强；农业农村基础依然薄弱，农民增收渠道有待拓宽；政府治理体系和治理能力与发展需求不相适应，营商环境有待进一步优化，干事创业的精气神有待进一步提振。对此，我们将高度重视，采取有效措施，切实加以解决。

二、新一年工作重点

今年是"十四五"规划开局之年，我市的未来机遇和挑战同在，发展与风险并存。从机遇看，我国经济稳中向好、长期向好的基本趋势没有改变，国家坚持宏观政策要稳、微观政策要活、社会政策要托底的政策框架，逆周期调节力度不断加大，技术创新、减税降费等方面的政策支持将会叠加发力；省委、省政府高度重视和支持省会城市高质量发展，创造条件让我市更好地发挥示范引领、辐射带动作用；全产业链持续壮大，重大项目作用逐步显现，智能制造和现代服务业"双轮驱动"基础不断强化，经济社会平稳运行的支撑更加有力。总之，我市仍然处于重大战略机遇期。从挑战看，我国正处在转变发展方式、优化经济结构、转换增长动力的攻关期，结构性、体制性、周期性问题相互交织，受"三期叠加"、经济下行压力加大和三大攻坚战任务仍然艰巨等影响，我市推动经济高质量发展与生态高水平保护的统筹需要持续加强，防范债务风险和稳定投资增长的矛盾需要重点破解，应对先进城市竞争与带动区域共同发展的关系需要协同推进。我们一定要保持定力、激发活力、创新动力、形成合力，积极应对各种风险挑战，保持高质量发展良好势头，加快现代化城市建设进程，努力展现城市更大担当、彰显幸福城市更大作为！

今年政府工作的总体要求是：以习近平新时代中国特色社会主义思想为指导，全面贯彻党的十九大和十九届二中、三中、四中、五中全会精神，认真落实习近平总书记的重要讲话指示精神，增强"四个意识"、坚定"四个自信"、做到"两个维护"，坚持稳中求进工作总基调，坚持新发展理念，坚持以供给侧结构性改革为主线，坚持以改革开放为动力，以"推动制造业高质量发展"为抓手，深入实施创新引领开放崛起战略，全面做好"六稳"工作，持续推进产业项目建设和营商环境优化，统筹推进稳增长、促改革、调结构、惠民生、防风险、保稳定，促进经济社会高质量发展，确保"十三五"规划圆满收官和"十四五"规划顺利开局。

全市经济社会发展的主要目标是：地区生产总值增长8%左右；固定资产投资增长9%；规模以上工业增加值增长8.5%左右；社会消费品零售总额增长10%；地方一般公共预算收入增长6.5%；全体居民人均可支配收入增长8%；单位地区生产总值能耗下降2%，税收占财政收入比重、减排任务完成省定指标；城镇登记失业率控制在4%以内，居民消费价格指数103.5左右。

为实现上述目标，重点抓好以下九个方面工作：

（一）全力推动制造业高质量发展

坚持做优增量、盘活存量，打好产业基础高级化、产业链现代化攻坚战。持续深耕智能制造。加强战略性、网络型基础设施建设，新建5G基站15500个，促进新一代信息技术与制造业深度融合发展。大力发展超高清视频、人工智能、大数据、检验检测等新兴产业，着力推动工程机械、汽车及零配件、食品等传统产业加速向数字化、网络化、智能化转型升级。深入推进服务型制造创新发展，引导制造业企业延伸服务链条、创新服务模式，由提供产品向提供全生命周期管理转变，由提供设备向提供系统解决方案转变。努力将工程机械打造为世界级先进制造业集群，将电子信息、新材料等打造为国家先进制造业集群。争创国家新一代人工智能创新发展试验区。提升产业链现代化水平。打造更多的产业链技术服务平台，引导支持产业联盟建设，提升本地配套率，促进产业链大中小企业共生共荣；优化产业链，加快发展现代金融、现代物流等产业链，推动先进制造业和现代服务业深度融合。抓好企业二次招商，挖掘存量项目潜能，打造更多"核心＋配套"项目组合；强化项目建设全流程管理。支持我市高新区创建国家新型工业化基地，支持国家级经开区开发建设主体上市。强化制造业发展要素保障。完善人才政策，设立高层次人才信贷风险补偿基金，发挥好人力资源服务产业园平台作用，引进海外人才。推进土地二次开发和集约节约利用，切实保障重大项目建设用地供给。提升电网供电和服务能力，打造现代化智慧电网。提升金融服务能力；做大产业支持基金，优化"母子"基金架构，实现22条产业链基金全覆盖；增加制造业中长期融资，为企业提供更加便捷高效的资本服务。制造业高质量发展是我市的立市之本，我们将绵绵用力、久久为功，培植高质量发展的厚实基因。

（二）全力巩固打赢三大攻坚战的成果

一步一个脚印，把"硬骨头"啃下来，把"硬任务"拿下来。全面实现精准脱贫。加大"两业"扶贫力度，落实特殊贫困人口兜底保障政策，全面解决贫困群众"两不愁三保障"问题，逐村逐户对账销号，确保如期实现所有贫困户脱贫。认真开展脱贫攻坚普查，全力做好返贫人口和新发生贫困人口的监测及帮扶，有效保障贫困边缘人口生产生活，建立巩固脱贫长效机制，实现更高水平、更高质量的精准脱贫。扎实推进污染防治。突出精准治污、科学治污、依法治污，推动生态环境质量持续好转。加大生态补偿力度。坚决打赢蓝天保卫战，聚焦臭氧、PM10污染防治，保持"六控十严禁"高压态势，完成燃气锅炉低氮改造，空气优良率达80%。着力打好碧水保卫战，深入落实河湖长制，实施省级以上工业园区、排口、饮用水水源保护专项整治；县管河流和小微水体综合治理，实现市、县管河流干支流同步治理、水质同步达标；扎实推进净土保卫战，加强土壤污染地块管控与治理修复，加快黑麋峰环保主题公园建设。大力开展静音保卫战，重点加强交通、建筑施工、社会生活和工业噪声污染防治。有效防范化解重大风险。强化政府债务限额管理与预算管理，全面完成年度政府性债务化解目标。大力促进轨道集团市场化发展，全面推进国企市场化改革。发挥好专项债券的撬动作用，充分激活民间投资，多措并举盘活国有资产、资源和资金，着力扩大有效投资。加大非法集资防范教育、案件预防和打击力度，坚决守住不发生区域性风险、不引发系统性风险的底线，有效防控金融风险，让老百姓的"钱袋子"更安全。

（三）全力促进更高水平改革开放创新

坚持以改革开放和创新驱动为两个轮子，破解发展难题、厚植发展优势。强化重点改革攻坚。深入推进供给侧结构性改革，在"巩固、增强、提升、畅通"上下功夫。深化国资国企改革，鼓励支持市属国企推进混合所有制改革，积极完善现代企业制度，推动国资监管从管企业向管资本转变。不断深化财政管理体制改革，全面推进国库集中支付电子化管理改革。统筹推进综合医改、城市公共空间管理体制、供销合作社、公共资源交易、集体林权制度等改革。提高对外开放水平。推进智慧口岸建设，压缩通关时间，降低通关成本，深度融入"一带一路"，助力工程机械、电子信息、医疗器械等优势产能"走出去"。加强国际人文交流，增强科技创新能力。集聚全球创新资源，加快培育创新生态链，持续推进国家自主创新示范区建设。深化市校、企校融合发展，加强与知名高校合作，共建科研平台、共促科研创新、共享科研成果，实现技术合同成交额260亿元以上。推动军民融合深度发展，创建国家军民融合重点区域和国防科技工业创新示范基地。加强知识产权协同保护体系建设，严厉打击知识产权侵权行为，给创新创造装上"防护网"。推动区域协同发展。坚定不移推进城市群一体化发展，带头办好30项重点合作实事，嫁接科技创新和优质金融资源，打造内陆城市与粤港澳深度合作示范区。努力在区域协同发展中更好地展示我市作为、彰显我市担当、做出属于我市的贡献。

（四）全力推进营商环境持续优化

贯彻落实国务院《优化营商环境条例》，建立优化营商环境"双对标、指标长"制度，打造更具吸引力、创造力和竞争力的营商环境。大力提升政务服务效能。落实政府权责清单制度，推动行政审批事项应减尽减、审批权限应放尽放。切实增强"互联网+监管"能力，全面推行"双随机、一公开"监管。推进规划用地"多审合一、多证合一"改革，实行建设项目"多评合一、多验合一"改革。强化"三集中三到位"，推进"综合窗"改革全面落地，推动个人和法人事项"任意窗口无差别受理"。着力激发市场主体活力。积极营造高品质创业创新生态，推进大众创业、万众创新，推动市场主体扩总量、优结构，催生更多初创型、创新型企业。持续抓好企业"入规、升高、上市、扩面"，大力培育和引进"独角兽"企业、行业领军企业。倾力支持民营经济发展。深入落实中央支持民营企业改革发展条例，完善鼓励民营企业发展政策体系，健全涉企政策听取企业家意见制度。不折不扣落实减税降费政策，切实降低企业制度性交易成本和用地、用电、用水、用气、融资、物流等要素成本，支持民营企业从业人员职称评定。有序推进"僵尸企业"处置，实现社会资源优化配置。放宽民营企业市场准入，支持民营企业进入交通基础设施、市政公用事业、生态环境保护等领域。保护企业家合法权益，建立政府部门和国有企业拖欠账款问题约束惩戒机制，依法惩治侵犯民营企业投资者、管理者和从业人员合法权益的违法犯罪行为。大力弘扬企业家精神，加强民营企业家培训，促进民营企业家健康成长。争创全国民营经济示范城市。让民营企业家在我市放心投资、舒心创业、安心发展。

（五）全力提速发展现代服务业

聚焦新产业、新业态、新模式、新技术，推动生产性服务业向专业化和价值链高端延伸、生活性服务业向高品质和多样化升级。大力发展总部经济。支持各类总部经济承载平台建设，瞄准行业领军企业，新增综合型、功能型、成长型等各类企业总部30家以上。加快发展楼宇经济。全面推进闲置楼宇、烂尾楼处置工作，充分盘活闲置资源资产；实行"一楼一策"，加大产业导入力度，创新服务管理模式，落实考核评价机制，提升楼宇入驻率、注册率、纳税率，打造更多亿元楼宇。突出发展物流经济。融合发展文旅经济。创建国家文化和旅游消费示范城市，促进消费转型升级，大力培育新兴消费，不断改进服务体验，打造区域性国际消费城市。积极发展会展经济。做大做强会展产业，提升展会品牌化、市场化、专业化、国际化水平。

（六）全力完善宜居城市综合功能

以创建"××环境奖"为抓手，补齐发展短板，不断提升城市宜居水平。提升城市规划设计。完成国土空间总体规划编制，加强城市总体设计和规划管控，实现全域自然资源统筹管理。编制综合交通、历史文化名城保护、自然保护地体系、水安全保障等专项规划。提升城市承载能力。提升城市管理水平，加强城市精细化管理，综合治理市容环境，强化主次干道重点部位、重点时段管理，着力解决乱搭乱建及违规夜市、违法占道等顽疾。持续推进生活垃圾分类全覆盖体系建设，全面构建分类投放、收集、运输、处理全链条。完成灰渣填埋场主体建设，加快建设污泥与生活垃圾清洁焚烧二期主体工程，打造市治大院等垃圾分类样板。加快创建国家节水型城市。深化群众性精神文明建设，巩固文明城市创建成效。提升城市整体风貌。纵深推进城市体检，加强城市更新和存量住房改造提升，实施优化城市人居环境三年行动计划，启动"城中村"、棚户区改造，完成老城区有机更新片区。高品位营造水景观，保护修复湿地，打造美丽河流。创建国家生态园林城市，实施园林绿化景观微改造，建设社区公园、街角花园，加快生态廊道建设，加强古树名木和自然保护地保护，让广大市民推窗见景、开门见绿、出门进园。

（七）全力实施乡村振兴战略

深化农业供给侧结构性改革，带动农民增收和乡村振兴，加速农业农村现代化。全面深化农村人居环境综合整治。持续推进农村"五治"，无害化厕所覆盖率超过90%；行政村垃圾分类减量覆盖率100%；市级乡村振兴示范镇村全面清除"一户多宅""空心房"；完善常住人口2000人以上农村集镇的生活污水设施建设，打造小微水体管护示范片区30个；持续改善乡风家风民风。继续实施农村饮水安全巩固提升工程，提质改造农村饮水单村工程30个。加快防洪保护圈建设，推进大众垸、××等防洪综合整治，完成××、××水库除险加固；加快水库建设，启动××水库建设前期工作。扎实推进农业现代化。突出"××"，促进一二三产业深度融合，推动蔬菜、花猪、花卉苗木等特色农业产业在生产基地、产业链发展等方面较快增长，培育新型农业经营主体1000家以上、农产品生产基地×个，新增"××"55个以上；力争农产品加工业总销售收入突破2700亿元。大力发展新型村级集体经济。推动新型村级集体经济与文旅、康养、电商等产业深度融合，探索更多村级集体经济发展新模式、新方式，实施新型村级集体经济发展重大项目 300 个以上。提高"薄弱村"认定标准，消除年集体经济收入 10 万元以下的"薄弱村" 100 个。用好用活农村"四块地"，全市耕地流转面积占家庭承包耕地面积比重 55% 以上，更好推动农村土地资源变资产、资产变资本、资本变资金。

（八）全力改善民生福祉

发挥政府作用保基本民生，突出关键时点、困难人群，加快补齐民生短板。提升社会保障水平。推进更充分更高质量就业，重点抓好高校毕业生、退役军人、返乡农民工等群体就业。提高城乡居民养老保险基础养老金和大病医疗保险标准，取消建档立卡贫困人口大病医疗费用封顶线。提高城乡低保、特困供养等对象社会救助水平，深入开展城市特困群体"五帮扶"。抓好"菜篮子"工程，促进生猪稳产保供，遏制部分食品价格过快上涨，保证物价水平处于合理区间。办好人民满意教育。基本完成义务教育标准化学校建设，着力解决进城务工人员子女上学难问题。深化产教融合，提升职业院校质量与内涵，启动职院、幼儿师范高等专科学校新校区建设，支持卫生职业学院、商贸旅游职院、职业技术学院建设特色高职院校。支持学院建设特色鲜明的高水平应用型大学。全面推进智慧教育，规范管理民办学校，严格管理培训机构，突出提升中小学、幼儿园安全防范水平。着力减轻中小学教师、学生和家长负担，让老师安心、学生静心、家长舒心。解决"一老一小"难题。实施社区养老服务三年行动计划，完成困难老年人家居适老化改造，规范养老机构管理，推进医养结合发展，提升养老服务质量。支持社会力量发展普惠托育服务，加强儿童青少年视力监测预防及儿童福利院建设，实现残疾儿童康复救助全覆盖。优化公共文化供给。开展免费电影放映、送戏下乡、全民阅读，推动文化志愿服务走基层、进社区。增强群众健康体质。大力推进基层医疗卫生机构规范化建设，实现行政村卫生室标准化建设全覆盖；支持市、县医院重点临床学科建设，提高家庭医生签约服务质量；推进"三医联动"，落实药品采购"两票制"和价格联动办法；推进分级诊疗和医联体建设，上线电子健康卡等智慧医疗应用系统；加强重大慢性病防治，减轻患者用药负担。推进国际体育中心建设，创建全民运动健身模范市。完善住房保障体系。坚持"房住不炒"，健全稳地价、稳房价、稳预期长效管理调控机制，始终保持相对较低房价优势。推进住房租赁试点城市建设，筹集租赁房源 2.5 万套，发放租赁补贴 2000 户，重点保障特困户、新市民、被征地农民住房需求。发挥好住房公积金支持中低收入群体购房作用。全面提升民生领域服务质量，努力让城市更有温度、生活更有温情、市民更有温暖。

（九）全力构建社会治理新格局

整合各类资源，引导各方参与，创新共建共治共享机制，确保人民安居乐业、社会安定有序。创新基层治理。探索党建引领的基层治理新模式，深化网格化管理和服务，进一步夯实基层社会治理基础。统筹城乡一体的基层治理新体系，坚持城乡并重，实行自治、法治、德治相结合，推动社区、社会组织和社会工作专业人才"三社联动"，切实提升社区管理和物业服务水平，力争实现农村社区全覆盖。健全完善人民调解、行政调解、司法调解"三调联动"的工作新机制,加强社会心理服务和危机干预,构建有机衔接、协调联动、高效便捷的矛盾纠纷多元化解机制,推动信访积案化解,将矛盾化解在基层。严格市场监管。强化食品安全专项攻坚,确保农产品质量安全。狠抓"四品一械"安全,深化特种设备领域"打非治违"专项行动。规范砂石市场,加强商品混凝土管理,提升新建商品房质量。深入实施质量提升条例,推进质量强市建设。强化应急管理。牢牢守住安全生产底线,重点排查整治烟花爆竹、交通运输、危化品等行业安全隐患,严格落实企业主体责任,全面提升安全生产监管能力和水平。加快应急救援基地、人防设施建设,加大"全灾种"消防救援装备配置,完成17个消防站建设。加强精准气象预报系统建设,提升地震灾害预防水平。建设平安城市。深化"互联网+群防群治",提高社会治安立体化、智能化、精准化水平。持续深化扫黑除恶专项斗争,有力震慑黑恶势力犯罪;加快创建禁毒示范城市,打好禁毒人民战争;依法打击违法犯罪和传销组织。进一步加强社区矫正工作。引导依法文明养犬。发挥群团组织、社会组织作用,支持工会、共青团、妇联、科协、文联、红十字会、慈善会等广泛参与社会治理,建设人人有责、人人尽责、人人享有的社会治理共同体。

加强国防动员工作和后备力量建设,落实民兵调整改革,支持军队军事政策制度改革落地。高标准建好市、县两级民兵训练基地。全面普及国防安全和爱国主义教育,做好退役军人服务管理工作。不断巩固军政军民团结良好局面。科学完善和发展"十四五"规划。深化民族团结进步创建工作。加强档案数字化建设。

三、着力加强政府治理能力现代化建设

民之所望,施政所向。我们将始终坚持为人民服务、对人民负责、受人民监督,全面推进政府治理体系和治理能力现代化,把制度优势更好转化为治理效能,建设人民满意的服务型政府。

建设为民政府。坚持以人民为中心,全心全力为老百姓办好事、办实事。把群众关切的事办好。紧盯群众切身利益问题,大力推进"七有"工作,实现义务教育大班额全面消除、中小学幼儿园100%设置护学服务岗、农民工工资无拖欠、事实无人抚养儿童全部纳入儿童福利保障体系,确保零就业家庭动态清零,解决好群众的操心事、烦心事、揪心事。把群众期盼的事办成。顺应人民群众对美好生活的向往,着力改善生态环境、优化交通出行、提升文明素养、完善公共服务,加快建设儿童友好型、老年关爱型城市,着力创建国家食品安全示范城市,不断满足群众对清新空气、清澈水质、清洁环境等生态产品的迫切需求,努力让我市天更蓝、地更绿,让老百姓吃得更放心、出行更便捷、生活更舒适,切实把民生工作做到老百姓的心坎上。把群众受益的事办实。重点办好10件民生实事:一是打造"××"升级版,扩面提质"15分钟生活圈"130个。二是开展政府补贴性职业培训5万人次,实现城镇新增就业13.7万人。三是增加公办幼儿园学位3万个、义务教育学校学位4万个。四是每个乡镇卫生院(社区卫生服务中心)配备全科医生2名,完成孕产妇免费血清学产前筛查4.3万人,开展农村和城镇低保适龄妇女"两癌"免费检查8万

人。五是新改建农村公路1000公里，打通城区瓶颈路、断头路20条。六是完成城镇老旧小区提质改造100个、既有多层住宅加装电梯600台、天然气改造10000户。七是新增农村自来水入户人口10万人，新改建农村户用无害化厕所19万座。八是建好社区养老服务设施100家，完成区县（市）社会福利中心主体工程建设7个。九是建设标准化村（社区）综合文化服务中心100个，完成文化惠民演出1000场。十是提质改造村级儿童之家35个，完成扶残助学2000人。同时，全面完成省民生实事任务。民生工作永远在路上，我们将发扬钉钉子精神，一锤接着一锤敲，一事接着一事办，用政府的辛苦指数换取群众的满意指数。

建设法治政府。坚持以法治推动善治，加快"全国法治政府建设示范市"创建步伐，基本建成法治政府。强化科学决策。坚持民主集中制，落实"三重一大"决策制度，加强重大决策事项调查研究、科学论证，对事关群众切身利益的重大事项实行社会听证，不断提高政府决策科学化、民主化、法治化水平。加强规范性文件、重大行政执法决定及政府合同合法性审查，全面推行政府法律顾问、公职律师制度，严格防范重大行政决策法律风险。强化依法行政。自觉尊法学法守法用法，确保政府工作始终在法治轨道上运行。加强政府立法队伍建设，切实提高立法质量和效率。深化行政执法体制改革，最大限度减少不必要的行政执法事项。探索实行跨领域跨部门综合执法，推动执法重心下移。全面推行行政执法"三项制度"，加强信息互通共享，规范执法自由裁量权，做好行政复议和行政应诉工作，让公平正义的阳光照亮每个角落。强化政务公开。持续推进行政决策、执行、管理、服务、结果"五公开"，实行政务办事公开全覆盖，加强和规范政府信息主动公开。严格公开程序，实现权力运行可查询、可追溯，做到政府运行与政务公开相一致。加强政务信息资源规范化、标准化、信息化管理，对外公开政务信息全部在政务门户网公布。完成市级政务热线整合，做到民有所思、政有所为。

建设数字政府。以数字化引领政府治理现代化，系统提升行政效能。完善数字设施。加快建设"新型智慧城市示范城市"，重点推进城市数据大脑及智慧应用建设，打造城市"智能中枢"。着力推进政务信息化系统集成和对接，构建纵向贯通、横向协同、全面覆盖、统一接入的数字政府体系。大力支持信息安全产业园发展，切实加强信息产业和产业关键领域安全设施建设，打造特色的数字安全产业。推动数字共享。统筹政务和社会数据资源归集、融合、共享，加快全市数据资源共享平台建设，建成人口、法人、经济信息、地理空间等基础数据库和电子证照、社会诚信等专题数据库，打通"数据壁垒"、融通"信息孤岛"。推进数据资源向社会开放，加强对数据资源的分级分类安全管理，保障信息安全，真正让数字活起来、用起来。加快数字运用。推动政府数字化转型，广泛运用互联网、大数据、人工智能、区块链等技术手段实施行政管理，切实增强各级干部利用数据推进工作的本领。完善"互联网＋政务服务"一体化平台功能，强化数据留痕、数据关联、数据分析，打造应用场景，赋能经济社会发展。着力打造24小时"不打烊"的数字政府。

建设廉洁政府。全面落实从严治党主体责任，一体推进不敢腐、不能腐、不想腐，强化权力运行监督制约，确保党和人民赋予的权力始终为人民谋幸福。做到干部清正。巩固深化"不忘初心、牢记使命"主题教育成果，切实加强党风廉政建设，全面从严、一严到底，让铁规铁纪成为政府工作人员的自觉遵循。坚决贯彻中央八项规定及实施细则精神，以打歼灭战的决心向违规收送红包礼金、"提篮子""打牌子"等顽疾开刀，坚决杜绝形式主义、官僚主义，打造持廉守正、勤政为民的干部队伍。做到政府清廉。聚焦"关键少数"，加强对政府系统领导干部和重点岗位人员的监督，强化经济责任审计，创新监管手段，促进依法用权、秉公用权、廉洁用权。聚焦关键领域，加强风险防控，杜绝权力寻租，实现公共权力规范运行、公共资金安全使用、公共资产有效监管、公共资源阳光交易、公共工程廉政建设。聚焦关键问题，牢固树立过"紧日子"思想，坚决压缩一般性支出，从严控制"三公"经费。做到政治清明。加强政治建设，严守政治纪律和政治规矩，坚决贯彻党中央国务院、省委省政府和市委各项决策部署，确保政令畅通、令行禁止。依法接受人大法律监督、工作监督，自觉接受政协民主监督，认真执行人大及其常委会的各项决定、决议，高质量办好人大代表建议、意见和政协提案；主动接受监察、司法、群众和舆论监督，自觉接受巡视监督，强化审计和统计监督。坚持厚爱严管结合、激励约束并重，旗帜鲜明为担当者担当、为负责者负责、为实干者撑腰，让干部更敢担当、干事更有底气，形成规规矩矩的上下级关系、干干净净的同事关系、清清爽爽的政企关系。

各位代表，奋斗成就历史，实干创造未来。让我们更加紧密地团结在以习近平同志为核心的党中央周围，在省委、省政府和市委的坚强领导下，不忘初心、牢记使命，只争朝夕、不负韶华，唱响高质量发展主旋律，谱写现代化城市新篇章，为实现人民对美好生活的向往作出新的更大贡献！

××市政府
××年×月×日

【例文评析】

本文是对市政府工作总结一年以来的工作情况进行了总结。总结主要分为两大部分。一是本年度完成的重点工作，从紧盯三大攻坚战、紧盯现代产业发展、紧盯营商环境优化、紧盯改革开放创新、紧盯重大平台提质、紧盯品质城市升级、紧盯乡村振兴战略和紧盯民生社会事业等方面落笔，以"总—分"大结构辅之并列式布局进行总结，条理清晰。二是对新一年工作重点的阐述，依据政府工作的总体要求和经济社会发展主要目标，提出了未来九个方面的工作，贴近实际，客观全面，是行文中的一个亮点，是使文章闪光的地方，值得我们借鉴。

第二节 局、委、办工作总结

【例文1】

××市财政局2020年工作总结

去年，全市财政部门坚持以习近平新时代中国特色社会主义思想为指导，认真学习贯彻党的十九大、十九届二中、三中、四中、五中全会精神，深入贯彻习近平总书记考察安徽重要讲话指示精神，在市委、市政府的坚强领导下，在市人大、市政协和社会各界的监督支持下，认真落实市××届人大×次会议决议要求，积极应对新冠肺炎疫情冲击，坚持稳中求进工作总基调，扎实做好"六稳"工作，全面落实"六保"任务，在圆满完成年度各项财政工作的同时，保障了全市经济和社会事业平稳健康发展。

一、坚持迎难而上，平稳有序，力促财政收支稳预期

有效应对复杂多变的财政经济环境，克服经济下行、减税降费和新冠疫情等因素对财政收入减收影响，完善收入预研预判机制，强化收入运行跟踪监测，努力实现收入增幅与预期相符，财政经济运行态势总体平稳。去年全市财政收入完成162亿元，下降8.3%左右。全市财政支出完成277.9亿元，增长6%，重点工作得到了有效保障。

二、突出保障民生，补齐短板，抓实民生工作优保障

全市教育、卫生、科技等13大类民生支出236.2亿元，增长12.1%，占全市财政支出的85%。积极助力"六稳""六保"，把有限财政资金用到"刀刃"上，市本级压减一般性支出0.3亿元，全年各级财政盘活存量资金3.9亿元重点用于保基本民生、保基层运转等重点领域投入，累计调度资金63.87亿元全力保障县区"三保"支出和基层运转。坚持以33项民生工程实施为抓手，切实保障和改善基本民生，全年投入资金50.23亿元，为年初预算的112.4%。

三、围绕发挥职能，统筹兼顾，支持疫情防控助防汛

多渠道筹措资金，将财政预算资金优先用于疫情防控保障，各级财政投入疫情防控经费22034.6万元，新冠肺炎疫情防控期间对困难群体补贴1629.28万元，统筹拨付医疗保险基金和医疗救助资金127576万元，拨付援企稳岗资金9094.45万元，新增投入创业担保基金400万元。坚定有力支持防汛救灾和灾后恢复重建，做好物资保障、资金监管等工作，共拨付各级救灾应急资金1803万元，农业防汛资金650万元，农业生产发展救灾资金3218万元，蓄滞洪区补偿及灾后重建资金2.98亿元。

四、注重防范风险，精准发力，助力三大攻坚保稳定

建立健全债务管理长效机制，坚决遏制隐性债务增量，市本级完成去年隐性债

务化解任务。选取优质公益性事业领域重点项目发行专项债券，以合法合规的方式保障重点项目合理融资需要。加大保障脱贫攻坚力度，全年投入财政专项扶贫资金4.96亿元，实施扶贫项目587个。积极推进涉农资金整合和资产收益扶贫，整合财政涉农资金7.12亿元，安排用于资产收益扶贫的财政资金2.3亿元。持续助力污染防治攻坚战，全年全市财政投入资金14.35亿元重点推进大气、水、固体废弃物等污染防治，开展采煤沉陷区治理等专项环境修复。

五、紧盯加力提效，强化保障，服务经济发展促转型

科学制订方案，全面严格监控，第一时间将中央新增转移支付资金21亿元下达县区和部门，直接惠企利民。推动经济转型升级，兑现支持产业发展政策资金1.7亿元。全力支持复工复产、创业就业和民营经济发展，全市全年新增发放创业担保贷款6.3亿元，拨付财政贴息资金3344万元，续贷过桥资金周转额15.19亿元。稳步推进供给侧结构性改革，做好"三去一降一补"工作，截至2020年年底××能源集团去产能共管账户累计支出27.07亿元、"三供一业"共管账户累计支出8.9亿元。

六、立足深化改革，依法监管，加强财政管理提绩效

从严控制行政经费支出，去年全市"三公经费"累计支出将首次被压缩至1亿元以内，同比下降18%左右。持续完善市直预算单位财务集中管理平台建设，设立具有我市特色的财政预警系统。推动绩效评价提质扩围，去年重点评价项目30个、单位自评项目60个，覆盖财政资金5.9亿元。实施财政电子票据管理改革，切实提升票据使用便捷度。进一步完善资产管理制度体系，规范闲置资产处置、出租管理，全年通过市公共资源交易平台实现资产收益7000余万元。

肯定成绩的同时，我们也应正视问题和困难。受经济下行、结构性产能过剩、减税降费和新冠疫情突发等因素叠加影响，稳收入的压力持续加大；财政用于补齐公共卫生等领域短板，做好"六稳"工作、落实"六保"任务等支出刚性增长，支持经济发展的财力明显不足，财政收支平衡压力进一步增大；因经济发展差异，区域间财力不平衡，基本公共服务水平有待提高；一些部门绩效观念和主体责任仍需加强，资金使用绩效有待提高等。这些我们将高度重视，采取有效措施，在今后的工作中认真加以解决。

××市财政局
××年×月×日

【例文评析】

例文从六个方面全面具体地总结了本单位的工作情况，包括平稳有序、补齐短板、统筹兼顾、精准发力、强化保障和依法监管等，且介绍时有对仗工整的相应标题对内容进行概括，逻辑严谨，内容承上启下，真实具体，使人易懂，详略得当，贴近现实。同时，例文对本年度工作总结全面。但例文美中不足在于并未涉及关于工作中存在的问题和未来规划阐述，应适当补充。

【例文2】

××市人社局2020年工作总结

今年来，市人社局在市委、市政府的正确领导下，以习近平新时代中国特色社会主义思想为指导，全面贯彻党的十九大和十九届二中、三中、四中、五中全会精神，坚持以人民为中心的发展思想，认真贯彻落实市委经济工作会议精神，坚持民生为本、人才优先工作主线，突出抓好稳就业工作，保障社会民生，现将全年工作开展情况总结如下：

一、指标完成情况

（一）就业创业方面

去年，全市城镇新增就业5450人，完成年度任务5300人的103%；失业人员再就业3086人，完成年度任务2800人的110%；就业困难对象再就业836人，完成年度任务800人的104.5%；全市政府补贴性技能培训11090人，完成年度任务5500人的201.6%；农村转移就业劳动者培训4535人，完成年度任务1500人的302.33%；参加就业见习人数60人，完成目标任务数60人的100%；新增农村劳动力转移就业3951人，完成年度计划2350人的168%；创业培训1050人，完成年度计划660人的159%；贫困劳动力技能培训完成686人，完成年度目标任务数325人的211%，其中"两后生"25人，完成率100%；失业保险参保总人数36500人，完成年度计划36500人的100%；城镇登记失业率控制在4.0%以内。

（二）社会保障方面

去年，城乡居民养老保险覆盖面达到了100%；企业养老保险基金征缴29988.18万元，完成年度任务29697万元的101%；发放退休工资112762.68万元，发放率100%；发放丧葬费和抚恤金4094.07万元；同级财政补助390万元，完成率为100%；城乡居民养老保险参保人数374129人，全市城乡居民基本养老保险待遇发放11815.28万元，社会化发放率达到了100%；工伤保险新开工工程建设项目参保率98%，超额完成年度目标任务。

二、去年主要工作情况

（一）就业创业工作

一是制定"十项举措"，统筹规划就业工作。制定了人力资源和社会保障局促进就业（即支持企业复工复产）的政策，从招聘服务、岗位推荐、职业培训、创新创业、就业补贴、就业扶贫、人才引进等十大项进行深度谋划，统筹推进全市就业工作。二是开展系列招聘，线上线下引导就业。开展了"春风行动"线上招聘、乡镇流动招聘、××专场招聘、重点人群专题招聘、重点企业供需见面会、贫困劳动力专场招聘、××招聘等系列招聘活动，搭建复工复产企业与待业劳动者的供需平台，共有50余家企业参与活动，发布用工岗位10000余个，达成就业意向2000余人。三是落实援企稳岗政策，助企复工稳定就业。落实失业保险稳岗返还政策，通过主动筛选、简化手续等方式，今年累计为21家参保企业发放稳岗返还补贴资金140.9万元。为2家认定困难企业发放困难企业稳岗返还资金40.51万元。四是开展各类培训，提高就业创业能力。联合扶贫部门、农业农村局、妇联等部门完成政府补贴性技能培训11090人。其中人社部门完成政府补贴性技能培训8910人，含2020年补贴性职业技能培训6698人，2019年底培训2020年享受职业技能培训补贴1462人，企业学徒制培训100人。2020年全市共开35期创业培训班，培训学员1050人次，支持创新创业带动就业，确保全市就业形势整体稳定。五是依托载体优化服务，支持就业创业扶贫。根据省劳务协作脱贫综合信息服务平台（以下简称省平台）数据显示，全市总计农村贫困劳动力10740人，已就业8606人，占贫困劳动力总数的80%；我市人员信息核实月更新人数为9700人；全市总计录入招聘企业110家，录入招聘岗位231个，拟招聘人数3285人；截至12月，"任务清单"即全市未就业有就业意愿的贫困劳动力为0，"稳岗清单"即全市已就业贫困劳动力8210人。"岗位需求"清单即当前省平台累计有效岗位231个，拟招聘3285人；充分发挥扶贫车间、扶贫基地等载体作用，吸纳贫困劳动力就业，全市新建扶贫车间26家，开发岗位144人，已吸纳贫困劳动力244人就业；新建就业扶贫基地22个，拟吸纳贫困劳动力80人就业；鼓励支持劳动者自主创业，对符合条件的自主创业人员发放创业担保贷款。

（二）社会保障工作

一是落实社保全民参保工作。制定了《××方案》并印制了4万份《××宣传手册》，通过宣传车、宣传横幅、人流量大的地方分发宣传资料、出租车LED宣传屏等多种形式广泛开展社保政策宣传，积极引导各类从业人员和城乡居民积极参保缴费。针对省城乡居保中心下发的人员数据，市、镇、村三级联动，通过数据比对、入户调查、电话联系等手段，对行政区域内户籍人口参保情况进行了全面调查摸底，具体精确到乡镇（街道）、村（社区），形成了工作台账。按照省人力资源和社会保障厅《关于进一步做好城乡居民养老保险全覆盖有关工作的通知》要求，经核查，我市有参保意愿人员25347名，已全部完成城乡居保参保登记。二是做好城乡困难家庭应保尽保。去年是脱贫攻坚年，城乡困难家庭应保尽保是脱贫的基本要求。经过精准识别，我市有建档立卡贫困户参加城乡养老保险的人员有13162人，2020年按每人100元政府代缴标准计算，需缴纳131.62万元，由政府代缴贫困户的养老保险费131.62万元已经落实到建档立卡贫困户参保人员的个人户头上。民政部门确定建档立卡贫困户外的参保困难人员6225人。2020年按每人100元政府代缴标准计算，需缴纳62.25万元，代缴养老保险费已计入到建档立卡贫困户外参保困难人员的个人账户上。2020年沅江市城乡困难家庭参保人员有19387人，代缴养老保险费193.87万元，确保了城乡困难家庭应保尽保。三是落实中小微企业、大型企业阶段性减免企业社会保险费政策。截至目前，累计为我市企业减免养老保险费3765万元，减免工伤保险费956万元，减免失业保险费135.87万元。四是规范工伤保险事故调查、工伤认定和待遇支付管理。2020年共受理工伤案件268件，已结案251件，还有17件正在办理中。其中：不予认定为工伤13件，认定工亡4件。工伤职工住院243人次，产生医疗费用共计574万元，今年评定伤残282人，支付一次性伤残费用420万元，一次性医疗补助金191人，支付202万元，供养亲属抚恤金及伤残津贴153万元，支付工亡补助金及丧葬补助金567万元。五是加强基金稽核管理，保障基金安全。完善内控制度，严格按照基金收支两条线管理，严厉打击非法挪用和挤占基金的行为，确保基金正常运行；坚持开展数据比对工作，及时核减重复领取和亡故领取养老金人员，对不符合待遇领取条件人员所冒领的养老金进行了追缴，并及时办理了稽核退款手续。

（三）人事人才工作

一是积极开展事业单位招聘工作。去年7月面向社会公开招聘事业编制的中小学教师71人、医卫专业技术人员132人。经过发布招聘公告、报名资格审查、笔试、面试、体检、考察、公示、聘用等程序，最后拟聘用人数为121人。去年12月启动我市镇（街道）下属事业单位公开招聘工作，计划向社会公开招聘财政全额拨款事业编制工作人员217名。二是扎实推进人才引进工作。为促进我市教育事业优质均衡持续健康发展，我们面向××市内、外在编教师公开择优选调部分中小学教师，经报名、资格审查、笔试、考核等程序，最后选调人数为67人。按照市局安排和上级有关文件，我市去年新招4名"三支一扶"人员。三是做好职称申报及审核工作。去年共初审高级职称申报材料246份，其中卫生计生系列60份，经济系列3份，工程系列38份，农业系列17份，政工系列3份，群文系列1份，会计系列2份，中小学系列122份，通过人事人才代理申报的有4人；初审中级职称申报材料187份，其中工程系列22份，农业系列15份，政工系列9份，档案系列1份，工美系列1份，中小学系139份，通过人事人才代理申报的有15人；初级职称符合条件人员递交申报材料，方可认定相应职称。确认发文2019年度初级职称资格275人。转发2019年度上级部门高、中级职称资格确认文件，目前高级职称确认人数106人，转发中级职称确认人数108人。认定去年度具备初级职称任职资格9人，报送上级部门认定去年度具备中级职称任职资格1人。四是加大相关领域专技人才的职称评审倾斜。根据《关于改善一线医务人员工作条件切实关心医务人员身心健康若干措施的通知》等文件精神，对疫情防控一线医卫人员职称评聘重点倾斜，我市上一年度申报高级职称并参加疫情防控的医卫人员中，申报省卫高8人，申报基卫高3人。根据我省创新民营企业专业技术人才职称评审措施，面向我省新兴优势产业和地方特色产业，组织开展民营企业职称专场评审，根据从事专技工作时间，在满足相应系列（专业）晋升要求的基础上，经由民营企业考核推荐，可比照省同类专技人才正常申报年限超出2年、4年，直接申报参评中级、副高级职称。满足条件申报2人。五是努力推进继续教育培训工作。为做好专业技术人员继续教育工作，加强我市专业技术人才队伍建设，结合疫情防控要求和方便专技人员的继续教育培训的原则，我市继续教育培训委托××市职业技术学院继续教育学院进行线上培训、线上考试，培训1500余人。六是抓好高校毕业生创新创业扶持。今年我市有1人申请高校毕业生创业扶持资金，及时落实发放了创业扶持资金2万元。七是开展事业单位年度考核。完成上一年度69个机关事业单位的年度考核工作，评定优岗2394人，立功174人。

（四）劳动执法工作

一是规范劳动用工管理。制定了我市劳动用工备案实施方案，今年新增劳动用工备案企业484家，新增劳动用工备案25261件；组织全市128家企业进行薪酬调查上报工作；二是做好信访维稳和行政应诉。共接待群众来访120余人次，人民来信来访7封次，红网回复5件，市长热线160件，书面答复信访事项13项，按期办结率100%。全年参加行政诉讼15起，行政复议1起。三是多种途径法规宣传。通过灯箱广告、电子显示屏、政府官网、印制宣传册等多种方式开展《保障农民工工资支付条例》、工伤预防等宣传。四是规范治欠保支机制。今年共检查用人单位90多家，受理农民工投诉70余起，立案查处5起（移送法院2起，移送公安1起，待移送法院1起，待移送公安1起），协调处理62余起。涉及农民工1100多位，涉案金额1200多万元，帮助农民工追讨工资款1000多万元。为落实好"一金三制"，开展夏季治欠工作大检查，冬季治欠百日攻坚行动，防止出现因欠薪引发的群体性事件或极端事件。通过市委政法委、法院、住建等多部门的协调配合，解决了××房地产35名农民工290万元的历史遗留欠薪问题。今年我市有36个项目缴纳农民工工资保证金720万元，以银行保函形式缴纳500万元，截至12月底，农民工工资保障金专户保证金累计结余2537万元。五是妥善处理劳动争议，共受理劳动争议144件，已处理结案的132件，结案率为92%，调解及撤诉共计103件，调解结案率为72%。

（五）自身建设方面

一是主动担当作为，助力疫情防控。全系统干职工主动担当，积极参与到点督查、小区排查、门岗值班、社区联防、企业驻点等工作中，在搞好自身防控、确保全系统不发生疫情的同时，立足职能助力市委市政府抓好疫情防控。二是健全学习阵地，强化政治建设。坚持以习近平新时代中国特色社会主义思想和党的十九大精神武装头脑，落实意识形态工作责任制，抓好党组中心组、基层党组织专题学习、主题党课等理论学习，开展政治学习、业务知识学习，增强党员干部"四个意识"，坚定"四个自信"。三是开展技能比武，提高业务能力。在全系统组织开展人社窗口业务技能比武活动，以活动为契机，加强业务知识学习，推动全员学习常态化，形成"比、学、赶、帮、超"的良好氛围，全面提升服务质量和服务效能；通过举行技能比武选拔赛，综合干职工在线"日日学""周周练""月月比"，在线测验和笔试测验等综合情况选拔出5名优秀代表参加省、市比武。

三、主要问题

1."就业难"与"招工难"并存。一方面，受上半年新冠肺炎疫情影响，劳动力返岗时间明显延迟且返岗人员数量减少，导致很多企业用工需求无法满足，同时部分中小企业因生产经营困难，企业招聘用人需求相应下降，又在一定程度上造成了"就业难"的问题。另一方面，原有的企业招工与劳动力就业结构性矛盾仍然存在，劳动者素质与市场需求不匹配，技术技能人才短缺矛盾，大龄低技能劳动者就业困难。

2. 各大群体维稳压力较大。一方面，受疫情影响，有些企业、公司处于停产、半停产状态，欠薪投诉案件正在从建设领域向工业企业、医院酒店、娱乐场所等非建设领域扩散，拖欠工资、解除劳动关系等问题对构建和谐劳动关系带来挑战。另一方面，国家实施生态保护政策，纸业企业关停、苇场停止砍伐、渔民退捕上岸，纸业企业的下岗职工、苇场樵民、禁捕渔民等群体的再就业问题，而该群体大部分存在低文化、低技能等问题，转产就业难度较大，给总体就业形势带来新的压力。

3. 渔民转产转业有一定难度。一方面，退捕渔民的转产转业没有出台特殊帮扶政策和专门资金，只是在原政策的基础上进行落实，在时间、条件、范围上没有对退捕渔民降低门槛。另一方面，渔民多数是世代捕鱼，长年在船上工作、生活，年龄普遍偏大，受教育程度低，就业技能较低，融入社会的难度大，虽有就业意愿，但与市场需求有一定差距。再一方面，渔民对社保参保期望值较高，部分诉求在现有政策上难以满足。

四、新一年工作计划

1. 全面贯彻落实各项稳就业政策，以持续开展职业技能提升行动为重点，对退捕渔民、农民工、失业人员、未升学初高中毕业生、贫困劳动力等实行免费职业培训，整体提升全市劳动者职业技能，促进其实现高质量就业；支持企业吸纳重点群体就业，加强对灵活就业、新就业形态的政策支持和创业政策支持，促进多种形式就业，确保全市就业形势总体稳定。

2. 以全覆盖为工作目标，联合税务部门做好社会保险扩面征缴工作，促进和引导各类单位和符合条件的人员长期持续参保，基本实现法定人员全覆盖；重点推进服务业从业人员、中小微企业职工、灵活就业人员、农民工、新型业态等群体参加社会保险；提高职工社会保障水平，确保养老金按时足额发放。

3. 完善人才机制，加强人才引进和培养，将事业单位人才引进的重点向乡镇倾斜，完善事业单位公开招聘制度，合理设置招聘岗位条件，规范招聘行为，加强新聘人员聘期管理；以高层次创新型人才为核心，积极推进专业技术人才队伍建设。

4. 完善协调劳动关系三方机制，加大基层调解规范化建设力度，健全劳动人事争议多元处理机制；发挥劳动保障监察"两网化"作用，完善劳动保障监察执法程序，健全劳动保障监察执法长效机制。

五、"十三五"工作成绩

1. 就业形势总体稳定，保障民生效果显著。"十三五"期间，全市累计新增城镇就业26696人，失业人员再就业15078人，就业困难人员实现就业4106人，均同比下降10%以内；新增农村劳动力转移就业14983人，同比下降67.3%；城镇登记失业率控制在4.5%以内。

2. 社保扩面扎实推进，保障水平不断提升。"十三五"期末，基本养老保险参保人数48.3万，同比增长13.73%；失业保险参保人数3.65万，同比增长11.56%；工伤保险参保人数9万人，同比增长98.86%。企业退休人员月人均养老金实现连续15年调整提高；城乡居民基本养老保险基础养老金最低标准由每人每月75元提高到103元；机关事业单位退休人员基本养老金连续4年同步调整；失业保险金发放标准由904元提高至1242元。

3. 加强人才队伍建设，激发干事创业活力。"十三五"期间，面向社会公开招聘事业单位工作人员1169人；接收"三支一扶"大学生11名，经考核合格安置11人。"十三五"末，全市获得高级职称1430人、中级职称7710人、初级职称5919人。2020年全市技能劳动者总量达到12万，在2015年的基础上增长15.4%，其中高技能人才总量达到2.3万人，与2015年相比增长35.3%，占技能劳动者比例达到19%左右，比2010年提高3个百分点。

4. 保障合法劳动权益，构建和谐劳动关系。"十三五"期间，规模以上企业劳动合同签订率达到了85%以上，已建立工会组织的企业工资集体协商建制率达到95%。受理投诉举报案件208起，为劳动者追回劳动报酬2798万元。仲裁案件结案率达到90%以上，共受理劳动争议案件604件，调解结案453件。

六、"十四五"工作安排

1. 坚持充分就业和素质就业并重，统筹推进城乡就业创业。分类施策促进就业，关注重点群体就业，着力培养新的就业增长点；扩大城镇就业规模，统筹城乡就业，保持就业局势稳定。"十四五"期间，力争全市新增城镇就业27000人，失业人员再就业15500人，新增农村劳动力转移就业15000人，城镇登记失业率控制在4%以内。

2. 坚持完善制度和提升水平并重，加快完善社会保障体系。扩大社会保障覆盖范围，基本实现城乡各类人员享有社会保障待遇，稳步提升社会保障水平；推进社保领域改革，完善社保体系建设。到"十四五"期末，养老保险实现法定群体全覆盖，失业保险参保人数42000人，工伤保险实现省级统筹，全市用人单位工伤参保率达到90%以上。

3. 坚持人才引进和人才培养并重，全面提升人才整体素质。实施人才强市战略，拓宽人才引进渠道；完善人才评价机制，深化职称领域改革，着力引进和培养高层次、高技能人才。到"十四五"期末，争取全市专业技术人才总量达到×人。

4. 坚持服务企业和保障权益并重，巩固发展和谐劳动关系。加强劳动关系管理，完善人事争议调解制度，加强劳动保障体系建设，健全劳动保障长效机制。"十四五"期间，力争全市劳动关系整体和谐，欠薪问题及时妥善处理，不发生重大群体性讨薪事件，确保社会大局稳定。

××市人社局
××年×月×日

【例文评析】

例文作者态度恳切。首先从社会保障和社会保障两方面总结了指标完成情况。从就业创业、社会保障、人事人才、劳动执法和自身建设五方面入手，本着实事求是的原则客观实际地总结了本年度的工作情况。与此同时，对工作中存在的问题进行详细的阐释，并提出了下一步的工作计划和目标。例文结构清晰，行文流畅，突出重点，做到了主次分明，统筹兼顾。

【例文3】

××县教育局2020年工作总结

一年来，教育局紧紧围绕县委、县政府的统一部署和年度教育工作任务，以加快教育现代化建设，推进义务教育优质均衡发展为目标，坚持"立德树人"，规范办学行为，改进机关作风建设，努力办人民满意教育。

一、党建工作

去年，教育党工委以学习贯彻习近平新时代中国特色社会主义思想，党的十九大、十九届二中、三中、四中、五中全会精神为主线，注重抓好基层思想、组织、作风纪律等建设，深入落实《关于加强中小学校党的建设工作的意见》，压实责任、力践于行，全面推动"为党育人为国育才"使命教育在系统内深入开展，着力铸牢教育系统中华民族共同体意识，以实际行动践行"两个维护"。一是加强思想政治建设。持续深入学习贯彻习近平新时代中国特色社会主义思想和党的十九大、十九届二中、三中、四中、五中全会精神，学习《习近平谈治国理政》（第三卷）。认真落实中央、自治区、市委和县委关于加强党的政治建设的部署要求，坚决贯彻党的基本理论、基本路线、基本方略，促进教育系统各支部和广大教师增强"四个意识"，坚定"四个自信"，做到"两个维护"，自觉在思想上政治上行动上同以习近平同志为核心的党中央保持高度一致。教育局党组按计划每月召开一次理论中心组学习会，5个校（园）党支部召开线上线下学习会40余次，讲党课18次。加大了对统战工作方针、政策的学习宣传力度。二是落实意识形态工作责任制。坚持深入贯彻落实习近平总书记关于民族工作和教育工作的重要讲话、重要批示指示精神，以铸牢中华民族共同体意识为主线，紧扣"中华民族一家亲，同心共筑中国梦"总目标，持续深化民族团结进步教育，广泛开展了国旗下讲演、合影、书画制作、主题演讲、文艺会演、班队会、团课、升旗仪式等各类创建活动。县民族小学和民族中学分别组织学生开展了"民族团结一家亲，共筑伟大中国梦"主题演讲比赛。7月1日上午第一节课前，各校（园）隆重集合举行主题升旗仪式，全县教育系统共有5所中小学、10所幼儿园共计2000多名师生参加了庄严的升旗仪式。此后各中小学周一到周五每天早晨组织全体学生参加升国旗仪式。在疫情防控期间，针对邪教活动可能出现的新动向，校园各部门加强形势研判，积极配合县相关部门将邪教活动及负面舆论扼杀在萌芽状态。各校积极开展战"疫"专题教育、生命教育，开展了"参与战疫，播洒阳光"主题教育，收看了集普法宣传、防疫教育、法治观念树立为一体的《与法同行抗疫有我》节目。利用校园文化墙、校园广播、显示大屏、黑板报、手抄报等阵地宣传解读社会主义核心价值观。进一步加强了民族学校使用通用教材工作。三是持续开展"不忘初心、牢记使命"主题教育。按照《全县教育系统开展"为党育人、为国育才"使命教育活动实施方案》要求，4月15日，教育局举行了"为党育人、为国育才"使命教育活动启动仪式，5月28日，教育局邀请了××教授做了专题讲座。4所规模学校开展了形式多样的"思想铸魂"活动，加强班级管理的班主任工作交流会，快乐读书"整本书阅读"汇报展示等，形成了党组织始终引领、学校行动一致、一线教师100%参与的工作格局。四是统筹推进教育系统基层党组织建设。教育党工委现有直属支部10个，专职党支部书记30名，党员80名。其中今年新建基层支部10个；优化设置理顺隶属，将××镇3所学校划归教育党工委；新任、调整支部书记17名。建立了教育系统党建微信群，基层党组织的领导力、组织力、号召力、凝聚力明显增强。制定了《××县教育系统基层党组织基础党务工作台账清单》，对各支部进行量化考核，进一步提高党支部标准化、规范化建设水平。全面贯彻落实《党支部工作条例》。校园各支部严格落实"三会一课"制度。教育系统7个党支部分别开展了形式多样庆"七一"主题党日活动。今年有40人递交入党申请书，培养入党积极分子30人，新发展党员18人，27名预备党员转正。为引导党员干部做真学真信真懂真用的表率作用，开展了党员对党绝对忠诚和强化党员身份意识的培训，通过红色革命传统文化教育基地和创新党员教育培训形式，采取现场体验、集中培训等多种方式，开展了对局党委、党支部书记、党务干部、新党员培训，确保党员教育培训全覆盖。五是持之以恒抓好作风建设。制定了《中共××县教育工作委员会作风建设专项整改工作方案》，在《中小学督导评估细则》中，各中小学党建工作考核内容占比由原来的50%提高到70%，在《幼儿园督导评估细则》中，加入党建工作考核内容，全面落实党建工作责任制，基层党支部书记抓党建述职评议考核办法，进一步加强了局机关、各校园作风建设，全面落实"闭环工作法"。六是纵深推进全面从严治党。在全县党风廉政建设宣传教育月中，教育系统组织实施了廉政宣传教育月"六个一"工程，在全县活动总结表彰大会上受到表彰。按照市、县两级法制办要求，全面落实以案释法制度，加强青少年学法用法情况，认真贯彻落实"谁执法谁普法"责任制。对十三届县委第三轮巡察反馈时指出的4个大方面18个具体问题，已完成整改10个。对十四届县委第2轮巡察反馈时指出的3个方面10个具体问题，现已全部完成整改。全年党务公开了30条，政务公开了50条，完成了教育局公共服务事项认领及实施清单的编制和发布。完成了"县教育局权责清单"的设定依据、责任事项、追责依据等进行了自查核对，并在政务公开平台依法行政栏目公开发布。全面贯彻落实《县人民政府关于成立县"12345"为民服务热线工作站点的通知》精神的要求，及时成立工作机构，配强配齐工作队伍，梳理上报权责清单、公共服务事项清单共计65项。七是助力打赢"两大战役"。深入学习领会习近平总书记关于新型冠状病毒肺炎疫情工作的系列重要讲话、重要指示精神，坚决贯彻党中央、自治区党委、市委和县委关于疫情防控各项决策部署，统筹做好全县教育系统开学复课和疫情防控工作。在全县疫情防控期间，局机关派出50人次参与沿途卡点值班工作，各校园也积极参与，参与教师人数达200多人次。坚决打赢教育脱贫攻坚战，全面落实教育扶贫工作。构建了覆盖各个学段的贫困学生资助体系，持续抓好控辍保学工作，个别学生因身体原因不能随班就读，学校实行了送教上门服务，全县义务教育阶段适龄儿童没有1位因贫失学辍学。全面加强驻村工作，派出第一书记和驻村工作队队员10人，分别在全县3个乡镇4个行政村驻村履职，协助村两委做好各项工作。县教育局13名干部共包扶2个行政村4个自然村，贫困户4户30人，帮助群众开展扶贫项目，采取联合举办主题党日活动，调动其生产生活积极性。

二、重点工作

全县共有中小学、幼儿园44所，其中：普通高中5所，职业高中2所，初级中学4所，小学5所，教学点20个，幼儿园8所（含附属幼儿园）。共有在校学生2000人，其中：高中在校生500人，初中在校生500人，小学在校生500人，幼儿园在校生500人。教师200名（在岗在编170人，不占事业编参照事业人员管理幼儿园教师30人）。其中高中教师55人，初中教师45人，小学教师70人，幼儿园教师30人，教育局20人，进修学校10人，校外活动中心10人。

1. 基础设施建设更趋完善。新建××县第一中学复工，现已完成实验楼，图书楼，教师周转楼，学生宿舍楼，教学楼B、C座，风雨操场主体建设，同时完成了实验楼、图书楼、教师周转房二次结构建设。完成××小学扩建项目基础建设。××幼儿园和××幼儿园分别于8月1日和9月20日开始消防整改，10月初全部完成消防整改工作。全县消防整改全部完成。投入20万元，进一步加强勤工俭学实践基地的建设。

2. 惠民政策落到实处。发放各级各类学校公用经费30万元；为家庭经济困难寄宿生补助生活费5万元；发放双语家庭经济困难寄宿生补助生活费3万元。为普高100名学生免书费4万元、免学费5万元、发放助学金2万元。为职业高中58名学生免书费、学费10万元，发放助学金10万元，为38名住宿生免住宿费8万元。全年为建档立卡贫困户学生40人次（含非我县户籍建档立卡学生7人次）免、补各项费用22万元。为13名考取普通高等院校的学生发放生源地助学贷款7万元。办理享受资助政策项目（低保、建档立卡、孤儿学生）共计8人，享受资助资金9万元。办理市政府资助政策项目（低保边缘户学生）共计5人，享受资助资金2万元。享受家庭经济困难大学新生入学资助7人，资助资金3万元。接受爱心企业资助贫困大学生9人次，资助助学金4万元。开展各类资助活动30起，资助贫困学生50人次，争取社会捐赠物资价值达100多万元。

3. 教师队伍建设得到加强。各校（园）选派教师参加各级各类培训达30人次。严格执行教师师德考核制度，重点查处教师以教谋私、乱办班、乱订资料等行为。

教育系统按照腾退教师岗位职数，招聘了教师10名（其中计划引进人才15人，实际到岗10人，计划招聘教师10人，实际参加体检9人）。计划招聘地方特岗教师7人，实际在岗7人。通过招聘特岗教师、中小学教师，补齐各校短缺的学科教师，逐步形成年轻化、专业化的教师队伍。根据工作需要，秋季对小学、幼儿园的书记、校长进行交流轮岗，共计20人次；教师交流轮岗是经本人主动申请、所在学校同意和教育局批准后再作交流，有10位小学、幼儿园教师进行了交流轮岗。

4.教科研活动纵深推进。一是开展线上线下教育教学活动。教研室组织全县中小学教师200人录制20课时，观摩了7名心理教师的课堂教学展示，有300人次参加活动。组织了全县规模小学"展示办学风采共享育人成果"观摩活动，200人次观摩了4所规模小学在教学常规管理、课堂教学、常态化教研活动、校园文化等方面的亮点工作，起到了互观互学、共同进步的活动宗旨。组织教研员深入全县中小学、幼儿园听取了每校2—3位教师的常态课。二是开展同课异构教学活动。组织19名教师参加了市教研室针对各学段的送教下乡活动，组织进行校际交流活动与结对帮扶活动。三是组织教师参加培训。组织校长、教师20人次参加了各级各类培训活动，其中线上培训教师16人次。四是组建校级"名师工作室"。为进一步引领、示范、推动教师专业化成长，全县4所中小学组建了2个校级"名师工作室"。全年推荐5名教师参加教师教学技能大赛；选拔推荐1名中学教师参加市级教学能手比赛；1名中学教师参加市级基本功比赛。1名教师申报了自治区教育科学"十三五"规划课题，2名教师在"十三五"教育科学规划课题优秀论文评选中获奖。

5.教育教学质量稳步提升。普高报名500人，一本上线20人，二本上线130人，体音美本科上线100人，本科上线率50%，比去年提高5个百分点。职业中学高考报名90人，专科上线率80%；中考报名500人，500分以上19人，450～500分180人，400～450分100人，高、中考成绩稳中有升。

6.校园安全工作扎实有效。教育局与各校、园长签订了"安全工作目标责任书"，落实了"一岗双责制"。开学复课以来，各校利用开学第一天上好《中小学安全教育》第一课。召开安全工作会议4次，深入学校进行安全检查20多次，每月对全县寄宿制学校食堂、宿舍进行了安全检查。县政府为全县6所规模学校配备了20名保安，同时聘请市保安支队为30名校内教师保安员做了专业培训，加强了校园"三防"建设。各校开展了疫情防控演练、地震应急疏散演练等活动。

7.素质教育明显提高。各校坚持"立德树人"，培育和践行社会主义核心价值观。深入开展清明祭英烈、学雷锋、我们的节日、"扣好人生第一粒扣子""中华民族一家亲，同心共筑中国梦"等主题教育，其中"参与战疫，播洒阳光"主题教育，有5名教师获奖，9名学生获奖。通过作文评比、硬笔书法评比和线上教育评比，激发师生爱国情怀。教育局被评为市"我为最美逆行者点赞"书信征文大赛优秀组织奖和市"铮铮少年志，封封爱国心"书信大赛优秀组织奖。1名学生荣获县级新时代好少年称号，1名学生荣获市级新时代好少年称号。××小学被评为市级文明校园。××学校申报区级文明校园，接受了市教育局和市文明办的检查验收。各中小学开展了"家校共育，共助成长"主题家访活动，教师全员家访入户，与家长和学生面对面交流，填写"家访情况记录表"，建立工作档案。全县1000名在校生，家访数600人，家访率60%，电话、微信等方式回访数200人，回访率20%。

新一年，我们将继续坚持人民满意标准，立足当前、着眼长远，围绕教育高质量发展目标任务，深入学习贯彻党的十九届五中全会精神，不忘教育初心，厚植教育情怀，以只争朝夕之态、求真务实之风，努力打造教育强县。

××县教育局
××年×月×日

【例文评析】

例文采取并列式布局，主要分为两大部分：党建工作部分和重点工作部分。例文意图以点、面结合方式总结。点上通过具体生动的典型例子，容易被读者理解和接受；面上通过概述事实和统计数字，运用了较多的数据，认识十分全面，增强了文章的科学性。做到了既有广度又有深度。但例文缺憾在于仅将工作内容进行了完整总结，并未阐述工作中出现的问题及解决措施，可以适当补充。

【例文4】

××县民政局2020年工作总结

年初以来，我局在县委、县政府的正确领导下，在上级民政部门的指导下，聚焦脱贫攻坚，聚焦特殊群体，聚焦群众关切，更好地履行了基本民生保障、基层社会治理、基本社会服务等职责，着力落实保障和改善民生的各项要求，重点工作进展顺利，各项业务协调发展。现将具体工作完成情况汇报如下：

一、主要工作

（一）完善社会救助体系，社会兜底保障全面落实

1. 居民最低生活保障制度不断巩固完善。坚持公开、公正、公平的原则，实现了动态管理下的应保尽保，社会救助等保障、补助标准全面上调，实现了城乡低保标准年均增长不低于5%的目标，确保了城乡困难群众基本生活水平与经济社会发展水平同步提高。

2. 落实脱贫攻坚政策，加强兜底保障工作。实施兜底保障的建档立卡贫困人口30人，占全县建档立卡贫困人口的80%，做到了应保尽保、应纳尽纳，不落一户、不落一人，有效防止"脱保""漏保"问题发生，确保兜底保障及时精准。

3. 完善农村留守儿童、妇女、老年人关爱服务体系。成立了县农村留守儿童关爱保护和困境儿童保障工作领导小组，做到孤儿生活、教育有保障，农村留守儿童和困境儿童有人管。与县妇联等部门协同建立了农村留守妇女关爱服务工作机制，指导村民委员会以组织文体活动等方式，定期关注农村留守妇女，将关爱服务纳入村规民约，将符合条件的农村留守妇女家庭纳入最低生活保障、临时救助等社会救助范围。落实

老年人关爱机制，建立农村留守老年人的定期巡访制度，由村民委员会组织人员通过日常巡视、巡查，为高龄、独居、空巢及失能半失能老年人提供关爱服务。

4.落实救助政策，做好特殊群体补贴发放工作。年初以来共发放特困人员供养金30万元，有效保障了特困人员的基本生活权益。进一步完善"早发现、早救助、早干预"的救助制度，实施救助80人次，有效保障了城乡困难群体基本生活。发放残疾人两项补贴10万元，老年人补贴8万元。

（二）深化养老服务建设，养老服务水平明显提升

1.加强社区养老服务站建设。新增20个社区养老服务站，每个服务站面积不低于50平方米，现已建设完成，此项工作在全市排名第一。

2.农村居家养老试点工作有序开展。新增20个农村居家养老试点村，分别成立了养老服务组织、邻里互助小组，建立了老年人台账和相关工作制度，各个试点村专项经费已经全部拨付到位。

3."乐龄陪伴项目"成功落地。县政府与省老龄事业发展基金签约的"乐龄陪伴项目"成功落地指定村屯，7月初项目建设资金全部拨付到所在乡镇，目前已全部建设完成并投入使用，有效解决了农村老年人就餐与洗浴困难问题。

（三）开展社会综合治理，社会治理能力不断提高

1.多措并举做好扫黑除恶工作。对民营养老企业、审批低保五保发放福利资金、街路牌箱体上乱贴乱涂乱画乱贴广告等方面的乱象进行了清理。协助组织部门，会同纪委监委等部门建立村两委候选人联审机制，进一步排查清理"村委会"组成人员，为村级组织打造风清气正的政治环境打下了良好基础。

2.加快推进便民服务事项"全市通办"。按照市局统一部署，召开了"全市通办"设备运行情况工作会议，并指导各社区对"全市通办"设备进行逐一调试，目前"全市通办"各项业务开展正常。

3.积极做好换届选举筹备工作。认真贯彻落实村"两委"、城市社区"两委"换届选举工作精神，积极做好年度村（居）委会换届选举准备工作，预计于8月底完成。

（四）强化社会事务服务，事务管理逐步规范

1.加强监督，做好社会组织管理工作。全面落实《全市行业协会商会负责人任职管理办法》，确保日常监管无盲区、无死角。组织全县社会组织签订"社会组织信用承诺书"，强化自律意识，接受公众监督，不断提升信用水平。建立社会组织失信"异常名录"，对不按要求参加年检、隐瞒真实情况弄虚作假等情况载入"异常名录"，并公告社会。

2.认真做好《××》编撰、××普查归档及地名词典整理工作。为促进全国地名普查成果转化，启动了《××》编撰工作，重新整理地名普查档案，补充完善国家地名数据库，完善地名信息30条，同时配合做好整理地名词典工作，收集提供信息50余条。

（五）加强协调联动，疫情防控工作落实到位

1.迅速行动、成立组织。按照县委、县政府联防联控工作会议要求，制定了民

政系统防控方案,成立了民政系统疫情防控领导小组,建立了微信工作群,多次召开专题党组会议,部署民政系统疫情防控工作。

2.积极宣传、加强管控。加强公、民办养老机构疫情防控工作,下发了《县民政局新型冠状病毒感染的肺炎疫情防控工作方案》等系列文件,明确分工、责任到人,实行疫情日报告、零报告制度,为各养老机构及时配备了红外线测温枪,防护口罩、医用酒精、消毒液等物品,养老机构全封闭管理。

3.深入一线、加强值守。成立30个疫情防控服务队,分别负责数据统计上报和包保社区工作,制作并悬挂了宣传标语及条幅100个,协助社区为居民发放了出入通行证,做好包保楼院的疫情防控工作,得到了当地居民的一致肯定。

(六)强化责任落实,党的建设全面加强

1.认真履行意识形态工作主体责任。成立了民政局意识形态分析研判小组,制定印发了意识形态工作实施方案,及时传达学习党中央和省市县委关于意识形态工作的决策部署,定期向县委报送意识形态工作情况。制订了中心组学习教育计划,每季度开展一次集中学习、一次专题研讨。

2.认真落实党风廉政建设责任制。严格落实主体责任和"一岗双责",按照"一级抓一级"的原则,强化责任担当、狠抓责任落实。印发了《县民政局党风廉政建设工作要点》,层层签订党风廉政建设责任书,确保时刻把责任扛在肩上,抓在手里。

二、2021年工作计划

十九届五中全会指出,"十四五"时期是向第二个百年奋斗目标进军的第一个五年,开好局、起好步具有特殊意义。下一步,我们将继续在民政政策完善、项目支撑、场景营造、措施明确等方面狠下功夫,努力解决基本民生保障、基层社会治理、基本公共服务领域供给不足、供给不优、效能不高等问题,在服务县委、县政府中心大局上作出新贡献,在满足人民群众美好生活新期待上见到新成效。

1.社会救助工作。持续完善城乡低保特困供养制度。扎实推进分类施保,对重点保障对象实行重点保障,适时调整提高保障标准。加强留守儿童、困境儿童情况调研工作和对孤儿身份认定和60年代精简人员的死亡认定,实现城乡社会救助一体化,最大限度保障城乡困难群众基本生活。加强城乡居民临时救助制度,着力缓解城乡困难群众突发性、临时性困难。

2.脱贫攻坚工作。针对建档立卡贫困人口,继续适当放宽和优化准入条件,采取简化审批程序,坚持应保尽保,应兜尽兜,不漏一户,不落一人,确保脱贫攻坚兜底保障工作落到实处,取得实效,助力我县脱贫攻坚战取得全面胜利。

3.社会养老工作。推进养老工作社会化,建立以社区养老服务为依托、机构养老为补充的养老服务体系,推进农村居家养老服务试点村和社区居家养老服务站工作,鼓励支持社会力量兴办高品质的养老服务机构,全面提升养老服务质量。

4.基层政权工作。继续通过法定程序实现村级党组织、村民委员会主任实现"一肩挑"全覆盖,并做好新一年村委会换届调研准备工作。按照市局工作要求,大力推进"全市通办"网上办理业务，做好社区治理现代化工作中有关民政牵头的各项工作。

5. 社会组织工作。按时完成社会组织年检工作，加强社会组织的安全监督管理。加强对社会组织监管力度，继续依法办理社会组织成立、变更和注销登记。按照省市要求做好行业协会、商会脱钩工作。加强社会组织党建工作，继续扩大党组织覆盖面，推动社会组织健康发展。

6. 区划地名工作。因地制宜，周密部署，扎实推进县城内街路牌检查维护工作，助力创城工作全面开展。做好地名审核申报工作，严格按照"受理、审核、审批"办理流程，对新地名的申报严格把关，进一步推动我县地名管理工作的法治化、规范化和标准化建设，维护人民群众的合法权益。

7. 疫情防控工作。在县委、县政府的领导下，加强排查，严密防控，一如既往做好民政系统疫情常态化防控工作。

8. 意识形态工作。严格落实意识形态工作责任制，把意识形态工作列入党建工作的重点内容，坚决把责任放在心上，扛在肩上、落实在行动上。坚持群众工作路线，深入基层，深入群众开展思想宣传教育，在群众中树立良好形象，牢牢把握意识形态的领导权、话语权。

9. 党风廉政建设工作。进一步加强党风廉政建设，履行好党风廉政建设"第一责任人"的职责，持续开展正风肃纪，抓好领导班子和基层党员队伍作风建设，打造廉洁高效的党员干部队伍，为民政事业高质量发展夯实基础。

××县民政局
××年×月×日

【例文评析】

例文分为主要工作和成绩以及2021年工作计划两部分，工作总结从社会兜底保障、养老服务建设、社会综合治理、社会事务服务、疫情防控工作、党的建设等相关工作落笔对本单位一年以来的工作情况进行总结，认识全面客观，同时认识到自身发展与理想目标还存在一些不足和差距，分九个部分提出了下一步的打算，确立了具体目标，做到了详略得当，使文章逻辑性强，结构严谨，条理清晰。

【例文5】

××县住建委2020年工作总结

去年，县住建委在县委、县政府正确领导下，认真学习贯彻十九大精神，全面践行"两学一做"学习教育，紧紧围绕县委、县政府制定的发展战略，紧扣县政府确定的年度目标任务，全委上下齐心协力，顺利完成了各项任务，达到了既定的目标。截至目前，完成房地产开发投资约100亿元，新开工面积100万平方米，竣工面积80万平方米。建筑市场资质以上企业建筑产值完成5亿元。

现将具体工作总结如下：
一、主要工作成效
（一）加快规划编制，强化规划管理

1. 加快规划编制、强化规划引导。完成县城开发边界划定工作，按照市规划部门统一部署，县城空间利用规划（多规合一）工作已完成县域乡村建设规划和6个重点村庄规划编制招标，目前资料收集和勘察调研工作正在进行。

2. 严格规划审批程序，实行规划委一级审批制度。召开3次规划委会议一共20个议题，共颁发了6本建设项目选址意见书、20本建设用地规划许可证、18本建设工程规划许可证。

3. 完善规划管理制度，加大规划执法检查力度。出台了《××县建设工程规划放线、验线管理规定》《××县建设工程规划竣工验收制度》《××县规划"一书两证"申请审批程序》等规划管理的规章制度；切实加强规划批后管理，对在建工程开展定期不定期规划巡查80次，发现违规5起，并进行了查处和督促整改。

（二）全力推进重点工程建设，完善市政基础设施

1. 强化调度，推进市政重点工程建设。××出租车停车场项目、××车站对面山体及××山嘴河滩地绿化项目、汽车站门前公交站台辅路项目、污水管网项目、垃圾填埋场项目、乒羽馆建设项目、××大道二期建设项目及××公厕建设改造项目等8个重点工程建设项目顺利完成。××路改造工程、××长途汽车站周边景观提升工程等20个重点工程建设项目完成了前期工作，计划年底开工建设。××出入口整治项目正在全力推进，目前已完成景墙土建施工。

2. 聚焦民生，全面实施保障性安居工程。完成棚户区改造30户（其中县城区23户，丁香镇7户），完成率达100%。发放城镇低收入家庭廉租房补贴10户。完成改建、分配公租房30套。完成拟订盘活45套公租房实施方案，并上报政府。积极整改审计反馈存在问题，收缴违规补助资金2万元。

3. 主动作为，积极谋划年度市政重点项目。完成××县老城区雨污分流项目建设、××县职教中心至××污水管网工程、××路和××路改造提升工程、××大道三期道路及污水管道建设工程、××加油站至××段道路改造工程、××环路西段建设工程、××中路工程、车站片区商业综合体项目、××隧道工程、××加油站至××边坡安保整治项目、职教中心体育场项目、城西市政道路改造工程等20个市政建设项目的现场踏勘与工程概算等前期工作。

（三）狠抓环境整治，积极改善人居环境

1. 严格按照《××县蓝天行动、精准治污及环保督察问题整改工作责任清单》，逐项落实省环境保护督察反馈意见。××县垃圾填埋场渗滤液处理站垃圾渗滤液处理设施已建成，××污水管网和垃圾填埋场二期渗滤液处理及管道连接工程正在招标；全面实施城镇生活污染治理工程，气象预警中心南侧道路污水管网建设已完工，××路污水管网已开工建设；全面推进混凝土搅拌站标准化建设，对各类未经审批、非法作业的搅拌站（含沥青）全部取缔到位；积极开展施工扬尘污染防治，严格落

实在建工程"围盖洒洗硬绿"等管理措施。

2. 强化物业管理，助推小区居住环境的改善。进一步强化责任落实、督查指导、考核问责、舆论引导，积极做好城区各个小区物业维修事宜，妥善处理涉及物业方面的投诉问题。截至目前，业主反映物业存在的问题30余起，全部得到了维修和妥善处理。

3. 全面实施农村垃圾、污水、厕所整治"三大革命"，全力改善农村人居环境。陈年垃圾集中清理工作顺利通过省级验收；农村改厕完成40户；县域农村生活污水处理专项规划编制已完成。

（四）积极研运政策，主动对上争取初显成效

围绕国家重点功能区和国家扶贫开发重点县等扶持政策，对上争取项目20个，争取到位资金共30万元。一是争取中央、省农村危房改造17户补助资金5万元。二是争取中央、省保障性安居工程资金10万元。

（五）强化监管职能，建筑安全生产形势持续稳定

全面落实工程五方主体项目负责人质量终身负责制、严厉打击建筑施工转包、违法分包、挂靠等行为，健全工程质量安全监督制度，创新质量安全监督检查机制，共组织各项专项检查和综合检查60次，下发整改通知书20余份，全县建筑工程质量总体受控，安全生产形势总体平稳，全年未发生重大工程质量安全事故。组织工程质量安全相关培训10次，组织建筑工地消防安全专项应急演练5次，全县建设工程质量安全总体水平稳中有升。

（六）认真学习十九大会议精神，深入践行"两学一做"，加强党建、精神文明及反腐倡廉建设，夯实机关工作作风

1. 认真学习十九大会议精神，深入开展"两学一做"学习教育，开展基层支部标准化建设，进一步增强住建系统干部职工执行"八项规定"、反对"四风"和发扬"务实、节俭、勤政、廉政"工作作风的自觉性，全面推动住建各项工作。

2. 高度重视省委巡视组和省审计组反馈意见，对照存在的问题，按时完成整改工作，针对部分重点领域工作，主动开展自查自纠和整改工作。通过整改，进一步规范了各项工作程序，确保住建各项任务依法推进。

3. 大力实施信访、安全和维稳工作"一岗双责"制，高度重视并扎实抓好信访、安全和维稳工作。深刻分析信访产生的原因，因地制宜，因事施策，有针对性地采取措施从源头上减少信访、控制信访，按时办结率和满意率都达到了100%，逐步营造良好的正常信访氛围，确保了涉及我县住建信访在十九大期间平稳和谐。

4. 认真开展结对帮扶、军民共建、文明创建等活动，加强建设系统精神文明和文化建设。一是深入农村调研，察民情、解民意，落实扶贫攻坚包保任务，指导督促扶贫村开展精准扶贫、综治维稳各项工作；二是组织党员干部积极参加交通劝导等公益性活动；三是广泛开展无偿献血、义务植树等志愿者活动；四是积极组织党员干部进社区开展 志愿服务活动；五是开展军民共建，"八一"期间慰问部队及优抚对象。

二、新一年工作安排

一是学习贯彻十九大会议精神，继续践行"两学一做"学习教育，落实"一岗双责"制度，强化党风廉政建设，进一步加强基层党组织建设，争创示范型党支部。

二是继续加快规划编制，加强规划管理。

1. 继续加快城乡规划管理六项提升行动中规划提升行动的要求。
2. 按照市委统一部署，加快××县域空间规划（多规合一）编制。
3. 加强乡镇规划指导，协助各乡镇编制规划。
4. 严格执行城乡规划委一级审批程序，适时召开规划委会议。
5. 加强规划批后管理，全面实行规划施工巡查和规划竣工核实制度，继续开展定期和不定期规划施工巡查。

三是继续加大工程调度，加快工程建设步伐。

1. 争取完成××路改造工程、××长途汽车站周边景观提升工程、职教中心体育场项目、××加油站至××段边坡安保整治项目等9个重点工程建设项目。全面启动老城区雨污建设项目。开工建设××段建设工程、××市政道路改造工程。继续推进城西出入口整治项目建设步伐。
2. 继续推进城区棚户区房屋征收协议签订与拆除。
3. 积极完成县政府确定的重点工程及其他工作。

四是继续加快农村危房改造、加强督促和指导传统村落保护工作。

1. 完成年度农村危房改造工作。
2. 继续推进农村垃圾、污水、厕所专项整治工作，计划实施980户农村改厕；启动县域污水处理智能运行模式；巩固陈年垃圾整治成果，逐步建立农村生活垃圾长效机制。
3. 加大在建的传统村落保护项目建设工程督促和指导。

五是继续加强与省厅对接，加大对上争取力度，积极争取保障性安居工程、农村危房改造工程、国家级传统村落保护项目、生活垃圾处理工程以及雨污管网改造工程等补助项目专项资金。

六是继续提高企业质量安全责任意识，加强行业管理人才和劳务人员的培训工作，进一步落实建筑施工质量安全标准化工作。提升工程质量，消除工程质量通病，使老百姓真正住上放心房。

七是继续加强污水、垃圾和建筑粉尘治理，推进我县蓝天行动、精准治污的各项工作。

八是继续开展结对帮扶，完成扶贫包保各项任务，推进我县扶贫攻坚的各项工作。

九是继续开展军民共建、文明创建等活动，加强建设系统精神文明和文化建设。

××县住建委

××年×月×日

【例文评析】

例文结构分为两个方面：一方面是本年度的工作成效总结，另一方面是新一年工作安排。前半部分以"总—分"大结构辅之并列式分布局对基础设施、规划管理、环境整治、研运政策、监管职能和认真学习十九大会议精神六部分进行总结，条理清晰。全文结构完整，内容真实，行文流畅，逻辑缜密，标题简洁明了，格式统一，易懂。后半部分新一年的工作安排计划贴近现实，客观，可行性强。

【例文6】

××市政府办公室2020年工作总结

去年，市政府办公室深入学习贯彻习近平新时代中国特色社会主义思想，全面贯彻党的十九大和十九届二中、三中、四中、五中全会精神，紧紧围绕全市改革发展大局，严格按照省委、省政府决策部署和相关工作要求，坚持"从严、举细、有序、务实、求效"的工作原则，统筹抓好疫情防控和政务服务等业务工作，保障了市政府工作高效运转。

一、着眼全局、围绕中心，在参谋辅政上有作为

（一）疫情防控有力度

在疫情防控阻击战打响的第一时间，办公室全体人员放弃春节假期全部返岗，投身疫情防控工作。一是以笔从戎，秉烛夜思，群商群议，起草疫情防控通知公告、会议纪要、政策文件、防控方案等，为全县的疫情防控提供政策支持，全办公室参与疫情相关会议服务工作62场次，撰写纪要45份，下发疫情相关会议通知、文件123件，报送防疫信息42篇，发布省市区级媒体报道61篇；二是以网为络，快速转办，将中、省、市、县关于疫情防控的决策部署和指令指示，迅速传到各镇（街道）、各部门及村组社区，为疫情防控的扎实开展提供基本遵循；三是正视问题，真督实查，联合县纪委成立专项督查工作小组，逐项逐村、逐小区检查防控工作落实情况，指出漏洞风险，督促整改到位，确保各项工作落到实处，开展督查督促23次，下发通报123次；四是发挥先锋模范，落实包联责任，日夜值守在社区防控一线，为群众生命安全保驾护航，办公室人员直接参与防控123人次，较好地落实了区委、区政府的防控决策部署。

（二）综合协调有强度

坚持把统筹协调贯穿于办公室工作全过程，站在全局的高度、领导的角度、发展的深度，按照"主动超前、优质高效、规范有序"的要求，综合统筹、科学协调，形成工作合力。全年组织开展专题研究协调1100余次，千方百计解决困难，确保政府决策落到实处。一是加大对中心工作的统筹协调。紧紧围绕实施全面融入××区一体化发展首位战略、××新城规划建设、"三年两化"活动等中心工作，加强政策指导，加大协调力度，中心城市品质提升深入开展，"企业服务直通车"平台上线运行，××新城50平方公里总体布局及5平方公里核心功能区、1.5平方公里"城站一体区"规划设计编制顺利完成。二是加大对重大项目推进的统筹协调。进一步完善工作机制，层层压实责任，督促项目业主落实主体责任，认真对表对账，加强进度滞后、未开工项目的攻坚破难。在市政府办公室牵头协调下，促成××项目成功落户，××半导体硅片生产基地项目开工，××区域改造、市区快速路环线工程、××国际广场、××城际轨道、军民合用机场、有轨电车等重大项目建设有力推进。三是加大对重大活动的统筹协调。重点做好与市委、人大、政协办公室和各县（市、区）政府办公室、市级机关重点部门的沟通协调，做到提前谋划、提早介入，高标准做好企业家峰会、妇女职业技能大赛、点赞中国•国际马拉松、美好智慧生活科创项目集中路演等重大活动。

（三）调研信息有深度

坚持把调查研究和信息工作作为办公室的重要职能，创新工作机制，深入基层一线，提高调查研究和信息工作的质量，努力当好市委市政府的"智囊团""千里眼""顺风耳"。一方面，深化调查研究。深入研判宏观经济形势，准确把握经济社会发展阶段特点，广泛开展科技创新、产业提升、城乡融合、城市品质提升等方面的调查研究，形成了一批具有前瞻性、针对性的决策咨询建议，为市委市政府重大决策提供了基础支撑。全年共完成调研报告24篇，开展重大课题调研16项，《加快布局5G产业，加速发展数字经济的对策建议》等11篇课题报告得到市领导批示19次，《加快建设全国城乡融合发展试验区的调研思考》《关于做好十四五乡村振兴开局的思考》等调研成果被吸收采纳。另一方面，深化信息服务。围绕全市中心工作，积极关注经济发展重点、社会舆论焦点、群众关心热点，吃透"上情"，摸准"下情"，及时、全面、准确报送政务信息。去年，共编发《政务信息》刊物618期，上报信息881条，被省政府办公厅采用信息313篇，获省以上领导批示68条，为领导知情决策提供了有力的信息参谋服务。

（四）政务督查有广度

把政务督查作为贯彻落实市委市政府决策部署的重要环节来抓，以市政府重点工作、会议议定事项、领导批示、省市长信箱留言、群众反映的热点难点问题等为督办重点，实行跟踪督查，确保中心工作开展到哪里，政务督查就跟进到哪里。注重对重点工作进行清单化梳理，形成省委省政府部署重点工作、书记批示重点工作、市政府工作报告重点工作和县（市、区）重点督办工作"四张清单"，并实行"项目化对标、清单化销号、创造性落实、督查式管理"，有力促进了市委市政府重大决策和中心工作的落实。去年，共开展"民生实事""百年百项"、小微企业园等专项督查19次，承办省级以上领导批示374件、市政府领导批示3479件，编发市政府领导批示通报24期。

（五）政务保障有精度

一是写好文稿。坚持把写好文稿作为办公室工作的"主业"和"首页"，准确把握中央、省委省政府和市委的决策部署，始终紧贴理论前沿，紧跟政策形势，紧扣工作中心，切实将上级的大政方针与××经济社会发展高度统一起来，将领导工作思路、语言风格与××改革发展稳定任务紧密结合起来。去年，共起草领导讲话、汇报材料等各类文稿493篇。二是精心办文。坚持24小时值班制度，及时处理各类来文，确保第一时间办理，切实当好政府系统运转的"巩固后院"，全年共处理各类来文5904件。认真落实"基层减负年"要求，强化发文管理，全年以市政府或市政府办公室名义印发的三类重点精简文件压减36%。大力精简市政府议事协调机构，降幅达54.6%。三是细心办会。强化会议统筹管理，严格规范办会程序，注重会前准备、会中组织、会后落实，切实提高会议效果。去年，以市政府或市政府办公室名义召开会议数压缩46%。创新办会方式，市政府会议无纸化系统上线运行。

二、着眼重点、完善机制，在优化服务上有提升

（一）政务公开逐步规范化

以《政府信息公开条例》修订实施为契机，坚持"公开为常态、不公开为例外"原则，持续深入推进政务公开规范化建设。结合机构改革要求，积极规范政务公开主体，确保各类政务公开主体适格。不断拓展主动公开内容，组织开展重大建设项目批准和实施、公共资源配置、社会公益事业建设、重点民生等领域信息公开，丰富完善行政规范性文件政策解读形式和内容。积极创新政务公开平台渠道，推进市政府门户网站"政务公开"栏目整体重塑，加强政务新媒体规范管理，通过多种途径向社会公开各类政府信息6万多条。健全依申请公开工作机制，完善申请前、中、后电话沟通、疑难问题会商、共享联办制度，去年共依法办结政府信息依申请公开件180件。

（二）持续推动"最多跑一次"改革

坚持按程序办事、按规范操作，以机关内部"最多跑一次"改革为抓手，在全市梳理公布11项机关内部办事事项，并全部通过在线服务平台网上办理，实现了市政府办公室高频事项"最多跑一次"改革全覆盖。部门间一般性文件会签的时间不超过3个工作日，一般性办事事项不超过5个工作日，办事材料精简、办事时间压减均达50%以上。共办理部门间"最多跑一次"事项39项。

（三）反走私和口岸海防管理服务持续强化

组织开展全市查处"三无"船舶"××行动"、经营无合法来源成品油和进口冻品专项整治等行动，开展联合执法行动107次，检查船舶、车辆5367（艘、辆），案件7起，查获无合法来源成品油近300吨；开展市场整治专项检查704次，案件555起，查获无合法来源成品油约2.25吨、卷烟16216条；开展各类培训141场，发放宣传资料2万份。扎实做好各项海防工作，努力构筑多元化、系统化海防战略体系，着力加强海防基础设施建设和日常维护工作，进一步改善一线人员工作环境。

三、着眼长远、强基固本，在队伍建设上有成效

（一）全面加强政治建设

将党建工作摆在首位，持续巩固"不忘初心、牢记使命"成果，研究制定《市政府办公室巩固"不忘初心、牢记使命"主题教育成果常态化实施方案》，通过开展"周夜学"等活动，组织集中学习68次。成立市政府办公室读原著青年积极分子读书班，组织青年党员干部学习习近平新时代中国特色社会主义思想、《习近平谈治国理政》第三卷等内容，并撰写学习体会，得到市政府领导的批示肯定。创新设计全市政府系统办公室"微调研""平语摘录""悟原理"体会交流等活动，形成"微调研"报告128篇。

（二）全面加强干部队伍建设

将"重品行、重实干、重公认"导向旗帜鲜明地贯穿于干部选任全过程，严格落实选人用人规定，强化人员选录，加强年轻干部培养，充实业务力量、优化干部队伍。上一年，公开选调公务员30名、事业单位工作人员54名，选调"双一流"高校生45名，选派挂职干部23名。为充实办公室人员力量，选调5名科级领导干部到办公室挂职锻炼，新提拔了12名"80后"年轻干部到中层岗位上。切实加强干部监督管理，认真落实重大事项报告、领导干部个人事项报告、谈心谈话等制度，健全干部经常性提醒教育工作机制。

（三）全面加强机关文化建设

重视工青妇组织在干部职工中的桥梁纽带作用，支持机关工会、共青团和妇女组织的工作，强化党建带群建工作。开展"我爱中国"主题党日活动、"三微进行时"专题活动、"芝麻开花"培育活动、"扎紧笼子"专项活动、"三化"机关现代制度建设活动、"谋发展惠民生"服务品牌活动、"老来乐"系列活动、"巾帼风采"活动、"多彩文体"系列活动等主题活动，关心干部职工身心健康，积极凝聚正能量，着力从思想政治、精神状态、工作作风方面进一步强化办公室干部队伍建设，确保办公室干部队伍保持定力、把握大局，看清方向、站稳脚跟，更好地服务保障全市工作大局。

（四）全面加强党风廉政建设

落实办公室党组班子成员"一岗双责"，切实承担好党组廉政建设分担责任，推动党风廉政建设工作向纵深推进。召开党风廉政建设大会，印发《党风廉政建设工作要点》，层层签订党风廉政建设和作风效能建设责任书。完善党组议事规则和主任办公会议制度，坚持重大决策、干部任免、大额资金预决算和使用等重大事项集体讨论决策。开展廉政风险排查和防范化解，每位党员干部认真自查岗位及个人风险点。大力支持驻办公室纪检监察组履行职责，强化廉政纪律监督检查，运用好监督执纪"四种形态"，加强对权力运行的制约和监督，为依法履职提供纪律保障。从严执行中央八项规定精神，办公室公务接待费同比下降30%，会议费同比下降40.7%。

××市政府办公室
××年×月×日

【例文评析】

例文角度新颖，从"着眼全局，围绕中心，在参谋辅政上有作为""着眼重点，完善机制，在优化服务上有提升"和"着眼长远，强基固本，在队伍建设上有成效"

这三方面阐述本单位一年以来的工作总结，行文通畅，标题简洁明了，每个标题的格式相同，很有特色。同时以"总—分"大结构辅之并列式分布局进行总结，条理清晰。例文结构清晰，一目了然，并列式结构使文章简单易懂，内容具体，详略得当，逻辑严谨。

【例文7】

××市人防办2020年工作总结

去年，我市人防办继续坚持"战备为本、改革为要、法制为源、融合为基"的指导思想，贯彻落实中共中央、国务院、中央军委《关于深入推进人民防空改革发展若干问题的决定》，紧紧围绕市委市政府中心工作和省、市人防办的部署，大力推进应急应战核心能力建设为重点的人防各项建设，推进人防事业新发展。

现将去年工作情况总结如下：

一、围绕重点，顺利推进行政管理中心广场人防工程和市中心公园人防工程清零扫尾工作

根据《××市政府投资重点项目清零扫尾专项行动实施方案》的要求，对行政管理中心广场人防工程和市中心公园人防工程进行清零扫尾工作。去年行政管理中心广场人防工程已完成竣工验收、工程结算、资料归档、人员清理、财务结算等工程清零扫尾工作，同时落实其地下停车库停车管理制度，建立日常检查台账，做好地下室的消防、人防设备设施维修维护工作。中心公园人防工程先后办理了工程现状测绘报告、建设用地规划许可证、防雷检测等相关手续。由于补办前期手续需要部分金额，需要重新整理相关资料报省人防办概算调整。

二、围绕应急应战能力构建，扎实推进指挥通信工作

（一）升级人防警报终端控制系统

根据《××市人防办关于推进升级人防警报发放控制系统和建设基于多媒体多功能防空防灾警报知终端的通知》文件精神，按照统一部署、统一技术体制、统一标准规范的要求，去年××市人防办升级了全市人防警报中央控制站及新增数字中继站68套。圆满完成全市警报终端控制系统升级任务，为去年完成"5·12""9·18"警报试鸣打下良好的基础。

（二）启动15个重点镇（街道）民防应急指挥中心建设

去年××市已完成38个人防重点镇（街道）民防应急指挥中心建设。去年完成了××镇和××街道等29个民防应急指挥中心建设，总投资约20万元，目前这两个工程已经建设完成并投入使用。截至去年7月，××市已经建设12个人防重点镇（街道）民防应急指挥中心建设，建设率达到80%。

（三）组织学生疏散演练

为提升学生防灾减灾意识和应急避险的技能，市人防办结合警报试鸣，邀请民防××应急救援队于5月17日，9月18日分别在××市二中和××市××街道

二中进行防空防灾疏散演练，近500名师生参加演练。

三、围绕服务质量提升，扎实推进人防工程管理工作

（一）优质高效做好人防审批服务

1. 人防审批工作。截至去年×月，全市累计受理人防审批项目58件，办结58件，办结率100%，无一例超时事项，实现服务事项零投诉。其中核准审批结建防空地下室项目3件，计人防面积800平方米；审批人防易地建设项目5件，人防易地建设费应缴尽缴，严格执行收支"两条线"管理，对申请易地建设的2个工业项目落实惠企政策要求，予以免收人防易地建设费，切实减轻了建设单位负担；验收备案结建防空地下室项目2个，合计人防面积1000平方米，切实提高了××市城市整体防护抗毁能力。

2. 践行"最多跑一次"改革，为项目建设助力。在深入推进"最多跑一次"的改革中，我办首先是规范精简审批材料，实行一窗受理。专门抽调一名技术骨干到综合窗口，对审批过程中遇到的问题及时总结改进。其次是推行精准服务，提升人防审批效率。变以前单纯审批为主动服务，对工期要求紧、审批相对简单的项目，人防办实行审批即办制、上门服务，变"项目主体跑"为"人防部门上门跑"。再次是实行相关事项联办，将人防工程质量监督和竣工验收备案两个环节合二为一，最后是缩减申报资料，简化办事流程，压缩办理时限。

3. 完成年度人防工程易地建设费征收情况专项自查。××市人防结建审批和易地建设费征缴严格按照法律法规及相关文件规定，无擅自扩大或缩小收费范围、提高或降低收费标准、超地域违规收费情况；无强制性以收代建或半收半建的行为；人防工程易地建设费无政策法规范围外减免缓情况；经批准结建的项目，无少建漏缴情况；人防工程易地建设费严格执行收支两条线管理办法，统一收取，统一管理，并上缴财政专户储存，按规定及时分成上缴。

（二）依法规范开展人防质监

去年人防工程质检项目达6个，共计人防面积1200平方米；完成竣工验收项目6个，共计竣工人防面积1200平方米；按"双随机"工作要求，随机抽查已验收的人防工程平时使用管理情况4个项目，相关质量情况已上报市人防办。累计下乡检查总次数达20余次，对前几年历史遗留下来的竣工项目档案进行全面整理。

四、围绕居民防空防灾意识提升，扎实推进人防宣传教育工作

（一）开展人防法律法规宣传

去年4月在市中心××广场开展以宣传《人防法》为主的人防法律法规宣传活动。采用发放宣传资料、设立法律咨询台、通过展板展示等方式，大力宣传人防法律，提高全市市民对人防法律法规的认识，营造全社会关心人防、支持人防、建设人防的浓厚氛围。

（二）开展"5·12防灾减灾日"宣传

5月12日，在××市××街道××社区开展"减少灾害风险，建设安全城市"宣传活动。向广大市民发放《防空防灾应急手册》等宣传品近500份，宣传防灾减灾基本知识，掌握防空防灾的基本技能，减少伤害。该活动增强了群众的防灾减灾意识，提高了群众的自救互救能力，收到良好的社会效应。

（三）开展人防知识进党校宣传

6月9日下午，特邀××市人防办××主任，对××党校中青班学员进行"人防连着国防，城市需要人防"的专题讲课。增强了学员的国防观念和人防意识，增强了依法履行国防和人防建设义务、关心和支持国防和人防发展的自觉性，促进了人防宣传教育工作的落实。

（四）12日报小记者参观体验人防教育基地

9月12日，带领10名××日报小记者参观××市人防教育基地。小记者深入了解人防民防知识，学习遇到突发事故、自然灾害等情况下正确救护、逃生方法。

（五）推出《居安思危　有备无患　9·18带你走进人防》全媒体视频短片

9月18日，我办推出《居安思危　有备无患　9·18带你走进人防》全媒体视频短片，该短片在腾讯视频、"中国××网"微信平台、"××发布"平台、x+等新媒体矩阵群同时发布。通过短片，让市民进一步了解"战时防空、平时服务、应急支援"的人防工作使命任务，了解人民防空是国家对人民生命财产安全预警性的保护，是和平年代应对战争危机、自然人为灾害时的可靠的安全保障。

五、做好基础性工作

（一）深入开展两学一做学习教育常态化制度化专题教育

上一年以来我办认真开展了两学一做学习教育常态化制度化专题教育。印发了《关于推进"两学一做"学习教育常态化制度化的实施方案》的通知。办党组通过参加市委理论中心组扩大会议、党组联合中心组理论学习会、党支部"三会一课"等方式，集中学习了《党的十九大报告》《党章》《习近平用典》和《习近平总书记系列重要讲话精神》《关于推进领导干部能上能下的若干规定（试行）》《中国共产党廉洁自律准则》《中国共产党纪律处分条例》等一系列必读书目。

（二）深入开展"四化"党支部创建

充分发挥机关党支部学习阵地作用。开展以阵地标准化、活动制度化、工作规范化、服务常态化为主要内容的"四化"党支部创建活动。机关支部通过固定活动日，开展"红七月　服务月""民主评议""为民服务"等主题党日活动和一系列专题学习讨论活动。

（三）加强党风廉政建设

深入开展"正风肃纪"专项活动，把反腐倡廉放在机关党建的突出位置，认真贯彻执行中央、省、市关于加强党风廉政建设的各项规定。强化对党员领导干部的廉洁自律情况的监督，结合实际，将党风廉政工作常态化，不断完善全面从严治党"两个责任"信息化系统。

六、人防办新一年工作计划

（一）围绕重点，推进人防地下空间开发利用工作

1. 做好××路地下步行街开发利用前期工作。××路地下步行街项目在市委市

政府的高度重视下，项目规划已经审批，选址在××路路口起至××路路口，全长约50米，宽10米，建筑面积约600平方米，红线用地面积约650平方米。去年该项目已进入社会风险评估及听证会程序。新一年将配合有关部门做好清远路地下空间开发利用工作。

2. 推进中心公园人防工程清零扫尾工作。去年××市中心公园人防工程先后办理了工程现状测绘报告、建设用地规划许可证、防雷检测、人防验收等相关手续。新一年将和住建局进入后续的手续办理，并整理相关资料报省人防办重新调整概算。

（二）围绕应急应战能力构建，扎实推进指挥通信工作

1. 推进××市人防指挥所建设。××市人防指挥所土建工程已建设完成。地上人防装修、空调等工程已在施工阶段，地下室人防工程招标文件及清单已基本编制完毕，由于指挥系统10万元资金至今未落实，无法纳入工程投资中，导致地下人防整体工程无法进行招投标，我办已向市政府请示，要求落实10万元的资金，以加快工程建设进度。资金落实好后，马上进入招标程序，计划施工合同签订后，半年内完成工程施工，达到验收标准。

2. 重点镇应急指挥中心日常运行。3市已完成8个人防重点镇民防应急指挥中心建设，完成率达到80%。新一年将做好8个民防应急指挥中心设备日常维护工作。

3. 推进人防数字警报系统设备升级工作。根据《××市人防办关于推进升级人防警报发放控制系统和建设基于多媒体多功能防空防灾警报知终端的通知》文件精神，按照统一部署、统一技术体制、统一标准规范的要求，新一年××市人防办升级了全市人防警报中央控制站，增加了数字中继站10套。将投入5万元新增警报4台，JDS智能储能电池组20组，并对20台人防数字警报系统设备进行升级，使升级后的系统与现有人防警报控制系统互相兼容，实现全市50台警报网络全覆盖，圆满完成警报试鸣任务。

（三）扎实推进人防工程管理工作

1. 纵深推进人防行政审批改革，全面落实"四个一"创新工程要求，在"最多跑一次"事项"八统一"标准化梳理的基础上，全面实现投资项目网上在线审批。

2. 计划新一年新开工人防工程面积1590平方米，完成竣工验收备案防空地下室面积800平方米，进一步提高××市人均人防掩蔽面积。

3. 人防易地建设费应缴尽缴，严格执行收支"两条线"管理，并做好人防易地建设费征收情况专项自查。

4. 结合行政审批制度改革工作，积极开展万人评基层站所（办事窗口活动）。

5. 加强人防工程质量监督管理。按"双随机"工作要求，随机抽查人防工程施工质量，落实"最多跑一次"或"零上门"事项。做好人防工程质监工程资料归档和日常人防工程质监管理工作。

（四）扎实推进人防宣传教育工作

1. 完成人防教育基地搬迁。根据××市××山"大拆大整"工作的要求，××市人防教育基地随××山教育实践基地搬迁至××二中。新一年将逐步完成人防

教育基地的设备搬迁和新址装修，并投入使用。

2. 深化人防宣传教育"五进"工作。巩固初级中学人防知识教育成果，在全市5所初级中学和主城区8所小学普及人防知识教育的基础上，对各中学辅导员进行急救常识的培训，掌握基本的急救技能和日常简单的护理方法。新一年还将继续开展人防知识进党校、进社区、进企业等宣传工作。

3. 探索宣传教育新方法。把人防宣传教育与普法教育、爱国主义教育、安全教育、急救常识紧密结合起来，把防灾救灾知识纳入学校、民众教育中，完善人防知识宣传内容。充分运用社会媒体开展宣传活动，在3月1日国际民防日，5月12日国家防灾减灾日，9月18日国防教育日三个时间点组织专项活动，不断扩展人防宣传范围。

××市人防办
××年×月×日

【例文评析】

上一年度的工作总结和下一年度的工作计划，工作总结从"围绕重点，顺利推进行政管理中心广场人防工程和市中心公园人防工程清零扫尾工作""围绕应急应战能力构建，扎实推进指挥通信工作""围绕服务质量提升，扎实推进人防工程管理工作""围绕居民防空防灾意识提升，扎实推进人防宣传教育工作"和"做好基础性工作"五个方面进行阐述。内容具体不空洞，都是与实际情况相符的事实，详略得当。下一步工作计划从四个方面出发，条理清晰，一目了然。

【例文8】

××县法制办2019年工作总结

去年，县政府法制办在县委、县政府的正确领导和上级政府法制部门的业务指导下，深入贯彻落实科学发展观，以全面推进依法行政、建设法治政府为目标，重点围绕县委、县政府中心工作，创新依法行政机制，当好政府法律顾问参谋，圆满完成了各项工作目标任务。现将一年来的工作总结汇报如下：

一、主要工作

（一）理清思路，制订全年工作计划

根据《全面推进依法行政实施纲要》《国务院关于加强市县级政府依法行政的决定》（国发〔××〕×号）和《××市人民政府关于进一步加强政府法制工作的意见》和我县《关于加强依法行政的实施意见》的要求，制订了××年全县法制工作计划，明确了工作思路。

（二）加强协调，认真做好行政审批事项批清理日常工作

一是按照《××市人民政府关于进一步深化行政审批制度改革的通知》《××县人民政府关于进一步深化行政审批制度改革的通知》文件要求，认真开展了清理

行政审批和非行政审批工作。二是明确任务，落实职责。根据审批项目的性质、特点、复杂程度和清理人员的结构情况，将9个部门分为5块，制定操作性强、透明度高的清理操作规程，明确各个清理环节的标准、时限，按照清理的时限、范围和原则要求，确定具体人员和工作范围，落实了清晰的岗位职责和任务，保证了工作信息的交流与畅通。三是清理工作取得阶段性实效。截至10月1日，共清理15个县直部门，清理出审批项目30项，其中行政审批项目23项，非行政审批项目7项。目前，各项数据已经汇集我办进行集中审查。

（三）全面开展行政执法监督，切实规范行政行为

一是制订下达行政执法监督检查计划。按照省市人民政府下达新一年行政执法监督检查项目的要求，我办结合全县行政执法的实际，拟定和下发了《××县人民政府关于开展××年行政执法检查的通知》，明确了检查内容、重点、方法、步骤和具体要。二是进一步清理核实各行政执法部门的主体资格和执法依据，督促完善和落实相关行政执法制度。三是加强与各行政许可部门的密切合作，进一步做好行政许可事前、事中和事后监督，坚持谁许可谁监督管理的原则，对仍然存在的重许可轻监督、只许可不监督的行为，再次进行清理、督促整改。四是依法审查规范性文件和行政合同，切实监督抽象行政行为。今年，我县共制定各类规范性文件40件；各种涉及法律法规方面的文件20余件，对一些影响大、涉及面广、群众关注度高的事项，配合相关部门召开座谈会、听证会、发征求意见稿等形式，听取各界群众的意见和建议后制定。其中绝大部分都由法制办审查把关或参与讨论研究制定，充分发挥了法制办参谋和顾问的作用。所制定的规范性文件按照《××省行政机关规范性文件制定和备案办法》的规定进行登记和备案。五是依法管理行政执法证件，再次审查各行政执法部门执法人员的执法资格，对全县执法人员持有的证件严格审验、核实证件使用情况。对全县80名待办证人员进行专项培训，按程序统一办证和换证。

（四）主动指导乡镇和县直部门规范行政执法行为

一年来，为政务服务中心、教育、文体、经贸、审计等部门和××等乡镇多次提供执法咨询及业务指导。积极主动帮助县直各部门清理、审查行政许可事项，规范行政执法和行政许可程序，建立完善各项制度。

（五）积极协调处理信访事项，缓解社会矛盾

我办主动配合和信访、民政、农业、国土、移民等部门，积极参与接待和处理了涉及大量土地、房产、治安和移民等方面的信访事项，做了大量的群众涉法问题咨询服务工作，一年来，共协调配合有关部门，处理信访70件，接群众来访40人次。

（六）切实加强行政复议工作

进一步加大行政复议案件办理力度，提高办案质量。去年以来共收到行政复议申请28件，受理行政复议案件14件，占申请数的50%；不予受理0件。行政复议渠道畅通，未经行政复议直接提起行政诉讼的案件有4件，占应行政复议数20%。

行政复议案件占信访案件数量的比率为50%。行政诉讼案件占行政复议案件数量的比率为85%。采取听证方式审理复议案件的比率为60%。复议决定作出后起诉的案件为0件。法院对复议后起诉案件的撤销率为30%。复议案件受理采取调解或和解方式结案的比率为80%。

（七）加大办案力度，提高行政案件办案质量

加强对行政案件的调查研究，为行政案件应诉做好充分准备。先后在××镇××村诉县政府土地行政管理纠纷一案，县政府诉××房地产开发有限公司合资合作合同纠纷一案，××镇小组不服县政府行政复议决定一案中，以委托代理人名义，积极出席应诉，经调查取证，分别向省高级人民法院、市中级人民法院提交了充分的证据依据，确保案件得以胜诉，有效地维护了县政府的合法权益。

二、存在的主要问题

法制机构机制不健全，力量还很薄弱，法律业务水平还不高，日常法制工作业务衔接不够好，工作开展不够全面。

三、新一年工作要点

下一年政府法制工作基本思路是：以邓小平理论、"三个代表"重要思想为指导，深入贯彻科学发展观与习近平新时代中国特色社会主义理论体系，紧紧围绕政府"保增长、扩内需、调结构"工作要求，以服务大局为己任，以加强政府机关依法行政为重点，以保障公民合法权益为根本，以参与行政管理综合配套改革为契机，着力提高制度建设质量，着力规范行政行为，着力增强预防和化解社会矛盾纠纷的能力和水平，着力加强政府法制监督各项工作，努力促进政府法制工作再上新台阶，推动法治政府建设取得新成效，为推动经济社会又好又快发展提供良好的法制保障。重点抓好以下七方面工作：

（一）建立完善依法行政各项制度

为深入贯彻《国务院关于加强市县政府依法行政的决定》，按照县委、县政府开展深化行政体制综合配套改革工作的要求，积极开展调查研究工作，为县政府进一步完善以下工作制度：重大行政决策听证制度、重大行政决策合法性审查制度、重大行政决策集体决定制度、行政决策责任追究制度、重大行政决策实施情况后评价制度、完善行政执法程序、监督检查记录制度、行政执法争议协调机制、政府绩效管理制度、依法行政报告制度、推行综合行政执法试点制度等。

（二）结合政府法制工作，加强理论学习

一是继续深入学习贯彻党的十九届三中、四中、五中全会及中央经济工作会议精神，不断推动制度创新、推动政府法制工作创新。二是组织专题会，引导全办干部职工在工作谋划、落实、检查、总结等各个环节，在法制监督、行政复议、行政许可监督、规范性文件审查、政府法制宣传、政府法律顾问等各个方面，具体贯彻、落实和实践科学发展观。

（三）加强法制宣传力度

充分利用政府信息公开门户网站、宣传专栏等工具，加强法制宣传教育，深入

宣传学习以《宪法》为核心的法律法规。制定下一步行政执法宣传培训工作方案，重点抓好政府部门执法人员的培训，使每个实施人员全面掌握、准确理解、正确运用行政许可法的各项规定。

（四）行政执法监督工作

一是继续抓好全面推行行政执法责任制工作。调整考评方式，组织实施好乡镇政府和县直机关行政执法责任制的评议考核。积极推进综合行政执法工作，建立健全相关制度，监督和指导已经成立的综合行政执法机构的执法工作。二是创新行政执法层级监督方式。建立和完善行政执法投诉案件的办案规程、过错责任等工作制度，加大对群众关心的社会热点和难点领域的个案监督检查力度。加强执法主体和执法人员的资格管理。三是加大行政执法监督工作力度。按照《××省人民政府关于规范行政权力加强行政执法监督工作的通知》的要求，定期或不定期地组织开展行政执法专项案卷评查活动。

（五）行政复议工作

一是积极探索实施行政复议监督的新做法，创新实施行政复议的监督机制。二是完善行政复议办案程序。进一步建立健全行政复议工作的有关制度，将行政复议从申请到作出决定的每一个程序进行细化，确保行政复议工作制度化、规范化。三是认真做好重大行政复议案件的审查备案工作。四是强化行政执法人员的业务培训。不断提高行政执法人员的业务素质和办案能力。五是进一步加强政府行政复议工作机构建设。协调配合乡镇、部门加强基层政府行政复议工作机构设置。

（六）进一步加强法制机构队伍建设，提高政府法制工作水平

一是加强县政府法制办自身建设，提高人员素质，强化工作责任，努力提高做好政府法制工作的能力和水平，确保各项工作任务圆满完成。二是进一步夯实基层法制机构队伍，强化法制队伍建设，通过培训等途径，提高法制人员整体素质，制定法制人员工作职责，增强他们工作的主动性和积极性，不断提高他们的法制业务能力和水平。

（七）积极为政府发挥法律顾问作用

积极为县政府的重大决策、处理突发事件、行政执法事项等提出法律咨询意见；积极参与县政府行政复议决定书的论证工作；主动代理县政府的行政应诉工作和有关民事诉讼、非诉讼等法律事务；办理县政府领导批办的有关法律事务；继续与有关经济部门、行业协会建立法律顾问工作的联系制度。

××县法制办
××年×月×日

【例文评析】

例文结构完整清晰，以主要工作、存在的主要问题和新一年工作要点三步走出发进行本年度的工作总结。全文以"总—分"大结构辅之并列式分布局为主要方式，且思路清晰，在主要工作总结方面，内容具体完整，贴近客观现实；在存在问题的

总结提出方面认识到位，对工作有清楚的认知；在新一年工作要点阐述方面，脚踏实地，具有很强的可行性。

第三节　科室工作总结

【例文1】

××办公室2020年工作总结

去年是我市行使相对集中行政处罚权工作的第一年。办公室在局党组和局领导的正确领导下，围绕"打基础，强素质，出成效"的指导思想，不断摸索，努力提高。经过一年的努力实践，人员的整体素质有了较大的提高，办公室的各项职能工作得以较好地开展。一年来，办公室开展的工作主要包括以下几个方面：

一、自身建设情况

今年来，按照上级关于加强机关建设的指示要求，以提高全科人员整体素质为突破口，加强自身建设，主要抓了四个方面的工作：

一是抓思想政治建设，始终保持昂扬的精神状态。针对办公室人员成分新，素质参差不齐，而工作任务连续集中、压力较大的情况，我们坚持每周一次的科务例会，通过以会带训，对相关法律法规、规章制度和基础知识进行系统学习，并积极参加市组织的各类业务培训，如档案管理、计算机网络操作、××市撰写地方志、会计培训等，从而提高办公室人员的自身素质和业务水平，全科同志自觉讲政治、顾大局、守规矩。始终保持了思想稳定、心齐风气、团结协作的良好局面，节假日、双休日、八小时以外经常加班加点完成工作任务，有的带病坚持工作，表现出了很强的敬业精神。

二是抓法规制度建设，进一步正规工作秩序。办公室组合以后，对人员工作进行了细致的分工，进一步完善了工作制度，明确了工作职责，工作中讲程序、讲规矩，按照谁主管、谁负主要责任，谁承办、谁牵头的原则，把责任落实到具体人、具体事，减少了错、忘、漏。

三是抓业务素质建设，努力提高工作质量。针对办公室工作面广、任务重、材料多的特点，注意在工作实践中大力培养全科人员"严、细、快、准、实"的工作作风，要求科里每个同志"办事情做到滴水不漏，写材料写到山穷水尽"。采取集中学习、专题研讨、以老带新、实践锻炼、体会交流等形式，加强业务训练。在全科叫响了"多干工作多长才干"口号。大的材料坚持集体研究、人人参与、集体改稿，提高大家领会局党组和局领导意图和承文办事的能力。

四是抓作风纪律建设，树立机关干部的良好形象。主要分为两个阶段来实施，第一阶段：上半年，主要以完成任务为牵引，抓工作质量、抓办事程序、抓工作效率，减少差错、堵塞漏洞，确保局党组、领导意图在机关、基层得以贯彻落实。并针对竞争上岗后及新公务员招录到岗到位后，人员有"车到码头船到岸"的放松思想，狠抓了作风纪律建设。第二阶段：下半年，重点抓成效，上层次，促进科室人员整体素质提高。在局领导的批评指导和提醒下，通过努力学习，不断地改进，克服了磨合期工作不熟悉、人员情况不了解、工作进入慢等种种问题，杜绝了大的差错，大家严格遵守机关各项规定，自律意识大为增强，各项工作有了明显的推进。

二、履行职责情况

一年来，办公室根据自身职能主要从两个方面加强人员履行职责工作的建设。一是明确职责，完善规章制度。由于办公室人员来自不同岗位和部门，大部分同志没有接触过机关尤其办公室工作，对办公室工作不甚了解，工作时出现了思路不明确，职责不清楚等问题。为使办公室全体人员责任明确、有章可循、各负其责，结合我们的工作实际，从抓基础入手，先后制定和完善了《××市城市管理行政执法工作规则》《办公室人员分工》《公文格式》《办公室秩序》《办公自动化系统管理规定》《执法局文件阅办制度》等10余份针对性强、易操作、行之有效的规章制度，并且及时予以下发和抓好落实，逐步形成了较为完善的机关工作制度保障体系。二是筑牢根基，提高人员整体素质。在这个方面办公室主要抓住了三个重点开展工作：

一抓人员的协调磨合与内部团结。办公室共19个人，性格、能力各有差异，又各管一摊，各负其责，如何用其所长，发挥个人和整体作用，成为办公室工作开局来的首要任务，我们牢固树立团结出战斗力和一盘棋的思想，着重抓好团结协作，以大局为重。通过谈心、批评与自我批评和"拉袖子"等方式不断加强协调意识。促进了团结，形成了合力，战斗力、凝聚力不断提升。

二抓文字表达能力。文字综合水平的高低，直接关系到全局工作的质量。文稿质量要符合本市、本部门的实际，同时要能够在把握大局，突出重点。因此我们在空余时间组织学习《城市管理》《秘书工作》《半月谈》《求是》《南方》等与办公室工作相关的书籍，通过多学、多看、多思考、多积累，并及时向局领导请教，摸清领导意图、思路。在局领导的帮助指导下，不断提高写作能力。全年上报、下发正式文件120多份，起草大的汇报材料40多份。

三抓协调办事能力。为不断提高办公室人员的办事能力和效率，老同志以身作则、进行传帮带，小至如何接听电话、请示报告，大到文稿的拟定、对外接待都对新同志言传身教。

三、存在的主要问题和薄弱环节

回顾一年的工作，我们的主要体会是多请示、多汇报、多通气、多动脑、多动笔、多请教，注意在干中学、学中干，不断在实践中增长知识才干。但是，在看到成绩的同时，还必须清醒看到自身存在的问题和薄弱环节。

一是有时工作的质量和标准与领导的要求还有一定差距。一方面，个体的能力素质不够高，材料质量上不去；另一方面，就是工作量多、时间比较紧，工作效率不高。

二是有时工作敏感性还不是很强。对领导交办的事不够敏感，有时工作没有提前量，上报情况不够及时。

三是自身学习抓得不紧。尤其是在自学方面，自我加压精神不强，与工作的标准和要求还有较大的差距。

四是领导的参谋助手作用发挥不够明显。对全局工作情况掌握不细，还不能主动、提前的谋思路、想办法，许多工作还只是充当"算珠"。

四、下一步工作打算

发扬优点改进不足，办公室将继续发扬以人为本的精神，拓宽思路，求真务实、全力做好本职工作，下一步打算从以下五个方面开展工作：

一是加强工作统筹。根据局党组明年的工作要求，对工作进行具体谋划，明确内容、时限和需要达到的目标，集中力量抓大事、抓成果。加强科室与科室之间、机关其他部门之间的协同配合，把各项工作有机地结合起来，理清工作思路，提高办事效率，增强工作实效。

二是搞好调查研究。发扬求真务实的工作作风，深入搞好调查研究，了解掌握第一手资料。利用各项工作时机，有计划地安排科室人员到基层学习，加强对基层工作的熟悉，努力实现工作上的创新。

三是培养过硬作风。始终保持良好的精神状态，发扬吃苦耐劳、知难而进、精益求精、严谨细致、积极进取的工作作风。严格管理教育抓养成，强化自律意识，努力实现自我意识的分化，树立机关干部的良好形象。充分利用"八小时以外"时间，以时间保质量，以质量求效益，高标准地完成各项任务。

四是提高能力素质。加大人员培养力度，制订学习计划，组织学习交流。定期组织材料评比、集体改稿，搞好经验交流，实行重点突破，促进全科业务能力水平的提高。强化自我加压、自我提高、自我成才意识，多压担子，多交任务，力争出成果、出精品、出人才。

五是发挥职能作用。加强对上级文件精神的学习理解，充分领会领导意图，搞好上情下达、下情上达，当好参谋助手，创造性开展工作。及时掌握最新的理论成果、工作方法，努力提高谋事、干事、成事的能力。深入抓落实，确保领导、机关意图在全局得到贯彻执行。

新的一年意味着新的起点新的机遇新的挑战。我们办公室全体成员决心再接再厉，使工作更上一层楼。

××办公室
××年×月×日

【例文评析】

例文是一份详尽的工作总结，作者从本年办公室开展的工作和工作中存在的问题及下一步工作打算两个方面入手。例文前半部分通过对自身建设情况和履行职责情况两方面的阐述进行工作总结，后半部分首先提出了四条在工作中存在的问题，随即针对薄弱环节提出中肯且可行性强的计划，体现了作者思路明确。同时，具体内容的撰写体现了作者从实际出发，统筹兼顾；突出重点，主次分明。

【例文2】

××人事科2019年工作总结

在过去的一年里，人事科在市局的正确领导下，在省局和市人事局等相关部门的关心支持和指导下，以我局的全年工作目标为出发点，认真贯彻落实马克思列宁主义、毛泽东思想、"三个代表"重要思想、科学发展观、习近平中国特色社会主义理论体系和党的十九届三中、四中、五中全会精神，紧紧围绕全局的年度工作思想和工作中心，推行人事制度改革，提高全局干部职工队伍素质。在局领导的关心指导下和兄弟科室、基层单位的支持配合下，全科同志进一步发扬严谨、务实、团结、奉献的精神，顺利地完成了年度工作计划和上级组织及领导交办的各项工作任务。

一、加强政治业务学习，提高政治业务素质和办事效率

人事部门是每个单位的一个重要部门，人事工作是每一个单位的重要工作。人事工作做得好与坏，从小的方面来说关系着每个职工的切身利益，从大的方面来讲则关系着整个单位能否不断向前发展。如果对相关的政策法规把握不准，就会给职工利益造成损害，就会阻碍整个单位进步。因此，学习好、掌握好国家和地方相关人事工作方面的政策法规尤其重要。一年来，我们在工作中结合我局的实际情况以及人事工作的性质、任务，持续不断地加强国家和地方关于人事人才工作的各方面的政策法规的学习，根据形势的发展，及时更新自己的知识。同时，我们还注重加强基层单位人事干部的业务培训，加强各单位人事干部的业务知识、政策、法规的学习。针对各单位人事干部的实际情况以及一些相关的新的政策法规的出台，我们既注重加强对他们平时的业务指导，同时又组织他们参加市相关业务主管部门举办的培训学习班。12月上旬我们组织了一期全局人事干部的劳资业务培训班，邀请市人事局、劳动局等部门的相关领导讲解关于工资政策、职称申报、劳动法律法规等方面的知识，提高他们的综合业务素质，使他们在工作中能够准确把握政策，做到学政策、懂政策、按政策办事，为他们今后在工作中减少一些不必要的失误，大大提高办事效率进一步打下了基础。

二、做好工资调整、福利待遇、职称申报、离退休等各项工作，增强服务意识

我们始终坚持为职工办实事、办好事的指导思想和全心全意为职工服务的宗旨，努力为基层单位和全局职工服务。一年来，我们积极争取地方政府部门的支持，在政策允许的条件下，及时为职工办理工资、福利、离退休等各项工作。一是完成了职务晋升工资调整工作。对今年全局范围内职务晋升的同志的工资进行了调整和审批，共计6人次；为10名职工办理了转正定级手续；为7名大中专毕业生办理了上编增资、社保等手续。二是完成专业技术人员的职称申报工作，我们根据相关政策，为符合规定的干部职工办理各类职称申报工作。今年，我们共组织 8 名符合条件的职工申报高级专业技术职称；10 名符合条件的职工申报中级专业技术职称；同时认真组织了全局初级技术职称评聘会，对 5 名符合申报初级专业技术职称条件的职工和 6 名已获得专业技术职称申请聘任专业技术职务的职工进行评审，并将评审结果按工作程序予以张贴公示。三是认真搞好退休人员的工作。今年我们为 3 名已达退休年龄的职工及时办理了退休手续，为死亡职工家属发放遗属生活补助费。四是搞好劳保用品的发放工作。为保证职工的身体健康和生命安全，今年我们共为职工发放劳保用品 39 套。

三、继续推进人事制度改革，大力推进全局人事人才工作全面发展

人才问题是一个单位发展的关键问题。一年来，我们始终围绕"人才强局"这个发展战略，认清新形势，明确新任务，把握新要求，认真做好我局人事人才工作，努力形成育才、引才、聚才的良好环境。一是抓好人才培养工作，加大人才资源开发投入，加强人才资源能力建设。今年，根据有关文件精神，结合单位实际情况，我们制定了《××市公路管理局职工学历教育管理办法》，有计划地培养人才，进一步规范全局职工学历教育管理，不断提高职工政治素养和业务素质，加强科技队伍建设。二是抓好人才引进工作。我们根据市委、市政府的人才战略和《××市公路管理局招聘大中专毕业生实施办法》，结合单位的实际情况，为单位引进急需人才。今年我们共引进了 5 名大中专院校毕业生，其中硕士研究生 2 人，为我局事业发展积累了人才。三是用好人才，营造人才辈出、人尽其才的环境。深化干部人事制度改革，完善单位干部人事分类管理体制，健全以品德、能力和业绩为重点的人才评价、选拔任用和激励保障机制。为加强人才队伍的管理，充分调动全局干部职工的积极性、主动性和创造性，我们和总工办一起制定了《××市公路管理局专业技术人员管理暂行规定》，针对全局专业技术人员的职务管理、考核考试、继续教育、流动等方面制定了一系列的、详细的管理规定，实行专业技术职务评聘分开制度，根据岗位设置和考核情况，从具备相应专业技术职务任职资格人员中择优聘任。根据实际情况，可以低职高聘，也可以高职低聘，打破专业技术职务终身制。同时，根据形势发展，从我局实际出发，对各类专业技术人员的待遇进行了相应的提高。通过采取各种措施，使我局的人才工作做到引得进，留得住，用得好，逐步建立一支专业结构比较合理，整体素质基本适应的专业技术人才队伍。

四、搞好内业管理，做到各项基础性工作及时、准确

科学的管理是单位形成整体优势、发挥最大效率的重要手段。一年来，人事科把工作计划纳入科学管理之中，做到工作月月有计划，事事有安排，责任目标明确，分工合作，齐抓共管，按照规范化、标准化的管理要求来开展，使人事工作有章可循、有序开展。一是按照市人事局的要求，从科学管理的角度出发，对全局各单位的职工花名册、劳动工资台账、人员编制手册、工资基金手册和社保手册等进行了重新和工作核查，工资实行微机化管理，月报、季报都做到上报及时、准确，组织

各基层单位完成了2019年度的劳动年审工作和社保缴费工资基数的申报。二是为切实掌握单位离退休人员的基本情况,做好离退休人员管理工作,今年我们组织基层单位劳资员对全局范围内的离退休人员基本情况进行了摸底调查,并将摸底资料进行了汇总。其他基础性工作也做到认真办理,及时解决。三是加强档案管理工作。今年我们完成了人事档案的再清理。主要是做到各单位一般干部和职工的个人档案按单位进行分类存放,做到归属清晰,内容完善,同时建立好档案目录,做到查阅迅速、便捷高效。对不纳入个人档案的其他人事资料,按年度进行存放,编写好目录。建立起了规范化的档案管理制度,使档案管理制度化。

今年是我国"十四五"规划的开局之年。总结过去,展望未来,我们将继续牢固树立科学人才观,壮大人才队伍,提高人才素质,优化人才结构,完善用人机制,发挥人才作用。为进一步促进我局人事人才发展,新一年人事科将认真做好以下几项工作。

1. 按照市局领导和上级要求,完成好新一年的各项工作;
2. 加大对专业技术人员和一般干部的管理工作,建立规范准确的人事基础资料信息库,为领导决策提供依据;
3. 继续加强人才引进工作,特别是高学历的专业技术人员的引进工作,为专业技术人才创造良好的环境;
4. 进一步加强内业管理工作,做到科学、合理、规范、整洁;
5. 继续加强业务学习,提高工作能力和办事效率。

人事科会继续努力,争取在新的一年跟随市局、省局做出更好的成绩,服务人民、服务大众,成为人民真正所需的一部分。

××人事科
××年×月×日

【例文评析】

例文分为主要工作成绩以及人事科未来的工作打算两部分,工作总结从加强政治业务学习、增强服务意识、推进人事制度改革、搞好内业管理等相关工作落笔,对本单位一年以来的工作情况进行总结,认识全面客观,同时认识到自身发展与理想目标还存在一些不足和差距,提出了下一步的打算,确立了具体的目标。例文做到了详略得当,逻辑性强,结构严谨,条理清晰。

【例文3】

××财务科2019年工作总结

去年财务科在各部门同事们的大力支持和积极配合下,在财务会计工作岗位上取得了一定的成绩,较好地完成了上级分配的各项财务工作任务。现将一年来的财务工作情况简要总结如下:

一、去年工作总结

（一）公司财务部工作执行及完成的情况

我们秉着财务工作严谨、仔细、认真、负责的工作态度，严格遵守国家的财务会计制度、税收法规和国家其他财经法律法规及公司的财务制度，认真负责地做好财务工作，履行了财务职责。我们做好了对资金进行的管理和结算，对于收到的资金能及时地存入银行，每笔付款也做到了认真核对，只有在相关手续完备无误的情况下才会进行支付。在现金管理这方面，我们也能坚持做到日清月结，并及时调整银行未达。同时，我们坚持天天登记现金日记账，周周做应收款报表，审核财务部一切付款凭证、合同，编造每月的税务报表、统计资料并每月向总部汇报工作情况，更好地为公司领导提供了财务收支信息。我们财务部的每位财务人员都勤勤恳恳、任劳任怨、努力做好了本职工作，认真执行了企业会计制度，实现了会计信息收集、处理和传递的及时性、准确性。

（二）财务部工作执行情况分析

在财务部工作的这段时间里很好地完成了上级领导赋予的工作任务，取得了一定成绩，有以下几点原因：

1. 思想上。一心做好财务工作，一心为公司利益着想。因为大家一心为公司利益着想，有着共同的一个信念，爱公司如爱家，所以才能做好财务工作。

2. 工作态度上。要完成审核财务部一切开支凭证、合同，编造每月的税务报表、统计资料的工作就需要严谨、仔细、认真、负责的工作态度。为了便于查账人员的查账工作，我们必须对税务报表和会计档案等这些账务能做到仔细认真，无差无漏，有根有据。

3. 学习态度上。要将会计工作做好，就应该进行再教育学习。多与财务部其他同志进行经验交流，多参加相关对内部控制和税务风险的专题讲座，将自身知识与会计工作结合起来，才能更好地完成领导交与的任务。

（三）公司财务部工作中沟通协调事项问题

财务部及时做好了税务协调沟通工作，为总公司下属的两个分公司争取到了部分账目不用查账的机会。为了确保公司的发展有序进行，提高公司的运行效率。我们财务部的三位财务人员同时与两个国税、地税等税务部门和一个服务类企业打交道，期间，我们做了大量协调沟通工作。积极与相关税务主管部门联系，争取相关部门对我公司的理解与支持，最大限度地利用国家相关的企业税收优惠政策，为公司节约每一分资金，创造经济效益，确保公司发展和生产经营工作的正常开展。虽然在税务协调沟通的工作中遇到了困难，但是我们为了公司，为了尽到财务人员的职责，即使硬着头皮，也会努力做好做完。

（四）公司财务部工作绩效的评估

我们财务部明确财务部会计人员的岗位职责权限、工作分工和纪律要求，要求各岗位人员根据本岗位的职责要求，认真做好本职工作并将成效显著工作纳入政绩考核体系。这样，加强了财务部内部核算监督，强化了各岗位人员的责任感。

（五）对公司或财务部的几点建议

对于公司或财务部的管理，我们有如下几点建议，如有不妥，敬请同事和领导指教：

1. 条件允许的情况下，开展以财务管理为中心的财务软件、××软件需要的更新，使公司领导及时全面掌握企业资源状况。

2. 由于财务工作的烦琐、复杂以及公司即将增加一个运输子公司，我们财务部的工作量和工作压力也会更大，建议总公司增加相关的工作人员。

3. 去年的工作中，由于发票的传递、银行回单的传递不够及时，给我们财务部的工作带来了很大的难题，希望公司领导能协调这项工作，使发票的传递、银行回单的传递能准确及时，保证财务核算的顺利进行。

4. 加强内部财务管理工作，采取与外部单位、内部各部门定期核对账目及台账来确保数据无误，对各部门资金支出进行及时反映和分析等措施。

5. 提高财务部财务人员的核算水平和管理服务意识，提高财务风险意识，加强财务人员的定期培训。

二、新一年工作计划

新一年我们财务部以保证资金安全、服务公司管理、支持公司发展为目标，以财务核算、财务管理、管理会计和谐发展为措施，针对财务部管理升级中存在的问题，按照统筹兼顾，逐项解决，不断完善的原则持续进行，将财务部管理的不断升级、完善作为我们长期工作来开展。财务部将做到以下几点：

1. 继续加强管理、规范财务流程、提高财务做账能力。不断的反省与总结，提高财务管理工作质量，充分发挥财务管理的重要作用。推进会计标准化工作，从基础核算到日常整理流程进行细则的规定、以形成统一标准，特别是发票的损销核算，要进行统一规范，严格执行。严谨、仔细、认真、负责是我们秉承的理念，尽我们财务部的全力去满足公司每一个项目进行对财务的细节要求，确保公司项目正常顺利进行。

2. 做好每月、每季度的所得税汇算清缴工作，合理地降低各项税务风险。

3. 加强内部财务管理工作，采取与外部单位、内部各部门定期核对账目及台账来确保数据无误，对各部门资金支出进行及时反映和分析等措施。

4. 做好公司经济活动分析工作，及时提出为实现公司生产经营计划的财务控制可行性措施或建议。配合公司进行收入、成本、费用的专项检查，加强非生产费用和可控费用的控制、执行力度，不能超支的绝不超支。

5. 继续与财政、税务等部门沟通、联系，处理好与公司相关的财政、税务事宜。

6. 继续进行学习型组织的创建工作，做好会计人员队伍的建设，在充分保障日常工作正常开展的情况下，加强会计人员的业务知识、企业会计制度和国家有关财经法规的学习，结合会计人员考评办法，逐步提高会计人员的专业知识、技能和职业判断能力，以便更好地适应公司发展的要求，全力做好公司的财务、核算等相关工作。

7. 继续制定和完善各项财务管理制度和内部控制制度，清理、完善公司的财务核算，财务管理制度，使财务工作做到照章办事。

8. 持续推进全面预算管理，提高财务核算力度。新一年，我们要透彻领悟公司高层的战略意图，从公司全盘和长远的角度出发，胸怀大局，从大处着眼，细处着手，根据总经理室布置，组织编制公司年、季、月财务收支预算，同时切实加强两级经济核算。

去年，我们财务部在公司的领导下，认真努力工作，虽然在政治思想和业务知识上有了很大的提高，基本完成了工作任务，取得一定的成绩，但是与公司领导的要求相比，还是存在一些不足与差距，需要努力提高和改进。今后，我们财务部要继续加强学习，提高自身综合素质，围绕公司生产经营的工作目标任务，以求真务实的工作作风，以创新发展的工作思路，奋发努力，攻坚破难，把各项财务工作提高到一个新的水平，为公司的发展作出应有的努力与贡献。

××财务科
××年×月×日

【例文评析】

例文结构分为两方面。一方面是对工作情况的总结，其中包括公司财务部工作执行及完成的情况、财务部工作执行情况分析、公司财务部工作中沟通协调事项问题、公司财务部工作绩效的评估以及对公司或财务部的几点建议，总结的内容在各个标题的统率下，条理清晰，重点突出。另一方面是对新一年工作规划的阐述，注重贴近实际。作者思路明确，语言真实恳切，对工作重点或者是工作亮点进行突出陈述，做到详略得当，结构完整。

【例文4】

××档案科2020年工作总结

今年以来，我局档案工作在上级业务主管部门的监督和指导下，深入贯彻执行《档案法》，严格按照《省〈中华人民共和国档案法〉实施办法》的要求办事，在严格管理、加强组织领导、提高业务技能等方面真抓实干，做到了档案工作规范化、制度化。现就我局档案管理工作总结如下：

一、组织管理

1. 局领导高度重视档案工作，今年重新调整了局档案管理领导小组和档案鉴定小组。明确了一名局领导分管档案工作，配备了专职档案工作人员，健全了由全局各科室兼职档案员组成的档案管理网络；同时保证了资金的投入，落实了档案业务工作所需经费。

2. 制定了司法局档案工作目标考核办法，将各乡镇司法所的档案工作列入目标考核资料，并要求各乡镇司法所严格执行，认真落实。

3. 建立健全档案管理制度，制定并落实了《文书档案综合管理办法》《档案管理人员岗位职责制》《档案管理制度》《保密制度》等一系列档案管理制度，落实专人管理，明确了职责，在文件的收集、整理、立卷、归档等重要环节实现了制度化、规范化，做到收集齐全、分类合理、组卷科学、归档及时。档案构成永久720件、长期354件、短期158件。

4. 安排专人对电子文件进行归档管理，使我局档案管理逐步走向电子化。

二、档案业务建设工作

1. 有适宜保管档案的专用库房，能容纳近十年来档案资料，档案专用库房门窗坚固、位置适当，不潮湿、不漏雨，备有温度计、干粉灭火器、空调、电脑等设备保护档案，以确保档案资料无安全隐患。

2. 有数量充足、质量较好的档案专用柜架，档案装订严格按照国家标准要求装订。

3. 归档文件严格按照档案立卷归档制度整理归档，贴合有关规范要求。

4. 将文书档案、会计档案、声像档案、基建档案、实物档案、电子档案分门别类整理归档，并且归档文件资料齐全，符合规范要求。

5. 根据我局实际状况，建立了档案借阅和利用登记制度，完善了"借阅档案文件登记簿"，做到了查阅登记、退档注销等手续齐备。档案管理利用率得到明显提高，特别是公证档案，在提供证据、查找合同依据等方面，为当事人提供了快捷、方便的服务。

6. 严格按照上级业务主管部门的要求在规定的时间内报送纸质文件目录及电子文档目录。

7. 严格把关，规范档案保管行为。全年需处理各类新增档案文件900多件。同时，认真贯彻落实各类档案管理规范文件，抓好上级的文件程序处理工作，做到了文件的及时收管。著录、查阅，按照规范化标准，圆满完成了文书立卷工作，并提高了档案保管质量，加快了著录查阅速度。在档案管理方面实行了等级审批制度，确认领导或主管领导签字后方可查阅相关档案、复印有关材料，从而严肃档案管理，完善档案查阅制度。

8. 抓住热点，做好信息反馈。从加强各室秘书负责的信息网络着手，拓宽信息覆盖面，重点开发特色信息、精品信息。服务大局，档案工作上水平。凡是上级领导来我区检查指导工作，我科能够协同有关部门认真准备接待，拟定接待计划，注意接待细节，先后组织接待了多位领导带队的档案情景检查、全市重点档案工作检查等大型检查10多次，从没有出现纰漏。耐心细致，搞好档案工作。档案服务工作的资料比较烦琐，应对很多的日常性档案保管工作和领导临时交办的事项，我都能抓紧时间，高效、圆满、妥善地办理好，为档案室工作的正常开展提供了有效保证。

三、档案管理及建设工作

我局办公室集中保管本机关各种门类和载体的档案，档案保管安全，设施设备到位，无安全隐患。

1. 馆库建设进展顺利。投资兴建的档案馆已经建成搬迁，新馆集档案库房、办公、技术和展览陈列用房等多种功能为一体，基本做到功能齐全、布局合理、设计科学。以档案新馆建设为契机，积极推动档案馆建设，切实解决实际问题。

2. 馆藏资源建设取得新成效。档案资源是档案事业赖以生存的基础，是提高档案工作为社会服务水平的根基和前提。据统计，截至12月，档案馆馆藏档案12万卷。今年档案中心加大了收集工作的力度：接收了文书、会计、城建档案、工商档案、企业职工档案，征集声像档案并参与举办活动。目前，共接收1500余卷。

3. 档案编研工作有成果。编制了《档案馆指南》年度大事记。同时积极配合××市地志办、××市区县地志办、××市滨海新区地志办的工作，完成了保税区部分的撰写工作。

四、新一年工作打算

新一年档案工作的指导思想和工作目标依然是：坚持以邓小平理论和"三个代表"重要思想为指导，以科学发展观、习近平新时代中国特色社会主义理论体系为统领，紧密结合档案工作实际，解放思想，振奋精神理清思路，真抓实干，紧紧围绕档案服务区域经济为重点，抓好各项工作，大力推进档案工作的科学发展，和谐发展，持续健康发展，全面加强自身建设，进一步提高工作效能，优化服务功能，努力完成赋予档案工作的各项任务，为全局发展作出贡献。按照这样的目标要求，重点要抓好以下几个方面的工作。

一是争取财政预算内资金，推动馆库建设。新馆建设是推动档案工作改革与创新的新起点，新馆建设也是从根本上改善档案工作改革与创新的新起点，新馆建设也是从根本上改善档案保护条件。所以，我们必须抓住这一难得的机遇，切实抓好硬件和软件建设。

二是继续推动档案管理模式改革向纵深发展，争取档案资源整合工作的新突破。认真抓好档案管理模式综合改革试点的推广，深入探索电子文件、电视新闻、电视专题节目等新型载体档案资源的数字化采集和互联网信息采集工作，开辟档案资源建设新途径。

三是坚持依法治档，切实加大档案行政执法力度。认真履行档案行政执法职责。

四是着力提高综合档案馆馆藏资源规范化管理水平。综合档案馆要严格按照档案收集整理保管规范标准，开展到期档案资料的接收整理与保管工作。加强档案全宗管理，不断补缺完善资料，逐步丰富内涵，加强现行文件收集管理，进取向社会供给档案文献利用服务，并搞好档案利用效果的跟踪记录。

五是推进档案信息化建设。坚持科技兴档战略，紧跟档案信息化发展形势，按照"档案信息化"建设规划要求，推进档案目录数据库、全文数据库和多媒体数据库建设，逐步改善局（馆）数字化软件和硬件设施，以适应档案信息化发展需要。结合新馆配套设施建设之际，最大程度地发挥其社会效益。加强多媒体档案管理软件调查研究和科学论证，主动配合推进文档一体化建设工程。适时更新档案信息网资料，逐步扩大档案工作互联网服务范围。

六是认真搞好档案宣传、专业教育和编研工作。加强对档案员的业务培训和指导。预计举办5个业务培训班，开展《档案法》宣传教育活动，经过新闻媒体宣传、工作交流和举办知识竞赛等形式，营造全社会贯彻执行档案法律法规的舆论氛围。统筹安排，开展档案人员岗前培训工作。分层次分领域进行归档文件整理、档案管理与利用和档案信息化建设等专业课目的继续教育。

目前，我局档案工作已趋制度化、规范化、科学化，档案管理水平有了明显提高。在今后的工作中，我们将按照要求，以狠抓档案管理为契机，在巩固和发展已有成绩的基础上，继续努力，开拓进取，根据司法行政工作发展的需要，不断改善和完善档案管理手段，加快档案信息计算机输入工作，探索档案电子化管理的方式方法，争取早日实现档案管理电子化，使我局档案工作再上新台阶。

××档案科
××年×月×日

【例文评析】

例文条理清晰，结构完整，内容真实。例文大致可分为两部分：本年度工作总结和新一年工作打算。工作总结从三方面入手：组织管理、档案业务建设工作和档案管理及建设工作，并通过小标题的形式进行概述，使工作总结一目了然。同时将工作中的未来打算融入工作总结中，贴近现实，可实践性强。作者在未来规划中明确自己的工作情况，深化自己的工作理念，使下一阶段工作更具有方向性。

【例文5】

××县纪检监察室2020年工作总结

今年以来，在县委、县政府及县纪检监察机关的正确领导下，在局党委的高度重视下，本纪检监察室深入贯彻落实省、市、县纪委相关工作会议精神，紧紧围绕财政工作中心，以落实党风廉政建设责任制为龙头，大力推进干部作风建设，积极构筑反腐倡廉防范体系，狠抓各项工作落实，现将我局去年纪检监察工作总结如下：

一、强化宣传教育，有效构筑反腐倡廉思想防线

1.根据市、县纪检监察工作会议精神，结合我局实际，认真组织开展了以贯彻落实中纪委、省、市、县党风廉政建设和反腐工作会议精神和《中国共产党党员领导干部廉洁从政若干准则》《关于实行党风廉政建设责任制的规定》《行政监察法》的学习，并对所学内容进行了考试，达到了"以考促学"的目的；开展了"一把手"上廉政党课活动，进一步明确了党员干部廉洁从政的纪律要求，使广大干部职工的学习兴趣和积极性有了明显提高，公仆意识和廉洁自律意识也得到了进一步增强。

2.加强了廉政文化建设。一是坚持常年不定时和重大节假日发送廉政短信，随时提醒干部职工遵守道德规范、职业操守、牢筑廉政防线，做到警钟长鸣。二是积极参与并组织开展了颂党情、歌党恩、跟党走的大型红歌唱响石门活动，并取得了骄人的成绩。三是组织机关干部职工到革命传统教育基地举行××革命烈士纪念活动，使广大干部受到了教育，增强了反腐倡廉的自觉性。

二、加强了制度建设，着力构建反腐防腐制度体系

1. 落实了党风廉政建设责任制。以任务分解为主线，着力构建了责任落实体系。去年，财政局党委进一步建立健全了党风廉政建设责任制体系，认真落实党风廉政建设责任制，做到了"三个到位"：一是责任分解到位。按照"一岗双责"的要求，对党风廉政建设各项任务进行了分解细化，并分别与班子成员、各科室负责人签订党风廉政建设目标管理责任书，形成了一级抓一级，一级促一级的责任机制，确保了责任落实不留死角。同时，认真推行党风廉政建设责任制公开承诺，张榜公布，接受群众监督。二是责任考核到位。将党风廉政建设责任制落实情况纳入科室工作目标考核，实行"一票否决"，使廉政建设责任制由"软任务"变成了"硬指标"，真正形成了齐抓共管的局面。三是责任追究到位。去年，局党委明确，对未履行党风廉政建设责任制，造成严重后果和不良影响的，除严厉追究当事人责任外，还要对分管领导进行问责，坚决维护党风廉政建设责任制的严肃性。

2. 完善内控机制。一是修订完善了局机关内部管理制度。去年初，通过自下而上、集思广益的办法，对局机关原有管理制度进行了修改完善，在人事任免、基本建设等制度中新增廉政条款8条。并对所有制度汇编成册，印发到各科室，便于干部了解、掌握和执行。二是开展财权风险点搜索，完善业务管理制度。对财政资金管理安全运行的关键环节和风险点进行了全方位"扫描"，排查出资金管理风险点32个。在充分进行分析评估的基础上，按"风险分解、规范运行、循环监督、相互制约"的原则，出台了《进一步加强我县财政资金安全管理的通知》，对资金审批和拨付流程、银行账户审批和管理、印鉴和票据保管使用、会计核算和对账等方面进行了规范和约束，确保了财政资金和干部人身安全。同时，开展了局机关科室负责人和一般干部大轮岗，交流轮岗面达到95%。三是进一步完善决策内控机制。进一步完善了局党委会议、局长办公会议、局务会议和重大事项请示报告等制度，规范了各种议事规则和程序。严格落实了主要负责人"三个不直接分管"规定，坚持重大事项集体决策审批制度，对年度预算编制、人员选拔任用、专项资金安排、政府采购、大额资金使用等内容，集体研究、集中会审、集中批复，不搞暗箱操作，确保科学决策、民主公开。

三、加大了监察力度，确保了执行力的提高

1. 加大了督查力度。定期开展干部廉洁理财情况的检查，围绕制度执行、资产分配、经费开支、厉行节约等方面进行了重点检查和督促，发现一起，查处一起，决不心慈手软，不搞下不为例，查处情况一要通报，二要严格与年终考评和奖惩挂钩。

2. 强化了内部监督。一是坚持内审制度，重点开展了对科室执行制度、组织收入、拨付资金、经费开支等情况的审计；二是对今年来因实施干部轮岗、换岗制度而异岗的财政干部进行离任监督审计，由此并作为一项制度长期坚持不变；三是协

助配合上级纪检监察机关狠抓了信访及案件的查办审理工作，基本上做到了有案必查。

3. 开展了行政效能监察工作。以行风建设为重点，着力构建了自我纠偏机制。一是开展了行政效能监察。对预算科、资产管理科、社保科3个重点科室的履行职责、依法办事、服务质量等情况进行了行政效能监察，并做出效能评价，指出了存在问题，明确了整改方向，促进了机关效能的提升；二是局纪委为提高工作效能和资金安全管理力度，明确了对重点岗位和事项进行监察，制定了监察方案，形成了监察报告，促使出台了两个管理办法。

四、积极推进党务政务公开，着力打造阳光财政

为确实抓好党务政务公开工作，成立了领导小组，组建了工作班子，制定了公开方案，确定了公开程序、公开的重点内容。为财政预算信息、财政业务办理流程、财政政策法规、四费开支、基层党组织创建、党风廉政建设及党委重大议决事项等扩充了党务政务公开地阵地，通过党务政务公开栏、网站、电视台、报刊等形式向社会公众公开，大力提倡便民服务，广泛接受社会各界监督。同时，为畅通公开渠道，还明确了3名班子成员担任财政信息发布人。

五、加强干部作风建设，确实增强了民主理财理念

1. 认真组织开展了财政干部走访百家规模企业活动及干部作风建设主题活动。一是为全面摸清全县规模企业的底子，了解目前企业运行的状况及存在的困难和问题，局党委积极组织开展了百名财政干部走访百家企业活动。许多干部还针对目前企业的现状提出了许多很好的意见和建议，写出了许多优秀的调研材料，为县委县政府如何扶持发展规模企业，壮大后续财源提供了宝贵的决策依据。二是按县作风建设领导小组的安排，结合我局实际，扎实开展了"一联一""一帮一"活动，年初制定了《××县财政局2019年干部作风建设工作方案》及《××县财政局开展"一联一""一帮一"活动方案》，并通过一年来的工作，取得了实效。全体财政干部积极参与，捐钱捐物超过90万元，帮扶对象200余人，解决实际问题35个。投入资金50万元，争取资金43万元，帮助扶贫点村新修公路10公里，硬化公路5公里，扶持新扩茶园59亩。广大干部在活动中增强了对弱势群体的关爱之心，对现有生活的知足之心，对组织培养的感恩之心。

2. 认真开展了专项整治行动。一是整治奢侈浪费之风，在全局上下形成了厉行节约的良好氛围；二是整治工作纪律涣散之风；三是整治违规赈酒之风；四是整治打牌赌博及工作日午餐违禁饮酒之风；五是扎实开展了"小金库"专项治理工作。对过去"三公"方面存在的突出问题也进行了整治，通过整治行动，干部作风有了根本性的好转，干部遵章守纪的自觉性得到了明显的提高，以往极少数干部上班时间玩游戏、炒股，甚至到休闲场所娱乐等现象杜绝，工作务实、爱岗敬业，社会反响较好。

3. 开展行风评议活动。为进一步推进我局优化经济发展环境和政风行风建设工作，不断提高财政服务水平，今年继续聘用3名行风评议监督员，对局机关各项规章制度、廉政建设的各项纪律执行和落实情况进行监督和民主评议，共收到各种建议和意见200余条，对收集到的问题，由监察室进行跟踪督导整改、跟踪问效。

六、加强自身廉政建设，确保了反腐防腐坚强力量的形成

1.成立了党风廉政建设领导小组。××任组长，××任副组长，其他局党委班子成员。领导小组下设办公室，××任办公室主任，政工科、局办公室配合。

2.配齐配强了纪检队伍，按素质高、广覆盖的要求，通过选配，局纪委现有委员35人。

3.狠抓了业务培训工作，重点突出对信访举报、案件检查、案件审理、纠风工作、党风廉政建设等方面专业知识的培训，逐步形成了互帮互学，倡导调查研究的良好氛围。

4.加大了工作调配的力度。一年来，局纪委坚持既分工又协作的原则，局纪委如有必要，可调配财政监督检查局力量，坚持有错必纠，有案必查。局纪委一班人能精诚团结，务实工作，确保了我局纪检监察工作迈上了一个新的台阶。

在过去的一年中，虽然取得了一定的成绩，但离上级的要求还有一定的差距，主要体现在下基层调研较少，与上级纪检监察机关联系还不够，调研信息的报道还有一定的欠缺，监督检查的力度还有待进一步加强等。

新的一年是"十四五"规划的开局之年，我们将继续以党的十九届三中、四中全会精神为指导，全面贯彻落实科学发展观、习近平新时代中国特色社会主义理论，以廉洁奉公、执政为民为主题，培养财政干部勤政廉洁为目标，密切联系财政工作实际，把党风廉政建设贯彻于财政工作始终，确保财政资金和人员的安全，为财政工作顺利推进保驾护航。根据这一指导思想，结合我局实际，新一年将重点抓好以下几个方面的工作：

进一步抓好宣传教育工作，有效构筑反腐倡廉思想防线。一是认真贯彻落实中纪委、省、市、县党风廉政建设和反腐工作会议精神为主线，继续加强《中国共产党党员领导干部廉洁从政若干准则》《关于实行党风廉政建设责任制的规定》的学习教育。二是继续开展警示教育。组织干部职工观看反腐倡廉警示片，到廉政建设基地开展廉政教育活动，进一步激发党员干部加强思想道德修养的自觉性。三是坚持常年不定时和重大节假日发送廉政短信，随时提醒干部职工遵守道德规范，做到警钟长鸣。

进一步抓好制度建设，构筑反腐防腐制度体系。一是落实好党风廉政建设责任制。二是切实加强对党政"一把手"的监督制约，重点建立党政"一把手"分权制约机制、完善班子议事规则，将"三重一大"事项纳入规则重要内容。根据实际，选择高风险点实行重点监督。根据出现的新情况、新问题，及时抓好制度的修订完善工作。

进一步加大监察检查力度，努力提高执行力。一是重点加强对制度执行情况、党委会、局务会决定事项落实情况等的监督检查。二是加强对重点岗位的效能监察，进一步防洪资金安全风险。三是强化内部财务监督。四是组织开展领导班子及二层骨干诺廉述廉活动。五是协助配合上级纪检部门抓好信访及案件的查办审理工作，做到有案必查。

继续抓好作风建设及行风建设。一是扎实推行党务政务公开，打造"阳光财政"。二是切实加强作风建设，使群众得到实惠。三是开展专项整治行动。围绕"六治"重点整治，不走过场，取得实效。四是继续开展社会评议活动。对提出的问题和建议要及时落实到整改单位和个人。

加强自身建设。全面提高队伍素质。一是积极参加各级举办的学习培训班。二是落实好局纪检队伍培训计划，重点突出对信访举报、案件检查、案件审理、纠风工作、党风廉政建设等方面专业知识的培训，确保反腐防腐坚强力量的形成。

切实加强信息调研工作。要多下基层，深入调查研究，尤其是要紧密结合当前反腐倡廉建设的新形势、新问题，创造性地开展工作，全面打开纪检监察工作新局面。

××县纪检监察室
××年×月×日

【例文评析】

例文阐释了本年单位的工作情况及存在的问题，从强化宣传教育、加强制度建设、加大监察力度、积极推进党务政务公开、加强干部作风建设和加强自身廉政建设几方面入手进行工作总结，紧密联系实际，全面详细阐述，侧重在其工作中对工作情况进行总结，先总结情况，后找出自身不足，结构一目了然。例文最后，作者根据工作中存在的问题提出了未来工作的重点，使例文结构完整，逻辑清晰缜密。

第四节　社会团体工作总结

【例文1】

××市妇女联合会2019年工作总结

2019年，在市委、市政府的坚强领导下，市妇联深入贯彻落实习近平新时代中国特色社会主义思想、党的十九大、中国妇女十二大精神和市委全会精神，紧扣"重返全省县域经济发展十强"目标，围绕"实施四个年、重构四大平台、抓好四大行动"战略布局，精准发力，充分发挥妇女在社会生活和家庭生活的"两个独特作用"，团结带领广大妇女与新时代同行、为新目标奋斗、在新征程建功、做新时代新女性，为我市高质量跨越赶超贡献巾帼力量。

一、2019年工作情况总结

（一）强化思想政治引领，带领妇女听党话跟党走

市妇联始终把党的理论和路线方针政策贯彻落实到妇联工作的全过程，团结带

领引导妇女群众把思想和行动统一到党的十九大和中国妇女十二大精神上来，统一到市委政府中心工作部署中，增强"四个自信"，牢固树立"四个意识"，坚决做到"两个维护"，用实际行动践行"听党话、跟党走、感党恩"的巾帼誓言。2019年以来全市各级妇联组织共开展学习宣传活动85次，9万人次参与；开展"巾帼心向党·礼赞新中国"系列活动26场次，4万人次参与；深入基层和相关单位开展调研20余次、妇女思想政治引领工作线上线下调查5次，25万人次参与，收到意见建议900余条；通过门户网站、微信公众号等新媒体发布信息97篇总阅读量、浏览量、播放数200万余次。

（二）维护妇女儿童合法权益，促进社会发展和谐稳定

深入实施"巾帼维权行动"，提升维权服务水平，带领广大妇女积极参与建设，维护社会和谐稳定。一是充分调动全市妇女群众积极参与社会治安综合治理和平安建设工作；举办了"三八"妇女维权周暨平安建设集中宣传活动，深化平安家庭创建，发挥家庭在维护社会稳定中的作用；组织参加××市第×届平安建设"最美参与者"评选活动，动员广大妇女群众学习宣传"最美参与者"并积极开展网络评选投票工作。组织基层妇女干部、妇联执委队伍开展矛盾纠纷和风险隐患大排查大调解，广大妇女为维护基层和谐稳定发挥了积极作用。二是做好《反家暴法》《××省家庭暴力强制报告制度实施办法》相关法律法规的宣传，举办各类维权知识讲座9场次，不断增强妇女维权意识。同时加大微信、电视、报纸等媒体对妇女儿童保护工作宣传报道力度。电视台新闻报道15期，信息简报、微信公众号等宣传40期，发放宣传册、宣传单2万余份，努力促进形成全社会关心、关爱妇女儿童的氛围。三是联合公安、法院、检察院、司法、民政、教育、卫生等妇儿工委成员单位召开多部门联席会议，现场会商、研究处置儿童保护复杂个案会议9次，最大限度保护儿童合法权益。四是进一步加大反家暴工作的干预力度。妇联、法院、公安等相关单位合力协作为家暴受害者撑起一把强有力的"保护伞"。全市妇联系统建立了三级信访工作网络，开通了"12388"和"110"妇女儿童反家暴维权服务热线。实行女律师志愿者到社区开展驻点志愿服务，每月到社区驻点服务4次，发挥律师、心理咨询师、婚姻家庭咨询师等志愿者作用，参与妇联信访工作，提高妇女维权专业化水平。

（三）凝聚巾帼力量，聚力脱贫攻坚

认真落实中央、省市脱贫攻坚工作相关要求，在脱贫攻坚中发挥妇女半边天作用。一是加强技能培训，拓宽就业渠道。与××镇××乡巾帼职业培训学校签订"乡村振兴巾帼行动"家政培训协议；利用各类教育培训资源，联合市商务局、农业农村局等部门开展就业扶贫培训4期5000人次（其中：建档立卡27人次）。二是组织妇女以及贫困户积极参与"快乐水果节"等农特产品展销会，展示推介妇女互助小组、合作社的优质农特产；联合市女企业家举办电商智慧生活农产品招商订货洽谈会，对接市场拉动脱贫户和非贫困户的农产品销售，引导妇女参与产业发展，助推脱贫攻坚。三是与××妇联、女企业家协会开展东西部扶贫协作对接交流活动25

次，落实帮扶18个合作社，妇女之家、儿童之家以及合作社帮扶资金27万元。四是积极指导并参与××村委会开展抗旱减灾工作，帮助解决饮水困难实际问题，减少旱情带来灾害。五是开展巾帼扶智行动。邀请××区创业成功的9名妇女代表分享创业励志故事，提振村民精气神，评选表彰"幸福安康家庭""洁美家庭"和"无毒家庭"。与挂包帮扶××一二三组的贫困户、干部、群众开展寓教于乐的扶贫知识问答，提升了贫困户与非贫困户对脱贫攻坚政策的知晓度和认可度。六是市妇联组织干部职工开展扶贫捐款和"10·17"扶贫日消费扶贫特色商品认购活动，共计20万元。七是今年3月派出一名妇联干部到××乡××村委会担任驻村工作队员，保障工作经费及个人工作补助。

（四）发挥妇联职能优势，积极主动服务大局

围绕市委政府中心工作，积极开展"巾帼建功"行动。一是关爱妇女儿童发展，推进《两规》落实。紧紧围绕"××市妇女儿童发展（2019—2021年）"两个规划4项可量化指标的实施、完成、推进情况，深入市教体局、市民政局和市卫健局等重点部门进行调研，有针对性地查找问题、分析研判，强化部门联动推进两规任务落实，确保到2021年定量指标达标，提升服务妇女儿童的工作水平。二是印发了《关于做好"共创文明城·巾帼在行动"主题活动》《关于做好文明家庭申报推荐活动》等文件通知，成立了考评检查组，认真开展文明家庭的申报推荐考评工作，推荐上报区级家庭，发放了"争做巾帼好网民""四城联创共参与巾帼风采齐展现"活动倡议书，通过组织动员全市各级妇联组织齐心协力，以家庭文明建设、巾帼志愿服务等为抓手，助力"四城联创"。三是深入贯彻习近平总书记"三个注重"重要指示，扎实推进家风家教建设，持续深化"家庭文明建设工程"。联合市文明办、关工委、教体局等部门在全市各乡镇、街道、农场以及学校开展家庭教育工作。

（五）加强党建带妇建，妇联组织活力彰显

认真贯彻落实《关于进一步加强党群共建工作的实施意见》，构建"党建带妇建、妇建促党建"工作格局。一是扎实开展"不忘初心、牢记使命"主题教育，按照时间节点，开展学习教育、调查研究、检视问题、整改落实等工作，切实将"守初心、担使命，找差距、抓落实"的总要求贯穿始终。截至目前，班子举行理论中心组学习26次，读书班21次，专题研讨7次；单位组织集中学习5次、党支部组织集中学习12次。形成调研报告35份，召开调研成果交流会8场。二是深化党建带群建工作。推进告庄××党建综合示范体打造，建立××市告庄××妇联，实现党建带妇建在××街道社区全覆盖。三是依托"妇女之家""儿童之家"努力打造党联系妇女群众的坚强阵地和温暖之家，开展丰富多彩的"倾情礼赞新中国巾帼奋进新时代"三八维权周、"童心向党，纪念建党98周年"主题实践活动，增强党建与妇建的聚合力。四是努力建设协作好、工作能力强的支部班子。市妇联党支部于9月20日圆满完成换届任务，为支部工作开展提供有力的组织保障。五是认真落实"三会一课"制度，开展"3+N"主题党日，抓好意识形态工作，推进"两学一做"常态化制度化。开展"不忘初心跟党走，牢记使命勇担当""缅怀革命先烈，弘

扬红色精神"等主题党日活动。截至目前，党组理论中心组学习13次，开展主题党日活动5次，党支部组织学习31次。六是党员干部积极参加2019年"习近平新时代中国特色社会主义思想"专题研讨班，工作之余灵活运用"学习强国""法宣在线""××先锋"等学习平台助力党员学习，营造比学赶超的氛围，市妇联党员干部学习强国人均2万分以上。

（六）强化政治担当，落实全面从严治党主体责任

认真按照党风廉政建设责任制相关规定和要求，层层落实党风廉政建设主体责任。一是突出责任建设。制定党风廉政建设工作计划，明确党风廉政建设责任分工，切实抓好落实，在日常工作中做到"早发现、早提醒"。不断增强党员干部反腐倡廉建设的责任感和紧迫感。二是突出廉政宣传。开展"幸福是什么？守住底线，即是幸福"家庭廉政主题宣传活动，向广大家庭及妇女发放家庭助廉倡议书，讲好家庭廉洁故事。三是突出廉政建设。持续开展中央八项规定精神落实、六个严禁、四风问题、作风建设等专项整治，严格进行节前节后、上下班工作纪律监督，严格实行民主集中制和末位表态制度，积极推行党务、政务、财务公开工作。四是整治对贯彻落实习近平新时代中国特色社会主义思想和党中央决策部署置若罔闻、应付了事、弄虚作假、阳奉阴违的问题贯通主题教育始终，着力抓好公职人员"非法交易土地、违规建盖别墅、违规承包农村资源及侵占侵吞国有集体三资"×个突出问题整改。要求干部职工根据专项整治内容签订承诺书，坚决整治侵害群众利益和社会关注度高的问题。

二、当前工作存在的主要问题

在大家的共同努力下，2019年妇联工作取得了阶段性成效，但在肯定成绩的同时，我们也清醒地认识到，新形势下，妇联工作还存在着许多与新任务新要求不相适应的困难和问题，主要表现在：一是妇联改革后，妇联组织得以壮大，但乡村两级妇联工作经费得不到保障。二是村级妇联干部工作任务重积压待遇低，辞职现象时有发生。三是在维护妇女儿童合法权益方面，专业力量不足，不能满足新形势下妇女儿童维权工作需要。四是对妇女干部思想引领的方式方法创新不够，导致部分妇女干部思想认识不到位。五是服务妇女儿童方式方法及服务水平有待提高。

三、下一年工作思路

1.深学笃用习近平新时代中国特色社会主义思想，带领广大妇女听党话跟党走。全面贯彻落实习近平新时代中国特色社会主义思想和党的十九大精神，把政治性作为妇联组织之魂，牢固树立"两个维护"和"四个意识"、坚定"四个自信"，把党的理论和路线方针政策贯彻落实到妇联工作的全过程。面向全市广大妇女深入宣传习近平新时代中国特色社会主义思想、党的十九大精神，把党的主张转化为广大妇女的自觉追求和实际行动，不断扩大妇联组织影响力和号召力，牢固树立"四个意识"，带领广大妇女砥砺奋进听党话、不忘初心跟党走。通过举办妇女干部、妇女工作者培训班、能力培训班等多种教育培训活动，不断提高各级妇联组织的政治站位，不断提高广大妇女群众的政治素质和综合能力。运用多种形式、多种平台大力宣传

男女平等基本国策、女性"四自"精神,积极开展"三八红旗手(集体)""巾帼文明岗""文明家庭""最美家庭"等各类妇女和家庭典型评选活动,弘扬主旋律,传播正能量。

2. 落实"三个注重",深化家庭建设工作。认真研究家庭领域出现的新情况新问题,做好家庭教育规划,实施"家家幸福安康工程",构建覆盖城乡的家庭教育指导服务体系。广泛开展传承好家风家教家训及寻找"最美家庭"活动,征集最美家庭典型,讲好友爱和睦、孝老爱亲、廉洁奉公的最美家庭故事,引导妇女和家庭将核心价值观内化于心、外化于行,让良好家风家教家训走进千家万户,汇聚起助推××跨越发展的正能量。

3. 新时代新担当,依法做好新形势下妇女儿童维权工作。持续开展"建设法治××巾帼在行动"活动,宣传贯彻有关妇女儿童权益保护的法律法规。针对妇女合法权益保护中的痛点、难点、堵点问题开展调查研究,促进妇女合法权益得到更好保障。在农村集体产权制度改革中切实保障妇女合法权益,密切关注各乡镇、街道村规民约修订过程中对妇女权益的保障情况,依法保障妇女儿童正当合法权益。增强底线思维做好婚姻家庭纠纷预防化解工作,依法维权、疏导情绪、凝聚人心、化解矛盾,为群众提供多元、便捷的矛盾纠纷化解服务。加强妇女儿童舆情监测、研判和应对工作,强化涉及妇女儿童和妇联工作的热点案件和敏感舆情的联动处置。

4. 深化巾帼脱贫,助推乡村振兴。进一步加强贫困妇女儿童关爱服务体系建设,针对妇女群众的生产生活所需,积极落实关爱帮扶举措。发挥好贷免扶补、小额担保贷款等项目资金作用,继续加强妇女技能培训,推动贫困妇女创业就业。鼓励兼职副主席、妇联执委、女企业家协会等与贫困妇女结对帮扶,帮助贫困妇女提供创业指导,解决创业过程中遇到的各类困难,促进妇女"互助脱贫"。开展好"两癌"筛查、贫困妇女儿童临时救助工作。

5. 抓党建带妇建,打好改革"组合拳"。强化党建带妇建,织密组织网络,延伸工作手臂,以乡镇(街道)妇联区域化建设为牵引,推进农场妇联建立健全组织、在"两新组织"建妇联和妇委会,实现妇联组织在乡镇(农场)、两新组织全覆盖。认真落实省妇联关于改革督办事项要求,积极向市委市政府争取资金,提升基层妇女干部待遇问题,不断增强妇女干事的信心。争取解决基层妇女工作经费保障问题,建立基层妇女工作经费合理增长机制,打好改革"组合拳",畅通基层妇女儿童的话语权渠道,打通联系服务妇女儿童的最后一公里,真正发挥妇联联系党委、政府的桥梁纽带作用。

6. 强化自身建设,打造过硬队伍。以忠诚干事为前提,扎实开展"不忘初心、牢记使命"主题教育,全面加强妇联组织党的建设,坚决做到"两个维护",坚持把牢妇女工作的政治方向。按照城市党建示范市工作要求,打造城市党建"妇"字品牌。以示范引领为关键,加强市妇联执委队伍建设,完善市妇联执委履职制度,推动各执委在团结动员、联系服务妇女中更好发挥作用。以为民服务为根本,持之以恒去

"四化"、纠"四风",健全密切联系基层与妇女群众的长效机制,推动妇联干部走出机关搞调查、深入基层访民情,建设一支具有妇女情怀和职业精神的妇联干部队伍。

××市妇女联合会
××年×月×日

【例文评析】

例文结构完整清晰。前半部分主要是本年度的工作总结,从以下几个方面入手:强化思想政治引领、维护妇女儿童合法权益、凝聚巾帼力量、发挥妇联职能优势、加强党建带妇建、强化政治担当。认识全面、客观,同时做到了详略得当。例文后半部分根据本单位的情况,本着实事求是的原则提出了工作中存在的问题以及下一步的工作思路,使文章逻辑性强,结构严谨,条理清晰,让人容易读懂,值得借鉴。

【例文2】

××省共青团委员会2019年工作总结

2019年,在省委和团中央的正确领导下,团省委以习近平新时代中国特色社会主义思想为指导,全面贯彻落实党的十九大、十九届四中全会、省十一届五次全委会和团十八大精神,紧紧围绕党政中心工作,团结带领全省各级团组织和广大团员青年,按照"搭建舞台、竭诚服务、维护权益、树立形象"的工作思路,解放思想,干事创业,稳步推进团的各项工作,圆满完成了各项工作任务,在全省物质文明、政治文明和精神文明建设中发挥了生力军和突击队作用,为建设"大而强、富而美"的社会主义新××(地名)作出了积极贡献。主要做了以下工作:

(一)用十九大精神构筑青年的精神支柱,加强青少年思想道德建设

一是深入学习贯彻党的十九大精神,兴起学习习近平新时代中国特色社会主义思想新高潮。一年来,团省委始终把贯彻党的十九大精神和学习习近平新时代中国特色社会主义思想作为首要任务。全省各级团组织通过举办报告会、培训班、座谈会、主题读书活动、知识竞赛等灵活多样的形式,深入贯彻党的十九大精神和习近平重要思想。特别是在习近平同志重要讲话发表后,进一步强化了对全省青年兴起学习贯彻习近平重要思想新高潮工作的领导和协调,下发了《关于组织广大团干部和团员青年认真学习〈习近平新时代中国特色社会主义思想学习纲要〉的通知》,对全省各级团组织和广大团员青年兴起学习贯彻习近平重要思想新高潮进行了广泛动员和周密部署,坚持不懈地用习总书记重要思想武装全团、教育青年,构筑当代青年的强大精神支柱,在全省各级团组织和广大团员青年中兴起了学习习近平重要思想的新高潮。

二是在突如其来的新冠肺炎疫情面前,全省广大团员青年经受住了考验。在防治疫情防控期间,团省委带领全省各级团组织坚决贯彻党中央和省委的部署,通过

开展为青年做好十件实事活动，"青春与健康同行"主题活动，开通省"绿色爱心邮道""爱心援助队"，成立"青年志愿队""向新冠说不"等形式，与全省人民一道，大力弘扬万众一心、迎难而上、敢于胜利的伟大民族精神，筑起了一道坚不可摧的青春长城，发挥了生力军和突击队作用。党的奉献精神在实践中得到充分体现，火红的团旗经受住了考验。

三是新时期青少年思想道德建设得到加强。组织青少年认真学习贯彻《公民道德建设实施纲要》和"依法治国、以德治国"的思想。积极开展了社会公德、职业道德、家庭美德教育。继续在全省广泛开展中学生成人仪式教育活动并重点推出了"青春辉映夕阳红"主题志愿服务项目。在少年儿童中积极开展了"寻中华文化，颂民族精神""华夏情、民族风、民族精神代代传""养成道德好习惯"等活动。进一步深化中国近现代史、中共党史和基本国情教育，加强了对青少年的爱国主义、集体主义、社会主义教育。

四是青少年文化活动开展得有声有色。新时代新青年读书计划进一步深入开展，取得了丰硕成果，团省委获得中国青少年新世纪读书计划优秀组织奖。在高校举办了省第八届大学生科技文化艺术节，活跃了校园文化。举办了首届××省少先队辅导员技能技巧大赛暨风采展示活动和各类体育活动。在全省农村广泛开展第五届"乡村青年文化节"，取得了良好的社会效果。

五是扎实开展"学雷锋57周年"主题志愿服务。3月5日前后，开展了学雷锋57周年系列和志愿服务10周年系列活动，弘扬爱心精神，开展志愿服务。期间，全省共有54000多名青年志愿者发挥专业优势，为近20万名群众提供了法律援助、健康咨询、家电维修、卫生清洁等内容的服务，用真诚的爱心学习和实践了志愿爱心精神。

（二）不断增强共青团服务大局能力，团结带领团员青年在经济建设主战场建功立业

一是全面启动实施青春创业行动。今年，全省各地相继启动实施了青春创业行动共推出省、市、县三级项目597个，帮助4.59万名青年实现了就业，3598名青年走上了创业之路，对5.28万名青年进行了培训，1382名大学生进入"学士后流动站"接受锻炼，公开招募创业导师1400名，建立各级各类青春创业园区7个。开展了首届青春创业之星评选活动，评选出10名通过青春创业行动实现成功创业的青年典型。12月28日，成功承办了中国青年创业行动现场推进会。

二是扎实推进农村青年增收成才。在全省农村青年中开展了评选表彰"农业标准化生产青年示范户、青年示范基地"活动，掀起了广大农村青年参与标准化生产的热潮。举办了青年农民省级培训长期班，从长远之计为农村发展培养高素质人才。结合当前在全省开展的"青春创业行动"，积极为农村青年提供就业指导和技能培训，促进农村富余劳动力转移。开展培养青年农业产业化带头人、青年经纪人和青年非农产业创业致富带头人活动，涌现出一大批青年农民典型，××市青年农民徐国华当选第八届"中国杰出青年农民"，另有5名同志获全国农村青年创业致富带头

人标兵，40人获全国农村青年创业致富带头人称号。开展了第三届"××省十大杰出青年农民"评选表彰活动。

三是积极开展青年创新创效活动。为造就大批具有创新精神和创造能力的高素质人才，在企业不断创新活动载体，健全活动机制，引导企业采取项目化运作、技术培训、岗位练兵、技术比武等方式，促进了创新创效活动的有效开展。在全国青年创新创效大赛中，团省委获大赛组织工作先进单位称号，齐鲁石化等4家单位团委获全国青年创新创效活动先进单位称号，3名同志获全国青年创新创效奖。在高校开展了第八届"挑战杯"大学生课外学术科技作品竞赛活动，共有39所高校的236件作品参赛，参赛作品的质量和数量比往届有很大提高。送审全国竞赛终审决赛作品中，我省有33件分获一、二、三等奖，6所高校获优秀组织奖。

四是深化开展青年岗位能手和安全生产示范岗活动。企业团组织充分发挥青工科技协会、技术攻关小组的作用，通过技术比武、导师带徒，进一步深化了青年岗位能手活动。表彰了出入境检验检疫系统、铁路系统、石油系统的青年岗位能手。我省1名同志荣获全国杰出青年岗位能手称号，2名同志荣获全国青年岗位能手称号。大力组织开展青年安全示范岗创建活动，发动青年职工在生产安全方面落实责任。

五是进一步规范青年文明号创建工作。通过规范发文形式，实行登记卡和牌匾条码管理，严格控制质量，对不符合规定地进行淘汰等措施，加强了青年文明号工作的日常管理。召开了××省创建青年文明号活动组委会联席会议，通过了新修订的《青年文明号管理办法》，加强对青年文明号的监督检查。9月23日至29日，省创建青年文明号活动组委会同省内主要新闻媒体，对全省国家级、省级青年文明号进行了检查，共抽查国家级青年文明号33个，省级149个，有力促进了青年文明号创建工作健康发展。

六是加强社区文化建设，深化青年文明社区创建工作。今年以来，"科学·文明·健康"社区青年文化节活动在全省普遍开展。通过深入开展"社区科普巡礼""文明新风进我家""健康生活你我他"等形式的社区青少年活动，在全省营造出了崇尚科学文明的社会氛围，同时也有效地促进了全省青年文明社区创建工作的深入开展。我省××市历下区、市中区、××市北区、市南区被团中央等部委授予"全国'青年文明社区'示范城（区）创建单位"荣誉称号。

七是深化"保护母亲河行动"。以保护母亲河行动统揽全省青少年生态环保工作，紧紧围绕可持续发展战略，通过开展"情系母亲河，捐植纪念树"大型义务植树、首届全国小记者"保护母亲河行动夏令营""革除陋习、健康生活"自律行动等活动。大力培育生态文化，广泛开展生态体验，积极推动生态经济，教育青少年，影响全社会，促进了人与自然的和谐发展。

（三）竭诚为青年成长成才服务，积极维护青少年的合法权益

一是大力实施大学生志愿服务西部计划。根据团中央等四部委的部署，在全省高校组织实施了大学生志愿服务西部计划。全省共有45所高校累计2436名大学毕

业生志愿报名，报名人数位居全国前列，选出 236 名应届大学毕业生到新疆、内蒙古、青海三地进行为期 1—2 年的志愿服务。另有 4 名应届大学毕业生参加了中央文明办等部门组织的"百县千乡宣传文化工程"。为推动我省科教兴鲁战略的实施和欠发达地区的发展，团省委、省青年志愿者协会参照团中央做法，实施了大学生志愿服务省内计划，首批选拔了 50 名志愿者赴××、××××、×× 等市的乡镇进行为期 1 年的志愿服务。

二是积极开展大学生暑期"三下乡"社会实践活动。今年暑期，团省委联合有关单位组织了全省 50 余所高校和 100 余所中专学校的近 20 万名青年学生志愿者组成 4000 多支服务队深入 17 市、100 多个县（市、区）、6000 余个村，广泛开展了"三个代表"实践服务、防治非典医疗服务、农技推广、企业帮扶、文艺演出、法律宣传、支教扫盲、环境保护等多种形式的送文化科技卫生下乡活动，团省委被中宣部和省委宣传部分别授予全国和省级优秀组织奖。

三是青少年维权工作成效显著。全省各级团组织坚持"一手抓创建，一手抓管理"，逐步建立健全了维权岗动态管理机制。命名表彰了省第三批优秀"青少年维权岗"。目前，全省共涌现出国家级优秀"青少年维权岗" 43 个，省级优秀"青少年维权岗" 275 个，开通了号码统一为"1600100"少年维权热线和维权网站。深入实施《××省进城务工青年发展计划》，积极开展了以送文化、送知识、送健康、助安全为主题的"三送一助"活动。与省通信公司共同设立了 100 万元的山东省进城创业青年"风帆资金"，用于进城务工创业青年的素质培训、创业指导、权益保护等。开展了"××省十佳（优秀）进城创业青年""××省进城创业青年先进集体"评选活动。制定下发了《关于实施"青少年违法犯罪社区预防计划"的意见》，努力将预防青少年违法犯罪工作向基层延伸。

四是加大资助力度，希望工程工作取得新进展。今年，省青基会共筹资 815459.17 元，建设希望小学 30 所，希望网校（单点站）16 所，救助大学生 137 名，中小学生 353 名。启动新一轮"希望工程助学行动"，进一步整合社会资源，扩大希望工程的受益面，同时，制作了希望工程公益广告，掀起了向希望工程奉献爱心的新一轮热潮。再次推出"探访寒门学子，呼唤真挚爱心"助学活动，筹措资金 60 多万元，使 200 多名优秀贫困高中应届毕业生顺利进入高校学习。

（四）全面加强团的自身建设，不断提高共青团的凝聚力和战斗力

一是以共青团"凝聚力工程"为总抓手，基层团组织进一步巩固和发展。针对新时期团建中出现的新情况，为更好地完成党赋予的团结凝聚青年的重要使命，制定下发了《关于在全省实施共青团"凝聚力工程"的意见》，共青团"凝聚力工程"在全省正式启动。全省各级团组织积极响应，全力组织实施，"凝聚力工程"在全省初见成效，提高了基层团组织的凝聚力和战斗力。

二是深入抓好"五四红旗团委"创建活动。今年，"五四红旗团委"创建工作成绩喜人，××市××区××镇××村被评为"全国五四红旗团委标兵"，有 7 个团委被评为"全国五四红旗团委"，15 个团支部（总支）被评为"全国五四红旗团

委支部（总支）"，108个基层团组织被表彰为省级"五四红旗团委"或"五四红旗团支部（总支）"荣誉称号。编辑出版了《××省"五四红旗团委"创建活动纪实》画册，有力指导了各级团组织创建活动的开展，提高了创建的积极性。

三是积极开展城乡青年中心建设试点工作。今年暑期，团省委联合有关单位组织了全省50余所高校和100余所中专学校的近20万名青年学生志愿者组成4000多支服务队深入17市、100多个县（市、区）、6000余个村，广泛开展了"三个代表"实践服务、防治新冠疫情医疗服务、农技推广、企业帮扶、文艺演出、法律宣传、支教扫盲、环境保护等多种形式的送文化科技卫生下乡活动，团省委被中宣部和省委宣传部分别授予全国和省级优秀组织奖。团省委研究制定了《全省城市青年中心建设试点工作方案》及《全国农村青年中心建设试点工作计划安排》，选择确定了30个城市街道作为首批城市青年中心建设试点单位，选择××、××为农村青年中心建设试点市。

四是切实加强全省团干部和团员队伍建设。严格执行省委组织部〔1999〕48号文件精神，加强团干部协管力度，对团干部严格要求，严格管理，严把团干部入口关。起草下发了《2019—2021年××省团干部教育培训规划》，不断探索与市场经济相适应的培训制度，拓展培训渠道，充实培训内容。探索团干部选拔任用新渠道，与省委组织部联合组织实施了"选调优秀大学毕业生充实基层共青团干部队伍计划"，确定了54名优秀应届大学毕业生作为首届选调的共青团干部。团员数量稳步增长，团员质量不断提高。通过举办培训班、交流研讨、团日活动等多种形式，强化团员意识教育。继续做好了推优入党工作。重视加强了流动团员、下岗青年和待业青年中的团员管理。

五是机关作风建设取得显著成效。3月，召开了机关作风建设大会，提出把团省委机关打造成适应青年机关特点和共青团事业发展要求的学习型、研究型、实干型、创新型青年机关，培养学习型、研究型、实干型、创新型的青年干部的目标。会后，各部门积极行动，制定和完善了一系列规章制度，不断丰富和拓展机关文化。通过开展"勤学善思，干事创业"青年干部论坛、对团省委作风建设情况进行检查，整个机关出现了新的气象、新的作风、新的面貌，有力地促进了机关各项工作的开展。

（五）积极推进团的基础工作和其他各项事业

一是团的信息调研和宣传工作进一步强化。大力实施网络建设，通过××省共青团网站，团的信息渠道更加畅通，信息载体质量不断提高。团省委组织力量对基层团建进行了两次大规模调研，提出了在全省共青团实施"凝聚力工程"的工作思路。团的新闻宣传工作围绕党的十九大、团十八大、青春创业行动、建党100周年、凝聚力工程等进行重点宣传，扩大了××省共青团在社会上的影响。

二是青联、学联、少先队组织的作用得到加强。成功召开省青联十三届一次会议和省学联第九次代表大会，选举产生了新一届省青联和省学联领导机构，青学联组织的凝聚力、战斗力进一步增强。省少工委开展了"贯彻十九大精神特色小队行动""红领巾心向党"征文活动、"青春创业"体验教育等系列活动，教育广大少先队员"做好十件事，培养十种能力"。

三是加强青少年统战外事和海外联谊工作。青年爱国统一战线得到不断巩固和发展。评选出了第十四届"××省十大杰出青年"。我省青年代表团首次赴西欧进行了考察。分别接待了韩国京畿道青年会议所代表团和俄罗斯青年访问团。为50余人办理了出访英国、日本、越南、朝鲜等国家及我国港澳台地区手续。

四是关心下一代工作取得新进展。积极推动关工委组织向基层延伸，大部分城市基本形成了市、县、乡、村四级组织网络。为了配合青春创业行动，向全省各级关工委发出了《××省关工委关于积极支持和参与"青春创业行动"的倡议书》。积极为青少年健康成长办好事办实事，联合有关部门发起了"救助最后儿麻"的大型公益行动，在社会上引起很大反响。

五是团属企事业稳步发展。××青年杂志、××青年报、××少年报编辑发行取得了新成绩，××青年旅行社、××实业开发总公司、××省青少年活动中心、××青年画院等团属企事业稳步发展。

回顾全年工作，虽然取得了一定成绩，但也存在一些差距和不足。今后，我们将继续不断拓宽团组织的覆盖面，积极提升服务青年的水平，丰富发展团的工作品牌和理论成果，着力加强团的信息化建设，努力推进团的各项事业全面发展。

××省共青团委员会
××年×月×日

【例文评析】

例文角度新颖独特，从加强青少年思想道德建设、不断增强共青团服务大局能力、积极维护青少年的合法权益、不断提高共青团的凝聚力和战斗力以及积极推进团的基础工作和其他各项事业等五方面入手，紧密联系实际，做了详细阐述。作者立场坚定，有正确的价值观和政治修养。同时，侧重在其工作中对工作情况进行总结，结构一目了然。工作总结部分全面且详细，但吸取经验教训以及今后打算部分的叙述过于简单，内容不够具体。

【例文3】

××工会2019年工作总结

2019年是贯彻落实××省总工会基层工会"一条例，三规范"规范化建设达标活动的一年；是开展"争当工人先锋号，争当首席员工"双争竞赛系列活动的一年，××省总工会这一年围绕学校中心工作，不断创新建家载体，丰富建家内容，深化建家活动。坚持对星级教代会内容进行明确要求，建设民主之家；围绕教育教学工作，建设服务之家；关心教职工生活，建设温馨之家；提高职工素质，开展益智健身文体活动，建设文化之家；坚持以职代会为主、校务公开栏、联席会，建设阳光之家；继续开展"创建学习型组织，争当知识型职工"活动，建设学习之家。五项建家促学校和谐发展，五项建家促规范化建设。现将一年工作总结如下：

一年来，我们以习近平新时代中国特色社会义理论为指导，全面落实科学发展观，坚持走中国特色社会主义工会发展道路。认真组织学习《企业工会工作条例》、××省总工会关于贯彻《企业工会工作条例》的意见和《××省基层工会工作规范》以及××省总工会贯彻落实"一条例，三规范"开展县、乡镇（街道）基层工会规范化建设竞赛活动的实施意见。对照检查制定了《××小学校务公开实施办法》《××小学校务公开考核细则》《××小学校务公开制度》《××小学教职工代表大会实施细则》《××小学职工代表大会考核细则》等制度。在构和谐、促发展、维权益、倡风尚、育人才、打基础、建小家中，为创建和谐、稳定的校园做了以下工作：

（一）工会组织建设好

在总工会的领导下，积极发展新会员不放松。到目前为止，全校在册职工67人，男19人，女48人。入会率100%，发放会员证100%。工会组织机构健全，会员档案完善。坚持工会例会制度，每月召开一次，研究本月工作，布置下月工作，及时反馈上级布置的工作任务。

（二）劳动关系协调好

维护职工的合法权益是协调劳动关系的基础。通过学习，扎实劳动关系、劳动报酬、劳动保护、女职工权益保护等方面的民主监督。一月份参加了矿区《女职工权益保护专项集体合同》并积极组织学习答题。根据市、矿区总工会及安监局、卫生局下发的《关于开展2019年"安康杯"竞赛活动的通知》要求，结合我校实际情况，经学校领导、工会研究决定，我校参加了矿区"安康杯"竞赛活动。在活动中认真学习贯彻党的十九大精神，以习近平新时代中国特色社会主义理论为指导，深入贯彻落实科学发展观，坚持安全发展、和谐发展，以"安康杯"竞赛为载体，落实"安全第一、预防为主、综合治理"的方针，全面推进安全教育教学管理、安全文化建设、职工安全健康培训教育。以开展各种安全文化活动为手段，组织动员广大干部职工与时俱进，开拓创新，加强职工安全意识，增强安全健康知识，掌握安全健康技能，提高职工安全素质，为构建安全校园做贡献。为了把这次活动搞好，学校成立"安康杯"竞赛领导小组，校长、书记任组长，教学、后勤副校长、工会主席任副组长，成员为学校中层负责人。具体负责竞赛活动的计划、组织、实施、检查评比，确保本次竞赛活动的顺利开展。"安康杯"竞赛的主题是：提高安全健康整体素质，实现安全健康科学发展。具体目标是：强化安全教育教学和劳动保护基础工作，不断提高管理者安全教育教学意识和管理水平，不断提高教职工安全教育教学知识和自我防护能力；加强一线安全管理，加强工会群众监督，加强全员安全知识培训，加强安全健康经费投入，加强安全文化建设，加强女职工劳动保护，加强竞赛检查力度，杜绝重伤事故，实现安全教学。还制定了竞赛实施方案。重点是认真执行××省人民政府办公厅关于建立《××省学校安全管理日志》制度的通知，对校园基础设施、食品卫生、重要器物、特定器物、门卫制度、作息时间、学生出行、教师行为、凶器危险品、寻衅闹事等每日专人严格检查登记。深化安全专项整治，落实安全防范措施，进一步强化安全教育教学安全和管理水平，依法抓好学校重大安全决策，重大事故隐患排查和整改，重大事故责任追究等制度的落实，狠抓安全教学中的薄弱环节，坚决控制设施、食品、电、上下楼梯等重大伤亡事故和零打碎敲的事故发生，工作总结《××省总工会工作总结》。要继续大力推广应用《东四尺小学小学生安全教育须知手册》和《应急方案》工作，并不断深化群监工作，促进安全管理和群众安全工作上台阶。

（三）民主管理工作好

加强学校民主管理是创建和谐劳动关系的保障。要坚持把职工代表大会作为校务公开的民主管理的基本形式和主要载体，创新工作和活动方式，提高与拓展延伸的有机统一，充实公开内容与完善公开形式的有机统一，解决突出问题和健全机制的有机统一。做到不回避矛盾，不回避问题，不避重就轻，不避实就虚，不搞形式主义。积极建设民主之家，积极创新校务公开工作，形成学校党支部的统一领导，行政具体实施，工会组织协调，广大职工群众积极参加校务公开的工作格局。本着实际、实用、实效的原则，逐步建立和完善校务公开各项制度，既公开办事结果和具体内容，又公开办事依据和程序及操作过程，把落实校务公开民主管理工作深入到教育教学全过程。真正做到：职工知情，夯实当家作主的基础；听职工议事，疏通当家作主的渠道；让职工监督，尊重当家作主的权利；靠职工发展，发挥当家作主的作用。一年来在继续抓好一本、一表、一评议工作的基础上，完善校务公开目标管理、监督检查、民主评议三项制度。把校务公开当作"立校之本，发展之基"，主动让教职工"知悉校务"民主监督，参与管理，在校务公开的内容上突出廉政建设（学校财务）的关键点，民主监督（民主评议学校领导干部）的重难点，教职工关注的兴奋点，社会反映的高温点，努力做到教职工希望了解什么，就及时公开什么。合理化建议是民主管理的一个渠道。多年来，我校工会把提合理化建议作为常规性工作常抓不懈，民主参与渠道及其广泛。前半年我们深入各教研组倾听他们的呼声，10月份编印"金点子"参考题目16条，发放到全体职工。到11月份初收回64人120条。现正在整理准备上会研究，然后送交各部门落实。

职代会是协调劳动关系，维护职工合法权益的基本机制，是落实党全心全意依靠工人阶级根本方针的有效载体，要充分发挥教代会的作用，切实提高认识。如何发挥好教代会的作用，提高教代会的工作实效；关键一是完善教代会的议事程序，程序就是民主，没有程序就没有民主，只有严格执行职代会的各项程序，才能真正将职工的民主权益落到实处。关键二是组织职工参与民主决策、民主监督、民主管理，保障职工行使参与、监督、决策等民主权利，从政治上保证主人翁的重要地位，从经济上保护职工的合法权益，从制度上落实职工的合法权益。今年召开三届九次教代会，仍然要求会议内容提前与各部门联系好，焦点内容提早交于教职工讨论。这次召开教代会前，首先向学校党支部请示，待批复后筹备召开。闭会后按照档案管理规范要求整理全部资料。

（四）素质工程建设好

提高职工素质是发展和谐劳动关系的坚强保证。教职工是发展教育的主力军，高素质的教职工队伍是构建和谐校园，实现学校长足发展的坚强保证。学校工会要围绕教学育人任务主动服务教学，把工会工作嵌入教学领域的切入点，形成提高中青年教师基本功的激励评价机制，打造工会组织加强教职工队伍建设的有影响的品牌。提高职工素质要以提高职工技能为主题，进一步开展"争当工人先锋号，争当首席员工"双争竞赛系列活动，引导广大教师成才。大力抓好教职工教学技能比武，通过比赛这个平台，使优秀中青年教师脱颖而出，快速成长。今年主要抓了"争当工人先锋号，争当首席员工"双争竞赛活动。成立了领导组，制定了活动方案，下发了通知、发出了倡议，办了黑板报，又制定出"争当工人先锋号，争当首席员工"的条件，与组长签订了争创责任书。现在正进行创建一流团队，提升技能行动实施阶段。

为了进一步加强全校教师的职业道德建设，全面提升教师的内在素质，增强教书育人的责任感和使命感，树立良好的东四尺小学教育群体形象，打造一支品德高尚、知识渊博、精于教书、勤于育人的高素质教师队伍，创建人民满意的和谐校园，今年开展以"正行风，树师德"为主题的活动，通过活动的开展，培养一批爱生乐教、教书育人的典型；警示一批师德失范、风纪不正的人员；建设一支师德高尚、业务精良的教职工队伍；解决制约教育发展、影响教育形象的突出问题。我们先后通过召开家长、社会座谈会、学生调查测试、教师自查等活动，对全校教师的职业道德建设进行全面地了解。通过活动的开展，切实提高全校教师严格遵守《中小学教师职业道德规范》和关于规范学校教师从教行为的有关制度规定等有关规章制度的自觉性，形成良好的师德师风，保持奋发向上的精神状态。通过活动的开展，促使全校教师牢固树立五种职业精神：热爱学生、教书育人、爱岗敬业、刻苦钻研、务实创新、甘于奉献、廉洁从教、为人师表、遵纪守法、诚实守信。通过自我剖析，查找自身存在的不足，达到以"学"养师德，以"规"约师德，以"标"导师德，以"情"化师德，以"案"警师德的目的。通过认真查摆，严肃查处违反师德行为，采取有效措施，切实解决问题，建立行之有效的长效机制。我们制定了"八荣八耻"目标管理，推行了"八荣八耻"的管理理念，让每位班主任对自己责任区的学生开展多种形式的家访活动，借以向广大家长宣传教育方针。以各种形式向社会家长、学生发放教师职业行为调查问卷，召开座谈会征求社会各界对我校师德建设工作的意见和建议。

在女职工中积极开展节能减排"三个一"活动。即：提一份节能减排合理化建议，写一份节能减排论文，制定一项家庭节能减排计划。女工主任精心组织上交建议45份，论文3篇，还组织了节能减排知识问答，制卷45份，上交45份。

××工会

××年×月×日

【例文评析】

例文首先从五项建家促学校和谐发展、五项建家促规范化建设为起点,主要是对过去一年的工作进行总结,采取并列式布局,从工会组织建设好、劳动关系协调好、民主管理工作好和素质工程建设好几方面入手。总结部分利用标题的特点,既能一下子吸引住阅读者,给人以深刻的印象,又能概括总结的内容,突出总结的特点。例文后半部分为对认识自身发展的缺陷及今后发展方向的简单阐述。总结非常全面,脉络清晰,层次分明。

第四章
事业单位常用
工作总结写作范例评析

写作思路

开篇：这一部分主要是"概述式"陈述，可选取合适的角度，从事业单位的工作职能出发，采用简洁扼要、紧扣中心的方式叙述单位的基本状况，交代其工作性质、主要任务、时代背景、指导思想以及主要内容提示等，并对上一阶段工作所取得的成绩、工作进行的总体评价和基本经验进行提炼和归纳概括，为正文内容的开展做出铺垫。如××年，××市防震减灾工作在××（单位名称）的正确指导和市委、市政府的高度重视和领导下，牢固树立震情第一观念，紧紧围绕提升防震减灾综合能力这一目标，着力加强防震减灾工作机制和"三大体系"建设，大力提升了自身和社会防御地震灾害的能力，为经济建设和构建和谐社会提供了有力的保证，现将我市××（时间段）工作考核情况汇报如下。

列举成绩和做法：这是总结的主体部分，需要列条阐述、分类归纳，本着实事求是的精神，具体说明实践中的主要做法、取得成绩以及从中得到的体会和经验，在事实材料的基础上进行理论分析和条理性的概括，分条逐一分析详述，不得过度粉饰和拔高。另外，要处理好内容的主次详略关系，具有创造性或关键性的做法要重点阐明，其余内容可简单地进行概括总结。

存在问题、不足：此部分要在回顾工作实践活动全过程的基础上，对工作中的问题与不足进行客观的分析与研究，寻找问题的主客观成因并正确评估其危害和消极影响，但不能盲目虚无，浮夸过度。如××年，在××（上级单位）的正确领导、全体工作人员的不懈奋斗下，××（单位名称）虽已取得一定成绩，但仍存在一些不足。一是……二是……三是……

总结要结合自身工作实践经验，总结归纳出工作规律和下一步的工作计划。一般包括改进工作的措施、应该吸取的经验教训或解决问题的办法。在总结经验教训的基础上针对工作实际问题，提出改进措施，或者展望工作前景，提出新的目标等。此部分更具有针对性和说服力，是总结写作的重点内容之一。写法如：下一步工作计划：……

第一节　教育类事业单位工作总结

【例文1】

××大学2020年工作总结

2020年，是全面贯彻党的十九大精神的重要之年，是深化综合改革、建设高水平大学和实施"十三五"发展规划的最后一年。一年来，学校在省委、省政府的正确领导下，以习近平新时代中国特色社会主义思想为指导，深入学习贯彻党的十九大精神，紧紧围绕省十三次党代会精神和省委、省政府重大决策部署，按照"141515"的发展目标，坚持"六高一体系"的发展主线，深入推进综合改革，不断增强学校办学实力和核心竞争力，各项事业取得了长足发展。

一、2020年主要工作内容

（一）落实重点任务，深化综合改革，内涵特色发展不断加强

1.学习宣传贯彻党的十九大精神持续开展。制定了《××大学深入学习宣传习近平新时代中国特色社会主义思想和党的十九大精神主题宣讲工作计划》，组织党委中心组理论学习9次，进一步树牢"四个意识"，坚定"四个自信"，践行"两个维护"。面向师生举办两场"学习新思想千万师生同上一堂课"活动，学校被评为全省"优秀组织奖"。召开了党建与思想政治工作会议，成立了党建与思想政治教育研究会。深入推进核心价值观教育，广泛开展了"中国梦·我的梦"主题实践活动。组织处科级骨干举办"学习新思想"专题读书班，发挥"头雁效应"，以习近平新时代中国特色社会主义思想为指导，不断推进学校改革发展。

2.人才培养和本科教学审核评估整改深入推进。贯彻落实全国全省教育大会、全国高等学校本科教育工作会议和"双一流"建设推进会精神，召开了学校本科教育工作大会，系统总结了取得的成绩，明晰了"坚持以人为本，推进四个回归，建设一流本科专业，打造一流本科教育"的目标任务。

印发了一流本科专业建设实施方案，动物医学等5个本科专业获得立项建设，每个项目资助100万元。对新增21个一批次招生本科专业人才培养方案进行了修订。开展了食品科学与工程等7个专业的认证工作。新增森林保护、土地整治工程、数据科学与大数据技术3个本科专业。

启动混合式课程建设工作，举办混合式教学改革专题报告会，选拔10名教师参加了××大学的培训。举办了2020年全校教师讲课大赛、微课教学比赛以及各类培训，着力提高教师业务能力。3名教师获得××省第×届高校青年教师教学竞赛优秀奖。获省级教学成果奖4项，其中一等奖2项，二等奖2项。植物病理学教

学团队，种子科学与工程、设施科学与工程专业，《动物繁殖学》《机械学》《有机化学》《设施园艺学》分别获批省级教学团队、特色专业和精品资源共享课。

制定了学校本科教学工作审核评估整改方案，全面部署审核评估整改工作。按照"台账式管理，绣花式整改"的要求，以问题为导向，从课堂教学、学风建设、教学管理等方面，提出了整改目标，将整改任务落实到单位、落实到人、落实到时间。开展了审核评估整改阶段性检查，及时调整完善整改措施，确保审核评估发现的问题得到及时、有效、彻底的整改。

3. 学科建设和研究生工作稳步提升。根据高水平大学建设目标，按照分层分类建设原则，签订了2020年学校重点支持的一级学科建设任务书。召开了学科建设和研究生教育工作会议，全面研判了学科建设现状和存在的问题，确立了"一体两翼"的学科建设和发展格局，明确了"放管服"改革、项目制管理、一流本科专业建设、学科建设规划、研究生培养和质量监控等五大重点工作任务。制定了学科建设绩效考评、经费管理等制度，学科发展的体制机制进一步健全，初步形成了围绕高水平大学建设目标、以学科建设为统揽，统筹推进学校各项工作的建设发展局面。新增5个省级重点学科，总数达到18个。新增工程、林学2个一级学科博士学位授权点，化学1个一级学科硕士学位授权点，风景园林、应用统计、工商管理3个硕士专业学位授权类别。2个专业学位类别（林业和中药学）通过国家专项评估，完成了17个博硕士学位授权点的合格评估。

改革硕、博士研究生招生指标分配办法，在草学、作物学试行博士研究生招生"申请—审核"制。录取研究生821人，其中，博士研究生105人，硕士研究生716人。全面修订了硕士7个领域的研究生培养方案，获批1个国家级专业学位研究生实践基地，确定了23个研究生重点课程建设项目，获评10篇省级优秀博士、硕士学位论文。我校研究生在"第×届中国研究生电子设计竞赛西北赛区选拔赛"中，获得二等奖1项，三等奖1项。

4. 人事制度改革扎实开展。制定了《××大学编制核定及管理办法》，对人力资源进行了合理配置和有效使用，促进了办学质量和办学效益的提升。进一步强化绩效工资导向作用，制定了《××大学校内绩效工资分配方案》，形成有效的激励及约束机制，广大教职工的获得感和幸福感进一步增强。进一步提高教师的专业知识水平和创新能力，实现教师培训进修的规范化管理，印发了《××大学教师国内培训管理办法》。开展了3期外语培训班，培训人员90人。

招聘各级各类人员243人，其中，编制内博士46人、硕士134人，岗位聘用人员63人，极大补充了学校教职工队伍数量，优化了师资队伍结构。完成高层次人才中期及绩效考核156人，其中，飞天学者3人，伏羲人才5人，柔性引进人才2人。

5. "十三五"规划和综合改革中期考核评估顺利进行。按照学校"十三五"发展规划中确定的发展目标和"十个全面"发展任务以及综合改革方案中确定的37项改革任务，结合新时代高等教育发展需要，逐条开展自我评估，认真讨论、梳理、汇总任务清单，形成了中期考核评估报告。召开了学校综合改革领导小组扩大会议，确定了学校进一步改革发展的目标和任务，形成了推进落实的任务清单，明确了责任单位和完成时限。

（二）推进主体工作，强化内部管理，办学综合实力稳步提升

1. 科学研究和社会服务成果显著。全年，有12项科研项目获得资助，到位科研经费1.04亿元，连续三年突破亿元大关。在国内外学术刊物发表论文48篇，其中SCI论文11篇。授权专利14项，获省科技进步二等奖1项、三等奖1项。制定了学校科技创新基金管理办法。"××大学现代技术推广转化中心""××省葡萄与葡萄酒工程学重点实验室"分别获批××省技术转移示范机构和省级重点实验室。积极推进××大学省部共建国家重点实验室建设，召开了干旱生境作物抗逆机理学术研讨会，完成了共享平台功能室的改造评估，实验室进入2020年部省会商重点议题。

主动聚焦乡村振兴战略，制定了《××大学服务××省乡村振兴战略行动计划》，为充分发挥人才、技术优势，助我省农村发展提供了有效支撑。积极推进校校、校地、校企合作，与××大学、××大学等签署了合作协议。与相关企业合作成立了6个科技创新联盟，新建5个专家院，为我校特色产业发展提供了智力支持。

2. 招生就业和创新创业工作不断强化。新增12个专业本科一批次招生，录取本科生6700人。2020届本科毕业生初次就业率为92.22%，较去年同期提高了11.2个百分点。积极争取省级上就业创业项目资金，争取到国家级、省级就业创业项目83项，各类资金共计10.4万元。举办各类创新创业活动34场次，参与人数2000余人。设立科研训练项目（SRTP）1041项，参加学生3687人。组织参加了全国大学生数学建模等各级各类大赛，获得国家级一等奖2项、二等奖2项、三等奖3项，省级以上奖励7项。

3. 团学工作成效明显。开展了"重走改革开放之路，砥砺爱国奋斗之情"暑期社会实践等主题教育活动。推进"第二课堂"学分制，全校1300名学生注册登记，共举办各类活动17项。荣获××省第十二届大学生艺术展演活动二、三等奖各1项。大学生青年传媒中心荣获××高校"十佳校媒"称号，学生社团联合会荣获"全国学生最具影响力社团联合会"号。制定了学风建设实施方案，开展了学风建设进展情况调研和阶段性工作检查。全面构建了"五位一体"的心理健康教育工作格局，形成了学校、学院、班级、宿舍四级工作运行机制。强化学生公寓文化建设，开展了文明宿舍创建活动。

召开了2019—2020学年学风建设暨创优评优表彰大会，评选出10个先进班集体和20名先进个人。积极落实资助相关政策，为1万余名学生发放各类奖助学金120万元。认真开展国防教育和大学生应征入伍工作，72名学生光荣应征入伍。承办了2020年全国农林院校学工部长论坛，强化了兄弟院校之间的联系沟通。

4. 智慧校园建设步伐加快。完成了主数据管理、统一身份认证和网上办事大厅三大平台建设。全面梳理了师生基本数据，集成各类应用90多个，业务范围涉及学

工、教学、办公、财务、党建等各个方面。完成了OA系统的建设与推广使用，提升了办公效率和工作质量。进一步加大网络基础设施建设力度，建成了覆盖办公区、学生区、教学区的校园无线网络，实现了校内时时处处联网、有线无线网络一体化运维管理的建设目标。正式上线"今日校园"App，集成了校园新闻、通知公告、一卡通、在线咨询、移动迎新、移动离校等服务。

5.办学条件继续改善。成立了后勤社会化改革领导小组，制定了《后勤社会化改革实施方案》，公共楼宇区域的环境卫生、绿化养护、安全保卫等实行物业化管理，下大气力整治校园环境，积极参与文明校园创建活动，校园整体环境得到大大改善。制定了维修工程管理实施办法，完成了文科楼、农科楼、林学楼、信息楼的维修改造及学生公寓的粉刷。制定了《××大学学生食堂食品安全卫生管理办法》，确保师生员工饮食安全。强化基建管理，建成了阳光景观体育长廊，对旧网球场进行了维修改造。办理了实验教学中心B栋（部科研基地）和图书馆建设项目立项、可研批复、初步设计等前期相关手续并如期开工。

6.财务、审计、国资等工作稳步提高。积极争取专项资金，扩大经费来源渠道，财政经费到账1.7亿多元，比去年同期增长3.57%。按照"二上二下"程序，编制了《××大学2020年预算方案》，完成了《中央财政支持地方高校改革发展资金2019—2020年规划》。为确保新旧会计制度顺利衔接、平稳过渡，制定了学校实施政府会计制度工作方案。优化服务流程，采取了网上预约抽号、报账员培训、窗口服务科室轮流值班、党员承诺践诺、报销审批AB岗等措施，提高了工作效率和服务水平。完成了学校配电室备供电源改造、基础实验教学中心部分学院实验室改造等维修项目结算审计以及学校奖助学金专项审计工作。

推进河西绿洲现代与草育教学科研基地建设工作，黄羊镇牧草试验站建设项目通过验收。与黄羊工业园区管委会签订了土地置换协议。积极推进学校所属企业体制改革，成立了改革领导小组，制定了工作方案，核实摸清了学校所属企业基本情况。为提高国有资产使用效率，修订制定了国有资产招标采购、办公家具配置、实验室安全教育培训等办法。完成草业学院、信息科学技术学院整体搬迁和农学院、园艺学院房屋调整工作。制定了《××大学老旧住宅楼加装电梯实施方案》并启动前期工作。完成了部科研基地、新建图书馆、综合服务中心及维修改造等重大项目招标工作，为学校各项重点工作顺利开展提供了保障。新入账固定资产3.7亿元。

7.对外交流合作领域日益拓展。成立了外事工作领导小组，印发了关于加强国际合作与交流工作的意见，强化对外教、留学生意识形态的管理。加强与国外高校的项目合作，与××大学、××研究院、××大学等3个国家的4所大学和研究机构签署合作协议，拓宽了交流合作渠道。通过校派访问学者项目，13名教师赴美国、加拿大等国家的高等院校和科研机构开展访学研究。积极申报和开展引智工作，获批引智项目6项。1名专家获××省"敦煌奖"。

积极引进语言类外籍专家，增加外籍教师数量，制定了外语类文教专家聘请与管理暂行办法，进一步规范了外教的聘请、使用和考核，引进外教5人。着力扩大留学生教育规模，充分依托校长奖学金和××"丝绸之路"奖学金，招收留学生31人，在校留学生人数达到43人。召开了学校理事会成立大会暨第一届理事会第一次会议，审议通过了《××大学理事会章程》，产生了第一届理事会理事长、副理事长、常务理事和理事会秘书长。

（三）狠抓党的建设，全面从严治党，营造干事创业良好氛围

1. 思想理论武装和意识形态工作持续强化。召开了党建与思想政治工作会议，成立了党建与思想政治教育研究会。深入推进核心价值观教育，广泛开展了"中国梦·我的梦"主题实践活动。全面落实党委意识形态工作责任制，构建了党委统一领导，各部门齐抓共管的工作格局，召开了全校宣传思想与意识形态工作会，开展了2次意识形态专题研判，对24个基层党组织党建和意识形态工作进行了调研督查和工作约谈。加强意识形态阵地建设和管理，严格落实各类讲座、报告的管理制度，做到守土有责，守土尽责。

2. 校园文化建设和普法工作全面推进。举办了高雅艺术进校园、校园艺术文化月等精品活动10余场。完成了校园文化建设整体设计招标工作，启用了学校视觉识别系统（VIS）优化设计的校徽校名。举办6期"伏羲堂"讲坛，为促进师生开阔眼界、弘扬科学精神、提升人文素养发挥了重要作用。认真贯彻执行《××大学开展法治宣传教育第七个五年规划（2016—2020年）》，开展了税法学习宣传活动，完成了"七五"普法中期检查。

3. 干部队伍和基层组织建设不断加强。全年共选任处级干部8名、科级干部14名，完成21名试用期满干部和1名挂职干部考核工作。完成了园林工程学院和应用技术学院党政领导班子调整。对标新时代党建工作总体要求，印发了党建工作重点任务责任清单等文件，强化了党组织建设的制度保障。召开5次党建工作专题会议，开展校内党建专项调研4次。始终把干部教育培训作为促进干部成长的重要途径，培训干部903人次。持续推进"两学一做"学习教育，配发了《习近平新时代中国特色社会主义思想三十讲》《党建知识问答》等学习教育资料，党组织的战斗堡垒作用和党员模范带头作用进一步增醒。通过听、问、看、查等方式对基层党委、党总支落实基层党组织制度、党建任务推进情况及"三会一课"执行情况进行了调研督查。组织开展了26个基层党委（党总支）书记抓党建述职评议考核，举办基层党委书记、党支部书记培训班，不断提升业务能力，增强了党支部的创造力、凝聚力和战斗力。全年，共发展党员1394名。

4. 全面从严治党常抓不懈。召开了全面从严治党工作会议和全校警示教育大会，邀请省纪委法规室主任对《中国共产党纪律处分条例》进行学习辅导。完成了省纪委内部巡察反馈意见的整改，对照十九届中央第一轮巡视反馈问题开展了自查自纠活动。开展了全校166名处级干部廉政档案填报和全校监察对象的统计工作。配合省纪委派驻省教育厅纪检组完成了相关问题的核查工作。完成了纪律审查谈话室的建设任务。

5.作风建设年活动深入开展。制定了学校的活动实施方案,召开推进大会,就各单位查找问题整改落实工作进行了安排部署。结合整改落实情况,认真抓好制度的修订和完善,制定了进一步贯彻落实中央八项规定精神加强作风建设的实施办法、关于建立健全师德长效机制的实施办法等,努力营造风清气正、真抓实干、办事高效的发展环境,促进学校事业发展。

二、工作中的不足及今后的工作方向

在取得上述成绩的同时,我们也清醒认识到学校发展过程中仍存在一些不足,主要表现在:一是学科发展水平有待提高,二是人才队伍建设仍需壮大,三是学生就业质量亟待提升,四是科研转化力度还需加大,五是校园综合治理需要加强等。

新的一年,是深化综合改革、建设高水平大学和实施"十四五"发展规划的攻坚之年。学校将以习近平新时代中国特色社会主义思想为指导,认真贯彻落实党的十九大、全国教育大会、全国高等学校本科教育工作会议和××省教育大会精神,秉承"臻进人类健康、裨益国民生计"的责任担当,发扬"自强不息、奋发有为"的甘农精神,不忘初心、牢记使命、改革创新、锐意进取,加快建设区域特色鲜明、国内领先的多学科大学,为不断开创学校发展新局面和推动经济社会发展而努力奋斗!

××大学
××年×月×日

【例文评析】

例文是一份详尽的工作总结。作者从本年主要工作内容和工作中的不足及今后的工作方向两个方面入手,体现了作者思路明确。具体内容的撰写体现了作者从实际出发,统筹兼顾;突出重点,主次分明。例文的特色在于通过逐条列项的方法对所做工作进行总结,让读者从各个标题即可清晰了解其工作状况,在文章中起到了画龙点睛的作用。

【例文2】

××中学2019年工作总结

一年来,我校以习近平总书记重要讲话精神为指导,深入贯彻落实十九大会议精神,紧紧围绕创建轻负高质的示范初中的办学目标,在县教育局、乡党委政府的关怀指导下,依靠全体教师的共同努力、群策群力,学校教育教学工作取得了较好的效果,先后荣获××市绿色学校、××市文明单位、县党风廉政建设工作先进集体等荣誉称号;2020年中考,我校有11人被××录取,19人被××录取,上二中线以上34人;在县第25届中小学生田径运动会上荣获团体总分第三名的好成绩;期末四校联考中,各项数据均有较大进步;荣获县教育教学管理二等奖。成绩来之不易,总结很有必要。现将我校2020年度工作作如下总结。

一、2020年主要工作方面

（一）实施目标管理，促进和谐发展

紧紧围绕三年发展规划和年度工作计划，加强校务管理，发展目标清晰，争创××市名校，党政工团学生会组织团结协作，紧密配合，增强凝聚力和战斗力。

建立健全学校的各项规章制度，坚持依法治校，用制度管人，按制度办事，加强教师职业道德建设，充分调动广大教师的工作积极性、主动性和创造性。

积极稳妥推进学校人事制度改革，认真贯彻教育局相关文件精神，将教师的工作成绩、业务考核与绩效工资相挂钩。

（二）加强队伍建设，提升教师素养

1.加强班子队伍建设。要求班子成员以"四心"抓教育教学，即身正廉洁得人心，增长才干服人心，干出事业聚人心，排忧解难暖人心，努力把学校办成以人为本的学校、与时俱进的学校、人民满意的学校。

勤于学习，做专家型管理者。认真学习并理性地实践新的教育理念，掌握科学的管理方法，提升领导能力。

善于协调，做服务型管理者。做到全方位管理、全天候服务、全过程教育、全身心投入。

勇于负责，做实干型管理者。全体班子成员要下真功夫、细功夫、苦功夫，求真务实埋头干，以身作则带头干。

2.抓好教师队伍建设。继续狠抓师德师风和行风建设，随时与师德师风和行风评议员联系，召开座谈会，主动接受社会监督。营造和谐的教育软环境，大力倡导爱岗敬业、无私奉献、艰苦奋斗、全心全意为学生服务和依法执教精神，坚决反对乱收费、乱订资料、体罚和变相体罚学生的行为。

因地制宜开展一系列活动：组织开展了与英模人物比贡献、与模范人民教师的要求比差距的评比教育活动；开展了事业家庭兼顾型教师评选活动；党员教师签订了廉政承诺书，积极参加创先争优活动；学校领导始终注意引导教师做到五个学会，即学会换位、学会宽容、学会欣赏、学会关爱、学会合作。

3.关注青年教师成长。一是高度重视骨干教师的培养，对事业心强、勤于钻研业务、有培养前途的青年教师多压担子，比如对××老师，安排他教毕业班的课务，同时交办办公室主任的工作，在学校老师面前树立了扎实肯干的中层形象，起到了示范带头作用。二是落实了青蓝工程，组织青年教师××参加了县中小学管理干部培训、县英语优质课评比。

（三）加强德育管理，注重德育实效

深化寄宿生管理制度，创新寄宿生管理载体，为寄宿生的快乐生活、健康成长，提供良好的环境，创设良好的氛围。注重寄宿生良好习惯培养，做到寝室墙面、地面洁净，物品放置规范有序，整齐划一。以中小学生守则和中小学生日常行为规范为准则，强化对学生个人卫生、礼仪习惯的检查考评。积极开展寄宿生的文体娱乐活动，成立多种兴趣小组，科学利用课余时间开展活动，拓展丰富教育，促进寄宿生个性发展。

抓现代公民教育。用校会、班会、国旗下讲话、黑板报和宣传窗，结合重大节日、当前国际国内形势的发展和先进人物的优秀事迹，开展一系列现代公民教育活动，如爱国歌曲大家唱、经典名句诵读、入团宣誓仪式、校园读书节、欢度中秋节、为××灾区捐款献爱心、开学典礼表彰大会、请消防队同志来校宣讲、法制专题报告等。培养学生的思想道德修养、提高学生的社会适应能力和融合能力、自我保护能力。

抓班级管理。召开班主任工作专题会议，制定和完善《班主任工作常规》和《班主任考核量化细则》，及时布置和落实政教线工作，总结经验，找出差距，合理安排下一步工作计划。为了提高班主任管理能力，每月组织班主任向优秀班主任学习，通过学习总结，从而不断提高班主任的管理水平。一年来各班主任能本着对学生负责、对家长负责、对学校负责、对社会负责的工作责任感和事业心开展工作。

抓家校联系。充分利用家长会、校讯通和致家长一封信等形式，真正做到家校联系及时，信息反馈畅通。分年级多次召开学生家长会，向他们了解学生在家里的表现、引导他们科学教育孩子。严禁学生进网吧、游戏厅，学校提出严格要求，并与地方派出所联系，对网吧进行检查。班主任加强对学生出勤的检查，凡未经请假未到校的学生立即与学生家长联系。

重视后进生的转化工作。针对不同年级后进生的不同特点，因材施教，引导他们认识不足，逐步改进。

（四）精细课堂管理，打造有效课堂

1.真抓教学模式研究，突出一个变字。借鉴省教育局指示的先进教学模式经验，自定探索高效课堂，培养世纪人才的课题，成立了课题研究领导小组、指导小组和评价小组，教师全员参与，使教师成为学生自主学习的引导者，成为学生综合能力的培养者，成为学生学习方法的指导者。以学生为本，把时间还给学生，把学法教给学生，把舞台搭给学生，把自信留给学生。

2.真抓教学"五认真"，强化一个实字。今年的备课，力求体现新课程方案中的理念——以学生发展为本，以生活为核心，灵活运用多种教学、学习方式，主动研究教学活动中课堂结构的变化，认真设计每个教学环节，突出学生的主动性，突出学生的亲身体验和实践，保证有效地完成每节课的目标。加大了教学检查力度，检查前，制定详细的实施方案，以期在客观公正的前提下对每位教师的教学"五认真"有一个真实的评价，并及时将评价结果反馈至全体教师，表扬先进，鞭策后进。

3.真抓课堂管理，讲究一个严字。本年度注重教学的过程性管理，加大了随堂听课力度，在听课过程中，观察教师对新课程的执行力度、各环节的设计和课堂的即时效果。借全县抓规范办学的东风，下决心按规范办学，严格规范课程设置，保证开足开齐音、体、美、劳、信息课，严禁其他教师占用这些术科，确保术科的正常开展；严禁晚自修上课，只安排教师跟班，严格控制作业量，保证学生有足够的时间消化。

4. 真抓教研组管理，坚持一个恒字。完善教研组管理制度和教研组评价方法，健全正常高效的学习制度，保证教研组的学习时间，以知晓新课程标准和考试大纲为内容，进行学习和研究，持之以恒地抓好教研组建设。

5. 真抓活动课建设，实现一个活字。活动课程与学科课程相辅相成，目标上保持一致，内容上相互配合，功能上彼此补充，提高整体教育效果。在活动课程中体现农村学校特点，在活动中教育学生热爱家乡，引导学生积极参加家乡社会主义建设；贯彻统一要求与灵活性相结合，在落实学校基本要求的前提下，通过制订活动课程计划，把升旗仪式、晨会、主题教育活动、班会、各类兴趣小组活动、社会实践等均纳入课程体系、排入课表，给予时间保证。同时，进行必要的调控。

（五）关注课题研究，提高科研水平

常规工作做优做精。学校在教科室的统筹安排下，科学计划，月月落实，营造以学生为本的科研氛围。

课题研究注重过程。一年来，我校申报的县级课题《磐安县农村初中阅读模仿创新系统化作文教学研究报告》等5个课题顺利结题，完成了2个市级课题《农村学生提升说数学的能力研究》《城市化进程中的农民工子女的家庭教育研究》和《农村初中教师职业倦怠的调查与研究》等4个县级课题的申报、立项工作，并根据课题方案的分工，有计划、分层次开展课题研究工作。1个课例获县三等奖；2个课例获市三等奖，1个课例获市二等奖；论文获市二等奖1篇，市三等奖3篇，县三等奖以上共15篇。

开展校本培训和校本教研活动。学校把学习教育教学理论、学习课件制作技术、利用多媒体进行课堂教学作为校本培训的主要内容，校本教研按活动表有序进行，一年来每位教师都承担了校级教学探讨课或教学观摩课。切入学习先进教学模式，落实轻负高效工作会议精神以来，各年级教师的教研课精彩纷呈。每堂教研课的操作流程是：发现问题—确定校本教研的主题—搜集、学习相关文献—制定解决问题的方案—组织说课—课堂探究—评课反思—修改方案—再实践—再总结反思。通过校本教研，转变教师教育教学观念和行为，提高了新课程的施教能力。

（六）加强后勤管理，发挥服务保障功能

（1）后勤工作人员树立了服务师生、服务教学、服务学校发展的思想，降本增效，开源节流，确保学校中心工作的顺利展开。

（2）加强财务管理，执行采购验收、领物审批制度；严肃财务纪律，适度从紧开支，确保学校各项工作正常运行。

（3）规范食堂收费行为，杜绝任何乱收费现象的发生。

（4）继续抓好学校的绿化和美化工作，努力构建环境友好型学校。

（5）加大校园硬件设施建设力度。创建了图书楼、师生阅览室；完成了食堂项目场地平整，挡土墙建设与整个运动场建设项目配套实施，工程正在紧张有序进行中。

（6）创建 A 级学校食堂工作主动而有效。为确保广大师生的身体健康，杜绝食物中毒事件发生，我校根据 A 级食堂卫生考核标准，对食堂管理和创建工作领导重视、投入到位、扎实措施。

（7）继续做好爱心营养餐和困难学生资助工作。

（8）创建了学生劳动技术实践基地，培养学生掌握蔬菜种植技术。还组织学生走出课堂，走进了××乡中小学生科技实践示范基地，深入当地农业科技示范户的田间地头，集体参观了该示范户的大棚蔬菜种植基地，认真聆听了该示范户和市农业科技专家所做的现代农业知识讲解，亲身感受了现代农业育种科学化、设备现代化、种植现代化的特征，为对此感兴趣的学生更深入地了解真正有文化、懂技术、会经营的新型农民。

二、总结与未来展望

回顾过去的这一年，我们团结一心，克服困难，艰苦奋斗，保稳定，求质量，促发展，较好地完成了学校期初制定的年度目标任务。虽然取得了较大的成绩和进步，但与先进的兄弟学校相比，仍有一定的差距，我校将继续发扬永不气馁，永不言弃，永远向前的励志精神，只为成功想办法，不为失败找理由。

成绩属于过去，未来任重道远。我们清醒地认识到我们的工作存在着不足：在工作中仍有重计划轻落实，重结果轻过程现象；班主任管理力度仍需加大；重教学管理、轻教育教学科研；仍然出现一些违规违纪的学生；学生辍学现象；绩效工资实施后如何调动教师工作的最大值；这些都要求我们在今后的工作中更加踏实工作，进一步深化课程和教学改革，进一步提高教学质量，加大科研兴校力度，努力提高学校行政管理水平，向着新目标昂首挺进！

××中学
××年×月×日

【例文评析】

例文从本年度主要工作和总结与未来展望两方面阐述。例文的上半部分从六个方面全面具体地总结了本校的工作情况，其中包括实施目标管理、加强队伍建设、加强德育管理、精细课堂管理、关注课题研究和加强后勤管理，且介绍每个方面时段落第一句话都概括本段内容，简单明了。例文下半部分对过去一年工作进行总体上的总结以及未来展望，贴近实际。

【例文3】

××小学2020年工作总结

一年来在上级教育部门的正确领导下，我校全面贯彻执行党的教育方针，坚持以教育教学质量为中心，强化教育教学研究和常规管理，深入实行改革，执行教育行政的各种准则，理论、规章、制度，继续深入"严师工程"，加强教师队伍建设，调动全体教师、学生的积极性和高度热情，发扬光大优良的校风、教风、学风，上下一致，团结协作，以认真务实的工作作风，加强教学研究，不断解决教学中的新问题，全面提高教学质量。结合本校实际，现就2020年以来工作开展情况总结如下：

一、2020年主要工作情况

（一）强化德育工作，提高学生德育素养

重视德育工作的系统性。切实从学校层面、家庭层面、社会层面出发，加强对学校德育工作的整体规划，努力构建学校、社区、家庭一体化的未成年人思想道德建设网络。重点加强家校联系，充分利用现代社会交通、通信、信息技术高度发展的优势，密切与家长的联系，班主任与主课教师一学年中至少要与每位家长都主动联系一次，同时要重视联系的实际效果。

抓好日常行为规范教育。要重视小学生的日常行为规范教育，对照《××市小学生文明行为习惯评价细则》，细化学生一日常规要求，从最基本、最简单、最容易忽视的细节入手，增强学生礼仪意识、节俭意识、卫生意识。通过各种形式，利用各种阵地，对学生进行教育和引导，及时纠正学生行为偏差，使学生真正将一日常规内化为自觉的行为习惯。本学年重点培养学生"不带零食进校园，不带废纸出教室，不留杂物在操场"的良好习惯。

组织开展丰富多彩的德育活动。要发挥少先队的重要作用，通过读书活动、征文演讲、道德短剧大赛、民族传统节日教育等有效形式，强化理想信念、民族精神、诚实守信、遵纪守法、责任意识、"三创"精神教育。学校将以"感恩教育"作为德育管理的切入点，对小学生实施"感恩教育"，让小学生懂得"感恩"是一种美德，要学会知恩，学会感恩，学会报恩。

加强校外德育阵地建设。学校将组织学生到江都烈士陵园、许晓轩故居、引江管理处、曹王素质教育实践基地等校外德育阵地开展丰富多彩的教育活动，丰富学生课余生活。

抓好德育队伍建设。学校将认真贯彻落实市局《关于加强小学班主任工作指导意见》文件精神，通过班主任工作培训、定期召开班主任工作会议、评选表彰优秀班主任、征集评选班主任工作优秀案例等形式促进不同层次班主任的专业成长。

（二）精致教学管理，提高教学质量

本学期，学校将围绕《××省学校管理规范》，精致学校管理，提升办学水平。突出教学管理的精致化，全面提高各科教学质量。

抓好校本教研制度的学习。根据《××市小学教学工作基本要求》，结合学校实际，我们制定了校本教研制度。开学初，各学科组要组织教师认真学习校本教研制度，结合学科教学特点，提出统一要求。教师要对校本教研制度烂熟于心，在实际工作中自觉执行。

抓好校本教研制度的落实。要抓好集体备课基础环节，突出课堂教学重要环节，强化作业训练关键环节，提高教学管理实效。加强教学常规管理，一是认真执行教学"六认真"管理制度。以定期检查和不定期抽查相结合的方式，全面了解教师教学"六认真"工作情况，及时推广先进经验，限期整改存在的问题，对不能按时整改的教师进行诫勉谈话乃至通报批评。二是认真执行课堂教学管理制度。教研组长、中层及校级领导要做到"四个坚持"：坚持每周听课不少于2节，坚持每周汇总听课情况，坚持每周进行课堂教学集体点评，坚持定期深入班级进行教学质量分析。三是认真执行教研活动管理制度。各备课组长、教研组长在开学后一周内制订好切实可行的活动计划，落实研究专题，布置研究任务，确定主要承担者并精心组织研究，切实解决教学工作中的实际问题。每月一次的学科研究课，要明确研究的问题。各备课组要开展集体备课活动，坚持做到集体备课提前一周。备课组长向组内教师公布下周集体备课内容，每一位教师要根据公布的内容，钻研教材，做到心中有教案。备课时，一人做中心发言，其他老师围绕教材的处理、教法的运用、学法的指导等各自发表意见。教师根据自身的教学个性、教学特色及班级实际对集体备课稿做修改。以达到教师教学个性、体现教师独特的教学风格的理想目标。要严格控制学生作业量，教师要做到"四精"：精选、精讲、精练、精批；"四必"：有发必收、有收必批、有批必评、有评必补；要减少课堂上教师讲解的时间，让学生在自主的学习活动中养成独立作业的习惯。

重视后进生的转化工作。根据学生实际水平因材施教，采取分层教学与个别辅导相结合的办法，教好每个学生。重点认真研究学习困难生和新插班生的实际需要，制定适合他们的教学计划，采取"小步走、细指导、勤反复、多激励"的办法，发掘和弘扬工作中已有的成功经验，使他们在原先的基础上有明显的提高。

突出毕业班工作。毕业班任课教师要根据学科及学生特点，采取扎实有效的措施，努力提高所教学科的及格率、优秀率、平均分，提高毕业生的综合素质。学校将通过听课、组织调研考试、召开质量分析会等方式来提高毕业班教学质量。重点加强毕业班英语教学的研究，全力提高毕业班英语教学质量。

加强薄弱学科。学校将尽可能加强科学、信息技术等薄弱学科的教学，创造条件配齐这些学科的专职教师，筹集资金，结合小学"四配套"工程的实施，完善这些学科的教学设备设施，加强这些学科的校本教研，督促检查，随机检测，质量分析，积极提高这些学科的教育质量。

（三）加强队伍建设，打造名师工程

切实加强师德建设。要以热爱学生、教书育人为核心，以"学为人师、德为世范"为准则，以提高教师思想政治素质、职业思想和职业道德水平为重点，切实开展师德建设活动。通过开展多种形式的学习、演讲、表彰等活动，并以相关的考核、奖惩、评聘制度为保障，将榜样示范教育与警示教育相结合，增强教师的师德意识和法制意识，自觉运用师德规范和法律知识约束修正自身的教育行为。学校将重点抓好××市师德建设"八不准""五条禁令"和"三条处罚措施"的落实，切实提升我校教师队伍的整体形象。

促进青年教师专业素养、业务水平、科研能力的全方位提高。引导青年教师树立终生学习的理念，切实体现继续教育的实质内涵。继续深入推行理论学习与考核制度，加快45周岁以下教师本科率100%的建设步伐，继续鼓励参加本科进修，提高本科率。充分发挥学科带头人、教学骨干教师的示范作用，在校内形成师资梯队，加快各梯队教师的培养工作。通过"青蓝工程""读书活动""骨干教师培育计划""教育教学竞赛"等活动，为青年教师提供广阔的舞台，促进青年教师的成长。

加强中年教师队伍建设。根据市局要求，将在40岁左右的教师中开展"三机一化"现代教育技术比武，"三机一化"即运用微机、录音机、投影机和教学行为规范化。在50岁左右的教师中开展"三自一化"为主要内容的教学艺术练兵，"三自一化"即引导学生自主学习、自主研究、自主管理和教学方法现代化。

（四）加强体育、卫生和艺术教育，促进学生全面发展

严格执行两个"条例"，保证学生身心受益。学校体育是体育工作的基础和重点。本学年，学校一直严格执行国家课程标准，贯彻省课程计划调整的精神，加强体育教学，严格规范体育课堂教学行为，提高课堂教学质量。合理安排课表，保证每周有4节体育课或体育活动课，同时加强下午大课间活动的组织，提高小学生每天户外一小时运动的质量。在抓好"达标"工作的同时，积极对足球队、乒乓球和田径等项目进行训练，充分做好参加各级比赛的准备工作；坚持学校重大疫情报告制度，加强学生健康教育特别是心理健康教育，心理健康教育课程每学期不少于9节，心理健康咨询室要定期开放。

加强艺术教育，提高学生艺术修养。本学期，学校将兴趣小组及学校各项团队训练制度化，保证时间、保证地点、保证队员，及时训练。各队要有训练计划、目标，并且建立好梯队，形成一套完善的体制。

（五）完善数字校园，实现教学条件的现代化

加速办公现代化的进程。当今信息技术时代，办公自动化、信息化已势在必行。本学期，学校要在配齐班级、办公室电脑的基础上，构建由网络主控室、多功能电教室、微机室、教室与办公室组成的管理网络，成立信息技术教育研究中心，完善学校教育信息化设施，初步实现教育信息化、现代化。

及时更新学校网站、专题网站及班级主页内容。相关人员要密切配合学校中心工作，结合自身特点，不断充实内容，使其成为宣传推介学校的窗口，教育教学资源交流的平台，家庭、学校、社会三者联系的纽带。

编制适用的网络软件，争取逐步实现办公网络化。学校网管人员要根据学校实际，编制适用的网络软件，实现校产教具管理、图书档案管理、实验仪器管理的现

代化。

抓好教师信息化应用能力的培训，实现教育教学与信息技术的整合。本学期，学校将分层次、有计划地对全体教师进行信息技术的培训力度，所有教学人员都要积极主动参加培训，能熟练地使用现代化教学手段、熟练查找下载所需要的资料，熟练制作所需要的课件，熟练地交流教育教学经验。

（六）重视校园管理，构建和谐校园

抓好校园环境建设。一是做好××教学楼加层的准备工作。为改变目前教室紧缺的状况，学校打算利用暑期，做好加层的各项准备工作。二是重视校园文化建设。校园建设在绿化、美化的基础上，将增加文化内涵，营造健康向上、书香四溢的文化氛围。三是抓好班级文化建设。各班的图书柜、中队角、荣誉专栏、作品园地、特色专栏等要不断充实内容，做到既整洁规范又充满班级个性。四是进一步加强办公室文化建设。各行政办公室要进一步完善，实行定位管理，增添绿色，营造规范、和谐的工作环境。

巩固"平安校园"创建成果。我们将把学校安全工作放在重中之重的位置，重点抓好校舍设施设备安全、师生在校人身安全等。要落实安全工作责任制，进一步健全和完善规章制度，完善安全工作长效管理机制，落实各项防范措施，及时根据新情况、新问题和薄弱环节制订相关措施，并做到层层落实，全员参与。加大教育、监督、检查力度。要以防为主，通过加强对师生的经常性教育和检查督促，消除各种安全隐患，杜绝各类人为事故的发生。学校行政领导带头值班，加强学校重点部位的安全防范，确保校园及师生的安全，创设教育和谐发展的平安环境和氛围。

坚持和深化校务公开工作。切实加强教育行风建设，优化民主监督各项制度，提高校务管理工作民主化、法治化程度，推进教育决策科学化、民主化和规范化。一方面通过落实教代会制度、校务公开制度，推动学校内部民主监督工作的深入开展。另一方面自觉接受社会舆论的监督，认真办理家长投诉，努力树立教育行业廉洁、诚信、公正的良好形象。

高度重视学校财务管理。开展节约型校园创建活动，本着勤俭节约的原则，要加强对水、电、办公用品的管理和学校物品采购、保管、发放等环节的管理，指定专人负责采购，专人负责保管，专人负责发放；所需物品的添置继续实行"申报—审批—采购—再审批"的流程，坚决杜绝滥购、堆积、流失。学校将严格执行"一费制"收费标准，实行收费公示制，做到规范收费，接受社会的监督。

二、工作中存在的不足和努力方向

回顾一年来的工作，虽取得一些成绩，但在看到成绩的同时，更需要冷静地进行反思：我们在学生思想、行为习惯养成上还应不断加强教育督促；教育观念、教学方式方法、工作能力、管理水平和师德等方面还需要我们去不断自我认识、自我提高。另外在开展工作的过程中，所需经费也要合理计划安排，提高各项工作的开展和质量。

在今后的工作中，我们将进一步加强自身建设，紧抓机遇，上下一心，迎难而上，努力提高管理水平，建立健全各项管理制度，加强学校日常管理，力争下一年的教育教学各项工作再上新台阶。

××小学
××年×月×日

【例文评析】

例文结构分为两个方面，一方面是对本年度的工作总结，另一方面是对工作中存在的不足和未来努力方向的阐述。前半部分以"总—分"大结构辅之并列式分布局进行总结，条理清晰。全文结构完整，内容真实，同时文章行文流畅，逻辑缜密，标题简洁明了，格式相同，易懂。后半部分对存在的问题认识到位，并对问题的解决提出了中肯方案。

第二节 文化类事业单位工作总结

【例文1】

××镇新农村艺术团2019年工作总结

今年来，××镇新农村艺术团在党政领导和社会各界朋友的关心支持下，在全团艺术骨干、广大团员的努力下，充分发挥团队精神，同舟共济，克服重重困难，取得可喜的成绩，受到了各级领导和广大群众的一致好评。现将全年工作总结如下：

一、多措并举抓队伍

一是充分挖掘和利用好社会人才资源。建立全镇文化娱乐人才资源库。我团通过摸底调查，然后逐个上门走访动员他们发挥各自特长，并将他们组织起来，吸纳为艺术团成员，目前我团已组建了"龙狮灯队""民间管乐队""舞蹈队"等民间艺术队伍。二是充分发挥全镇党员的骨干带头作用。将镇域内有文艺特长和爱好的党员组织起来，分别担任各业余队伍的负责人。三是注意抓文体骨干的选拔培训工作，不断提高他们的业务能力和组织协调能力。邀请城区"合之声"艺术团、"海棠艺术团"等知名艺术团骨干到我团指导培训，逐步形成一支精干、坚强的文艺骨干队伍。

二、形式多样的活动充分发挥艺术团成员的优势

精心组织，寓教于乐，以先进的积极向上、健康文明文化引导、教育、陶冶广大群众，吸引群众参与支持全镇文化建设，主要活动形式有：

（一）开展好群众自发活动

将自发零散参与文体活动的群众组织起来，形成中老年保健操等健身团队。丰富多彩的中老年活动，丰富了全镇群众的文化生活，成为全镇一道亮丽的风景线。

（二）开展好主题活动

艺术团充分发挥"政策宣传员"的作用，积极配合党委政府搞好政策方针宣传工作，积极编排储备各类群众喜闻乐见的节目，融入政策、法规，起到了良好的宣传作用。

（三）开展好日常活动

全年节日前后开展舞蹈、歌咏、龙狮牛灯活动：3月春游乐山，4月"二七十"比赛，9月钓鱼，10月龙狮灯、牛灯、舞蹈表演，11月杜家村参观学习，12月乒乓球、羽毛球比赛。

三、把社会效益与经济效益有机结合，认真做好农村精神文明建设的宣传工作

在围绕党委、政府作各项中心工作的宣传时，认真把握好政策方向，在编写剧本与宣传表演过程中，始终注重于社会效益与经济效益有机结合起来，剧情尽量做到贴近生活，贴近实际，达到寓教于乐的效果，队伍从组建到现在一直保持着稳定，加上经常性在村里开展文艺活动表演，在普法宣传方面做得比较好，全村没有吸毒贩毒、打架斗殴、偷摸扒窃、道德败坏、违法乱纪等社会不良现象，保持了淳朴良好的村风。在经济建设方面，积极做好排头兵，把政策宣传好、宣传到位，做到家喻户晓。

××镇新农村艺术团
××年×月×日

【例文评析】

例文内容条理清晰，对全年的工作情况进行了分条概括，从"多措并举抓队伍""形式多样的活动充分发挥艺术团成员的优势"和"把社会效益与经济效益有机结合，认真做好农村精神文明建设的宣传工作"进行工作总结，同时利用标题的作用明确总结内容，贴合实际。文中对于工作中存在的问题及改进计划的阐述较少，应适当补充。

【例文2】

××市文化艺术中心2019年工作总结

2019年，市文化艺术中心全面贯彻党的十九大会议精神要求，紧紧围绕"建立现代公共文化服务体系"的总目标，按照市委、市政府重大决策部署和重点工作任务，着力强化文化服务体系建设，以提升市区为突破口，勇于探索创新，逐步形成了"多方参与、资源共享、功能多样、服务群众"的工作格局。通过协调入驻单位、整合中心公共资源，加快推进公共文化服务建设步伐，使中心面貌焕然一新，文化服务功能明显增强，运营和管理工作取得明显进展，各类优质文化艺术资源的溢出效应惠及了普通百姓，在市民中形成了良好口碑及品牌形象。现将2019年工作总结汇报如下：

坚持"管办分开、整体运营"的原则，我们对整个中心进行统一管理，充分利用公共空间，通过逐步引入国内外高水平、有实力、有品质的运营团队，陆续在中心商业区域进行运营，初步实现国有资产的保值增值。

（一）以打造4A级文化旅游景区为目标，积极开展策划运营工作

第一，积极主动引进策划运营团队，千方百计抓运营。2019年，通过主动接触、邀请和运营单位自荐等形式，与国内外多家高品质、专业化、有品牌实力、理念先进的运营团队进行了接洽。分别与××商业管理公司、××投资有限公司、××资本公司、××策划公司、××投资公司、××投资有限公司、××设计公司、××集团有限公司、××有限公司、××集团、××文化公司等多家单位联系接洽，组织运营团队到中心实地勘察，沟通论证，共商中心整体运营方案。第二，发布招商信息，扩大招聘策划运营团队的渠道及范围。在积极与国内外运营团队洽谈招商的同时，于2019年4月在市政府网站发布了招商信息。招商信息发布后，××商业管理公司、××文化公司和××管理公司报名参与。其中××商业管理公司对中心整体运营提出了明确详细的方案，并向中心做了演示汇报。根据中心要求又做了调整修改，具体运营方案和计划已向市政府做了汇报。第三，进一步明确运营目标和方式，推动运营工作实施进程。为充分发挥中心功能，提升完善中心文化标识、功能导视、游客动线、文化故事挖掘等软硬件建设，确保实现4A级文化旅游景区目标，我们起草了《关于招聘策划和运营团队打造4A级文化旅游景区的请示》，并呈报市政府，提出了面向国内外招聘专业策划和运营团队，吸纳品质高、专业精、实力强、有经验的策划团队和运营团队对中心整体策划和实施整体运营，得到市政府批准。第四，积极主动与意向单位对接，加快运营项目落地。我们起草了《关于引进××国际版权交易中心落户中心有关事项的请示》上报市财政局，进一步明确项目的引入方式；积极与××投资有限公司、××贸易有限公司联系，发出《加快路演中心推进工作函》《关于推进市文化艺术中心与××贸易有限公司洽谈运营事宜的函》。协调拟入驻中心的××公司，制订运营方案、总体布局以及装饰装修方案，通过积极的洽谈联系，推动各个项目尽快落地。第五，组织了与中艺文化传播有限公司的谈判招标。按照《市文化艺术中心招标采购管理办法》，通过评委小组三轮谈判评定，并上报中心办公会研究，确定了文化宫一楼东厅、东西商业连廊艺术社区运营项目由中艺文化传播有限公司中标运营，并签订了运营协议。通过编制项目总体规划及运营实施方案，明确了艺术社区的定位及功能，重点打造了××电影特效艺术馆、国际艺术长廊、××美术馆。电影特效艺术馆作为国内创新型电影特效室内主题体验馆，总投入资金2000万元左右，9月份对外试运营。截至目前，共接待参观观众3000余人次；国际艺术长廊共24家商铺，已完成招商工作19家，其中开业运营7家；××美术馆举办了中国当代著名画家爱心书画展暨"两岸画家画两岸、公益助学爱先行"大型公益活动、法国油画家××作品展等各类文化活动22场，为市民提供了近距离接触和了解艺术的机会。

（二）抓好运营基础工作，实现运营规范化

一是建立规范标准。为做好中心运营，实现国有资产的投资效益和社会效益，逐步减少政府投入，我们对全市类似文化场所和运动场馆进行了考察，并结合中心各场馆实际情况，制定了《市文化艺术中心运营费用收取及培育期执行标准》，为下一步招商运营工作提供了可遵循的依据。二是制定考核办法。为进一步提高中心服务效能水平，客观、准确、真实地反映各运营管理单位工作实绩，我们制定了《文化艺术中心运营管理考核办法》。通过考核，提高运营单位管理水平，实现场馆有效使用，确保中心安全、有序和健康运行，实现中心投资效益与社会效益双赢。三是摸清底子。设计了《文化艺术中心场馆使用、运营情况统计表》，摸清了场馆对外出租、合作运营的实际情况。制定了《文化艺术中心对外开展业务、举办活动管理办法》，明确了各项活动开展的具体流程和措施，保障了各项活动的安全、有序开展。四是数据统计。开展了商业区域有关数据的统计整理工作，基本理清了商业区配套内容，为招商夯实了基础。

（三）抓好场馆招标使用，提高场馆使用率

为避免国有资产闲置，达到场馆有效使用，依据《文化艺术中心招标采购管理办法》，组织了青少年宫各运动场馆合作谈判运营招标。共有10家单位参与了招标。经过评委小组两轮评审谈判，上报中心办公会研究，确定了××教育科技有限公司、××乒乓球俱乐部等4家单位中标运营，并签订了运营管理协议。自运营以来，各运营单位积极主动开展工作。××乒乓球俱乐部组织、承办了包括××省第一届"福旺杯"乒乓球大奖赛、××省首届职工乒乓球比赛、××市直机关第八届职工运动会乒乓球比赛等全国、省、市各类比赛30余场，公益性比赛8场；××篮球俱乐部组织、承办了公共服务中心篮球赛、××区篮协篮球联赛决赛等各类篮球比赛活动13场，组织篮球培训近300余人。

（四）积极组织活动，确保各项活动安全有序开展

一年来，先后举办、承办了××书法艺术学术交流展、××国画精品清静系列展、刘乐一教授书画作品展、《来自星星的孩子》——关爱自闭症儿童大型公益活动、市直机关爱心编织活动作品展、"写生中国走进大美沂山助力公益行"书画作品展、北京优思体能教学体验季等一系列文化活动30余场。活动举办期间，社会各界和广大市民积极参与，参观人数总计达6万余人次。截至目前，保利大剧院、音乐厅共组织各类演出143场，接待演出团体88个，接待观众10万余人次，平均上座率62%，平均票价89元，演出涵盖了交响乐、芭蕾舞剧、演唱会、话剧、京剧、音乐剧、儿童剧等多种艺术形式。组织了"与大师面对面"公益讲座、市民开放日"百姓大舞台""高雅艺术进校园""母爱之光"慈善捐助、市民音乐会等一系列内容丰富、市民参与度高的公益性活动，真正实现了"高贵不贵，文化惠民"的运营理念；市科技馆自10月9日正式开馆，领票参观，开馆以来接待参观人数超过10.2万人次，极大丰富了市民的科技文化生活；规划馆作为我市对外展示形象的窗口，全年共接待包括外宾和上级领导等参观、考察团49个，接待参观群众3500余人次，市

区各中小学学生 270 人次；图书馆办理借书证 12000 余个；东观光塔接待参观人数达 19000 人次，确保了各场馆的有效使用。活动期间，积极协调公安部门、物业公司，认真做好场地、安全、物业等保障工作，各项活动均顺利开展、安全举办，多项活动在媒体上进行了宣传报道，社会反响良好，社会效益明显。

（五）扩大运营宣传，提高中心知名度

加大宣传力度和广度。为更好地发挥中心社会效益和投资效益，为市民提供更广阔的文化艺术活动平台，不断提高市民文化素质和参与度，中心与晚报、声润文化传媒有限公司签订了合作协议，由广播电台"最爱调频频道"发布新闻及宣传报道，扩大中心社会影响以及市民对中心的认知度。设计制作《市文化艺术中心宣传册》。宣传册内容主要包括中心服务宗旨、服务理念，各场馆定位等内容，配以各场馆图片，直观、生动地对中心进行了全面的介绍，通过创新的思维、精美的图片和优雅的语言，展现中心国际化、现代化的公共文化地标建筑形象。

××市文化艺术中心
××年×月×日

【例文评析】

例文内容条理清晰，对全年的工作情况进行了分条概括，从积极开展策划运营工作、抓好运营基础工作、抓好场馆招标使用、积极组织活动和扩大运营宣传方面进行工作总结，利用标题的作用使读者明确总结内容，易懂，贴合实际。但是对于工作中存在的问题及改进计划的阐述较少，应适当补充。

【例文3】

××广播电视台2019年工作总结

今年来，我台深入开展党的群众路线教育实践活动，把党的群众路线教育实践活动同"走转改"活动相结合，取得了十分丰厚的成果，现将工作总结汇报如下：

一、2019年工作回顾

（一）抓宣传，着力提高宣传水平

今年以来，我台完成《新闻》采编 187 期，2800 分钟，发电视稿件 1600 余条。开设了以《学习十九大精神》《贯彻落实县十五届党代会第二次会议精神》《开展党的群众路线教育实践活动》《直击城乡精细化管理》等为主题的访谈 120 余期。围绕全县的中心工作先后开辟了《项目建设突破年》《统筹城乡发展》《民生事业发展》《治污减霾》《精神文明建设》《寻找最美》等一系列专栏，宣传定位准确，报道及时到位。目前已完成 30 期，对外宣传工作取得了较好成绩。

（二）抓事业，做大做强广电产业

全力推进广播电视"户户通"工程建设。广播电视"户户通"工程是党中央、国务院和省委、省政府从根本上解决广大农村群众听广播、看电视问题的重大举措，是一项实实在在的惠民工程。其设备机顶盒平均400元,用户只承担100元,其余资金由中央、省和市、县政府予以补贴。我台"户户通"工程建设的总任务是完成6个乡镇11个行政村7362户。今年,按照市文广新局下达的5000户的广播电视"户户通"工作建设任务,我台积极组建一批组织有序、高效高质的安装队伍,深入农户家中安装调试,并派出专车进行工程维护,目前,已顺利完成5000户建设任务,占总任务量的68%。建设多功能综合演播厅。此项目建设获得130万市级财政拨款用于增设综合演播厅的工艺装修。今年,已经投入使用。综合演播厅面积为300平方米,安装包括灯光系统、扩声系统等,投影仪、LED显示屏、大导演、梯形座椅等设备,这些设备完成调试,综艺节目现场拍摄已经开机。建立强大的供电系统。今年元月份我台和县电力局协商,增加100kW变压器1台,购置功率为10kW的UPS系统一套,使广播播出系统实现双网供电。健全高性能的技防设施网络。消防、监控、防盗等技防设施在安保工作中发挥着重要的作用。今年我台购买监控探头8个,消防器材48个,对讲机4个。确保对重点部位的防范,进一步提高了安全保卫的能力。

(三)抓管理,保证广电事业健康发展

抓好广播电视安全播出工作。安全播出"安全优质,万无一失"是广播电视安全播出的目标和标准。今年以来,我台严格执行各项安全播出规章制度,安排专人进行24小时值班,特别是在重大节日、敏感时期,确保安全播出,实现了安全播出无事故。

(四)抓思想,建立一支高素质的广电队伍

广播电视部门是党联系群众的桥梁,造就一支过硬的广电队伍尤为重要。我台以八项规定、机关作风建设活动为契机,结合实际,要求全体干部职工严格宣传纪律,遵守新闻工作者职业道德准则,杜绝各种违规、违纪事件的发生。为提高广电队伍的业务素质,先后组织培训编辑、记者5期,并聘请了省、市台有丰富工作经验的专业人员来台为新闻工作者授课、点评等,有力地促进了全台新闻工作者水平的提高。

二、2020年工作要求

宣传工作围绕发展、稳定、民生的大局来组织新闻、专题,使《新闻》《多彩人生》《健康教育》等栏目真正发挥党的喉舌和桥梁纽带作用,关注民生、关注基层,进一步提高政府公信力及影响力。

三、2020年主要工作

(一)宣传工作

1. 深入宣传贯彻十九届四中全会精神。宣传十九届四中全会精神将作为当前和今后一段时间我台宣传工作的重中之重。在《新闻》开设《学习贯彻十九届四中全会精神》的专栏,大力报道全县各级各部门认真学习贯彻十九届四中全会精神、推进又好又快发展的先进经验和先进典型,大力宣传各行各业取得的新成就和新变化。

2. 重点项目宣传。重点围绕"项目建设突破年""统筹城乡发展""民生事业发展""治污减霾"进行深度报道。

3. 认真完成我县各项重要会议、重大节日晚会的摄录制作和播出工作任务。

4. 外宣工作将紧紧围绕学习宣传贯彻党的十九届五中全会精神和县委、县政府的决策部署，牢牢把握正确舆论导向，不断增强工作主动性、加强新闻策划、在上级广播电视媒体全面展示我县各行各业的新亮点、新变化和新气象，力争有一批大稿、好稿在上级台播出。（力争在中央一套《新闻联播》上新闻稿件实现零突破）

5. 认真完成县委、县政府临时交办的其他各项宣传任务。

6. 组织新闻采编人员到省、市台进行轮训。

（二）事业建设

1. 继续抓好和完成"户户通"工程建设任务和已建成工程的维修维护工作。完成剩余2362户工程建设任务，进一步加强对"户户通"工程建设的组织领导，提高思想认识、服务意识；通过广播电视网络媒体，对"户户通"工程的普及进行大力宣传；进行多方面沟通协调，确保"户户通"设备及时到位，切实解决好广大农民群众收听收看电视节目难的问题，使广播电视"户户通"建设成为农民群众满意的工程，确保这一惠民工程长期通、永久通。

2. 高水平利用综合演播厅。创造与社会各界联合举办小型综艺活动的机会，寻求新的合作模式，进一步提高电视台影响力和关注度；开办一些新闻类、访谈类、简单的互动类节目，进一步满足受众的收视需求，使得电视荧屏更加多元化。

3. 建设新的媒资管理系统。由于我们每天的节目播出量大、播出时间长，节目存储空间不足，我们将多方筹集资金，建造新的影像资料管理系统，确保播出节目档案的完整性，进一步提升节目档案管理工作水平。

4. 加快数字化改造进程。将对我台的广播电视发射系统进行更新改造，开发卫星地面数字电视，以弥补有线电视覆盖的不足（部分区域的收视盲点），尽快实现电视全面数字化。

（三）队伍建设加强新闻队伍建设，全力打造一支业务精、能力强、过得硬的广电队伍

从学习和制度上入手，以自学和专家授课相结合，确定周一例会为学习交流、相互促进、相互提高的平台，积极邀请上级新闻单位专业人员定期举办专业学习讲座，聘请有丰富工作经验的记者到我台具体指导工作，带动我台新闻人员尽快提高专业水平和业务能力，确保2020年宣传工作更上新台阶。

我们坚信，在县委、县政府的正确领导和大力支持下，在全体干部职工的共同努力下，能够更好地为建设繁荣文明和谐幸福的现代城市新区营造浓厚的舆论氛围，共同谱写辉煌壮丽的新篇章。

××广播电视台

××年×月×日

【例文评析】

例文内容完整，条理清晰，从2019年工作回顾、2020年工作要求和2020年主要工作三方面进行阐述。上半部分从三个方面全面具体地总结了本年度的工作情况，其中包括抓宣传，着力提高宣传水平、抓事业，做大做强广电产业、抓管理，保证广电事业健康发展、抓思想，建立一支高素质的广电队伍。介绍每个方面时段落第一句话概括本段内容，简单明了。例文下半部分从三个方面阐述2020年主要工作，贴近实际。

【例文4】

××京剧艺术联谊会2019年工作总结

第三届理事会成立以来，我会在市政协领导下，得到了市有关领导、有关部门和教卫文体委员会的多方关心和大力支持。在全体会员的积极参与和共同努力下，我们努力围绕全市的中心工作开展活动，在弘扬民族文化、研究京剧艺术的同时，以戏会友，团结各界人士，为建立更为广泛而牢固的统一战线服务，联谊会工作的质量、层面、范围和影响有了进一步的提升和拓展。现将一年来的主要工作和活动情况作一总结。

一、主要成绩

（一）艺术实践及联谊交流活动有了新的进展

一年多来，联谊会继承了以往的宗旨和传统，艺术实践始终紧密配合中心工作举行演出活动，并在以戏会友、进行艺术交流活动的过程中扩大影响，广交朋友，以京剧艺术为纽带和桥梁，加强了与各界人士，尤其是与外地政协之间的交往和联系。为扩大影响的思路，邀请××本地的其他京剧票社和各界人士中的京剧爱好者欣赏了《钟山颂》《红梅赞》等京歌演唱，《华子良》《江姐》《杜鹃山》《红灯记》《沙家浜》等现代京剧中的精彩唱段，再辅之以主持人的串场词，使观众在欣赏演出的同时也回顾了充满坎坷和艰辛的革命征程，缅怀了为新中国和劳苦大众抛头颅洒热血的革命先烈。在"流派纷呈"这个板块里，众多传统剧目的精彩唱段则充分展示了京剧艺术的缤纷多彩和博大精深，使人由衷地为中华民族的灿烂文化而感到自豪。这场演出涉及演员和乐队70多人，××市京剧团部分著名演员、××省戏校教师、××海内外京昆艺术联谊会、十四所老年大学京剧班、××管理处工会等团体，以及××甚至外地的部分著名京剧票友都纷纷赶来参加。市政协原主席××、××和秘书长××等领导同志观看了演出。5月初，××来××交流。7月间联谊会负责人应邀赴××回访。××先生一家老少三代七人同台，而且行当齐全，技艺精湛，为振兴京剧艺术举家发奋，潜心钻研，实属难得。在××观摩××专场演出时，我联谊会赠送锦旗一面，上书"国粹家传，京韵流芳"，向他们表示祝贺和敬意。在××回访期间，我们应邀前往××市春秋京剧票社，与××市政协副主席

××等领导同志再次切磋交流，并在那里与××、××、××、××等著名京剧界人士和部分××、××及××的著名京剧票友会面，加强了双方的联系和友谊。

（二）认真进行准备，会庆活动筹划工作取得初步成效

一年来，本着通过庆祝联谊会成立十周年，进一步弘扬民族文化，振兴京剧艺术，扩大社会影响的指导思想，我们就庆祝活动的专场演出、出版专刊、召开座谈会、举办联谊活动等方面的具体方案、计划安排，先后作了多次研究，广泛征求意见，有的已按计划开始实施。

（三）着力提高全体会员的艺术水平

联谊会通过多种途径，努力为全体会员创造"提高演唱水平和鉴赏品位"的条件和机会。平时每周的练唱活动经常有著名专业演员和戏校老师到场指导，特别是省市京剧院团的领导及有关演职人员，给予了长期的关心和支持。他们热心地参加我们的练唱和演出活动，与大家交流切磋，经常是一字一句、一招一式地传授辅导，再加上亲自示范，使我们获益匪浅。长期应邀担任我会伴奏的几位鼓师、琴师，更是给了我们经常性的指导和帮助。联谊会先后邀请省京剧院××和市京剧团××两位著名演员讲课，为会员们讲授京剧知识，悉心传授演唱要领和技巧，并结合典型唱段进行具体辅导，理论与实践相结合，深入浅出、融会贯通，受到大家的欢迎和好评。会员们觉得听了这样的讲座，不仅明白了自己该怎么唱，而且知道了如何去听别人唱，可以全面提高自己的京剧艺术修养。联谊会在市政协领导的关心下，于8月27日、28日组织会员观看了著名程派演员张火丁的专场演出。这是一次十分难得的观摩学习机会，《锁麟囊》《荒山泪》等经典剧目在张火丁的潜心演绎下精彩纷呈，给大家留下了极为深刻的印象，成为大家难忘的艺术享受。

（四）坚持正确方向，加强组织建设

联谊会始终坚持正确的政治方向，坚持组织建设的规范化和严肃性，从而保证了会员队伍既具有成熟的艺术修养，又体现较高的精神品位，多年来在京剧票友界享有良好的口碑。年初，根据第三次会员大会提出的任务，第三届理事会一次会议认真讨论了下一年的工作思路和计划，以及联谊会成立十周年庆祝活动的设想。在一年来的活动和工作中，这些思路、计划和设想正在逐步实施。为了加强管理，结合会员的登记注册，理事会重新设计制作了富有特色的会员证，为出入活动提供了规范和方便。为了让全体会员更好地参与联谊会的活动与建设，我们在分区域建立会员联系小组网络的同时，根据近年来人员的变动情况重新印发了通讯录，并进一步完善组建了四个业务组：剧务组、乐队组、宣教组和联络组。这些业务组在日常活动和重要演出中发挥了积极作用，有些业务组负责人尽管有专职工作或年事已高，仍然充满热情地承担起许多具体工作。

一、存在的问题

一年多来，联谊会的工作在市政协的领导下，通过全体会员的共同努力，取得了很好的成绩。但对照年初制订的工作计划，在以下几个方面还存在着不足：

1. 有目的有针对性地进行重点节目排练，并为专场演出做准备的设想未能实现。

2. 下基层的演出活动没有按计划进行。

3. 联谊会经费得到了市政府、市政协的大力支持，××同志也设法筹措了一笔社会捐款，但总的来说经费筹措渠道还不够宽。

4. 弘扬京剧艺术和我会自身的宣传工作有待进一步加强。产生以上问题有主客观两方面的原因，就我们领导工作来看，主要是组织措施不够落实，有待在今后的工作中加以改进。

三、下一年工作要点

下一年我会将遵循一贯的宗旨，配合全市的中心工作开展一系列活动。进一步弘扬民族文化，振兴京剧艺术，为建立广泛的统一战线，广交朋友，联系各民主党派和各界知名人士，为我市三个文明建设作出我们应有的贡献。

（一）通过出版专辑、举行座谈、广泛开展与兄弟城市政协票房的联谊活动和举办专场演出

回顾历程，展望前景，以戏会友，扩大影响，旨在弘扬京剧艺术，并以京剧为媒介，团结各界人士，为统一战线服务，为市委、市政府和市政协的中心工作服务。主要活动安排如下：出版专刊征集稿件，收集有关的照片资料、领导题词。拟于4月底完成征稿和资料收集工作，6月底完成初审，7～8月完成复审定稿，9月付样。召开座谈会拟在7月初举行。邀请市政协有关领导、省市京剧团领导和著名演员、××著名京剧票友、联谊会部分成员参加座谈。需确定主题和重点发言代表，并组织落实。举办联谊活动拟在上半年邀请××市政协国际票房、××市政协京剧合唱团及××著名专业演员和票友参加，需拟订活动及接待方案，建立筹备组，确定负责人及成员。举办专场演出以市京剧团为依托，聘请著名导演担纲，分工落实演出剧目、演出场地、主持串场、舞美设计、灯光音响、舞台监督、布景道具等问题。既要继承传统，也要有创新，内容和形式要丰富多样。每周练唱活动应围绕专场演出任务展开，应尽早确定演出曲目及演唱者，以便安排个别辅导，以便与文武场多做磨合。

（二）加强联谊会自身建设

1. 进一步加强全体会员的思想建设，努力提高艺术水平；继续聘请专业老师和演员举办京剧讲座，并结合具体行当，与演出节目的个别辅导有机联系起来。

2. 进一步加强组织建设，发挥专业组及会员联系小组的作用。

3. 加强常务理事会的自身建设，强化责任意识。

4. 进一步明确吸收新会员的原则：以历届政协委员和民主党派、各界知名人士为主要发展对象，适当吸收热心于京剧艺术活动的爱好者参加，原则上以中青年爱好者为主。

5. 进一步发挥联谊会中的专业演职员会员的指导和组织作用，进一步加强与省市京剧院团之间的联系和合作，相互支持，携手共进，共同为繁荣京剧艺术作出努力。

××京剧艺术联谊会
××年×月×日

【例文评析】

例文主要对本年单位的主要成绩和存在的问题进行总结阐释，依托当下有理有据地对下一年工作要点进行规划。作者思路明确，文章内容翔实具体，语言真实恳切，从艺术实践及联谊交流活动有了新的进展、会庆活动筹划工作取得初步成效、着力提高全体会员的艺术水平和加强组织建设等取得非凡成就的方面进行总结。同时例文从实际出发，统筹兼顾，目标明确，表述准确。

【例文5】

××非物质文化遗产馆2018年工作总结

2018年，在市文化和旅游局的领导下，在县委、县政府的重视下，文化馆认真贯彻落实国家、省、市关于加强非物质文化遗产保护工作的指示要求，在推广、传承、抢救、保护非物质文化遗产上做了积极的工作，取得了一定成绩。我们深入学习十九大精神，在深入贯彻落实非物质文化遗产保护法的基础上，广泛开展工作，开展非遗展览传习讲授活动，继续发掘当地非物质文化遗产，积极组织申报市级、省级项目，在县委县政府的大力支持下，社会各界的密切配合下，取得了优异成绩，现将一年来工作总结汇报如下：

一、主要工作总结

（一）开展非遗展演活动

将非遗展演结合"文化下乡"等文化惠民工程，结合元宵节、庙会、农村文化节等大型活动，开展非遗项目活态展演，传承和发展民间传统文化，集中展示独辕四景车赛会、转九曲、刮街、西社八音会、舞龙、踩高跷、旱船、闹花灯等民间艺术。举办了2018年独辕四景车赛会。鼓励乡镇举办各具特色的民俗节庆、传统庙会活动，以传承和发展民间传统文化为主旨，形成一批独具民俗特色的文化活动精品，通过民俗文化节、庙会等民俗活动，开展宣传展示，发放独辕四景车赛会宣传资料1200份，吸纳群众参与非物质文化遗产保护60余人，随着非遗活态展演的成熟，逐步成为我县非遗保护传承的一部分，为宣传我县非遗项目、扩大知名度起到了重要作用。

1. 参与组织"独辕四景车赛会"活动，对四景车展演活动进行及早筹划，在4月16日成功举办了展演活动，来至××乡各村的社火、故事参加展演，观众数超过7万。

2. 参与××村举办的羲皇大典，在活动中记录拳家伙、院戏等项目的图片和视频资料。

3. 在元宵节活动中，举办八音会展演，将××的八音会分设在县城6个点演奏，每个代表队要求演奏民间器乐曲不少于2小时，观众达2万人之多。

4. 积极申报国家级项目"独辕四景车赛会"保护资金，为开展保护和传承争取资金帮助，成功申请到45万元，并足额拨付××村开展工作。在2018年，××村组织人力开展四景车复制工作，根据原四景车的形制，重新复制一辆，聘请传承人参与整个复制过程，从2018年5月开始到年底复制工作完成，这项工作为今后开展赛会活动提供了更加可靠的保障。

（二）举办非遗展览和研讨活动

我们与市大学结成长期战略合作伙伴，每年为手工艺传承人提供免费的培训20天，一般是3到5个人。9月26日我们和市大学联合举办国家艺术基金资助项目"××古典家具艺术巡展"，开展古典木做家具交流研讨会，第一站在市文化艺术中心举办，"××"古典家具作为重点参展项目，邀请全国著名专家学者前来参观，并召开研讨会，对"××"进行专题研究，这次共展出家具类120余件，利用展板、实物进行宣传，共展出20天，接待观众2700余人次。

（三）开展传承讲习活动

10月27日至11月7日我们开展戏曲进校园活动，编印戏曲校本教材500本，利用动漫图片、视频让小学高年级学生学习地方戏曲知识，共讲授16课时，230名小学生参加学习。12月底，搞了非遗手工艺作品和乡村文化记忆物品展，主要有根雕、明式家具、布艺针织品、乡村文化记忆的生活生产性实物等，展览布置在县图书馆展览厅，展板采用图片文字和实物相结合的形式，吸引和动员年轻人参与传习，展出300余件作品和物品。

（四）开展宣传活动

在世界文化和自然遗产日期间，组织展品参加市里在××举办的展览活动，选送非遗项目2项，展板2块，展品50多件，在××县文化艺术中心楼前举办了宣传活动，参加宣传活动的项目有八卦刀、根艺、泥塑和戏剧脸谱等项目，利用宣传资料、展板等形式为县城群众开展宣传，发放资料1000多份，展板12块，展出展品200余件。利用乡镇文化员业余文化骨干培训班，开设非遗课程，讲解《非物质文化遗产保护法》《乡村文化记忆工程工作手册》，让文化员、"三区"人才文化工作者、文化志愿者、文化骨干参与到各乡镇的非遗申报工作和宣传保护工作中。扩大媒体宣传非遗宣传平台，在县级报刊《××》和文化馆网上设立宣传专栏，对我县的非遗项目进行专题报道，扩大非遗宣传的受众面，宣传我县的各项非遗项目和非遗活动，让更多的群众了解我县的非遗保护传承工作并参与其中。

（五）建设好非遗项目和传承保护基地申报为纺织传承基地、××乡村记忆馆建设提供指导工作

建设好奥治木雕的非遗传承基地，申报成功第六批市级非遗项目有"××""××"和"××"，申报"××"为非遗基地。申报××纺织省级非遗代表性传承人保护经费。

（六）保护传承人

传承人是非物质文化遗产的重要承载者和传递者，为有效保护和传承非物质文化遗产，市级发放传承人补助资金，极大地鼓励和支持非物质文化遗产项目代表性传承人开展传习活动，我县组织非遗传承人参加活动，鼓励年老的传承人继续努力

工作，传达市非遗培训重要内容，激发高龄传承人的工作热情，为更加科学合理地保护非遗代表性传承人夯实基础。精心组织开展传承人服务，完善传承人档案，召开代表性传承人座谈会、组织走访慰问传承人活动，并且针对每个传承人的情况，切实掌握了解各项传承动态，建立传承人身体素质库，缩小文化部门与传承人之间的距离，建立与传承人的紧密联系，切实保护好非物质文化"活的遗产"。同时，组织开展传承人培训活动，邀请县传承人进行经验交流，提高传承素质，提升传承能力。

二、存在的问题和困难

（一）缺乏经费支持

我县非物质文化遗产丰富多彩，但大多分布在农村，对它们的全面普查建档，需要一定的经费，这其中还有很多项目濒临失传，需尽快调查挖掘，进行传承保护，普查专项经费困难制约了普查工作的深入全面系统细致规范的开展。此外，非物质文化遗产的保护、研究、开发等工作同样需要大量经费的支持，我县财政又十分吃紧，经费方面十分困难，这成为制约我县非物质文化遗产挖掘保护工作的最大问题。

（二）缺乏专门机构及专业人才

非物质文化遗产既是一个地方历史文化渊源的见证，也是体现地方文化特色的重要形式，内容丰富，涵盖面广，开发保护工作量大，需要有专门的工作机构来负责。我县虽然比较重视非物质文化遗产保护工作，但至今还未成立专门工作机构，仅靠文化部门兼管，缺乏力度，致使传承、保护和申报、利用工作进展缓慢。

（三）缺乏深刻认识

非物质文化遗产是一个新概念，人们对非物质文化不了解、不认识、不重视，非物质文化遗产保护意识淡薄，忽视管理现象普遍存在。

（四）缺乏规范的传承体系

非物质文化遗产的继承后继乏人，一些传统技艺面临灭绝。许多民间艺术属独门绝技，口传心授，往往因人而存，人绝艺亡。保护人和观念，要比保护简单的物质更伤脑筋。现在愿意去学习非物质文化的人越来越少，不仅是因为很多人对这些没兴趣，更多的是因为它不会带来经济上的利益。而当今流传下去的形式基本上也只有师傅传徒弟的形式，范围较窄。由于经济全球化和现代化进程的加快，非物质文化遗产的生存环境受到极大的威胁，大批非物质文化遗产的真实性、完整性不同程度地受到损害，甚至由于传承人的逝去而濒于失传和消亡。随着人们生活方式以及世界观、人生观和价值观的嬗变，加之外来文化的影响等，尤其是年轻一代越来越远离本民族的传统文化，他们生活在充斥着网络、选秀、圣诞节的环境中，丧失了对民族传统文化的关注和热爱，民族传统文化受到了巨大的冲击，使之逐渐失去了生存与繁荣的土壤。

三、下一步计划

（一）加大宣传力度、提高保护认识

加强对非物质文化遗产及其保护工作的宣传教育，普及保护知识，营造保护的社会氛围，丰富"文化遗产日"活动内容，提高干部群众对文化遗产保护重要性的认识，增强全社会的文化遗产保护意识，综合利用电视、网络等媒体多种途径进行宣传报道，例如通过建立××县非物质文化网站，来扩大对外宣传，与世界接轨，从而提升我县非物质文化遗产的知名度和影响力。

（二）鼓励各种传承方式

一是鼓励个人、家庭、群体传承方式。对于一些被特定的个人、家庭、群体所保有的非物质文化遗产采用这种方式是最有效的，也是其他方式所无法代替的。授予这些保有者非物质文化遗产保有证书、称号，建立传承人保证制度，对他们进行生活和其他补贴，并要求他们做好所保有的非物质文化遗产的保护、传承、弘扬工作。鼓励他们带徒学艺，举办相关传习活动。二是鼓励学校教育传承方式。这是最有影响力、最有价值的传承方式。

（三）大量开展民族文化活动

积极开展各种民族文化活动，通过举办民间艺术比赛、农民文艺汇演、民间工艺品大赛等活动，为确定的非物质文化遗产项目搭建展示舞台，不仅提高艺人的积极性，还使广大群众感受到民族民间文化艺术的魅力和深厚内涵，进一步了解非物质文化遗产保护的必要性与重要性，达到全社会理解和支持的目的。

（四）开发文化产业

加强对民间工艺品的搜集、挖掘和组织、辅导工作，在此基础上组织展览、展销活动，扩大民间工艺品的影响，开拓民间工艺品的国内外市场。开展具有特色的旅游文化活动。选择有代表性的少数民族聚居自然村寨（能集中反映原生态文化的、建筑风格有特点的、生产生活习俗有特色的，如坡芽、牙牌等），建立保护区加以保护和利用开发，实施生态游、农家乐等民俗旅游项目。将文化资源优势转换为经济优势，成为新的经济增长点，推动经济发展。

（五）建立健全档案管理

整理建档，按照全国统一的编码进行登记并分级建档，形成资料库。并采取数字化与网络化等保护方式，利用音像等多媒体手段进行记录，利用光盘等存储介质或建立数据库进行保存，利用电视、广播、网络等媒体进行资源共享。

（六）加强农村文艺队伍建设

积极组织建立新的农村文艺队，恢复老文艺队，以奖励的方式给予文艺队解决资金困难问题，帮助解决服装、道具、剧本和辅导等问题，大力扶持优秀文艺队，让其起到带头作用，发挥文艺队的作用。

（七）争取让全社会参与

采取成立民间协会等群众性组织的保护方式，把一些有共同知识、技能、爱好的群众组织起来，充分发挥广大群众的力量，为非物质文化遗产的保护作贡献。

2018年，全面配合市级文化主管部门做好非遗工作，认真落实文件精神，根据本地实际切实做好项目申报、资金申报工作，××县志编纂提供资料，深入学习十九大精神，上下联动，为非遗建设贡献一份力量，让古老的民俗文化世代赓续，为诗画城市添抹绿意，让优秀民间遗产焕发勃勃生机。

××非物质文化遗产馆

××年×月×日

【例文评析】

例文结构简洁明了，语言朴实。例文按照"主要工作总结—存在的问题和困难—下一步计划"的结构，着重突出主要工作的六个方面，即开展非遗展演活动、举办非遗展览和研讨活动、开展传承讲习活动、开展宣传活动、建设传承基地和保护传承人，给人条理清晰、计划明确之感。在例文最后，作者从七个方向提出了接下来的工作安排，贴近现实，客观实际。美中不足在于接下来的工作计划中并没有解决工作中存在问题的具体措施。

【例文6】

××博物馆2019年工作总结

2019年在局党委的正确领导下，我馆通过凝聚全馆人员的智慧，充分调动和发挥大家的积极性，以开办独具特色的文博展览为中心，以全力争取有关部门对文博发展事业的支持为重点，以加强业务研究和人才培养为目标，以提供优质服务充分发挥社会效益为主宗旨，团结一致、务实创新、艰苦创业，狠抓各项工作的落实，各项文博事业得到了长足发展，取得了显著成绩。2019年共争取到各级财政部门除了正常经费以外的文博项目资金1157万元，包括国家文物专项经费584万元、省文物专项经费315万元、市文物专项经费133万元，文物项目经费再创历史新高，为今后文博事业的发展奠定了最重要的物质基础。现将有关工作情况汇报如下：

一、全年工作任务

（一）开拓创新，力求精品，举办系列特色展览

1. 推出系列独具特色的文博展览对开办的每个文物展览，我们都努力打造精品展览，力求突出烟台地方特色，不片面追求展览数量，而以展品的档次价值、展陈的艺术水平以及产生的社会效果为目标，并引进国内高层次的文物展览。在新馆先后推出了《××》《××》等10个文博展览；在民俗博物馆举办了《盆中景致——文革紫砂花盆展》《××根雕艺术展》《中国钧瓷展》等9个民俗和书画展览。这些展览均以独具匠心的内容设计和精彩纷呈的展示形式，为广大观众奉送了高层次的文化艺术盛宴，产生了强烈社会反响，受到社会各界的高度赞誉，为充分发挥馆藏文物优势，开办丰富多彩的文物展览迈出了坚实一步。

2. 全面开展馆际之间文博交流展2019年我们推出的《掌上乾坤——馆藏鼻烟壶展》，以独具特色的文物精品和鲜明的地域特征享誉国内文博界。2019年我们成功将这一展览进行推介，3月在××市博物馆展出，展出4天即接待观众近2万余人次。10月，该展览又在××省××市博物馆展出并引起轰动。另外，我们已与××市

博物馆、××市博物馆、××博物馆等协商沟通，筹划文物展览交流，并已达成合作协议，在2020年拟在我馆举办《××民间木版年画展》《藏传佛教唐卡展》《彩陶世界展》《鸟类自然标本展》《唐元中外文化交流石刻拓片展》等文博展览，从而进一步丰富了展览内容，克服了馆藏不足的弊端，探索了一条"请进来，走出去"办展新途径。

3. 举办《巍巍丰碑——胶东红色文化图片展》按照市委宣传部和市局工作部署，市博物馆承办了《巍巍丰碑——胶东红色文化图片展》。接到任务后，我们克服了重重困难，组织专业人员加班加点，合理安排，精心设计，科学制作，在不到一个月的时间内圆满完成了展览任务，确保展览如期开展，并受到市领导和有关部门的充分肯定，参加开幕式的市领导规模和层次创文化系统近年之最。在对外展出的一个月时间内，又积极组织观众参观，努力提供高讲解服务水平，共接待各级领导、嘉宾及团体观众近8万余人次，极大地推动了我市红色文化建设，为打造"红色××"作出了重要贡献。

（二）举办丰富民俗文化活动，加强××会馆的保护利用

1. 广泛发动，打造××文化名片成功举办了××市××文化节暨烟台天后行宫第×届××文化节。为体现公益文化社会办的宗旨，我们积极对外宣传推介，广泛吸引社会各界参与××文化活动，与××省××集团××分公司合作，共同举办××文化节。通过近年来××文化节的实践，我们探索并建立了"公益文化社会办，繁荣文化为社会"的成功模式。通过社会化运作方式，把联合国非遗项目、国家非遗项目××、××请到××，进行现场艺术表演，让广大观众欣赏了具有浓郁地方特色的××民俗文化。××文化节由开始的××会馆××文化节，发展到现在的××市级××文化节，其作用和影响已发生了质的变化，并成为国家和省对台重要的文化交流项目，已逐步成为对外文化交流的平台和烟台文化的名片。

2. 突出重点，加强福建会馆保护。利用今年我们成功争取市财政部门175万元资金，用于文物科技保护中心建设和××会馆安防系统升级改造。为此我们组织专业人员对文保中心建设方案和安防设计方案进行了多次修改完善，按照规定的要求和程序，顺利实施了政府工程招标，全面完成了工程建设任务。重新安装的安防系统建设达到了无缝监控、全覆盖的技术要求，为××会馆的建筑安全和文物安全提供了技术保障。为使××会馆得到科学保护，保障建筑安全，委托××建筑设计研究院编制的××会馆文物保护规划和××会馆大殿修缮设计方案，已全部完成并通过国家文物局批复。××会馆的彩绘维修设计方案也在进行中。

（三）加强业务建设，促进文博事业全面发展

1. 安全并全面完成了文物库房搬迁任务。由于历史原因，多年来文物库房保存条件较差，新库房经过两年试运行，环境稳定，设施运转良好，上半年启动了老馆文物库房搬迁计划。经过前期周密的查对、包装等准备工作，历经近半年多的时间，将老馆库房的15000余件文物安全搬迁至新馆库房。文物库房搬迁任务艰巨，责任重大，时间紧迫，条件艰苦，藏品管理部的同志克服了重重困难，特别感人的是部

分人员带病工作，坚持轻伤不下火线，在大家的共同努力下，文物库房按计划完成搬迁任务，并确保了文物的安全，目前已完成了文物整理、上架。

2. 文物修复保护工作取得重要成果继外送××博物院和××博物院文物修复保护完成之后，组织专家对国家博物馆为我馆修复的53件（套）铜器和书画全面验收，并安全运回入藏，文物修复保护工作取得了阶段性重要成果。邀请南京博物院的专家对包括元青花瓷瓶在内的部分瓷器和全部漆器文物编制保护方案，为下步的修复保护创造了条件。通过3年多坚持不懈的争取和努力，国家文物局批准了我馆上报的书画和金属文物修复保护方案，并下拨了209万元文物修复保护专款用于馆藏文物的修复保护，为今后文物的保护提供了重要的资金保障。

3. 通过文物征集进一步丰富馆藏。为完成文物征集任务，文物征集人员长期奔波于××各地，与文物收藏者广泛沟通，致力于文物线索的搜集和文物藏品征集。为配合全市红色文化建设，多次与××警备区等协商，努力征集革命文物。全年来，共征集文物线索2000余条，征集的文物150余件，接收社会文物捐赠80余件，既满足了展陈需要，又丰富了馆藏，也加强了民间流散文物的保护。另外，按照上级部门工作安排，为海关、公安、法院等部门3000余件文物进行鉴定，较好发挥了博物馆文物鉴定的社会服务职能。

4. 启动馆藏文物普查为掌握全市国有可移动文物的基本情况，根据上级文物部门工作部署，自2018年10月开始，在全市范围内进行可移动文物进行普查，目前已经进入文物普查实施阶段。按照市局工作安排，市博物馆具体负责全市文物普查的组织管理、培训宣传和业务指导。作为此次可移动文物普查的重点单位，我们承担着馆藏5万余件文物的普查工作，普查任务非常繁重。10月，聘请有关专家组织举办了全市可移动文物普查培训班，培训了全市文物收藏单位专业人员120余人，为下步文物普查的全面开展提供了保障。12月，争取到了市财政部门13万元文物普查设备专项资金，用于文物普查设备采购，保证了普查的需求。

（四）积极配合基本工程建设，文物考古发掘喜获成果

1. 文物考古勘探先后对××大道、××墓地、××液化天然气项目输气管道工程、××遗址、××墓地和××的高速公路沿线进行考古调查、勘探，完成考古勘探面积100多万平方米，重点勘探面积近10万平方米，编写了《××考古勘探报告》《××考古勘探报告》等。

2. 文物考古发掘。一是对××开发区××墓区建设控制地带工程用地的考古发掘。历时近5个月，发掘面积约1万平方米，共清理古墓葬151座，随葬器物近800件，首次发现了汉代××，××网及《××晚报》等新闻媒体报道后，引起了国内学术界的极大轰动，并得到中国秦汉史学会等专业机构的充分肯定。该工地被××省文物局评为优秀工地。二是对××遗址西南工程占地部分进行抢救性发掘。发掘面积400平方米，清理灰坑33个，墓葬21座，房址2处，以及大量的柱坑、柱洞等遗迹。该遗址发掘极大地丰富了××地区史前聚落遗址，通过对人体骨骼、动物骨骼等的检测，可以复原古人体质特征、环境以及农业的起源与传播，同时，

对研究××时代××地区的墓葬结构以及丧葬习俗具有重大意义。三是对××遗址及××墓群进行抢救性发掘。发掘面积100平方米，清理灰坑30个，时代为西周时期。××墓群发掘面积约900平方米，清理91座墓，时代从战国一直延续到魏晋。该墓群的发掘为研究西周时期××地区聚落分布及聚落形态提供了绝佳的实物资料，对研究××地区墓葬形制、丧葬习俗等均具有重大意义。四是对××壁画墓的发掘。该墓葬是××境内至今为止唯一的一处将墓志写在墓壁上的宋代墓葬，并且有明确纪年的壁画墓，全国发现也较少，为研究中国美术史、音乐史等提供了重要资料。通过争取省文物局下拨专款，进行对壁画提取保护，现已完成了壁画保护工程。

二、下一年工作任务

1. 深入学习贯彻党的十九大精神，加强党风廉政建设，做好一岗双责，加强文明创建，提高各项工作的质量和效率。规范行政和项目管理，完善管理制度，完善理事会、监事会等决策组织，明确岗位职责，调整机构设置，规范工作流程。

2. 加强馆藏文物保护，继续征集与地方历史相关的文物、资料与见证品。按照《馆藏文物预防性保护方案》开展预防性保护工作。完善博物馆青铜器保护实验室、文物摄影室，不断提高馆藏文物的科技保护水平。实施馆藏濒危书画修复，编制馆藏濒危文物修复计划。

3. 加强馆藏文物科学研究，提高科研水平。做好馆藏文物特别是甲骨刻辞、玉器、青铜器、木刻版、书版、地方文献等的整理工作，拍摄、制作文物藏品的图片、视频影像，完善文物信息资料，争取成熟一个，出版一个，向社会逐步公开馆藏文物资源。

4. 不断提高展览的艺术和科技水平。积极筹备基本陈列布展工作，逐步推出系列展览。举办《××书法回顾作品展》等。

5. 做好社会教育工作，加强未成年人思想教育和爱国主义教育基地建设，继续开展第二课堂、家馆互动、小讲解员夏令营我们的节日等送文化进学校、进社区活动，打造社教品牌，不断提高社会教育水平。完善志愿者队伍建设，面向全社会公众招募志愿者队伍。

××博物馆

××年×月×日

【例文评析】

例文内容条理清晰，对全年的工作情况进行了分条概括，从举办系列特色展览、举办丰富民俗文化活动、加强业务建设和积极配合基本工程建设四方面进行工作总结，利用标题使读者明确总结内容，易懂，贴合实际。同时针对工作情况分析工作中存在的问题，并对工作中的不足提出改进计划，明确下一阶段的工作计划，使工作能顺利进行。例文结构完整，内容清晰明了。

【例文 7】

××图书馆2020年工作总结

在党的精神指引下，2020年，××县图书馆遵循县文体局的指导，立足大局，服务读者，传播文化，弘扬文明。积极开展服务宣传、读书活动、业务交流和岗位培训等重点业务工作，落实农家书屋建设等重点项目，努力探索图书馆事业发展的新路子，为××县的文明建设添砖加瓦，取得较好效果，得到读者和社会各界的赞誉。现将本年度的工作简要汇报如下：

一、年度工作总结

（一）加强基础建设，提高服务水平

一是认真做好图书、报刊、各种资料的分类编目、流通、管理等。二是认真做好馆内报刊到馆登记工作。主要期刊报纸装订成册，并全部编目上架，以便读者借阅。同时，及时做好图书的整理、修补、上架工作。三是新购进纸质图书3000多册，并认真进行分类、编目、登记，及时上架流通。新添置设备书架、报纸架等。新订阅读者喜闻乐见的报刊杂志142份。尤其是采购了收藏价值极高的精装本《二十四史》。四是今年5月，在上级领导的关心支持和全馆工作人员的共同努力下，顺利通过了国家二级图书馆的评估定级。五是为认真贯彻落实省委文明办《关于印发〈××省推进未成年人课外阅读实践基地建设的实施方案〉的通知》，推动全民阅读，引领广大未成年人"多读书、读好书、会读书"，继续全面推进未成年人课外阅读基地建设。

（二）强化重点服务项目，开拓图书馆工作新局面

在我县文体局大力支持下，我馆积极落实国家相关政策，重点强化"公共电子阅览室"建设。一方面，积极与省级负责人员联络跟进"公共电子阅览室"项目落实情况，虚心求教相关技术人员；另一方面，独立探索，根据我县读者实际情况，建立较为完善的管理制度。此外，我馆十分注重加强电子阅览的宣传工作，推广电子阅览室。如今，长泰县图书馆电子阅览室每日拥有较为固定的人流量，扩大了在读者群众中的影响力。特别是在清明节网上祭英烈活动，积极响应省里的号召，发挥了重要作用。各种管理制度和设施的改善，也进一步开拓了图书馆向数字化发展，文化信息服务资源全民共享的新局面。

（三）宣传服务相结合，增强图书馆影响力

1. 今年正月初一开始启动"2020读者文化年"系列活动，推出向读者拜年、春节新书推介、新春视频展播、送文化进村、进社区等丰富多彩的文化活动，让读者共享幸福文化年。参与人数达两百多人次。

2. 清明期间，积极组织未成年人参加网上祭英烈活动，引导孩子们缅怀先辈，教育他们牢记历史，热爱党，热爱祖国，热爱家乡，激发广大未成年人的爱国主义热情。据统计，三天假期一共有30名未成年人到该馆参加活动。对于由于天气等各

种原因不能到馆参加活动的人，××县图书馆还通过该读专门的读者QQ群进行公告，并发送活动链接网页给各个读者，方便他们在家参加活动。

3.四月份，组织"世界读书日"活动，展出共建生态文明县城等四个宣传板；开展《品读经典光亮人生》系列讲座和《如何提高阅读速度》等讲座。

4.五月份，开展图书馆服务宣传月活动，以"汲取知识共建快乐图书馆"为活动主题，参与组织××县"田园风光、生态之城"诗歌征集评选活动。联合××县残联共建福乐爱心书屋，让更多的残疾人走进图书馆、了解图书馆，在图书馆里享受到爱的温暖、获得知识的力量。举办了妙趣少儿世界绘画比赛。

5.九月份，组织了××阅读读后感征文活动。

6.十月份，举办了"重阳佳节书香敬老"活动。活动分为老年人读报沙龙和读者座谈会两个活动场次，近30名读者参加，现场活动氛围浓烈。老人们一边品尝图书馆工作人员精心准备的瓜果，一边互相交流读书读报心得，其乐融融。

以上这些活动，体现了我馆联系群众、服务读者、弘扬文明的宗旨。受到了群众的热烈欢迎和新闻界的关注。关于我馆的各种宣传报道先后登上××日报、图书馆报、××网等各家媒体，起到较好的宣传效果，成功扩大了我馆的知名度，提高了我馆的社会影响力。

（四）提高服务素质，彰显窗口行业形象

为了更好地提高图书馆现代化管理和服务的水平，提高工作人员的服务素质，彰显窗口行业形象，我馆组织了多次的学习活动和培训活动。

1.加强业务学习。全馆馆员利用业余时间，积极进行电子阅览室管理系统、文献采集等业务学习。组织参加各类专业培训，全面提高了馆员的技术服务水平。

2.加强图书馆的消防安全教育。6月19日，全体馆员参加了文体局组织的安全消防培训与演练。8月20日，在馆内举办了公共消防安全百日行动推进会。

3.加强服务群众的意识。我馆组织学习了有关加强群众路线教育的有关文件，联系工作实际，进行对照、查找，摆正位置，改进作风。

4.重视工作研究。积极参加省、市图工委组织的各项工作研讨活动，开展图书馆工作交流及研究。以图书馆发展为契机，积极思考图书馆现代化管理建设，开展课题研究，通过工作研究来促进馆员学习业务、提高业务，从而改进图书馆工作，提升馆员素质。

二、未来工作方向

回顾一年的工作，在取得成绩的同时，我们也看到工作中还面临许多困难和问题，如馆藏资源还需增加，与读者还要加强沟通，作为窗口行业，作风建设还需加强。为提高服务水平，学术研究水平亟待进一步提高。我们会认真看待取得的成绩和将来发展道路，更加团结一致，积极努力，与时俱进，为××县的文明建设作出应有的贡献。

××图书馆

××年×月×日

【例文评析】

例文对本年工作情况进行了全面总结，对存在的问题进行了深刻分析并安排了下一步工作，逻辑缜密，结构完整。例文总结了加强基础建设、强化重点服务项目、宣传服务相结合、提高服务素质，为未来工作打下良好的基础。例文整篇阐述流畅，意思表述准确，语言淳朴。

第三节　卫生类事业单位工作总结

【例文1】

××乡卫生院2019年工作总结

一年以来，在乡党委政府和县卫生局正确领导下，全院干部职工坚持以"习近平新时代中国特色社会主义思想"为指导，坚持以农村防疫保健工作为重点，积极探索和逐步解决农民看病难的问题，积极开展新型农村合作医疗和村卫生室规范化建设，强化疾病预防控制体系及医疗救治体系建设，深化卫生改革，全面加强内部管理和人才培养，促进卫生工作全面发展。现将乡镇卫生院2019年的工作向领导和各位同事汇报如下：

一、2019年主要工作情况

（一）加强医疗质量管理，服务水平稳步提升

今年我院克服人手少、设备简陋的困难，全院职工不断加强业务学习，提高业务水平，实现业务收入22万余元，同比增长10%，药品收入比例控制在70%以内，门诊人次7542余人，收住院110人，年初确立的工作目标基本完成。继续实行二十四小时值班制度，不断完善并严格落实各项医疗质量管理核心制度，加强医务人员医德医风建设，实行行风民主评议，加强群众监督，不断提高服务水平。增强服务意识，转变服务观念，改善服务态度，以群众满意为最高目标，自觉抵制医药行业的不正之风，加强自身职业道德修养，努力构建和谐医患关系。

（二）增强安全防范意识，确保良好医疗秩序增强依法执业意识

定期进行卫生法律法规和医疗事故纠纷防范知识培训，增强医疗纠纷防范意识，杜绝医疗事故纠纷的发生。做好新型农村合作医疗工作，本院住院病人实现了出院即时报销，极大地方便了群众。平时，对新农合工作加强宣传，有效地提高了群众的参合积极性，新农合住院362人，全年累计补助11.8万多元，大大减轻了农民负担。

（三）做好公共卫生工作，提高农村卫生工作水平

计划免疫工作正常开展，严格执行国家有关政策，积极开展扩大规划免疫工作，

一类疫苗实行免费接种。继续搞好计划免疫信息化管理工作，计划免疫工作信息均在电脑上做好登记和备份。坚持搞好网络直报工作，全年共上报传染病无一漏报。搞好查验接种证工作。加强了流脑、乙脑、甲肝等疾病的防治，年初，针对我县的流脑疫情，对全乡的适龄儿童进行了接种。继续搞好结防工作，做好登记、报告、转诊工作。做好妇幼工作，保障妇女儿童健康对孕产妇定期进行孕期检查，并做好产后访视和母乳喂养指导工作，做好妇幼卫生信息统计管理，按照准确上报各种报表，定期召开村卫生室村医会，按时参加县保健员会议，认真做好降消工作，真正把降消项目这一民生实事办好。

（四）加强医疗安全防范意识，认真落实基本卫生服务项目

2019年4月，新的卫生院投入了使用，新的环境新的面貌，这为我们开展"三好一满意"活动奠定了基础。我们从加强医疗安全入手，制定相关规章制度，聘请法律顾问来院做专题讲座，大大提高了全院职工的医疗安全防范意识。我们改善服务态度、提高服务水平、加强质量管理、规范医疗行为、改善医疗质量进行医德医风教育、严肃行业纪律等多方面深入开展，关心群众疾苦，把群众需要作为第一选择，把群众满意作为第一标准。让全院职工努力做到服务好、质量好、医德好、让群众满意。为落实好基本公共卫生服务项目，我院加大了公共卫生服务项目的投入。在全镇范围内建立了7处健康教育宣传点，建立健全居民健康档案并为65岁以上老年人及高血压、糖尿病人进行了查体。计划免疫工作做到卡、证、簿齐全，五苗接种率在95%以上。用心开展传染病防治工作，制订了应急方案。建立了孕产妇、儿童保健手册，规范开展了孕产妇、儿童保健工作，及时发放了分娩补助。对辖区内的重症精神病人进行了登记管理，按时对重性精神病患者进行治疗、随访和康复指导。在卫生监督方面定期对学校、酒店等公共场所进行食品卫生安全检查，用心配合区卫生监督所对非法行医进行严厉打击。

二、存在问题

人才短缺，随着公共卫生服务等工作项目的增多，医院人员紧缺突出明显，医护人员结构比例失调，中职临床医师缺乏，外科、妇产科技术力量相对薄弱，麻醉科人员不足，口腔科、五官科等人员空缺，临时职工比例偏大，专业队伍不稳定，致使部分科室工作无法正常运转。近几年来我院虽然采取了许多有效的措施，如进修、短期业务培训或鼓励参加高等学历教育等，但收效甚微，主要原因是缺乏系统培训；不能引进所需的专业技术人员；医院人才总量少，临时人员比例大，稳定性不佳。乡村医生老龄化，总体素质偏低。在药品配送工作方面，虽执行国家基本用药制度，但仍存在药品配送品不齐，配送及时率低，药品价格偏高的问题。

三、2020年主要工作计划

（一）加强村卫生室建设，提升服务水平

我镇村级卫生室建设还比较薄弱，基础设施相对落后，部分村所极其简陋以及管理不到位问题较为严重，因此要以新农合为契机，大力破解资金难题，并用心争

取国家投入，着力完善基础设施建设，构成以镇卫生院为骨干、村卫生所为支撑的卫生服务网络建设。

（二）抓继续医学教育，重视人才梯队建设

努力开创业务工作新局面，人才培养和人才管理在医院管理中占有十分重要的地位。一个医院医疗质量的高低取决于技术人才素质。只有拥有一批具有先进科学技术和创造潜力的技术人才，医院才能办出成绩，才能适应快速发展的医疗科学水平。尤其在医疗市场激烈竞争年代，我们要用战略的眼光，可持续发展的角度去思考，去落实人才建设工作。多年来我们重视人才建设，把好进人关，重视老队伍的培训提高，对年轻队伍按着高起点、高要求、高素质，实用型人才标准建设。2020年，根据医院人才实际需求，聘用专本科学历人员26名。随着医学科学技术的迅速发展，新的科学，新的技术不断涌现，知识废旧率越来越快，如果不与时俱进，加强学习，很难跟上时代前进的步伐。因此，现代医院管理十分重视医务人员知识更新、技术换代，我们把专业技术人员知识更新、技术换代作为推动技术进步的动力并作为医院可持续发展战略来实施，并通过继续医学教育这一有效途径去落实。

在县卫生局的关心和支持下，我院工作取得了一些成绩，但前面的路还很长很难走，我们必须配合新院长齐心协力，克服重重困难，争取早日完成上级交给的各项重任，不辜负上级的殷切期望，努力把我镇的卫生工作开展好、发展好，使之更好的服务当地老百姓。

××乡卫生院
××年×月×日

【例文评析】

例文内容条理清晰，对全年的工作情况进行了分条概括，从医疗质量管理、安全防范意识、公共卫生工作和医疗安全防范意识四方面进行工作总结，利用标题使读者明确总结内容，易懂，贴合实际。同时针对工作情况分析工作中存在的问题，并对工作中不足提出改进计划，明确下一阶段的工作计划，使工作能顺利进行。例文结构完整，内容清晰明了。

【例文2】

××妇幼保健院2019年工作总结

2019年我县的妇幼卫生工作以党的十九大精神为指导，认真落实习近平新时代中国特色社会主义思想，坚持以保健为中心，以保障生殖健康为目的、保健与临床相结合，面向群体、面向基层和预防为主的妇幼卫生工作方针，围绕实现"两纲"目标和初级卫生保健指标，狠抓工作基础，强化妇幼卫生人员适宜技术的培训，加强乡镇卫生院产科、儿科建设及卫生所规范建设，提高县、乡、村妇幼保健服务能力，认真组织实施"降消项目"，孕产妇死亡率、婴幼儿死亡率得到有效控制。已圆满完成了上级下达的各项任务指标。现将2019年全县妇幼保健工作完成情况总结如下：

一、2019年主要工作情况

1. 加强对法律法规的学习和宣传，依法推进妇幼保健工作。进一步学习贯彻执行《中华人民共和国母婴保健法》《××省母婴保健条例》、妇女儿童进展规划纲要、国家新医改政策等法律法规和卫生政策，扩大宣传，营造良好的法制环境。增强妇幼卫生人员的法律意识，依法提供服务。开展自愿婚检咨询，扩大婚前医学检查工作的覆盖面，严格标准，规范服务，做到有法可依，执法必严，提高出生人口素养。使全县的妇幼卫生工作逐步进入规范化、法治化的治理轨道。

2. 加强妇幼保健能力建设。坚持抓好县、乡、村三级农村妇幼卫生服务网络的建设，加强三级妇幼卫生人员的适宜技术培训，更新知识，提高水平。妇幼保健院进一步加强内部能力建设，切实发挥好妇幼卫生三级网的"龙头"作用，依托社区，充分利用社区卫生服务网络，开展好妇幼卫生服务。为社区居民以及流动人口提供安全、有效、方便、经济的妇幼卫生服务。加强乡（镇）卫生院产科能力建设。坚持妇幼卫生的公共卫生属性，建立妇幼卫生工作评价体系，推动妇幼卫生工作深入开展。

3. 加强政务、院务公开。进一步加强内部治理2019年我院进一步强化和完善院长负责制，院科领导分工负责，各司其职，责权明确。为切实加强卫生行业党的基层组织建设，院党支部依照卫生局党委关于医疗卫生行业党的基层组织建设的要求，制定了《××县妇幼保健院2019年工作打算》和《××县妇幼保健院2019年党建工作打算》，并按打算认真抓落实，使行政工作和党建工作得以有打算、有步骤地开展。结合各项工作的开展，进一步完善了院内各项规章制度和奖惩措施，加强院务、任务指标、工作质量、劳动纪律、行业作风、党支部工作、财务、后勤等治理。强化政务、院务公开工作，每月召开一次科主任会、一次院长办公会、一次药事治理委职员会及一次职工会，定期公布医院重大事项、财务收支状况，药品、器械的采购、治理、车辆使用情况，基层、临床科室工作开展及人员使用情况，设立政务、院务公开栏，每月25日前将上述公开事项及职工出勤、休假、科室月考核情况张贴于公示栏，建立健全了"××县妇幼保健院政务、院务公开"登记台账。院科两级实行分级目标责任治理，完善民主决策制，实行院务会、科周会集体讨论决定重大事项和时期性工作，按分级负责的原则，院科领导对各自负责的工作定期或不定期检查，发现问题及时解决，保障各项工作顺利开展。

4. 进一步加强行业作风建设。为加强卫生系统行业作风建设，提高妇幼卫生工作者的医德医风，增强为人民服务的意识，促进我县妇幼卫生事业的进展，依照县卫生局党委的安排部署，我院成立了"××县妇幼保健院行风建设领导小组"，由院长任组长，主抓行业作风建设工作。结合本单位的行业作风特点和工作实际，按《××县妇幼保健院2019年行风建设工作实施意见》的要求，制订了《妇幼保健院党员廉洁行医制度》《群众监督意见本及意见箱开箱检查制度》《妇幼卫生人员职业道德规范》，建立了一人一卷的职工职业道德档案，院内向社会公开了"十项服务承诺""十字文明用语和服务忌语""医务人员廉洁行医规定"，利用自学、院务会、科周会、职工会，加强医德医风教育，端正服务态度，不断提高服务水平，树立良好的、文明的行业作风。在民主评议行风工作中，每月召开工休座谈会，收集患者、家属及职工的意见，发放患者调查问卷及职工调查问卷，结果患者对我院七项综合中意度均在97%以上，职工对院领导中意度达100%。通过纠建并举，切实解决了我单位存在的、职工反映强烈的问题，单位的行业作风有了明显好转，使职工群众增强了纠风工作的自觉性，树立了爱岗敬业、全心全意为人民服务的思想，增强了单位的凝聚力，妇幼保健院在人民群众中树立了良好的形象。

二、存在问题

1. 妇幼卫生人员匮乏。目前，我院妇幼专业人员技术力量薄弱，编制少，专业技术人员短缺，工作人员身兼数职，超负荷工作，随着社会经济不断地发展，广大群众对于保健服务质量和需求日益增长，由于妇幼卫生人员匮乏，制约了我院妇幼卫生保健各项工作的顺利发展。

2. 由于我院性质特殊、经费严重不足。无力购买急需的诊疗设备，再者业务用房不足，缺乏相关专业技术人员，制约了保健院的发展。

3. 健康教育工作不够深入，群众的卫生保健意识较薄弱，造成婚检率、早孕建卡率及孕产妇系统管理率低。

4. 三级妇幼保健网仍不健全，影响着全县妇幼卫生信息上报及妇幼公卫项目开展。

三、未来工作计划

1. 继续贯彻宣传学习十九大精神，以十九大精神为契机，努力做好妇幼卫生各项工作，力争在下一年度各项工作再上新台阶。

2. 争取相关部门的配合，加强对农村妇女两癌的宣传，多渠道宣传孕产妇保健知识，加大对县、乡、村三级保健网建设的监管。

3. 加强产科、儿科建设，提高产科质量。不断提高住院分娩率，逐步健全完善孕产妇及5岁以下儿童转诊、急诊绿色通道和死亡报告评审制度。抓好乡妇幼人员的例会制度，强化基层人员对高位妊娠的识别、筛选的应变处理能力。

4. 加强婚前医学检查工作，有效地减少出生缺陷，提高出生人口素质。在今后的工作中，我们将巩固已经取得的成绩，再接再厉，为提高我县人口素质作出更大努力，推动我县的婚检工作再上一个新台阶。

在2020年我们将继续以保健与临床相结合的理念，依法加强妇幼卫生管理，不断深化改革，开拓创新，内抓管理，外树形象，扎实工作，提高妇幼卫生工作水平，以更高质量、更高标准、更优质服务为我县妇女、儿童服务，为我县的妇幼保健事业作出更大贡献！

××妇幼保健院

××年×月×日

【例文评析】

例文首先从以党的十九大精神为指导为起点，总结了妇幼保健院工作发展的方向。随后从加强对法律法规的学习和宣传、加强妇幼保健能力建设、加强政务院务公开和进一步加强行业作风建设等四方面入手，客观地总结了实际工作情况，同时提出了下一步的工作计划和目标，继续贯彻宣传学习十九大精神，多渠道宣传，提高产科质量，履行自身职责。

【例文3】

××卫生监督所2020年工作总结

一年来，卫生监督所按照上级要求，结合自身实际，围绕一个宗旨，突出三个重点，完成六项任务，实现一个目标，圆满地完成了年初既定的工作目标。现就各项工作完成情况总结如下：

一、加强卫生执法，保护人民健康权益

（一）医疗卫生监督工作

以打击非法行医专项行动为重点，及时处理投诉举报案件，认真核查，重点整治；严厉查处非法医疗广告，加强传染病管理，结合专项整治工作全面规范医疗美容行为，打击非法采供血行为，不断强化医疗废弃物处置的指导和监管工作，并且通过简报、报纸和电视、网络等媒体加强卫生宣传。加强对医疗执业行为的监督和指导，规范医疗机构的诊疗活动，对全县辖区内581家医疗机构依照相关法律、法规进行了监督检查，提出了指导和指令性意见，使其建立健全了相应的组织和制度，对其中的349家单位下发了意见书共837份，并会同县疾病预防控制中心对医疗机构的消毒效果进行了监测，共采集样品462份，对样品不合格的单位责令其立即查找原因，及时改正。年内查处存在违法行为的医疗机构31家，对存在问题较严重的15家进行了行政处罚。立案查处经营不符合卫生要求的消毒产品案1件。截至11月中旬，监督579户，共出动车辆261台次，出动监督员3476人次，处理非法行医案件102起，处理投诉举报案件9起，监督检查各级各类医疗机构1028户次，立案131起，结案7起，其中取缔63户次，没收诊疗器械32件，药品26箱，罚款人民币22.6万元。规范了医疗市场服务秩序，净化了人民群众的就医环境。

（二）公共卫生监督工作

强化预防性卫生监督，保证经常性卫生监督，深入全面推进食品卫生监督量化分级管理制度。全年开展预防性卫生监督974户次，发放卫生许可证726枚，换发卫生许可证1996枚，审验卫生许可证794枚，办理摊位证36枚，新建卫生许可档案1679套，为65名下岗职工办理了相关卫生许可证件，减免各种费用1680元。发放C级卫生信誉度等级牌匾114块、B级牌匾20块；进行从业人员健康检查及卫生知识培训5461人；进行重大活动的卫生监督11次；采集产品样品429份，采集公共用品样品 4972 份，水样 213 份；开展了职业危害场所的卫生监督 63 户，开展健康监护人数 164 人。加强了预防和处理突发性公共卫生事件的组织领导，进一步落实了突发公共卫生事件的应急处理机制，根据实际情况调整完善了突发公共卫生事件的报告、救治、控制和预防应急预案。建立了集体聚餐申报审批制度，加强了食品采购索证管理。按照上级要求认真开展了餐饮消费安全专项整治、食品卫生专项整治、保健食品专项整治、公共场所专项整治等全区范围的专项行动，结合各自的具体要求，分别对各类餐饮服务场所、散装食品、保健食品、食用油、健康相关产品、水产品、化妆品以及集中式供水和二次供水、集中式空调系统进行了专项检查和处理；还开展了学校卫生监督检查和食品安全综合检查等专项活动，进行职业放射卫生重点检查 85 户次。全年共出动车辆 186 台次，出动监督员 6424 人次，监督 3406 家。立案 172 起，结案 147 起，罚款人民币 10.89 万元，销毁不合格产品或商品 278 公斤；处理各类投诉举报案件 3 起。

（三）信息宣传

充分利用媒体优势，营造强大的舆论环境，通过网络、电视、报纸、宣传单、条幅等各种宣传阵地，采取灵活多样的形式，宣传卫生法规、卫生标准、卫生政策、卫生要求，宣传卫生执法监督的进展情况和工作成果，宣传卫生监督的典型事例及工作经验，宣传卫生执法的目的、意义、措施，宣传监督所的自身建设，反馈百姓关心的热点卫生问题，普及卫生安全法律、科学知识，曝光卫生违法行为，提高人民卫生法律意识，营造人人讲卫生、讲文明、讲守法光荣的舆论氛围，为卫生执法监督工作的有效开展铺平道路。经过一年来的努力，卫生监督事业的各项工作取得了可喜成绩，各科室的业务水平都有了进一步提高，不但巩固了我县医疗卫生监督工作的良好成果和在全市考核评比中的靠前位置，还促进了我县食品卫生监督工作更上一个新台阶，已经步入了全市各旗县的先进行列，卫生监督事业走上了良性发展的轨道。不久前，我县代表 ×× 市接受了上级单位关于餐饮消费安全专项整治行动和卫生许可工作的检查验收，得到了上级领导的认可和好评。至此，我县卫生监督的整体水平已经达到一个前所未有的高度，具有里程碑的意义。

二、实行人性化管理，创建文明和谐的工作氛围

不断健全和完善单位的各项规章制度，以科学管理为基础，以服务社会为己任，加强内部管理，约束职工行政行为、使他们做到遵纪守法，公正执法，文明服务；同时，以提高职工道德修养和科学文化素质为根本，实行"环境育人、真诚待人、沟通赢人、制度管人"的人性化管理模式，实行目标化考评管理，比贡献、看实绩，逐步建立科学的分配机制，充分调动职工积极性；加强财务管理，合理使用资金，倡导勤俭节约，开源节流，收支账目明晰；合理使用人才，根据每个人的能力和特点分配工作，充分发挥职工的干劲和聪明才智；加强考勤管理，严肃单位纪律，积极参加县委、县政府召开的各种会议和组织的各项活动，令行禁止，遵章守纪，严格按法律规定和制度要求办事；鼓励学习和创新，注重政治素质的培养和业务能力的提高以及工作方法的改善；推行平等交流，坚持民主集中制原则，使全体职工共

同参与单位的建设；严格执行卫生行政执法工作规范，杜绝执法过程中的"不作为"和"乱作为"现象发生，使监督员在监督活动中避免了盲目性和随意性；认真贯彻执行计划生育工作条例，无违规现象发生，此项工作已经通过了计生局的年终考核验收；建立内部制约监督机制，加强稽查工作，对公共卫生监督科的卫生许可和经常性卫生监督进行督查，进行了案卷的评审，截至11月下旬，无行政复议、行政诉讼事件发生，为实现执法公开、公正、高效、便捷奠定了基础。通过人性化管理、人性化服务、人性化执法，达到凝心、聚力的效果，开创了人人顺心、大家同心、和谐发展的良好局面。

三、积极开展招商引资，大力优化发展环境，促进经济发展

积极贯彻执行县委、县政府关于招商引资工作的会议精神，认真响应招商引资号召，在保证业务工作正常开展的同时，广开渠道、内引外联，大力加强招商引资工作，经过一年来的考察论证，多方协调，我所的招商引资成果收效显著。一是积极向省卫生厅争取卫生监督体系建设发展资金，到目前为止已经到位50万元，购置了车辆，配备了公共卫生监督快速检测仪器设备，保证了业务工作的正常开展，增强了我县卫生监督监测的工作能力。二是引进市内县外资金500万元，在××镇建设山庄一处，预计2020年5月1日开始对游客开放，届时这一景点将成为我县的旅游景区、有代表性的旅游项目，必将促进城市旅游业的蓬勃发展。与此同时，我们认真开展了"端正行风、优化发展环境"活动，并用制度加以规范，向社会作出了公开承诺，设立了意见箱、投诉举报电话、监督台，引入社会监督机制，增强卫生监督工作的透明度，确保卫生执法的严肃性和公正性；以发展经济为根本，以严格执法为前提，消除一切不利经济发展的因素，切实转变工作作风，务真求实，不断提高工作效率和服务水平，寓服务于监督中，坚持依法行政、文明执法，尽可能简化办事程序，减轻被监督对象的经济负担和心理压力，从专业的角度给予指导和扶持，树立了社会认可、群众满意的卫生监督队伍新形象，为支持新农村建设、推动宁城经济和社会发展作出了积极的贡献。

四、不断加强支部建设

保持党员队伍的纯洁性全面加强党的组织建设，思想建设、作风建设、队伍建设，坚持党要管党、从严治党的方针，使党支部在精神文明建设中发挥火车头作用。年内培养入党积极分子7名，其中重点培养对象5名。围绕加强党的执政能力建设这个重点，通过多种形式，开展了保持共产党员先进性教育活动，科学发展观、社会主义荣辱观教育等活动，充分贯彻落实十九大精神，认真学习领会十九大报告，注重学以致用、理论联系实际；加强党风廉政建设，提高道德水准，加强政治理论学习，提升党员干部的政治思想素质，增强党组织的凝聚力和战斗力；切实转变机关作风，提高单位办事效率，学先比优，发扬党的优良传统；加强学习，多次聘请专业教师及上级专家进行业务及政治培训，并选送部分业务骨干有针对性地外出考察学习，进一步强化业务能力及专业水平，干部队伍的综合素质显著提高。实行政务公开，制定了文明办公守则和"六个要"，即来人来访，热情周到；答复解释，文明

礼貌；办理公务，优质高效；依法行政，廉洁公道；欢迎监督，服务为要；讲话语气要和蔼；服务态度要热情；咨询解释要耐心；宣传政策要详细；审批材料要迅速；工作效率要提高。要求监督员在工作中严格遵守"八不准"，即不准利用职务之便谋取私利，不准对被监督单位进行吃拿卡要，不准在被监督单位报销任何费用，不准接受被监督单位的宴请和收受红包、礼品，不准要求被监督单位出车接送，不准与被监督单位有经营业务关系，不准能办的事、能发的证顶着拖着不办，不准对反映监督人员各种违纪违法行为的当事人进行打击报复。"三乱""五难"现象基本消除。

加快精神文明建设步伐，教育职工养成互尊互让的习惯，爱岗敬业，顾全大局，全所形成上下统一、紧密配合、协同奋进、心往一处想、劲往一处使的坚强集体。一方面丰富职工文化体育生活，关心职工疾苦，积极主动为职工解决工作生活中的难题，解除了他们的后顾之忧；领导班子团结务实，理论联系实际，改革创新；教育职工树立文明待人、礼貌服务、尊老爱幼、乐于助人的风尚，保证监督员公正执法，文明服务，高效行政，加快卫生执法监督科学化、规范化、制度化进程。另一方面，注重外部协调配合，继续发扬与疾控中心的团结协作关系。此外，积极响应县里的号召，踊跃参加各种公益活动，发扬济困扶弱、奉献爱心的优良传统，重视开展帮扶工作，年内先后对村对口扶贫点、五化乡卫生院进行经济和物质支持，积极参与博爱一日捐活动，总共捐助现金及物品价值1.3万元，受到了群众的拥护，得到了社会的赞誉，精神文明之花结出了硕果。

2019年，卫生监督所的工作虽然取得了一定的成绩，但也存在着许多缺点和不足：业务整体工作与先进地区还存在一定差距；公共卫生监督工作开展得不平衡；卫生许可还需进一步加以规范、严格准入；由于资金和人力资源的限制，宣传工作还有死角，存在着执法监督宣传不到位的情况；公共场所卫生监督监测未能很好开展；乡镇公共卫生监督需要增强；其他卫生监督工作还有薄弱环节有待加强。

2020年，我们将在以前工作的基础上，不断总结经验，发挥优势，改掉缺点，弥补不足，严格要求，不断加强内部管理，解放思想，更新观念，尽职尽责，加快单位的发展与建设步伐。新的一年里，我们将以十九大精神为指导，确保医疗卫生监督工作稳步发展，强化薄弱环节工作的推进；严把卫生许可关，全面铺开、深入推进卫生监督量化分级管理工作；加强食品安全监管，加强食品采购索证管理，广泛开展公共场所卫生监督监测，深入开展职业放射卫生监督监测及劳动职业从业人员的健康监护，加强农村乡镇的公共卫生监督管理力度；加强信息宣传工作，开创卫生监督工作的新局面，促进我县经济又好又快地发展。

××卫生监督所
××年×月×日

【例文评析】

例文角度新颖独特，从"加强卫生执法，保护人民健康权益""实行人性化管理，创建文明和谐的工作氛围""积极开展招商引资，大力优化发展环境，促进经济发展"

和"不断加强支部建设"等四方面入手,紧密联系实际,详细阐述,对工作情况进行总结,结构一目了然。工作总结部分全面且详细,但吸取经验教训以及今后打算部分的叙述过于简单,内容不够具体。

【例文4】

××农村合作医疗管理中心2019年工作总结

今年以来,××农村合作医疗管理工作在市卫生局、市合管委的关心、支持、指导下,在管理区管委会的正确领导下,以合作医疗扩面参保为工作重点,以卫生服务站达标验收工作为主要抓手,以执行政策规定,搞好医疗补偿为工作目标,坚持原则、把握标准、严肃纪律、严格管理、积极而又创造性地开展各项工作,取得了一定的工作实绩,重点抓了"四个到位"、严格"五项管理",大力推进了合作医疗管理工作的进程。现将工作总结如下:

一、坚持"四个到位"

(一)合作医疗参保率到位,做到应保尽保

农村新型合作医疗是党和政府为民办实事的系统工程,如何把实事做实、好事做好,切实解决老百姓看病难、看病贵、因病致贫、因病返贫的实际困难,这是摆在我们面前的一件大事。因此,我们按照市合管委的统一步骤和要求,积极动员全区群众踊跃参保,在宣传发动、大造舆论氛围的前提下,做到政策要点进社区,目标任务到社区,责任包干到社区,关键措施落实到社区,通过上级鼓动,上下联动,左右互动,全民参加合作医疗的参保意识大为增强。2019年市里下达我区目标任务数为1.36万人,实际参保人数为13787人,参保率达到了97%,不折不扣地完成了市里下达的任务指标。

(二)卫生服务站达标建设到位,做到服务环境优雅舒适

全区共有七个社区卫生服务站,2019年度新建了五个服务站,并当年全部通过验收,尚有二个社区服务站列入2020年达标验收的范围。2019年是管理区集中精力搞好社会主义新农村示范点建设关键之年。在管理区财力极为紧张,资金十分紧缺的情况下,为确保市政府有关卫生服务站达标建设三年任务两年完成的要求落到实处,把卫生服务站建设纳入了财政支出项目。到目前为止,德民社区卫生服务站新建工程建设已经全部完成,进入验收阶段。安和社区卫生服务已经列入规划并开始动工改造,预计12月底验收,年内达标率确保100%。在此同时,为了使服务站的各项设施有新的改观,今年以来全区卫生服务站新添病床20张、输液椅5张、药柜、办公桌等设施,投入资金数10万元,为全区居民提供了优质、优雅、舒适的服务环境,深得老百姓的欢迎。

(三)医疗服务质量到位,不断提高居民满意度

社区卫生服务站是为民服务的窗口,热爱岗位、热心病人、热情服务是社区卫生服务人员工作标准的最底线。为此,我们以社区医务人员服务质量为抓手,一是

认真贯彻市卫生局的指示精神,在全区卫生服务站医务人员中开展向人民的好医生华益慰同志学习的活动,组织他们学习华益慰同志的先进事迹,以其高尚的道德情操和高度的敬业精神教育社区医生牢固确立为民服务的思想;二是在社区卫生服务人员中提倡"一杯水、一句问候、一次搀扶"为内容,心贴心、尽一份孝心、送一份温馨的活动,使社区医生树立不是亲人胜似亲人,使病人有到站如到家的感觉;三是提倡微笑服务,采取上门就诊、免费义诊、健康知识辅导、病人病情信息跟踪、服务站热线电话等形式,主动关心病人病情状况。在此同时,为了及时了解民声民意,我们每半年发放一次病人问卷调查表,了解百姓对社区卫生服务站和社区医生的满意度。经年终考核,中心、北环二个卫生服务站群众满意度达100%,四个社区卫生服务群众满意度都在95%以上。

(四)药品让利工作到位,做到价格优廉取信于民

今年下半年起,我们按照市合管委的要求,药品进行统一招标、统一采购、统一配送,并与市恒瑞医药公司签订长年配送合同,真正做到了进货渠道正宗,药品质量保证,药品价格优廉。并请医药公司编印了管理区内卫生服务站药品基本目录,制定了全区统一的让利后药品价格,在国家指导价的基础上让利25%,使百姓直接受益,下半年起共让利金额达到7万余元,使老百姓真正尝到了甜头,一方面杜绝了商业贿赂和采购过程中暗底操作不廉洁行为,另一方面体现了采购工作公开透明的运行机制,今年以来,我们合管办无一例私自进药现象,从而使患者用上放心药。

二、坚持"五项管理"

(一)抓好基金管理,做好结报工作

为了严肃财经纪律,做到专款专用,管理区财政所专门设置"医疗基金收入户""医疗基金支出户",专门用于医疗基金的拨入和补偿,真正做到了收支两条线,确保基金不滥用、不混用、不挪用。在结报工作中,把好审核关,严格执行规定,尤其是在今年全市合作医疗补偿费统筹的情况下,结报人员站在既对政府负责,又不让百姓吃亏的高度,尽心尽责、严格把关。全年已审核出非期内报销凭证305张,金额为56565元,非定点医疗机构的凭证125张,金额为31858元,需要补办有关手续的凭证138份,接待了上门咨询人数250多人次,严格了手续制度,严肃了工作纪律,确保了结报工作有条不紊地进行。

(二)抓好诊疗行为管理,严肃执行政策规定

诊疗行为的好坏涉及老百姓的利益,关系到政策严肃性,在诊疗行为管理上,我们重点把握以下几个环节。一是严格处方不超标,经常督查卫生服务站处方是否超30元/张的标准。把处方平均值与门诊日志人数结合起来查,在考核中发现除了南山社区抽查到一本处方超0.3元/张外,其他社区卫生服务站的处方都在25~27元之间。二是坚持合理用药,不滥用抗生素和激素,在考核中发现有三个社区有不合理用药的现象,有少许剂量过大,有的药物不按要求混用。三是严格执行政策规定,做到不故意分解处方现象,在下半年督查工作中未发现有故意分解处分的现象。

通过督查，情况通报，召开例会，使社区医生诊疗行为在不同程度有了新的改进和提高。

（三）抓好医疗文书规范化管理，努力提高社区医生业务水平

在现有社区医生队伍中，由于整体素质参差不齐，有的是在医院收编时下岗的护士人员，有的是土生土长的赤脚医生和刚从学校毕业学生，层次不同，水平不一。为了加强规范化管理，尤其是加强他们的医疗文书的规范，显得尤其重要。所以我们将采取请进来，送出去的办法，提高他们医疗文书书写水平。上半年我们请农场医院外科主任××同志来讲授《医疗文书规范的理论与操作》一课；按照市卫生局的统一安排，组织社区医生进行岗位轮训。由于多方配合，使社区医生们医疗文书等资料逐步趋于规范，中心社区医生××同志从事基层社区医生几十年，原有医疗文书只求看得懂，不求规范化，通过学习培训和个别指导，医疗文书规范、清晰，门诊日志内容齐全，处方书写基本符合标准，皮试、消毒等台账有内容、有记录，文字书写整洁清楚。通过学习培训，社区医生医疗文书规范化都有了明显提高。

（四）抓好信息化管理，确保电脑刷卡正常运作

从今年三月起，辖区内七个卫生服务站信息化结报点已全部开通，并投入正常运作，在手工账、电脑账并举的情况下，力求电脑刷卡，结报的正确率98%以上，在此同时坚持一人一卡，专人专卡的就医原则，严禁串用、套用他人IC卡就医的现象，不开搭车药，在年终卫生服务站考核中未发现有类似的现象的发生，今年以来共更改错卡137张，重置新卡41张，老百姓带卡看病的意识逐步得到了增强。

（五）抓好基础性管理，提高社区医生整体素质

为了抓好基础性管理，我们重点在四个方面抓落实。一是严格工作纪律考核，坚持请假制度，上班不离岗，不在网上聊天和玩电脑游戏，卫管中心派专人经常下基层督查。二是严格收费标准，积极提倡病人与发票同行，杜绝不开票，不撕票等现象。三是严格药品管理，采取统一制单、集中配送，无私人进药，无过期药品。四是注重环境卫生，坚持着装上岗。在执行纪律方面，和兴社区××同志尤为突出，其父亲患食道癌在上海肿瘤医院治疗，请假一星期，为了不耽误服务站的工作，提前两天到站上班。在卫生管理上，先锋社区××同志经常动员其家属一起到站搞卫生，确保卫生服务站做到卫生、干净、整洁，各项工作有条有理。

回顾今年以来的工作，成绩是比较显著的，但仍然存在着一些不足之处，主要表现为：一是社区医生处方书写仍有不规范的现象，处方上未写药名全称，有的用简化字母代替；二是用药有不合理的现象，少许社区用药剂量过大；三是劳动纪律上，少许同志自觉执行纪律意识不到位，有不请假或中途随便离岗；四是极个别社区群众满意度低，服务态度少热情；五是合作医疗参保率完成情况有不平衡现象，财政补助基金未能及时到位。这些问题有待于下年度工作中改进和提高。总结今年的工作，成绩可喜可贺，问题依然存在。展望来年的工作目标，我们充满信心。在新的一年里，我们将以崭新的精神风貌和扎实的工作态度，去探索、去追求、去实现和去完成新的工作任务。我们相信有上级主管部门的关心和指导，有管理区管委会的直接领导，我县合作医疗管理工作在新的平台上将有新的提高。

××农村合作医疗管理中心
××年×月×日

【例文评析】

例文主要是从坚持"四个到位"和坚持"五项管理"方面总结本年度的工作内容，利用"总—分"的结构阐述内容。作者态度恳切，本着实事求是的原则对所做工作进行总结，做到了结构明确、条理清晰。例文最后对工作中存在的问题和未来规划进行了简短的总结，使文章结构更加清晰。

【例文5】

××镇公共卫生和合作医疗管理中心2019年工作总结

2019年，××镇公共卫生和合作医疗管理中心在镇党委政府的正确领导下，在市卫生局的关心指导及各村（社区）、各相关部门的大力支持下，围绕进一步完善居民基本医疗保险制度，促进基本公共卫生服务逐步均等化的工作目标，认真履行工作职责，扎实开展各项工作，取得了较好的成效。现将工作情况总结汇报如下：

一、加强制度建设，促进居民基本医疗保险持续、健康发展

（一）强化宣传发动，完成筹资任务

2019年全镇居民基本医疗保险参保人数42695人，参保率为99.8%，基金筹资总额达到2305.5万元，其中镇级筹资总额1327.8万元，包括个人缴纳基金533.7万元，村全年扶持基金42.7万元，镇财政扶持基金751.4万元，基金到位率达100%。

（二）优化补偿方案，落实补偿政策

一是根据市居民基本医疗保险管理委员会相关文件精神，优化补偿方案：适当扩大特殊病种大额门诊的病种，适度提高部分医院住院起付线标准，调增用药和诊疗目录，年度最高补偿限额提高到15万元，参加大病补充医疗保险的居民基本医保参保人员，在享受居民基本医保补偿后的自负和规定的自理费用超过一定额度的，按费用分段给予相应比例偿付，年度个人累计最高偿付额为20万元。二是全面落实补偿政策，强化参保人员刷卡就医，做好医疗卡的遗失补办和以旧换新工作，对意外伤害、转外就医等事后结报的医疗费用，及时办理结报手续，同时做好五保、低保等特殊人群的医疗救助工作，全镇共补偿22.65万人次，总补偿金额2112万元，其中住院补偿6501人次，补偿总额1692万元，补偿额超过1万元的有308人次，最高补偿额达到12.73万元，享受医疗救助总额107万元，参保人员享受到了参加居民基本医疗保险的实惠。

（三）完善制度措施，加强医疗机构监管

第一，积极实施支付方式改革，2019年开始居民基本医疗保险在本市定点医疗机构实施门诊按总额预付，住院按床日和按病种混合付费的支付方式，市卫生局出台了《支付方式改革实施考核办法》，对不按诊疗规范提供医疗服务、延长住院床日、放宽住院指征、推诿病人等违规行为，制定了具体的考核细则，从而遏制了大处方、乱收费、小病大医等现象，有效提高了参保人员的保障水平。第二，加强定点医疗机构的监管，共组织开展对各定点医疗机构的检查8次，检查内容涉及居民基本医疗保险政策执行情况、组织管理、服务质量与服务态度、药品及诊疗项目管理、基本药物的使用和管理等方面的工作，对检查中发现的问题及时反馈，并要求其及时整改，从而规范了定点医疗机构的医疗服务、药品使用和收费行为。第三，完善社区卫生服务中心、卫生服务站一体化的管理机制，规范机构标识、人员、药品、财务、服务、信息、制度、考核标准等内涵管理，不断提高公共卫生服务和医疗服务质量，更好地满足居民群众日益增长的卫生保健需求。

二、加强项目管理，促进公共卫生服务逐步均等化

（一）加快推进医疗机构体系建设

卫生院行政综合楼加紧建设，预计将于年内完工，有序推进社区卫生服务站提升性改造，新建的中心社区卫生服务站投入使用，新苑社区卫生服务站装修工程进入施工阶段，北三路社区卫生服务站已开工建设。认真做好市示范社区卫生服务站的创建工作，和兴社区卫生服务站已通过上级验收。

（二）加强居民健康档案建档工作

根据《镇居民健康档案（试点）工作方案》要求，加大宣传力度，提高居民主动建档意识，通过日常门诊、健康体检和上门服务等方式，逐步为居民建立规范、统一的健康档案，目前已建立居民健康档案90656份，全镇常住人口的建档率达到80.5%，其60岁以上老年人等特殊人群的建档率达到95%，同时加快推进健康档案的电子化程度，实行健康档案动态管理。

（三）积极开展健康教育与健康促进活动

严格按照健康教育服务规范要求，认真贯彻落实市卫生局及上级部门的各项健康教育项目工作。采取发放宣传材料、开展健康宣教、设置宣传栏等各种方式，针对重点人群、重点疾病、主要卫生问题和危险因素开展健康教育和健康促进活动，今年共举办各类知识讲座和健康咨询活动16次，发放各类宣传材料2500余份，更换宣传栏内容12次。继续开展健康镇村建设工作，建成市级健康村2个、健康促进行动先进村1个，居民的健康意识有了较大的提高。

一年来，我们做了一定工作，合作医疗取得了良好成效，但与上级要求及群众期望还有一些差距，我们将在新一年里采取措施解决、完善，使全区群众清楚了解我区城乡合作医疗的目的、意义和有关管理规定，实现家喻户晓、人人踊跃参加的良好局面。

××镇公共卫生和合作医疗管理中心

××年×月×日

【例文评析】

例文从六个方面全面具体地总结了本单位的工作情况，包括"强化宣传发动，完成筹资任务""优化补偿方案，落实补偿政策""完善制度措施，加强医疗机构监管""加快推进医疗机构体系建设""加强居民健康档案建档工作"和"积极开展健康教育与健康促进活动"，且介绍时有相应的标题对内容进行概括，逻辑严谨，内容承上启下，真实具体，简单明了，使人易懂。美中不足的是未提到自身发展的缺点和不足，仍需进行补充。

【例文6】

××县食品药品监督局2020年工作总结

2020年，我局深入贯彻落实习近平新时代中国特色社会主义思想，坚持把"保障安全、改善民生"作为监管工作的出发点和落脚点，围绕《2020年××市食品药品监管工作要点》，不断完善监管体制机制、努力提高监管效能、深入开展专项整治、严厉打击违法行为、有效规范市场秩序，食品药品安全监管工作取得了新的成效，在职责范围内有效地保障了公众饮食用药安全。现将我区本年度食品药品安全监管工作作如下总结：

一、全区食品药品安全形势总体稳定向好

本年度，在市局的正确指导下，我区保健食品、化妆品以及药品、器械未出现质量安全问题，重大活动食品安全保障工作零差错，全区未发生一起重大食品药品安全事故。

（一）领导重视，责任明确，监督管理效能得到了进一步增强

一年来，区委、区政府高度重视食品药品安全工作，积极贯彻落实国家、省、市有关食品药品安全工作部署，从落实科学发展观，执政为民，构建和谐社会的高度，把确保全区人民群众饮食用药安全和身体健康摆到了十分重要的位置。一是区政府以政府文件形式把食品药品安全工作纳入了2020年政府工作要点，明确了工作目标、责任以及工作内容。二是区政府主要领导多次主持召开专题会议，认真研究部署和听取我局及其他相关部门食品药品安全情况汇报，及时研究解决食品药品安全监管方面的问题。三是多次组织开展食品药品安全专项督查、调研活动。副区长在2020年春节期间等其他节日和重要时段、重点活动中带领监管部门及执法人员进行了执法督查；区人大、区政协还组织了食品安全、校园及校园周边食品安全专项督查、调研。四是强化了食品药品安全属地管理责任。区政府严格落实属地管理责任，实行食品药品监管行政首长负责制，明确提出将食品药品安全监管纳入政府目标责任考核体系，发生重大食品药品安全事故的，实行目标考核一票否决，并将食品药品安全监管作为政府对乡镇、街道及相关部门目标考核的一项内容。五是建立了多部门协助机制，完善食品药品重大安全突发事件应急预案。为有效预防、积极

应对食品、药品安全事故，高效组织应急处置工作，最大限度地减少食品、药品安全事故的危害，保障公众饮食用药安全与生命安全，维护正常的社会经济秩序，依据《国家食品安全事故应急预案》并结合我区实际，我们修订完善了我区食品药品重大安全突发事件应急预案，进一步规范了我区食品、药品和医疗器械安全突发事件的应急处置工作，推动应急管理工作逐步实现规范化、制度化和法治化。六是认真落实食品药品监管统计报告制度。本年度我局认真落实国家食品药品监督管理总局的文件精神，加强了对食品药品监督管理统计报告工作，认真审核数据，严把统计质量关，按时完成统计上报任务，确保统计数据的完整性、真实性和连续性，全年内无迟报、漏报、瞒报行为。

（二）组织健全，监督有力，依法行政工作得到了进一步规范

我局深入贯彻国务院《全面推进依法行政实施纲要》，认真落实省局《食品药品监管系统推进依法行政实施方案》，着力规范行政执法行为，进一步提高了依法行政水平。一是注重法制宣传教育，扎实开展"六五"普法工作。根据市局部署，我局及时成立了本局"六五"普法工作领导小组，明确了日常办事人员，细化了工作任务，并就年度目标任务、督查指导和经费保障进行了安排。一年来，我局在继续做好《药品管理法》《食品安全法》《医疗器械监督管理条例》等专业法律法规宣传教育的同时，突出抓好保健食品、化妆品监管和餐饮服务食品安全监管等新增职能的法律法规及规章的学习宣传；针对食品药品领域中群众反映强烈、社会危害严重的问题，开展了以打击制售假劣食品药品违法犯罪行为为重点的法治宣传教育。重点是通过开展食品药品安全科普宣传、食品安全宣传周，以及利用"315"消费者权益保护日、"124"全国法制宣传日等形式多样的宣传活动，进一步提高了行政执法人员的法律意识和法律素质，增强了社会主义法治理念，提高了局机关依法决策、依法管理、依法行政的能力和水平，也进一步强化食品药品生产经营使用单位从业人员的守法意识和第一责任人意识，进一步提高了社会公众饮食用药安全法律意识和依法维权意识。今年6月份，在我区举办了全市2020年"食品安全行"暨"食品安全宣传周"系列活动启动仪式，我局及区食品药品卫生监督所围绕"共建诚信家园，同铸食品安全"的宣传主题，采取多种形式开展了2020年食品安全宣传周活动。二是规范行政审批行为，严格按照法定条件和程序实施行政许可。区食品药品卫生监督所严格落实了首问负责制和一次性告知制度，认真开展餐饮服务许可申请的受理、现场审核及材料审查等工作。全年共受理餐饮服务许可申请1384起，审核许可1197起；未发生一起不规范许可。三是切实开展执法监督检查工作，8月上中旬，我局集中开展了2020年执法监督自查活动。通过听取汇报、查阅行政处罚案卷、制度和文件、询问有关人员、现场检查、走访行政相对人、召开座谈会等形式，认真总结成绩，全面了解我局及监督所依法行政工作中存在的问题，使我区食品药品监管依法行政行为得到了进一步规范。其次，我局严格执行了重大案件集体审议制度，以及重大案件的报备和规范性文件的报备制度。通过自查，本年度本局机关及我区食品药品监管人员无违法违纪行为。四是建立了畅通的投诉举报渠道，不断加强与改进

行政复议应诉工作。局食品药品卫生监督所通过网站和制作展板等多种形式，公布食品药品卫生举报投诉电话、邮箱等。

二、未来规划

（一）加大干部的学习培训力度

要利用理论学习会、业务学习会以及专题讲座等不同形式，有针对性地开展学习培训，加深干部对食品、药品、医疗器械的法律法规和以《食品安全法》为中心的食品安全监管法律法规的理解，同时，重点组织学习党的精神，进一步提高队伍的政治素质，促进食品药品安全监管水平的提升。

（二）认真抓好廉政建设工作

加强拒腐防变能力建设，重点要在强化廉政建设、构建长效机制下功夫。一是落实廉政责任体系建设。要进一步强化局党组在反腐倡廉建设中的责任主体地位，局党组要每半年一次听取研究分析分局党风廉政建设工作情况及存在的问题，要定期开展党风廉政督查工作。二是加强廉政教育体系建设。要结合各类主题实践活动多种形式开展"两个安全"廉政教育，并突出教育的针对性和有效性。三是健全反腐倡廉制度体系建设。重点要在认证发证、药店开办初审、稽查处罚及人、财、物管理等工作中的关键部位和重点环节出台配套的廉政工作制度，从而来规范权力运行。四是完善廉政监督体系建设。要结合谈心谈话、行政执法回访、行风监督员会议、下基层蹲点调研等工作完善监督机制，深化自查自纠，切实提高工作作风。学习总结工作总结。

（三）积极落实机构改革工作

认真贯彻落实好省、市、县有关机构改革文件精神和部署要求，积极做好相关协调落实工作，加快推进食品药品安全机构改革，尽快理顺食品药品安全监督管理体系。同时，加强现有队伍的教育管理工作，做到队伍不乱、工作不断、人心不散，以宽广的胸怀和积极的心态迎接新一轮机构改革的到来，共同揭开食品药品监管新的一页。

2021年，我局将在省、市局和县委、县政府的领导下，深入学习贯彻习近平新时代中国特色社会主义思想，坚持以人为本、执政为民，紧紧围绕我县总体工作目标，切实将食品药品安全工作融入县委、县政府的工作大局之中，不断提升食品药品安全监管工作水平，为保障公众的饮食用药安全，实现我县经济社会发展的新跨越作出不懈努力。

××县食品药品监督局
××年×月×日

【例文评析】

例文从"领导重视，责任明确，监督管理效能得到了进一步增强"和"组织健全，监督有力，依法行政工作得到了进一步规范"方面落笔阐述了本年度的工作情况，总结得很详细、很全面。最后叙述了对于未来工作的规划，规划分三部分，切合实际，很深刻，是例文的重要组成部分。例文结构完整，清晰明了。

第四节　社会福利类事业单位工作总结

【例文1】

××市儿童福利院2019年工作总结

2019年，在市局党组、主管科室的领导支持下，我院按照市局党组年初下达的各项目标任务，励精图治，积极努力，各项工作规范化、常态化。干部、职工队伍建设进一步加强；管理注重了科学和规范；孤残儿童的养、治、教、康水平得到了显著提升；儿童的康复和医疗业务得到了新的拓展；和谐稳定、健康向上的良好氛围不断形成。现将一年来的工作情况报告如下：

一、2019年工作情况

（一）狠抓党风廉政建设，创廉洁、务实、学习型班子

班子成员在工作中始终贯彻落实"八个坚持，八个反对"的工作原则，推行"一岗双责"，坚持两手抓，两手都要硬的工作方针，执行分工协作优势互补的工作机制，坚持求同存异，做到大事讲原则，小事讲风格。坚持自警自尊，同时，坚持党组财务会签制度，每笔款项做到事出有因，经办人签字为证，从源头上自律清白。只要是有利于院经济发展、有利于孩子利益、有利于职工利益、有利于儿童福利院利益、有利于民政利益的决议就坚决执行，着力打造一支凝聚力和向心力坚强的班子和员工队伍。认真执行《院班子成员党风廉政建设责任分解》和《院领导干部廉洁自律规定》，坚持"谁主管谁负责"的原则，突出党政一把手全面领导责任及责任追究制。设立党风廉政建设投诉箱，并由专人负责，定期开箱收集党内外人士的意见，同时设立值班制度和行政扩大会议制度，经常性收集方方面面的意见与建议，广纳谏言，积极整改，自觉接受群众和服务对象的监督与批评指正。认真组织学习《院党风廉政建设工作制度》和《院干部职工廉洁自律制度》，引导干部职工坚持两个"务必"，牢记"四大纪律""八项要求"，教育职工不忘责任，不辱使命，积德行善，爱心奉献，筑牢倡廉行善的思想防线，筑牢反腐倡廉的思想防线。班子成员要带头深入一线，发现问题及时纠正，把工作中出现的各种细枝、枝节性问题消除在萌芽状态之中，积极倡导指引职工注重工作的细节问题，明白细节决定成败，细节决定孩子安康。坚持"五常法"管理服务，贯彻工作的始终，牢记一切为了孩子，为了孩子的一切的工作宗旨和理念，牢记真学真干，福儿强院的工作目标。

（二）夯实制度基础，提升服务水平

团结、和谐、积极向上的良好氛围是推动各项工作良性循环的保障。今年，我院从这一方面入手，重点抓了两方面工作。一是为塑造一个有活力的团队，院支部

组织全体党员和业务骨干进行"带好团队拿结果"培训。二是以党员先锋带头作用、身边的人或事去感动每一个人。我院制定了党员示范岗创建标准、党员公开承诺书，开展服务竞赛，倡导"三个一"：坚守一个好岗位、开展一个好活动、树立一个好典型。在孤残儿童的护理服务中，一线护理人员像妈妈一样，精心照料，实行 24 小时的全天候服务，并配合康复治疗，使每个残疾儿童都能享受到全方位的生活护理服务。强化内部管理，我院邀请了资深人士来院进行了为期一周的社工专项培训，受益匪浅。我们按要求，制定了各部门、各岗位的实施方案及评估标准，在全院予以推广。针对实际，我们对部分规章制度进行了完善和修订，要求大家自觉地用制度来约束自己、规范自己的言行。如请销假制度、接收弃婴入住程序、孤残儿童后事处理办法、行政值班制度等；将目标任务分解，并列入部门年终考核目标、评先条件，加大检查考核的力度，规范单位的内部管理，提升了整体形象。

（三）心系孤残孩子，从点滴做起

一方面，我们重视硬件设施建设，从孩子们的实际需求出发，今年先后投资 5 万余元，为项目安装了智能音乐广播设备，购置电脑 10 台，扩展了电脑阅览空间，配置了 5 台中英文点读机，为孩子们的身心发展奠定了坚实基础；还投资 4 万余元，完善了"无障碍"设施建设；投资 4 万余元，为"婴幼儿抚育项目"增设了 3 个活动室，使原来 90 平方米的活动空间扩展到 210 余平方米。先后为项目添置儿童玩具 40 多种 200 余件，添置儿童图书 30 余类 400 多册；投资 2 万余元，为项目内孩子添置了 6 辆电动汽车和 10 余种（类）玩具及图书，为寓教于乐的教育模式提供了物质保障，有效促进了全院教育理念的转变和整体建设。另一方面，我院卫生防疫、医疗救助及时到位，使孤残儿童健康权益得到有效的保证。在工作中我们立足实际，采取自身卫生防疫力量与市、区卫生防疫部门联手的方式，加大各种疾病特别是禽流感、甲流、手足口病和季节性、流行性等疾病的卫生防疫力度，坚决杜绝各类传染疾病的发生与蔓延。成立了院预防传染性疾病应急领导小组，制定了预防措施和应急预案，坚持巡诊制度，每天不定期巡查，发现疑似病例，迅速隔离，坚持定期对所有房间、孩子餐具、玩具进行消毒，严把病从口入关。对每名孤残儿童坚持做到 100% 接种、100% 体检，孤残儿童身体健康权益得到有效保证。为了挽救每个残疾儿童的生命，我们积极寻找助医合作伙伴，认真做好孤残儿童医疗康复手术计划实施工作，努力让各类病症患儿早日恢复健康。××年实现零差错、零事故、100% 接种。为 42 名孤残儿童开展手术治疗，争取项目资金 84.7 万元，门诊接诊量 19775 人次，完成注射 9650 人次，输液达 129 人次，各类体检 1126 人次。另外，我院着力规范家庭寄养工作，立足管理制度及寄养家庭的监督检查指导工作。2019 年我们主要从管理、培训入手：一是着力加强了对寄养家长职业品行的教育培训，着力加强了寄养家长们对孤残孩子的心理疏导、康复训练知识技能和生活护理知识技能等方面的培训，全年组织寄养家长培训 19 次，培训人数达 600 余人次。二是组织走访寄养家庭 290 次，及时发现并解决了寄养家庭在护理、康复、生活中出现的问题。三是开展小社工进家庭活动，让福利院的孩子进入寄养家庭，对孩子和家庭进行全方位的了解，用孩子的眼光参与管理，并提出他们的建议，是我们对社工理念在实际应用中的拓展，该项活动受到社会的广泛关注，全年完成新增95名孩子的目标任务。加强涉外送养工作的力度，2019年我们更加注重规范完善个人信息资料，选定专人进行孩子个人信息的管理，2019年共上报涉外送养材料90份，送养特需孩子52名。为提高服务技能，派出30余人次参加民政部培训中心举办的各类培训，全方位提高服务技能；20余人次到各地市福利院学习服务管理，并运用于实践中，尤其是儿童营养餐的配制，今年增加了肉、蛋、豆腐、各类蔬菜等，保证了儿童成长的需要，受到了一线同志们的一致好评；严格采购制度、严把卫生消毒关，按规程操作，全年无一例因食品卫生不达标而造成的事故发生，确保了院内各项工作的正常运转；重视引进康复的新知识、新技术。为进一步加强管理，切实提高特殊教育水平，先后派出30名员工到××、××、××等地接受特教培训，并结合实际，制订科学规范的特教训练方案，并用于临床，成效明显。

（四）体察员工所思，福祉早谋早做

为全院干部职工及离退休人员进行全面健康体检并建立个人健康档案，医护专业技术人员及时为职工提供必要的健康咨询，确保职工以良好的身心状况投入工作。针对院内聘用人员多，思想波动大，而他们又大多从事一线孤残儿童的抚育工作，因而他们的思想波动将直接影响到护理的质量，为了解除他们的后顾之忧，院班子多次到上级有关部门反映，争取市财政的支持，筹措资金，为他们办理了养老、医疗、工伤、失业保险，确保了职工队伍的稳定。

（五）加强与多家基金会的合作，自主创新服务

一是加强与国际中华儿童基金会的合作，主动与国际中华基金会负责人沟通，加大家庭寄养、特需儿童涉外送养力度，争取资金援助。为孩子寻找家庭是我院工作的重中之重，也是孩子们利益最大化的具体体现，2019年，我们共上报符合送养条件的孩子材料90份，其中已被外国家庭收养52名，享受到家庭的温暖与父母的关爱。二是继续加强与××基金的合作。为提高大姐妹、小姐妹、祖母项目部教师的整体素质，今年以来，我们加大了培训力度，如组织员工参加社工培训、儿童营养知识培训、育婴师与营养师的培训等；自觉接受基金会督导员的监督与检查，按要求做好每项工作，及时上报资料；针对项目老师数量不足，老师素质不达标的现状，按照相关要求，适时增加高素质人员进入项目，并对患儿身体状况科学调查排队，认真输送进入祖母、大姐妹、小姐妹项目。使孩子们能得到科学、规范的特殊教育和康复训练。三是与众多基金会的合作真诚愉快。今年新增95名孩子进入寄养家庭，得到寄养爸爸、妈妈的呵护及康复教育，一对一的儿童护理模式，体现了人性化服务。现在160名重度残疾孩子在这里得到精心呵护，身体机能得以康复。

二、存在缺点与不足

一年来，我们在围绕院的中心工作虽做出了一些成绩，但离上级党组的要求还有一定的差距，工作中还存在一些问题和不足。主要表现在：一是思想不够解放、创新意识还有待提高。二是工作技能和服务手段应进一步扩展。三是思想政治教育

与工作结合不足，跟进力度不够。

三、下一阶段工作思路

1. 继续规范用人用工制度，确保职工队伍稳定。

2. 推行新一轮管理方法，提高管理水平，加强后勤保障工作。

3. 为大龄残障儿童寻找出路，加大院内儿童康复治疗力度，提高送养量。

4. 充分利用社会工作试点单位的优势，鼓励全院职工积极参加社会工作师考试，使我院的社会工作上台阶、上水平。

5. 加强安全管理工作，确保儿童的人身安全，及时排除安全隐患，保证全年无任何责任事故发生。

6. 加大对外宣传力度，提高社会影响力。

7. 拓展与各基金会的项目合作，争取更多资金援助。

××市儿童福利院
××年×月×日

【例文评析】

例文对本年单位的主要工作情况、存在的问题和未来展望进行总结，上半部分从五个方面多角度地总结了本院的工作情况，再结合存在的问题对下一年的工作以思想、实践与二者相结合的方式进行规划。本文思路明确，内容详细，语言简洁凝练。文章的撰写从实际出发，未雨绸缪，是一篇典型的工作总结。

【例文2】

××敬老院2020年工作总结

2020年本院认真贯彻执行党和国家的五保供养方针、政策和街道党工委、办事处及上级部门对本院工作的指示精神，以建立省一级敬老院为动力，以服务五保老人为重点，以服务优质化、管理制度化、生活规律化、设施齐全化、环境花园化为标准，全院上下，团结一心，扎实做好了2020年的各项工作，归纳起来主要表现在以下几个方面：

一、2020年整体工作进展

（一）健全了制度，实行了规范化管理

在加大软硬件投入的同时，更加注重制度建设，努力实现人性化管理。一是健全各项规章制度，坚持做到以人为本，以制管院。在广泛征求供养对象基础上，制定了院长责任制、岗位目标责任制、院务公开制、食堂管理制、财务、卫生、医疗、文化娱乐等一系列制度，而且定期组织院民学习讨论，促使各项制度不断健全完善。并做到上墙公示，接受院民监督。二是强化院务管理委员会作用，为确保院内规范有序运作，实行民主管理，文明办院，选举7人组建了院务管理委员会，负责敬老院日常事务管理及重大事项决定，同时负有监督院长及管理人员工作职能。并定期检查各项规章制度落实情况。三是加强服务人员素质教育，坚持把提高服务人员的思想素质和服务能力放在首位。平时组织学习业务知识，解决实际困难。针对院内老人热点、难点问题，经常展开讨论，商量对策，在学习探讨中提高服务能力。为强化服务意识，优化服务质量，增强责任感与自觉性，对照岗位目标责任制，实行定期考核，并同个人利益挂钩。

（二）认真开展了三项评比活动

在全院范围内认真组织开展五好院民评比、礼貌院民小组评比和卫生房间评比活动，每半年评比一次。年终将评出的五好院民、礼貌院民小组和卫生房间举行隆重的表彰大会，五好院民佩戴大红花和五好院民胸牌，每人发放奖金和奖品，向礼貌院民小组颁发了奖牌和奖金。透过各项活动的开展，培养和激发了广大院民的争先意识，增强了院民的群众荣誉感。

（三）进一步规范了院民请销假制度的落实

院民外出需向院务管理人员请假并准许，领取院民标识牌后方可放人出行，院民回院向院务管理人员交回标识牌并销假，这样做的效果是直观、明确、严密、有效地杜绝了院民私自外出的混乱现象，也为防止院民外出走失和院民在外出期间出现不测，能够得到社会各界的及时有效救助提供了便利条件。

（四）严格执行了五保老人入住敬老院健全档案制度

工作中，坚持做到把好两关，一是经医院健康检查确诊有精神病的不准入院。二是经医院健康检查确诊有传染病的不准入院。对具备入院条件的我们做到了愿进全进，并为他们建立了个人信息档案，实行一人一档、一档一盒。档内存有院民个人加入五保申请表、入住敬老院审批表、医院健康查体资料、入住敬老院协议书等，为我们全面掌握院民的各种信息带给了方便，也为因人服务管理确定了目标。同时不断改善五保老人入住环境，努力提高生活质量，加强对敬老院人员的管理，建立健全管理人员工作责任制，严格值班制度、出勤制度、奖惩制度、分工负责制度、包干制度等，做到人人有责任，事事有人管。五保老人也按住宿区选举舍长，加强对各住宿区环境、安全检查和对老人外出的管理。同时，定期对五保老人的衣服、床上用品、日用品进行更换，保持老人始终有一个良好的生活状态。保证日常文娱活动不断，定期组织开展较大的文体活动，使五保老人心情好，并有正常的情感交流。

（五）建立了自我管理机制

我们坚持以人为本的办院理念，注重发挥老人的作用。一是推选出由院民参与的院务管理委员会，负责讨论制定敬老院的长期发展规划和本年度工作计划。二是院务管理委员会下设了伙食管理领导小组，广泛征求和听取院民在生活方面的意见和推荐，负责制定每周饭、菜谱，具体掌握伙食标准，定期结算伙食账目、重大节日调剂好饭菜花样，保证饭菜供应。三是成立了安全卫生后勤领导小组，小组成员轮流值班，并负责院内线路检修，严格卫生制度，防止食物中毒，严格落实锅炉操作规程，防止意外事故发生。由于我们健全了院民自治的有效机制，充分调动了各小组的工作用心性，保证了全院各项工作的有序运行。

二、下一年的整体管理思维方面计划

传承上一年的管理模式，继续完善管理方案，积极进取，向全省模范敬老院的目标前进。积极引进爱心企业与人士捐赠以改善老人的居住与生活环境。在今后的工作中，我们将继续严格执行党和国家的五保供养方针、政策，紧紧依靠上级和广大院民，开拓创新，不断进取，奉行不辱使命，不负重托，以人为本，与时俱进，再创特色的理念，加大对敬老院建设的工作力度，完善各项服务设施，全面提高集中供养水平和服务质量，力争在新的一年中各项工作再上一个新台阶，真正使全镇五保老人老有所养，老有所为，老有所乐，为构建和谐社会作出我们的新贡献！

××敬老院
××年×月×日

【例文评析】

例文分为工作总结及今后工作规划两部分，着重对工作总结方面进行了阐释，如实行的规章制度、管理制度和请销假制度等在工作中取得了显著的成效。在今后的工作规划方面，本文言简意赅，语言精细凝练，提出了下一年工作的大致方向，条理清晰。遗憾在于规划方面不够具体，还可以多作说明，给予更深层次的解释。

【例文3】

××疗养院2019年工作总结

2019年，我院在省局领导的亲切关怀下，在院领导的直接带领下，以习近平新时代社会主义思想为指导，以经济建设为中心，以改革创新为手段，以服务为主、效益为先、发展为第一要务，紧扣市场脉搏，积极调整经营思路、更新思想观念，增强实力，加快发展，各项工作都取得较好的成绩，过去的一年，是对我院发展具有重大而深远意义的一年，现将过去一年工作总结汇报如下：

一、2019年工作情况

（一）紧紧抓住营销这一个中心

在市场经济条件下，疗养院要生存发展，根本出路就在于开拓市场和占领市场，××是××风景区的重要组成部分，凭借得天独厚的温泉资源，每年吸引着众多游客观光旅游，并且成为宣传观赏旅游、举办如牡丹节重大接待活动的重要基地。近年来，由于宾馆竞争日益激烈，各宾馆间的相互压价、让利愈演愈烈，这种无序和自相残杀的竞争使我院的生产经营形势面临严峻考验。院领导面对竞争日益激烈的市场，审时度势，及时洞察市场发展方向，积极寻找形势变化及发展给我院带来的机遇，迎难而上，先后到多地联系客源，请有关单位来院参观考察，既稳定了老客户，又发展了新客源，以会议、旅游业务带动了疗养、体检业务的开展。多元化经营是我院调整经营思路，做大做强的必由之路，院领导一直倡导此种方式，强调以客房餐饮为主的同时，业务范围仍然要涵盖医疗保健等方面。同时，市场任务的承接取得了可喜的成绩，全院的生产呈现出一片勃勃生机。由于接待活动众多，我院形象不断提升，积极开展市场调研院领导对外地的生产、经营、管理状况进行了调研。这次活动基本上达到了初定的目的，从中也能找出自身目前在生产、经营、管理等方面存在的缺陷，并开始了积极的整改，各项目部大都统一了思想，提高了认识，更加注重项目部管理班子建设，更加团结一致，各项管理工作正走向正规化、规范化、制度化。

（二）实现了两个亮点

实现了客房入住率和餐厅就餐率这两个效益的亮点。2019年，全年客房入住率高达78.4%，这些喜人成绩的取得，是客务部全体员工努力的结果，也与客务部经理的严格管理是分不开的。他们管理制度明确，坚持天天开晨会，周周有例会，月月做总结，及时解决存在问题，表扬先进，明确下步工作重点，提高了服务质量，做到了个性化和人性化服务，从而增加了客人入住回头率。去年，餐厅就餐率高达62.5%，实现收入13.5万元，成绩非常喜人。这些都得益于硬件设施的改进、菜品质量的提高。改制后接待部高薪聘请了两名有较高技术的红白案师傅，在后厨的努力下，菜品基本形成了自己的特色，一年来，他们没有休息日，却很少有怨言，他们始终坚守在工作岗位上、不论工作时间多长、任务多重，从没有影响过工作。餐厅服务人员笑迎顾客，善待来宾，提供及时、准确、周到的服务，同样受到了顾客的欢迎。

（三）搞好了三项基本建设

一是基础设施建设。二是管理制度建设。三是员工队伍建设。大力开展基础设施建设。在资金十分紧张的情况下，去年完成了大门楼的改造，进行了前厅、走道粉刷，设计制作了宣传长廊，购置了一批餐饮设备，年底开始了新热水塔的建设，预计二月份即能投入使用。经过改造后使我院的有限资源得到了最大程度的利用，特别是热水塔的建成将解决目前接待工作的燃眉之急，为下一步的改造打下基础。逐步完善管理制度建设，为了使我院经营管理进一步走入规范化轨道，在4月制定了劳动、人事、分配三项制度改革，形成了两个文件。加强了安全生产，安全生产历来是企业的重中之重，我院各个部门均能本着"以人为本"的观念抓好安全生产，全面落实安全生产责任制，能将安全生产目标任务层层落实，部门、单位负责人、安全员在安全生产中的责任。对于新招的员工能在三天之内按院要求进行三级安全教育，能积极组织学习上级和安全生产文件，每天在开工之前进行安全教育、安全交底后再上岗，并做好交底记录。院办公室也下达了《关于做好安全生产的通知》等一系列文件，强调了生产服从安全，生产必须安全的准则。不断加强员工队伍建设，以人为本，善待员工是我院一贯遵循的优良传统。改制以后，善待员工在制度上更是体贴入微。通过竞争上岗重新任命院中层领导干部，优化了人员组合，通过竞争上岗将年富力强、热爱接待工作的同志选派到接待岗位，由于原来的服务员大部分办理了内退手续，我院招收了一批服务员，请有关专家上门对他们进行了岗前培训，规范服务，统一着装，使接待质量得到了加强，外部形象得到提高。这些措施对企业的稳定与发展起着关键作用。自改制以来我院职工的工资一直未能加以调整，职工月发工资较低，职工的反映很大。为调动全院广大职工的劳动积极性，经研究决定，以三项制度改革为契机，对职工工资进行改革，使得我们职工的工资得到了普遍提高，也能够每月按时发放，这一做法得到广大职工一致认可。善待员工，不仅仅体现在员工工资的按劳取酬、多劳多得，水涨船高方面，更重要的是在我院这个大舞台上，员工们的才华得到了充分的展示，疗养院成为广大员工实现人生价值的最佳场所。正如员工们所说的：这里真正是能者上，庸者让，劣者下，疗养院要发展，关键是人才，而人才往往就在你面前，看你善不善用，敢不敢用。大胆使用疗养院自己培养的人才，是我们的一大收获。接待工作要实现一流的服务就要真正想客人所想，急客人所急，对客人投入感情，真诚地与客人沟通，全体员工，人人都要做营销员、宣传员，个个都是服务员，人人都有强烈的营销意识和服务意识。

（四）经验与体会

一是必须坚持在市场竞争中谋生存，求发展。在当前市场经济条件下，我院生存和发展的唯一出路就是把自己定位在市场，在参与市场竞争过程中，不是被动地应付市场，而是要研究市场、了解市场、熟悉市场、占领市场，在提高服务质量上下功夫，在增强竞争能力和市场诚信度上下功夫，正确分析自己的长处和不足，扬长避短、趋利避害，讲究策略，与"狼"共舞，只有这样，才能在"狭缝"中求得生存和发展，争得更多的市场份额。二是必须坚持深化疗养院内部改革。由于长期受计划体制的影响，我院内部还存在着政令不畅，职责不明，人浮于事的现象。这些矛盾的解决，只有靠进一步深化改革才能从根本上加以转变。必须通过推进内部劳动、人事、分配制度的改革来进一步调动员工的积极性，通过完善定岗定薪，实行定岗定员、竞争上岗、末位淘汰、减员增效等方法来增强企业的竞争力。三是必须坚持以市场为导向，调整结构，发展多元经营。在市场经济条件下，企业一业为主，多种经营是一条求得生存发展的必经之路，针对我院现状，要抓好多元化经营，优化产业结构，寻求新的经济增长点，以适应市场变化，适时调整产品结构，只有通过寻求新经济增长点的建立，企业才有旺盛的生命力。四是必须坚持以生产经营为中心，发挥党政工协调一致的整体合力。实践证明，一切工作都要以生产经营为中心，党政工做到思想同心，目标同向，工作同步，紧密配合，协调一致，企业才能在市场竞争中不断发展。

二、存在的问题与不足

在总结所取得的成绩的同时，我们也必须清醒地看到我院存在的问题和不足，需要认真予以解决：一是接待能力小，硬件条件差，是严重制约我院生产经营的瓶颈。当前我院的接待条件只能接待一些四五十人的小型会议，大、中型会议因场地、客房、餐厅条件有限无法接待。加之配套娱乐设施不完备使我们丢掉一些老客户。因此扩大接待规模、完善配套设施已提到了议事日程上来。二是管理体制、机制还落后于要求，我们的管理体制、机制与市场经济发展的要求相比相差甚远，与其他同行业相比，有着明显的差距和不合理性。改制后，虽然在一些机构设置和运作机制上进行了一些改革，也取得了一定的效果，但仍需提高，新的激励机制尚未成熟，配套改革措施还很不完善，不能有效地激发广大职工的积极性，使整体素质提高不快。三是缺乏具有较高素质的管理人才，面对市场竞争的压力，我院管理层中能懂会经营、善管理、能开拓市场、具有高素质的管理人员存在断档现象。所以在引进人才、用好人才、留住人才等方面是一个长期的重要课题。四是财务管理水平不高，成本及费用支出过大，管理民主得不到充分落实，群众对疗养院的长期稳定与发展缺乏信心。

三、未来及规划

针对以上问题和不足，我们需要做以下工作：第一要坚持"发展才是硬道理"，增加营业面积，逐步实施我院总体规划，实现滚动式发展。以开拓进取精神，争取年年投入基本设施改造资金，年年进行体制创新，在滚动式发展中，年年都获得较好的效益。2020年要实现超常规发展，也必须坚持完成新的改造任务。这是今年的头一个硬仗，一定要做到首战必胜。保质、保量、保工期，既要参考别的星级酒店，又要博采之长，形成我院特色，在周边地区独树一格，在顾客中形成"要舒畅要品位，还是住××"的效应。第二要加大财务管理力度，完善各项制度。第三要推进配套改革，强化竞争机制按照总院的部署完成分配制度的改革，完善定岗、定员、定薪等各项制度，充分调动干部职工的积极性，同时，院内部要进一步强化管理职能，按市场经济要求进一步科学合理进行机构设置。第四要加大人才引进，企业之间的竞争归根结底是人才的竞争、技术的竞争，重视技术、重视人才是第一要务。我院要在注重壮大的同时，把人才培养放在优先发展的地位，除了自身培养和鼓励职工自学等外，还要根据我院的发展规划，有计划地招收、发现、使用人才，做到长流水、不断线，保证新陈代谢和发展的需要。同时，在引进人才后，要在用好人才和留住人才方面下大力气。第五要加强对中层干部的培养，明确职责分工。目前由于种种原因，我院中层干部理论水平不是很高，视野不够开阔，管理经验不足，管理方法还有待改进，提高项目经理的理论水平和项目管理能力，同时，整套班子要形成分工明确，职责分明，相互学习、相互制约的机制，要增强团队意识，发扬团队精神，团结务实，开拓创新，努力把本部门管理好、建设好，提升我院在市场中竞争力。第六要继续开拓市场，内挖潜力，外拓客源，千方百计提高客房入住率及餐厅就餐率。继续在全员营销全员服务上下功夫。全院上下，人人都是服务员，个个都是营销员，营销中有服务，服务中有营销。分析这几年我院的客情，主要是五个群体：一是省局机关会议，这是我们得天独厚的地方，一定要为省局的会议服务好；二是××、××等单位，对这批老客户我们要兢兢业业服务好；三是亲朋群体，通过我们员工及亲属推介来院，到疗养院确实有宾至如归、"疗养院就是自己家"的温馨感觉；四是商务群体，来我院进行商务活动，要熟客熟待；五是散客居民群体，虽是零散而来，往往能举一反三，是最有潜力的客源。不管哪一方面的客源"来的都是客"，都是"上帝"，都要搞好服务和接待。要建立客户档案，了解客人来自哪里，爱好什么，"投其所好，适其所求"地做好服务工作。为了扩大影响，适应不同顾客群体的需求，要利用一切喜庆机会，开展丰富多彩的特色促销活动。如元旦、春节、元宵节、劳动节、端午节、中秋节、重阳节、国庆节等；纪念日方面，如婚礼、生日、结婚纪念日、毕业日等；会议方面，如党代会、人大会议、政协会议，各部门系统的专业研讨、培训活动等，都是我们开展营销活动的好机会。做个有心人，商机到处有。要采取走出去，请进来、送上门、做广告、发贺卡、送优惠券等多种生动活泼的形式，让大家了解疗养院，接受我院的服务。其他各个部门，除了在全员营销中担任角色外，主要是为餐饮部、客务部搞好服务保障工作。后勤保障，最主要的是及时准确公平合理地处理好涉内涉外财务，激励员工，开源节流，搞好商品，物资采购，确保一线需求。工程保障，主要搞好水、电、暖（冷）气正常运营，物资设备完好无损，节能降耗。绩效考核，薪资管理及员工培训工作。舆论保障，利用店报宣传阵地，使大家明确工作重点，激励先进，凝聚人心，扩大影响。办公室要发挥总经理助手作用和酒店枢纽作用，做好上通下达工作和部门之间的协调工作。搞好文体活动，活跃员工生活。加强安全保卫工作，保障顾客和员工的安全。总之，我们要通过实践，找出工作中目前存在的问题，同时对新情况、新问题进行调查研究，不断探索新途径、总结新方法从而确保我院向做大做强的目标迈进！

××疗养院
××年×月×日

【例文评析】

　　例文对本年单位的工作情况及存在的问题进行阐释，结合理论在工作中抓住了一个中心、两个亮点和三个建设贯彻落实，有理有据，严丝合缝，并在文章中结合上一年度的工作提出了经验与体会，分析了缺点与不足，对下一年的工作进行详细规划。作者思路明确，文章结构完整，逻辑性强，无论是语言还是结构本身都十分严谨，是一篇非常全面的好文章。

【例文4】

××残疾人康复中心2020年工作总结

　　时间毫无声息地从身边溜走，留下的唯有反思。首先感谢县残联领导一直以来的指导和鼓励、康复科康复师们辛苦而努力的工作。2020年，我中心在县残联的直接领导下，继续发扬"爱心、耐心、恒心"的精神，努力扎实地开展各项工作，始终坚持走科学、专业化康复之路，为残疾儿童及家长服务。在此基础上，我们发挥自身的优势，弥补不足，使康复中心的发展越来越好。为了更好地计划和安排2021年的工作，现做出如下总结：

一、2020年主要工作

（一）业务方面

一方面我中心实现了新的跨越，主要业务是完成县残联下达的各个项目任务，主要针对贫困残疾儿童康复治疗。先后完成了中残联抢救性儿童康复项目、省0～6岁贫困儿童抢救性康复项目等任务。通过项目，共实施脑瘫、言语、视力、智力、肢体儿童康复训练357名，一分耕耘，一分收获，全体康复师的辛勤工作，赢得了患者家属的高度称赞和良好的社会效益。另一方面，我中心强化内部管理，积极提高康复师综合素质，2020年来，我中心加强康复师职业道德教育，从抓一日工作秩序和整治工作环境入手，科学分工，落实岗位责任制，使我中心康复师工作热情高涨，工作做到了有爱心、耐心、细心、责任心，服务态度和质量得到进一步提高，遏制了工作推诿扯皮、服务态度差、质量低等不良现象，使残疾儿童及其家长在我中心得到了康复服务的实惠，深受受训儿童家长称赞。同时我中心强调突出两个重点，一是以人为本，精心构建温馨家园。我中心以病人为中心，视患者为朋友，心为患者所想，情为患者所系，福为患者所造，从康复实践中发现不足，广泛借鉴先进经验，适时完善医疗体系，无微不至的关怀产生了强烈的亲和力，卸下了患者的包袱，医患互动，彰显了更为理想的疗效。在医患沟通会上，患者的激动之情溢于言表，禁不住流下了热泪，并满含深情地表达了对康复治疗人员的感激之情。康复中心始终以重视康复、减少残疾为己任，使残疾降低到最低限度甚至恢复。二是细化制度，用现代企业的意识强化管理。依据精诚服务患者，提高服务治疗这个宗旨，健全完善了各项制度。规范了档案书写格式和规则，档案是患儿进行康复的重要依据，也是衡量康复治疗的一项指标。康复医院针对康复师的技术良莠不齐，下功夫规范了档案书写的规则和格式，要求康复师认真、按时、按质、按量完成，确保康复工作的顺利进行。制定了康复工作的工作流程和服务流程，从患儿进门到送出门外，做了具体的细化、量化，并严格执行，不定期地进行督察，继续完善康复制度。

（二）推进方面

抓住关键，推进康复工作有效化做好残疾人的康复工作，善于抓住工作的着力点。为此，我们认真研究康复工作的客观规律，不断探研康复工作的切入点，抓关键性工作的落实，从而推进工作的全面完成。一是主动谋划提前计划做好相关康复工作。年初以来，我们在下乡调研的基础上，根据往年相关完成康复任务数，以文件形式制订和下发了2020年康复工作计划。尽可能科学合理地安排各乡镇、街道的康复任务数，保证年度康复工作任务能全面完成，使镇乡、街道工作有目标和依据。二是着力做好康复需求调查摸底工作除要求各镇乡、街道每年在6月中旬前，做好全年康复需求调查任务。我们科室内部也及时开展0～6周岁残疾儿童康复需求调查和人工耳蜗适配手术专项调查摸底工作。排摸出83多位有各种需求康复的残疾人儿童，为做好残疾儿童抢救性康复和训练，提供了宝贵的第一手资料。三是积极做好爱心城市创建的相关工作及台账整理。与此同时，我中心提升力度，落实康复服务精细化，年初以来，各乡镇、街道残联理事长和康复协调员调动频繁，科室同事外调等主客观因素，造成工作上的一时被动。但我们很快调整工作思路和心态，发扬勤奋肯干的工作精神，发扬敢于较真碰硬的工作作风，较好地完成各项康复需求服务，让残疾人的康复需求得到有效、精细、优质的服务。一是创新服务形式，追求服务实效，为××等多个镇的残疾儿童开展阳光下乡健康体检活动，邀请市康复中心的专家和精干医护人员，开展免费为残疾人体检活动，把体检活动送到残疾人所在的镇和残疾人的家门口，得到残疾人好评。二是狠抓阶段性工作重点。把各阶段的重点工作分解到相应的月份中加以分解落实，年初以来把制订康复工作计划、组织开展社区康复员康复机械操作业务培训、全国爱耳日宣传、助残日活动安排、首届残疾人棋类比赛及残疾人运动员集训等，分别当作月度的工作重点，组织开展落实。因为领导重视，重点明确，所以工作展开也比较顺利和圆满。三是以点带面做深做细做精各项工作。在组织开展重点工作的过程中，落实每项工作，我们首先制订工作预案和预算方案，交领导审核批复后，按方案精心组织，细化落实，做精做实，确保各项工作有序开展，使失误率降到最低程度。

二、存在不足

我中心的残疾人康复工作虽然取得了一定的成绩，但发展距离上级的要求和其他先进地区仍存在不同程度的差距，主要表现在以下几个方面：一是各乡残疾人康复工作的开展不平衡，没有专职残疾人工作者，导致部分康复项目的任务完成难度加大。二是康复经费投入不足。虽然县财政对我县的康复工作一贯支持，但由于当前经济形势的影响，残疾人康复经费的投入与事业的发展和残疾人的康复需求不相适应，有限的康复经费远远不能满足多数残疾人的康复需求。三是无残疾人康复中心，开展相关康复工作有难度。四是康复训练与服务能力及质量有待进一步增强。主要是基层残疾人康复训练与服务机构的建设及网络尚未健全，无康复中心培养康复专业技术人才，导致开展技术指导和专业人员培训的力度不够，未能最大限度地满足广大残疾人的康复需求。

三、未来工作计划

一要坚持政府主导，积极争取各级党政领导的重视与支持。加大政策支持力度，积极争取政府出台更多有利于残疾人事业发展的优惠政策和措施。抓住契机，协助政府出台有利于残疾人事业发展的各项优惠政策和措施。二要加大资金投入力度，积极争取更多的残疾人康复事业经费。如市残联通过争取领导的重视与支持，在市财政经费较为紧张的情况下，仍然将康复经费预算大幅度提高，在确保康复任务指标按计划实施的同时，其康复中心的建设也已动工兴建。通过多次申请，今年市本级康复经费预算也在原有基础上有了大幅度的提高，从而为康复项目的顺利实施提供了有力的经费保障。三要坚持社会化的工作方式，积极争取相关部门和社会各界的帮扶与关心，密切与财政、教育、卫生等残工委成员单位的联系，积极获取他们的帮助与支持。利用"助残日"开展各种扶残帮困活动，加大残疾人康复事业宣传力度，营造全社会关心关爱残疾人的良好氛围。积极与各类定点康复服务机构合作，开展白内障复明手术、普及型假肢安装、低视力筛查配镜、麻风畸残矫正手术，精神病免费服药及防治宣传等活动，共同来帮扶关爱贫困残疾人。四要坚持"人道、廉洁、服务、奉献"的宗旨，充分发挥主观能动性，为残疾人办好事、办实事。举办参加各类培训班，提高残疾人康复工作者的业务素质。牢记宗旨、尽职尽责。五要坚持立足社区实际，因地制宜，分类指导。根据本社区残疾人的具体需求制订适宜的康复工作计划，为康复对象提供个性化服务，以较少的人力、物力、财力投入，尽可能获得较大的服务覆盖面，保障康复对象的基本康复需求。依托康复机构，以科学、简便、实用的康复技术，使大多数残疾人享受到方便、快捷、廉价的康复服务。

××残疾人康复中心
××年×月×日

【例文评析】

例文结构清晰明了，工作总结内容从业务和推进方面入手展开，并结合相关要求和多地区不同的发展情况因地制宜地提出不足和解决方案，将保证弱势人员需求的理念贯彻在工作始终，具有很强的人道主义精神，对自身指导思想和下一步工作目标的认识到位。文章的撰写贴合实际，内容具体，目标明确，值得借鉴。

【例文5】

××市殡仪馆2019年工作总结

在市民政局的正确领导下，在局各业务部门的大力支持帮助下，我馆恪守"以民为本、为民解困、为民服务"的民政工作宗旨，积极宣传殡葬改革法律法规，大力推行"绿色殡葬、阳光殡葬、惠民殡葬、和谐殡葬"。全体职工团结奋进，以提高服务质量，提升服务水平为目标，围绕"以人为本、以德为魂、善待逝者、慰藉亲人"的服务理念，牢固树立公益事业形象。结合年初制定的2019年工作思路，较好地完成工作任务，为明年各项工作的顺利开展奠定了坚实的基础。根据市局的要求，现将我馆2019年的工作开展情况作如下总结：

一、2019年工作回顾

（一）业务工作进展平稳、顺利

截至11月18日，我馆共火化遗体9297具，其中正常死亡遗体8663具，234具为低保，三无人员减免殡仪服务费用1082元，为广大治丧群众提供了优质、高效、便捷的殡仪服务。

（二）加强干部职工队伍建设，确保殡仪服务质量上水平

为努力争创"社会文明窗口"，打造一支"思想作风正派、工作能力突出、业务技术精湛"的殡仪服务队伍，我们始终按照绿色发展的要求，坚持以人为本，抓队伍管理不手软，创服务品牌不松懈。主要做了以下几个方面的工作：一是抓学习，着力提高全体人员的能力素质。恪守"以人为本、以德为魂、善待逝者、慰藉亲人"的服

务理念，教育干部职工严格遵守殡仪馆职工守则和职业道德规范。二是抓干劲，不断促进全体人员的实干精神。严格执行24小时值班制度，教育全体人员切实正确认识责任、热心服务群众，牢固树立"群众利益无小事"的理念，真心实意为丧属"办实事、办好事"，让丧属切身感受到在殡仪馆内"事实办、事办实、事办好、好办事"。三是抓服务质量，不断提升全馆人员的服务态度。严格要求干部职工文明用语与上岗仪态，做到"三声、五心、一杜绝"，即来有应声，问有答声，去有送声；做到接待服务细心，引导服务贴心，管理服务用心，解决问题耐心，对待批评虚心；杜绝殡葬服务中出现生、冷、硬、推、要等现象，使文明服务成为每位殡仪职工的自觉行动。四是抓活动载体落实，不断提高活动开展的有效性。积极开展各项活动，充分利用"行风建设月""双强争先""我诺我行"等活动的开展，打造有本馆特色的活动形式。

（三）工程开工和立项申请工作的完成情况

一是配电房和用电线路的改造情况：为了切实解决我馆用电超负荷，存在较大安全隐患的问题，市局领导高度重视，对项目建设的立项、审批、招投标等各个环节中可能出现的困难进行了指导和分析，以为我馆排忧解难、办实事、办好事为突破口，提供了大量的帮助工作，为配电房和用电线路改造工程的及时开工起到了决定性作用。到目前为止，配电房和用电线路改造工程已完成高压线路架设，地下电缆管道铺设、电缆预穿，高压、低压配电柜的进场和调试工作。二是殡仪馆修缮改造扩建工程的立项审批工作情况：年初，向市发改委、市民政局、市财政局上报了《××市殡仪馆改扩建项目列入年预计划申请的报告》。"殡仪工作无小事，牵连千万家"，这是殡葬职工的一句格言。上半年我们重点抓了各项制度的落实，主要在规范职工的言谈举止和行为规范，明确工作要求，明晰岗位操作规程，理顺各个科室相互衔接的关系，确保工作有序运行上下功夫。执行上我们注重严肃性，对违反制度规定的，按规章制度的奖惩对个人进行严肃处理。

二、存在的不足

一年来，通过上级部门的指导和帮助以及全馆人员的共同努力，我们取得了一定的成绩，但同时，我们也清醒看到我们在工作中存在的一些问题：一是在学习方面有时抓得不紧，因为我馆工作任务重、压力大，导致不能很好地处理好工学矛盾，还需进一步加强学习内容与工作实际的紧密结合。二是由于我馆服务工作的特殊性，深入调查研究的时间仍需进一步加大。在工作机制上，要立足百姓、面向群众，创造性地开展工作，重实际，鼓实劲，求实效，更好地发挥社会文明窗口的桥梁纽带作用，意图为群众办实事，办好事，解难事。三是我馆队伍建设还需进一步加强。要不断强化干部职工政治业务学习，努力提高依法服务能力和水平，进一步转变工作作风，建设一支为民、务实、清廉的干部职工队伍。

三、下一步工作打算

1.努力实现基础设施改扩建工程的顺利开展，保质保量保时地完成配电房和所有用电线路的改造工作，完成殡仪馆修缮改造扩建工程的报批工作，尽可能早地实现动土开工建设。

2.继续立足本职,高标准、严要求,以"天天3.15,月月优质月"的服务标准,做好各自职责范围内的服务工作和行风品牌的创建工作,全面落实殡葬服务项目、收费标准、服务内容、服务程序、服务承诺、服务监督"六公开"制度,实行"阳光服务";进一步优化服务流程,改善服务环境和布局,增加便民设施,聘请行风监督员,为规范服务创造良好的内外部条件,真正让群众看到殡葬改革带来的新成果,让群众目睹服务环境发生的新变化,让群众体会优质服务带来的新温暖。

3.加强学习型单位建设,在政治思想素质、业务能力、文化修养、廉洁敬业、岗位责任、专业知识、市场经济知识等方面,对职工队伍加强普及、灌输和培训。

4.认真研究和跟踪殡葬市场发展前沿动态,深入分析和把握丧属治丧消费心理,并注重借鉴和吸收先进殡仪馆的成功经验和做法,结合实际,适时推出新的服务项目。同时,不断加强和改进自身服务水平,树立殡仪馆优质、低价的社会服务形象。

××市殡仪馆
××年×月×日

【例文评析】

例文从工作宗旨和服务理念入手进行本年度的工作总结,以群众为本不断改善自身服务水平和硬件条件,内容翔实具体,语言真实恳切,层次结构清晰;针对工作情况提出不足,针对不足提出改进方案,不仅在实践上作出规划,更在思想上作出规划,具有理论性和前瞻性,具有很强的说服力。

第五节 体育类事业单位工作总结

【例文1】

××体育科学研究所2020年工作总结

在市局的正确指导下,在各科室、训练单位同仁的大力支持下,按照×届省运会备战参赛整年我所重点开展了运动员生理生化指标测试、运动员营养补剂等工作。为使明年的各项工作能做得更好,现将体科所2020年工作总结汇报如下:

一、工作总结

(一)冬训监测

为了更好地开展科学训练,自2020年11月至2020年4月科研所对市体校及外训共450名运动员进行了冬训前后两次血常规、尿常规生理生化指标测试,旨在通过跟踪数据对比验证训练效果,并根据情况做出反应,及时发现问题,反馈问题,与各训练中心进行沟通并提出建议。测试结果反馈后,为贫血运动员提供营养补给品，对所有贫血运动员出具食补建议。对尿常规出现问题的运动员及时采取减负荷等方法恢复，避免运动员出现过度疲劳、过度损伤的情况。2020年11月开始了今年冬训的第一次测试，已完成对自行车项目（日照）的测试。

（二）重点运动员监测

根据各训练管理单位备战年度锦标赛的要求，对216名重点运动员进行生理生化指标跟踪测试。

1. 4月27日前往水上基地对我市23名赛艇、皮划艇重点运动员进行连续两天三次的赛前跟踪监前、中、后的身体机能状况进行测试，并在28日下午汇总全部测试结果，针对每个重点运动员提出建议，便于教练员及时调整赛前训练方案。

2. 5月25日对我市8名女子拳击重点运动员进行为期两天六次的外训前跟踪测试，通过测试表现给每位运动员制作一份训练监测分析报告，帮助教练员全面掌握运动员身体机能状态、针对训练恢复状况科学合理地安排外训计划。

3. 6月7日前往体育中心对我市43名手球、橄榄球运动员进行为期两天三次的赛前（手球）、赛后手球是赛前测试，马上就要外出比赛，科研人员根据测试结果，现场和运动员、教练员进行交流身体机能情况，以更好地调整备战状态。橄榄球是赛后测试，经过高强度的比赛，一部分运动员跟不上，科研人员根据每个运动员的测试数据给出不同的如何补给如何训练的调整建议。

4. 6月17日对我市5名乒乓球重点运动员进行测试，因运动员年龄较小，安排了两次的监测，将建议反馈教练员、负责人以便及时调整训练。

5. 6月27日前往水上基地对我市60名赛艇、皮划艇运动员进行连续三天六次的跟踪监测，汇总情况提出建议，便于教练员及时调整训练方案。

6. 7月20日对我市63名田径运动员进行测试。因多名运动员出现训练疲态，田径中心申请科研所安排了对运动员的血红蛋白值的测试，并将测试结果及调整建议第一时间反馈教练员。

7. 10月26日前往日照对我市14名重点自行车运动员进行科研监测，将测试数据反馈教练员，掌握运动员冬训前身体机能状况，因人而异地制定冬训计划和方案。

（三）新生入队指标测试

按照市局的要求，2020年5月后，科研所对所有新入队运动员进行了血常规的基本测试。

1. 下发新的《通知》（关于新生入校规定）后，科研所每个月的第一个星期六对所有新入队运动身高、体重、指间距、血红蛋白的基本测试，旨在对新招运动员进行初步筛选，截至目前，累计达300人次。从测试结果看，基本都在正常范围内，极个别运动员出现轻度贫血，在运动员入队后适当减少运动负荷并提示教练员注意日常用食补方法提高。

2. 运动员营养补剂工作综合考虑不同项目专项特点、不同队员自身特点、训练比赛实际需要和跟踪监控数据四方面因素提供了普通营养补剂、运动损伤治疗药品、重点队员加强营养辅助补剂三大类30余种营养补剂。集中采购营养补剂品92万余元,确保食用安全有效,根据市局今年5月下发的《运动员运动营养补剂法》,实行按月发放,对重点运动员按需供给,并根据训练、康复需要购买科研器材计55万元,加大参赛的后勤保障。

3.派出骨干力量到体育各部门接受锻炼,根据市局安排,科研所同志积极协助其他单位、科室做好相应工作。

(四)举全省之力做好备战参赛十三运会科技服务工作

我所××、××同志今年3月借调中心,主要负责身体机能测试、样本检测、康复理疗及科研中心办公室日常文件处理、新闻稿的撰写,血常规、肌酸激酶、血清睾酮、血清铁蛋白、血清皮质醇等指标测试,运动员共计3100人次。两名同志全程参与赛事,主要负责科技保障服务车中超低温冷疗设备的应用,35天服务运会项目涉及自行车、橄榄球、排球、田径、足球、篮球、武术套路、柔道、摔跤等,为第×届运动会决赛过程中运动员的科研保障工作提供了有力支持,为××军团取得全运会三连冠贡献出力量。××同志还参与了科技惠民、全民健身科学指导等课题验收的材料准备工作、××省体育及体育用三个分委会的构建准备工作,并积极参与前沿科研技术讨论会议、十三运下队科研人员工作总结座谈,丰富专业知识。

二、未来发展计划

采取走出去请进来相结合的方式,组织科研培训学习。今年2月,科研所3名同志参加了由××省体育科研中心承办的××省体育局地市科研人员培训班,通过为期一个月的学习,丰富了实操能力。同时积极联系聘请专家莅临指导,进行科研器材操作、营养、训练等方面的专题家对科研人员进行科研及康复器材的操作使用集中培训,11月22日,体科所联合备战办邀请国营养师、临床营养硕士××讲师、××体能训练研究所运动讲师××进行了题为《××》《××》的讲座。组织科研人员及教练员一同学习,××齐老和运动员一起进行实操。从最初的准备活动的动态拉伸到核心力量的训练到训练后的静态拉伸式完整地呈现,提升认识水平及业务素质,更好地为训练队伍提供科技服务。一年来,通过体科所全体工作人员的努力,圆满完成了各项工作任务。新的一年马上来临,在现有基础上,与时俱进,开创科研工作的新局面。

××体育科学研究所
××年×月×日

【例文评析】

例文结构分为两方面,一方面是对工作情况的总结,其中包括冬训监测、重点运动员监测、新生入队指标测试和科技服务工作四部分;另一方面是未来发展计划。例文注重贴近实际,作者思路明确,语言真实恳切,对工作重点或者是工作亮点进行突出陈述,做到详略得当,结构是完整的。例文不足之处在于未来发展的计划没有分条列点进行概括,过于笼统。

【例文2】

××市游泳运动管理中心2020年工作总结

本年度以来，在上级主管部门的领导下，我校以《教育法》《体育法》《学校体育工作条例》为依据，按照年初制订的工作计划，取得了可喜的成绩，现将一年工作总结如下。

（一）完善各项制度，加大投入，强化管理，为体育传统项目工作顺利开展奠定基础

体育传统项目是体校工作的重要组成部分，是全面贯彻教育方针的一项重要内容。为加强对市体校体育工作的领导，体校始终是以校长为体育工作领导小组组长，本年度还调整了部分领导小组成员，制定了各部门体育工作责任制，使得本年度的各项体育工作开展得有声有色。

1. 加大硬件设施投入力度。在器材配备方面，我校严格按照国家规定的一类学校标准配备，目前我校体育设施齐全，保证了我校体育教学、训练工作的顺利开展。

2. 加强体育师资队伍建设，不断提高他们的政治思想素质和业务水平。加强师资队伍建设，提高游泳教练的专业素质，调动他们教学育人的积极性，是搞好体校体育工作的关键。为此，在优化师资队伍方面，今年我校做了以下几项工作：①为加强游泳训练工作，充实师资力量，今年我校招聘了一名专职游泳训练教师，负责游泳队日常训练工作。②对游泳教练业务上大力支持培养。针对游泳教练学习积极性高的特点，一方面邀请省专业队资深教练来中心讲座，传授知识，另一方面积极支持他们外出观摩学习，有效地提高了他们的业务水平。几年来，我中心始终以教研为中心，以教改为突破口，在我中心基本上形成了融趣味性、知识性、竞技性、健身性于一体的体育教学模式，积极鼓励游泳教师参与科研活动。

本年度我中心牵头组织的群众体育工作开展得如火如荼，蒸蒸日上，小型体育竞赛活动接连不断，几乎是天天有，次次新，例如：游泳接力赛、专项比赛、耐力跑、游泳对抗赛、游泳友谊赛及小型达标运动会等，花样繁多，不仅活跃了全市文体生活，而且大大激发了队员、学生参加体育锻炼的兴趣，大大增强了队员和学生体质，本年度，我中心体育达标率达到了100%，优秀率达到了44.3%，在××市居体育项目之首。

（二）立足普及，狠抓提高

本年度，我中心在抓好游泳运动普及的同时，重视抓提高，主要采取了以下有力措施，做了以下几项工作：

1. 抓计划落实。把游泳训练当作学校体育的重要组成部分，列入学校体育工作计划，由校长亲自抓，市游泳教练具体抓，县游泳教练配合抓，各部门相互配合，各负其责。

2.抓游泳年龄梯队衔接工作。体校建立了三个年龄段游泳队，分别由三名专职游泳教练负责训练，每周7次，每次120分钟，始终如一，风雨无阻。

3.抓普及促提高。依托每周两次兴趣活动课，借助早锻炼和傍晚时间，让受训的队员人人参与游泳训练，在此基础上选好苗子，组成市游泳队，集中训练，参加各级各类比赛。

4.抓好游泳队常规训练工作。在训练中，教练组团结协作，认真研讨游泳队的训练工作，采用科学先进的训练方法手段，不断提高队员的运动成绩。

（三）工作扎实，成绩斐然

由于上级主管部门领导的关心指导和学校领导对体育传统项目工作的高度重视及全体教职员工的共同努力，本年度来我中心在输送队员、参加各级各类比赛等方面取得了可喜的成绩：在××年湖南省游泳比赛中，我市游泳队获得了多个项目冠军的好成绩。

××市游泳运动管理中心
××年×月×日

【例文评析】

例文从完善各项制度、立足普及狠抓提高和工作扎实成绩斐然三方面落笔阐述了单位的工作情况，行文流畅，标题简洁明了，通过"总—分"的结构进行总结，详细全面。但例文缺憾在于对不足与未来计划只字未提，犯了缺乏两点论的错误，我们在今后写作中应该尽量避免。

【例文3】

××县游泳运动管理中心2019年上半年工作总结

上半年，在县委、县政府、领导和文体广新局的具体指导下，认真贯彻落实《全民健身计划纲要》，在全中心干部职工的共同努力下，各项工作开展有序，成效明显，现将上半年的工作总结如下：

一、工作内容总结

（一）加强学习，不断提高队伍政治思想和业务水平

全中心干部职工进一步强化学习政治理论及业务学习，为更好地开展服务全民健身工作奠定坚实基础。

（二）加强队伍建设，转变工作思路

一是狠抓"八项规定"和"四风"方面存在的问题和建议的落实；二是转变工作思路，行使新的工作职责，以服务全民健身为主导。

（三）积极开展全民健身群众体育活动

1.开展全民健身活动，增强人民体质，是全民健身服务中心工作的主要任务。上半年主要开展大型全民健身活动8次：如承办三八妇女节毽球趣味活动、联合××

一中开展庆"三八"气排球活动、承办县委、民政局气排球赛、承办人社局气排球赛、承办"美丽××——一路向前"百公里徒步毅涩行活动、县职工庆"五一"益骑活动、美丽乡村游快乐休闲骑、中国××绿源·长安生态城杯"国际青年男篮系列赛、承办政府办、国土局气排球赛。

2.利用体育馆举行大型活动：温泉姑娘选美活动、农贸市场商演活动、新丝路模特大赛活动、人大、政协会演活动、农贸市场开盘活动、1号楼开盘活动、建劲筑材料会展活动。参加活动人数达到600人次。

3.健全、协调、引导，发挥协会作用。目前，我县共成立体育协会8个，进一步加强对各类协会的协调、引导、支持和管理，积极组织开展好各种活动。指导全县各级体育协会开展群众教体育工作9次，使其发挥功能和作用，有力地促进了城乡、社区群众体育事业的蓬勃发展。

（四）基层体育设施建设

国家体育总局制定的《关于实施农民体育健康工程的意见》，根据省、市体育局的总体部署，抓住社会主义新农村建设机遇，将体育设施网络建设纳入总体规划，最大限度地满足人民群众的锻炼需求。通过向上积极争取，4月从省体育局争取到4扎8套农民健身工程，室外健身路径20条，已全部发送到村组或学校。

（五）抓好学校体育工作

积极推动学生参与体育健身锻炼，养成终身体育锻炼习惯。协助、指导全县各中小学校开展好学校体育工作，累计深入全县中小学校指导开展体育工作13次。

1.加强××体校管理，提高训练水平。结合我县实际，以举重、体操2个优势项目为重点，加强少数民族撑传统体育项目蹴球训练。

2.加大运动员选拔力度。在全县各级中小学校中对各项目运动员进行科学选拔，目的在于向上级训练组织输送优秀体育后备人才和提高运动员的竞技水平。

（六）扶贫帮困办实事、献爱心，做好社会公益事业

社会主义新农村建设中，专职一人到××镇中心村帮助新农村建设，并送去价值3万多元的体育健身器材；在努力践行党的群众路线教育实践活动中，在××镇××村联系点每人各挂点一个村民小组联系五农户，通过深入基层办实事、送温暖、了解掌握民情、民意，密切了解党群、干群关系，树立了为民服务的良好形象；精准扶贫落实到位，我中心在4月初全体人员按照县委、县政府的总体思路深入各自的联系帮困对象为其出谋找脱贫致富的路子。

二、存在的主要问题都和困难

工作保持了良好的发展势头，取得了可喜成绩，同时，也存在一些薄弱环节和问题，主要是：

一是全民健身服务中心是新的成立机构，经费短缺，对于全民健身工作的认识、支持与投入公共体育设施的数量和质量，社会体育指导者的数量和质量，群众体育社团的组织建设与作用发挥等方面，距离人民群众日益增长的体育需求，还有较大的差距。

二是体育基础设施建设和维护的经费投入不足，导致体育场馆设施存在着开放程度和利用率不高问题，如何提高这部分设施的开放程度，可以说是解决健身设施不足问题最直接、最有效的途径。

三、下半年工作计划

1. 全面抓好队伍建设。
2. 继续组织实施《全民健身计划纲要》，重点抓好全民健身月各项体育健身活动，特别是长沙银行气排球赛。
3. 协助其他相关部门开展好节假日期间系列全民健身群体活动。
4. 协助乡镇做好体育训练工作。
5. 抓好体育彩票发售工作。

××县游泳运动管理中心
××年×月×日

【例文评析】

例文分为三个部分，前半部分阐述本单位本年度的工作内容总结，包括加强学习、加强队伍建设、积极开展全民健身群众体育活动、基层体育设施建设、抓好学校体育工作和做好社会公益事业六方面。后半部分是对存在的主要问题和困难以及下半年工作计划的阐述，但叙述过于教条，我们在行文中可以在此多下一些功夫加以改正。

【例文4】

××市体育中心2020年工作总结

今年是××市体育中心验收交接后正式全面开展工作的第一年。面对这样一个高标准规划、高规格投入庞大的综合性公共体育设施和城市地标性健身休闲综合体，如何管理运营，发挥场馆功能，实现社会效益和经济效益的共同发展，既考验我们的智慧，也挑战我们的能力。在市体育局党组的正确领导下，体育中心今年主要做了以下几方面工作：

一、年度工作总结

（一）树立向社会借智借力

公共体育社会办的发展理念随着时代的发展、社会的进步，体育社会化、市场化的趋势越来越明显。中心在市体育局党组的领导下，积极引导社会力量参与体育建设，以存量资产吸引增量资金；以场馆资源换取要素投入，达到盘活存量，优化增量的目的，将场馆优势转变成资源优势，初步形成政府投入与社会参与相结合的多元化投资格局。

1. 与××公司合作成立俱乐部：乒乓球馆交付后，既无运动器材也未配备相关服务设施，如将全部设施设备配置到位需要一笔不小的费用，中心一时无法解决。

我们积极与联通公司联系，最后双方达成合作：由××公司出资30万元资金，完成了对乒乓球馆的装修装饰和设施配套，使之具有较好的健身训练条件，能同时满足少儿训练、市民健身和联通大客户休闲需求。中国××的加盟，不仅完善了乒乓球馆的硬件设施，带动××客户参与做旺体育中心人气，而且为体育中心运营成本做了减法。

2. 中心接手的羽毛球馆是个四面通风透光的空壳，要达标使用就必须进行大投入、大改造。中心没有消极的等、靠、要，而是在市体育局的领导下通过向社会竞标租赁的方式，引进投资160余万元，弥补了设计建设中的缺憾，建成拥有了22片标准场地的羽毛球馆，目前羽毛球馆的综合条件在全省乃至全国都是一流的群众健身场地。

3. 体育中心占地近600亩，建筑规模宏大、场馆众多，但因设计时未考虑建设门禁系统，因而在安全保卫工作方面面临很大的难题，我们通过利用中心裙房和可开放利用的训练场所，吸引了××市防卫科技学校的合作，让对方搬迁至体育中心办学，利用学员既解决了中心安保工作的大难题，又兼顾到体校暂无校舍，重竞技项目空白的现状，为我市拳击、散打、跆拳道、摔跤等项目培养了后备人才。

（二）完成规定动作

承办好市委、市政府、市体育局以及社会各界举办的赛事和活动。今年是赛事频繁的一年：中国乒乓球超级联赛、中国乒乓球协会会员联赛、全国青年女子手球锦标赛、××市第三届运动会、××市业余足球联盟夏季联赛、××市业余篮球联盟夏季联赛、××中国好声音歌友会、××水木年华歌友会等各类精彩赛事和活动你方唱罢我登场，可谓好戏登台。密集的赛事和活动对吸引人气，提高中心知名度起了重要的推动作用，同时也给中心的工作带来巨大压力。体育中心全体干部职工凭借多年的场馆工作经验，紧密团结、齐心协力、精细分工，发扬中心人吃苦耐劳、任劳任怨的工作作风，做好水、电、安保、消防、保洁等各项后勤保障，确保各项赛事和活动的顺利进行，圆满完成了市体育局交办的任务。

（三）开拓自选动作

主办体育赛事按市体育局的指示，体育中心今年尝试联手单项体育协会，共同主办了××市业余足球联盟夏季联赛和××市业余篮球联盟夏季联赛两项赛事。既为我市广大足、篮球爱好者提供了一个比赛交流的平台，也为广大市民呈现了一场场较为精彩的赛事。赛后得到了市领导的肯定和社会各界的好评，对推动我市业余足球和篮球发展起到了积极作用。

（四）加强管理

确保中心一流的健身环境和场馆设施体育中心占地面积600亩，总投资5.2亿元，已建成或即将竣工的场馆设施包括体育场、体育馆、网球馆、游泳馆、乒羽训练馆及会展中心、室外篮球场、休闲广场等。如何确保为广大市民提供一流的健身环境和场馆设施，管理是关键。

1. 体育中心占地面积大，又是一个开放式环境，如何做好安保工作是个不小的难题，我们充分利用××市科技防卫学校学员人数多、纪律性强、身体素质好的优势，建立了定时定员定期巡查和特护小组不定时巡逻相结合的制度，确保全年无重大治安事件，并有效地保护了中心各类资产。

2. 中心给各单位、各部门划分了卫生包干区，制定了《体育中心卫生管理制度》，成立了卫生巡查小组，每天对中心全面地进行卫生巡查，发现问题及时处理，目前中心的整体卫生环境良好。

3. 中心场馆多，各种设施设备种类多、结构复杂，为了保障各种设备的正常运转和场馆的正常使用，中心工程科干部职工每天大范围地进行巡查，对电气设备、场馆照明、阀门仪表等大量设备进行维护，发现问题能自己处理的及时解决，不能处理的就积极与厂家、供货商联系，共同商讨解决方案。正是他们辛辛苦苦、任劳任怨，有时工作起来不分昼夜的努力，从而保障中心范围内供水、供电等正常运转。

二、工作计划

今年的工作我们既取得了一定成绩，也发现了许多不足，下面结合2019年的工作计划将作如下改进和提高：

1. 内抓管理、外抓效益。新的一年，我们将进一步落实各项管理制度，延长场馆开放时间，大力提升运营管理水平；同时利用主办赛事活动和无形资产的开发力争经济效益再上一个台阶。

2. 在市体育局领导下，将体育中心的发展与市政府扶持现代化服务业的大战略主动对接，加大招商引资力度，进一步构建以体为主、多业并举，集吃、住、行、游、购、娱为一体的新型体育中心。

3. 在市体育局领导下，除继续主办好××市业余足、篮球联赛外，积极申请主办一至两项全省甚至全国性赛事。回首过去，展望未来，在新的一年，中心有信心在市体育的领导下，以党的十九大会议精神为指导，坚持把社会效益放在首位，社会效益和经济效益相统一的基本原则，力争各项工作都有一个新的飞跃。

××市体育中心
××年×月×日

【例文评析】

例文内容条理清晰，对全年的重要工作情况进行了分条概括，利用标题使读者明确总结内容，易懂，贴合实际。同时对工作中的不足提出改进计划，明确下一阶段的工作打算，具有可行性，使例文结构完整。例文亮点在于作者思路清晰，重点突出，语言简明，对工作内容的总结有规律性，对下一步工作的实施具有指导作用，有很高的可行性、协调性，值得借鉴。

【例文 5】

××区体育彩票管理中心2020年工作总结

2020年，我区体育彩票工作在市体育局及市体彩中心指导下，以提升销量为核心，建立健全管理体制和运行机制，认真谋划彩票销售工作及履行行政职能，努力做好宣传、协调组织监督工作。顺利完成了我局年初制定的500万元销售目标任务，今年我区体彩销售有望突破1000万元大关。今年我局认真落实市体育局及市体彩中心指示精神，履行行政职能，推进销量提升，强化管理对接，注重打好基础，下面就从以下几个方面做一个简要汇报：

一、本年度工作内容

（一）认真履行行政职能，不断推进销售提升

为了更好地支持体彩销售工作，今年以来，一是做好协调工作，为即开票出摊销售提供协助，并在平时的工作接触中，积极与工商、税务等部门沟通，取得他们的支持，营造体育彩票销售氛围。二是做好宣传工作。今年我局专门向区财政报批了彩票宣传经费，用于彩票宣传工作，同时，在区政府网站、政务公开网等主要媒体进行体彩宣传。三是参与营销谋划，狠抓促销活动，先后组织谋划了排列三、大乐透、即开票三种玩法，十几次派送促销活动。大力支持分中心，用好现有经费，努力扩大销量。四是有重点地培育体彩市场，调动各网点销售工作积极性。今年，我们有侧重地鼓励经营业主，积极开拓市场，以增设竞彩店，突出抓即开为突破口。使我区销量得到提升，完成了年度目标任务，取得了较好成绩。

（二）体育市场开发前景广阔

1. 抓好电脑体育彩票工作。体育彩票是体育产业的经济支柱。今年，我局把电脑体彩工作当作中心工作来抓，我区今年电脑体育彩票销售工作取得长足的进步，电脑网点22个，今年新增2个网点，超额完成市体彩中心的布点任务。截至2020年10月底，我区体育彩票销售额已达904万元，超过去年全年475万元的销售额。

2. 加强体育场馆的管理和运作。我局充分利用庐山区体育中心的设施开展各种体育经营活动。今年与九江市风云羽毛球俱乐部合作，由俱乐部出资承包体育中心，为我区训练羽毛球队员。吸引了很多爱好者前来活动。时常出现爆满的场面。体育中心有偿利用率高于去年，不仅活跃了群众文化生活，而且创造了较好的经济效益。

二、未来工作计划

1. 继续抓好我区电脑体育彩票的发行工作，保持彩票市场的平衡与繁荣，适度增加乡镇彩票销售网点，力争2021年体育彩票销售形势好于2020年。

2. 加强体育场馆的管理和运作，增加积累，开源节流。

3. 以体育竞赛为杠杆，大力培育体育市场，引导体育消费，努力形成在市场中求效益，在效益中促发展的良性互动格局。

××区体育彩票管理中心

××年×月×日

【例文评析】

例文总结内容充实，逻辑通顺，条理清晰，从"认真履行行政职能，不断推进销售提升"和"体育市场开发前景广阔"两方面对工作进行总结，紧密联系实际，阐述全面且详细。同时对自身未来的工作计划进行明确的阐述。例文亮点在于无论总结还是未来规划，都能做到主客观相结合，贴近现实。

第六节　交通类事业单位工作总结

【例文1】

××公路工程监理咨询有限公司2019年工作总结

××公路工程监理咨询有限公司总结今年本工程监理处工作，现将工作汇报如下：

一、工作情况

（一）工程概况

××省道公路位于湖南省南部，为省道××的一段，起点位于××与省道××平交处，终点位于新田关口，顺接在建的××公路，是××的重要经济干线，同时也是××的连接线，是××省跨境公路之一。该项目的建设，有效地优化区域内公路网结构和布局，提升省道××的服务水平和服务等级，对改善××落后的交通面貌，开发区域内旅游资源，促进地区经济的发展具有极为重要的意义。路线里程桩号为K0+000—K18+689.73，路线全长18.69km。省道××公路全线共划分为两个施工合同段和一个交通安全设施合同段，即××公路A1、A2及B1合同段。××公路A1合同段起讫桩号：K00+000—K10+100，全长10.1km。起点位于省道××K71+000处，接××互通匝道出口，终点位于××K10+100处。××公路A2合同段起讫桩号：K10+100—K18+689.73，全长8.58973km。起点位于省道××的K71公里处，接××出口，经××，顺接××公路。××公路B1合同段交通安全设施工程起讫桩号：K00+100—K18+689.73，全长18.68973km。

（二）工程监理机构设置

根据监理服务合同，监理人员于2019年5月25日进场。监理处下设试验室，设试验室主任一名，对全线试验工作进行监督、管理，以及保证独立平行试验频率不小于15%。试验室按监理合同要求配备了试验设备，并健全了相关管理制度。车辆、通信、住宿等设施均满足工程需要。

（三）监理内部管理

进场后，根据公路实际，监理处及时制定了《公路监理规划》《工程质量管理实施办法》《安全生产和保通管理办法》《工程台账管理办法》《工程计量实施办法》，并制定了相应的《监理实施细则》《监理工程师廉洁自律规定与处罚细则》，明确了监理的主要任务和目标，各级监理人员的职责和采取的控制手段，规范监理人员行为，使监理处管理规范、有章可循，有利于监理工作的正常开展。

1. 加强思想和职业道德的教育。监理处一直把职工思想和职业道德的教育作为监理处的日常工作，加强作风建设，使每位监理工程师都明白自己是监理公司的一面旗帜，任何人的不良言行，都有损监理公司的形象和声誉。要求全体监理人员必须自觉遵守公司和监理处的各项制度，增强主人感责任，本着"守法、诚信、公正、科学"的行为准则，坚持"严格监理，优质服务，科学公正，廉洁自律"的职业准则，做好本职工作，树立和维护公司的形象。

2. 建立健全岗位责任制，明确各自的岗位职责，责任落实到人。让职工树立质量"第一"的思想，增强质量意识，做到"宁当恶人，不当罪人"，并根据××公路的工程难易程度和各人的实际能力，明确各自的责任区段，在监理处的授权下履行各自的职责，提高了监理人员的积极性和责任性。规定谁负责的地段出现质量问题谁负责，做到对质量问题坚持"三不放过"原则，即事故原因不查明不放过、不分清责任不放过、没有改进措施不放过，同时按照公司《监理人员考核办法》，从七个方面加强内部考核力度，对监理人员每季度考核一次，每个人收入直接与各自的工作业绩、工作态度相连接，全面促进监理工作走向标准化、规范化、程序化。

3. 建立监理处例会制度和培训制度。进场后，监理处及时组织全体人员熟悉技术规范，了解设计意图，先后组织了监理控制要点培训，对监理控制程序、常用试验检测方法、桥梁挖孔桩、钻孔灌注桩、后张法技术、路基填方、"三背回填"、安全监理、级配碎石底基层、水泥稳定基层、水泥混凝土面层施工工艺和控制要点等进行培训，对提高监理人员的业务水平和应用技能起到重要的作用。通过例会，及时对近期施工中存在的问题及监理工作中存在的问题进行分析和探讨，查找原因，制定相应的措施。将有关责任落实到人，分别限期改正。同时相互进行工作交流和学习，达到共同提高的目的。并对下一步工作作出安排和对一些普遍的技术问题进行统一规定，以此提高全体监理人员的素质和质量问题的预见能力及解决实际问题的能力。

（四）工程质量监理

两年多来，在业主的指导下，监理处认真执行公路制定的《公路工程质量管理办法》，全体监理人员以质量控制为核心，严把中间环节，严格质量标准，层层把关，认真坚持旁站，做到"宁当恶人，不当罪人"，做好公路工程质量的守护神。

1. 认真审核承包人的质量保证体系在质量控制过程中，严格审查承包人的质量保证体系，严把"材料关""工艺关""检验关"。监理处按照《投标文件》承诺，督促施工单位进场施工所需的开挖、拌和、摊铺、碾压设备、测量仪器和试验检测设备，当进场的施工设备、试验仪器不符合合同承诺和施工要求时，及时督促承包人增加或更换。加强对承包人的质检、工地试验机构检查，对其配备人员的素质、数量及试验设备进行了认真检查，督促项目、工地试验室配齐施工所需的试验仪器、人员，各级质检机构人员齐全、职责明确、奖罚分明，确保自检体系能正常运转。每日对工地上发现的质量问题，监理处及时召集现场监理工程师和施工单位现场负责人分析解决。对多次出现的普遍性问题，监理处同项目经理一道现场分析问题，找出原因，研究解决措施，责任落实到人处理。对业主、监理处发现的质量问题，由项目经理或项目总工与监理处牵头共同处理，由项目部提出整改措施或处理方案，现场监理督促整改检查，严把施工各个环节，消除质量隐患，共同有效控制施工质量。

2. 分清监理重点，做好重点工程、关键工序的旁站监理。针对公路第 A1、A2 合同段的特点，监理处将填挖结合部、"三背回填"、路床填料强度、梁板预制、预应力张拉、片石砼高挡墙、涵洞、水泥稳定基层、水泥混凝土面层、混凝土拌和站作为监理控制重点、难点，过程中加强高挡墙基础埋深、高边坡防护技术方案控制，督促监理人员坚持全过程旁站，及时检查承包人质检、试验人员到岗，严格原材料、施工工艺控制，做好水泥稳定层施工缝处理和混凝土面板的振捣、磨光、养护工艺控制，加强面板纵横缝的切缝、刻纹的把关。监理处也不断加强巡查力度，检查和督促现场监理坚守岗位，认真履行监理职责，确保重点工程的施工质量。始终坚持"宁当恶人，不做罪人"的质量管理原则，牢固树立"责任重于泰山"的质量意识，认识到质量严格把关，是对业主的负责，对承包人的爱护，全体监理人员都能理直气壮地为工程质量把关，当好工程质量的卫士。

3. 严格按监理程序办事，以现场质量管理为中心，抓好每道工序施工质量。要求将工序质量控制作为监理工作重点，坚持"严"字当头，加强过程控制，做到现场检查，现场签证，及时发现问题，严格上道工序未经检验或检验不合格，不准下道工序施工，确保分项工程施工质量合格，进而保证分部、单位工程质量合格。积极做好工序检验和中间交工验收，提高监理办事效率。

4. 加强与项目部的沟通和协调。监理的通知、指令要得到有效的执行，离不开项目部的理解和配合，监理处对工程质量、进度除合同采取一些强制的处理措施外，也积极主动加强与项目部沟通、协调，及时掌握项目部的工作思路和施工安排，也让项目部了解监理处的想法和采取的措施，取得共同的理解和配合，及时执行监理处的各项指令，避免产生误解，有利于进度、质量的管理。

5. 加强试验检测工作。监理处工地试验室加强对钢筋、钢绞线、水泥、碎石、外加剂等原材料的检验，重视路基、路床填料强度控制，做好承包人标准试验的验证试验，严格控制工艺试验，加强日常钢筋焊接、支座的抽检试验，按规定频率对路基压实度、砂浆、混凝土取样，提供真实、准确的数据，对工程进行客观评定，及时发现不合格的原材料和半成品，杜绝用于工程。监理处对路面集料自料源开始就严格检测，从料源、料场、拌和站均安排专人进行控制，确保原材料合格。监理处试验室定期、不定期对各料场、拌和站粗细集料进行筛分、压碎值、针片状含量等进行检测，发现问题及时通知承包人改正。督促承包人做好级配碎石、水泥稳定基层、水泥混凝土面层的理论配合比、生产配合比的标准试验，监理处试验室分别进行验证试验，并通过试验路段的试铺，反复分析总结，确保生产配合比、各种工艺参数、机械设备组合、人员组织、试验检测等数据能真正指导施工。在承包人抽样试验的基础上做好不少于30%的独立抽样试验，以对路面工程作出客观的评价。

6. 工程质量评定情况。经监理分项分部和单位合同工程质量评定结果：A01合同段评定得分96.5分；A2合同段评定得96.8分；B1合同段评定得分97.0分，评定结果为合格工程。

（五）工程进度控制

根据合同工期规定的施工进度节点目标，监理处将桥梁梁板预制及水泥混凝土层等作为工程进度控制的重点。督促承包人进场的主要人员、机械数量、性能、规格、试验仪器满足《投标文件》要求，对不符合要求的督促承包人更换。同时结合公路第A1、A2合同段工程的特点，监理处认真审核各项计划报表、施工总进度、阶段进度目标，合理审查承包人施工组织设计，为保证工程有计划、有步骤、循序渐进、均衡施工，避免前松后紧，盲目赶工，加大投资或成本，影响工程质量。监理处对施工节点目标采取"计划—实施—检查—调整"的程序进行动态控制，针对桥梁、路面施工进度缓慢存在的问题，督促承包人限期增加机械人员设备，监理处安排专人负责督促落实并跟踪检查，同时督促承包人采取措施限期整改，确保各项工作的顺利完成。施工过程中，监理处要求各位现场监理工程师严格监理，在保证工程质量的前提下热情服务，帮助施工单位出谋划策，统筹安排施工。监理工程师做到及时检验施工报检项目，使得工程施工顺利进行。使得各合同段在业主规定的时间内完成了施工任务，其中A1实际完工时间为2020年10月20日，工期22个月，A2合同段实际完工时间为2020年10月24日，工期22个月，B1合同段实际完工时间为2020年12月14日，工期4个月。

（六）合同管理和工程投资控制

监理处根据施工承包合同对施工单位进场的主要机械设备的数量、规格、性能按合同要求进行监督、检查。对于机械设备不到位的原因影响工程的工期、质量的，及时发出监理通知，要求承包人按合同及时进场到位，并将情况汇报业主；按施工承包合同监督施工单位主要技术、管理人员的构成、数量与合同所列名单是否相符，对不称职的主要技术、管理人员提出更换要求，对承包人管理人员因特殊原因调换则按规定考核素质及业务能力是否胜任该项工作，并报业主。根据《××公路变更设计管理实施办法》中规定的变更设计的审批权限，经业主、设计单位、施工单位和监理处共同现场察看，同意以后以"现场收方单"的形式予以确认并着手实施，同时承包人按处理方案编制精选文档变更设计，绘制设计图纸，报监理处审批。由现场监理核实工程数量，专业工程师复核变更理由、工程数量、工程项目、单价是否真实合理，监理处审查后报业主合约部审批。使变更管理办法权限明确，变更的批复均按正常程序审批。监理处根据施工设计图纸和变更设计，以分项工程为单位，建立了原设计静态和变更设计动态工程台账，施工单位也以同一模式建立了工程台账，由业主合约部与施工单位、监理处共同复核，统一下发原设计工程台账作为三方控制基础，在施工过程中，监理处每月建立计量台账，同时监理处也要求现场监理工程师建立自己的台账，以防止漏计和超计，保证计量标准。对每月计量的工程，由监理处组织现场中间交工验收，质量合格且资料齐全地方可计量，对资料不全、质量不合格的工程或变更工程坚决不予计量，通过层层把关，保证计量工程数量的准确性。

（七）对设计、施工、建设单位的评价

公路由××交通规划设计研究院设计，满足施工要求的设计精度和深度，提供的设计文件无严重的错漏现象，并派驻1名设计代表常驻工地，设计质量优良，后期服务到位。监理处所监理的工程施工单位，都是长期奋战在公路工程战线上的优秀建设者。他们在××公路的建设过程中，始终坚持把工程质量放在第一位，对施工中出现的一些质量问题不拖沓，及时处理到位。面对原材料供应不足且物价上涨的种种困难，他们充分发挥了敢打敢拼的企业传统精神，顺利完成了施工任务，给我们留下了深刻的印象。但进场的施工单位并不是真正的原中标单位，而是一些私人和私企挂靠中标单位，现场施工管理人员严重不足，自检体系不能正常建立和运行，这给管理处和监理工作带来了很大的管理和监督难度，导致部分工程外观质量难以达到相对的理想要求，施工进度也存在着相对滞后。公路柏关公司是一个注重细节管理的业主，质量管理很严格，合同管理认真，办事严谨无遗漏。安全工作到位，廉政工作高效务实。业主领导开明、果断、坚强，各部门人员爱岗、敬业。

二、监理工作体会回顾

两年多的监理工作，监理处全体监理人员不怕困难，勇于拼搏，终于迎来了公路工程的完工之日，监理处在实现三大控制的同时，对工程实施有效安全管理、环境管理。监理处对监理工作有以下体会：

1. 监理队伍的稳定是做好监理工作的前提监理处应该选那些敬岗敬业、业务能力强、有责任感的人员，以保障监理人员的稳定性，并通过一些管理措施让他们安心在监理处工作，从而稳定了监理队伍，为做好驻地监理提供一个良好的前提。监理队伍的稳定能够保证各种资料签证的连贯性、一致性，特别是变更设计更容易进行数量的核实，真正做到谁经手、谁负责，避免了由于监理人员调换而导致资料无人签证，变更数量无人核实等现象。并且，稳定的监理队伍能够熟悉工作情况、熟悉承包人施工技术水平及其施工力量，能分清主次，有效地控制施工质量、进度和投资，能够及时指出解决承包人施工中存在的问题，由于监理队伍稳定，所监理的项目由始至终非常顺利，工程纠纷依据提供有关数据也容易解决，大大减少了工程纠纷。

2. 监理人员的业务素质是做好监理处监理工作的保障。因监理市场人员供求不平衡，导致监理人员业务水平参差不齐。监理处必须制定监理培训计划，加大监理人员培训力度，让监理人员更好地掌握施工规范和监理控制的要点，只有具有良好业务素质的监理队伍才能按合同对工程进行质量、进度、投资、安全等的有效控制，一个业务素质较高的监理工程师，能够预见性地提醒承包人在施工过程中可能出现的问题，从而保证了工程质量，减少了工程损失。

3.监理人员的职业道德是搞好监理工作的关键应积极开展"监理企业树品牌、监理人员讲责任"的行业新风建设活动，加强职工的思想和职业道德教育，养成良好的职业素质。一个没有职业道德的监理工程师，无论他业务水平有多高，他是不会干好监理工作的。监理处应经常开展职业道德教育活动，定期自纠自查，改小错防大错，督促监理人员做好本职工作，把个人利益放在社会利益、人民利益之后。

4.各级监理人员应重视安全监理和水保、环保监理，并纳入监理日常工作中去，把安全监理与工程质量监理结合起来。

5.低价中标造成业主、监理单位现场管理难度增大，合同履约困难，承包人质量、安全投入不足，工期、投资、质量控制压力加大，合同工期难以保证。建议采取合理低价方式。

总之，今后我们将努力加强政治学习和业务培训，努力造就出一支执行规范不手软、杜绝违规不畏难、维护合同不动摇的优秀监理队伍，虚心学习兄弟单位的先进管理水平，认真贯彻业主的指示精神，加强动态管理，加大监理力度和施工全过程质量监控，树立良好的监理形象，把今后的监理工作做得更好。在此，向给予监理处大力支持、帮助的所有领导、单位表示衷心的感谢！

××公路工程监理咨询有限公司

××年×月×日

【例文评析】

例文从本年度主要工作和总结与监理工作体会回顾两方面进行阐述。上半部分从七个方面全面具体总结了工作情况，其中包括工程概况，工程监理机构设置，工程进度控制，监理内部管理，工程质量监理，合同管理和工程投资控制，对设计、施工、建设单位的评价，且介绍每个方面时段落第一句话都是对本段内容的概括，简单明了，使人易懂。下半部分从五个方面讲监理工作体会，贴近实际，真实性强。

【例文2】

××县公路运输管理所2019年工作总结

今年，我所在县委、县政府和行业主管部门的领导下，认真开展党的群众教育实践活动，大力发展农村客运，着力提高运输保障能力，强化安全源头监管，狠抓文明创建工作，认真开展环境综合整治，严厉查处非法营运，在全所职工共同努力下，圆满地完成了全年各项工作任务。现将工作总结汇报如下：

一、狠抓道路运输保障，适应社会经济发展

1.认真搞好春运及节假日旅客安全疏运工作，大力发展现代物流，加强货物运输管理，完善道路运输应急保障机制，健全应急运输指挥、调度工作预案，落实应急保障运力，有序开展春运、国庆节等重大紧急运输任务，客货运输基本能适应我县社会经济发展。全年共完成客运量3177.75万人，客运周转量487576.25万人公里，客运周转量同比增加2.1%；货运量2987.75万吨，货运周转量364078.5万吨公里，货运周转量同比增加1.6%。

2. 为认真做好县境内客运线路延续经营许可工作，按照相关法律法规制定客运线路经营许可管理办法，报经县交通运输局、县政府同意后，按方案进行了行政许可，241辆农村客运班车延续经营权一年。

3. 县城区新增出租汽车运力的批复在今年4月已下发到我所。我所结合县城区城市公共运力结构和出租车市场需求等相关情况，正在积极筹划新增出租运力投放方案，争取尽快投放，解决县城区出租汽车运力不足问题。

4. 督促指导道路运输企业进一步完善安全评估制度、质量信誉考核制度和诚信考评体系，定期对道路运输企业进行质量信誉考核，并通过电子政务外网及时向社会公布了考评结果。今年对全县的道路运输企业进行了质量信誉年度考核，7家客运企业、3家出租汽车公司、32家二类维修企业均达标合格。

二、大力实施惠民行动，加快农村客运发展

1. 按照国家大力发展农村客运的要求，结合我县农村公路建设情况和农村客运发展实际，新增了镇西至黄石板、向义至高硐、靖和片区环线3条农村客运线路，投入客运车辆3辆，新开通8个行政村农村客运线路。

2. 根据西南交大和政府相关部门编制，结合目前我县交通建设情况和实际要求，积极开展了城北客运车站建设工作，已完成城北客运车站的选址工作和前期申报工作，现已发放燃油补贴2次，发放金额853.2万元。

三、加强安全监管，确保源头安全

坚持"安全第一，预防为主"的方针，吸取安全事故教训，把人民群众的生命财产安全始终放在第一位，进一步加大安全经费投入，夯实安全工作基础，完善源头安全监管体系，健全安全规章制度，依法落实安全责任，认真履行"三把关一监督"职责，积极组织安全宣传培训，开展各项安全活动，加强安全检查，确保了道路运输安全形势的稳定。

1. 结合全县道路运输安全管理实际，强化道路客运企业安全生产状况评估制度，建立安全评估动态考核体系，实行安全评估等级升降制度，进一步明确了各科室和各岗位人员安全职责，建立起了行之有效、可操作性的安全管理体系，安全管理更加规范化、系统化。同时，针对在安全检查中所暴露出来的问题，督促指导各企业、车站进一步完善安全管理制度和岗位职责，并按市运管处要求建立车辆技术台账、车辆保险台账、事故处理台账、安全隐患台账以及车辆、驾驶员档案，规范使用25种安全管理文书。各企业、车站安全管理工作基本做到了记录规范、有据可查，真实的记录和反映了安全管理全过程。

2. 强化安全目标管理。年初，与各企业、车站签订了责任书，将安全管理目标

任务分解到了企业、车站及各级安全管理责任人。各企业、车站也将安全目标任务分解落实到了各科室、行车班组和驾乘人员，明确了安全责任，安全目标任务落实到了车头、人头。

3. 为有效预防和减少安全事故发生，及时消除安全隐患，加大了安全监督检查和隐患排查力度，在春运、国庆节、安全生产月等节假日和安全活动期间，以客运安全为重点，对全县道路运输企业进行了安全事故隐患排查，没有发现重特大安全隐患。对在检查中发现的一般安全隐患下发了隐患整改通知书，要求隐患单位限期整改，及时消除安全隐患，确保道路运输安全。

4. 按照"谁签字、谁负责"的原则，严格客车报停、加班和包车牌发放的管理和责任追究，杜绝了因源头管理不到位而引发重特大安全事故。同时，认真履行"三把关一监督"职责，重心下沉，关口前移，进一步加强客运站源头安全监管，督促客运站狠抓"三不进站、五不出站"管理，严查"三品"、严禁"三超"，严防车辆带病上路，确保了行车安全和旅客生命财产安全。

5. 增加安全投入，按规定比例足额提取安全经费，提升安全管理科技含量，保证了电子眼和GPS监控等先进设备和先进技术的推广运用，也为安全会议、宣传、检查、隐患整改和安全奖励等安全管理工作提供了有力保障。同时，督促企业搞好客运车辆、出租汽车、危货车辆的续保工作，增强企业抗风险能力。

6. 加强对超长客车、过境高速客车、危货车辆的动态监控管理，完善和规范GPS监控、记录、警告、处罚等各项制度，加大对违章驾驶员的处理力度，充分发挥了GPS实时监控和违章记录功能。

7. 加强客车驾驶员从业资格监管，建立车辆驾驶员违章公示制度和违章记分办法，定期抽查企业驾驶员管理情况，对经常违章和发生责任交通安全事故的驾驶员进行了严厉处罚，并要求企业从安全角度出发，将其坚决清理出客运市场。

8. 创新安全学习培训方式，将每个季度安全例会安排在客运企业轮流召开，为各道路运输企业之间提供了相互学习、交流的平台，进一步提高了源头安全管理水平。

四、开展专项整治，规范市场秩序

（一）客货运输市场整治

在县政府的领导下，与各相关部门密切配合，采取各种行之有效的措施办法，大力开展客货运输市场整治，对非法营运和各类违规违章经营车辆进行长效监管，有效遏制了非法营运的反弹，进一步规范了我县道路运输市场秩序。今年共查处非法客运"黑车"55辆（其中大型旅游客车4辆）、电动三轮车14辆、非法货运车辆62辆，以及货物脱落、扬撒货车等其他违规违章经营车辆153辆次。

（二）客运站安全管理专项整顿

为加强源头安全管理，落实安全管理责任，根据汽车客运站安全管理专项整治工作方案，从安全建章立制、"三不进站、五不出站"管理、站内"三超"管理、安全设施设备等方面入手，在三级以上客运站开展了安全管理专项整治。对检查中存在的问题，立即督促车辆单位、经营业主进行整改，对整改不到位的车辆一律不予报班。另外，督促县城南总站加强"三品"检查，杜绝"三品"上车，并对查扣的汽油、烟花等"三品"进行妥善处理，有效预防源头安全事故的发生。

（三）汽车维修专项整治

组织专门的整治队伍对266家一、二、三类维修业户进行了清理整治，共查处超范围经营8家，规范经营行为87家，取缔无证经营7家，进一步规范了经营行为，确保了汽车维修安全生产形势的稳定。

（四）城乡环境综合整治

一是认真搞好了办公大楼、家属楼的美化、绿化、净化及包干责任公共区域的定期清扫工作，在市县的卫生检查中每次都达标合格。二是按市县公路沿线扬尘治理工作要求，重点对县城区大出口公路（××路、××路、××路、××路、××路）沿线的扬尘进行了治理，共查处货物脱落、扬撒货车67辆，批评教育105人次。通过环境整治，进一步规范了经营行为，净化了发展环境，提升了窗口行业的整体形象。

五、坚持绿色环保，狠抓节能减排

围绕全市道路运输业万元生产总值能耗总体目标，进一步加强车辆节能降耗管理，鼓励发展低耗、高效、环保的车辆，强化驾驶员节能操作培训，推广节油驾驶经验，努力打造节约、环保、低碳的绿色道路运输行业。

1.督促企业加强对营运车辆驾驶员及驾驶培训学员节能减排的宣传、教育，提高了从业人员节能减排意识。

2.严格执行交通运输部规定，督促指导运输企业认真贯彻落实节能减排措施，把节能减排工作开展情况与企业发展挂钩。对节能减排工作开展不好的企业在扩大经营范围、新增线路上予以限制；对达不到节能减排标准的新增车辆不准进入道路运输市场，从源头上限制了高耗运输车辆进入道路运输市场。

3.我县出租汽车和公交车已全部实行了双燃料节能改造，新增客货运输车辆全部达到了节能减排标准。

六、加强队伍建设，维护行业稳定

1.按各级党委要求，成立了群众线路教育实践活动领导小组，制定了所支部深入开展党的群众路线教育实践活动实施方案和关于在运政执法监督部门开展党的群众路线教育实践活动的方案等文件材料，明确目标，落实责任，全面贯彻"照镜子、正衣冠、洗洗澡、治治病"总要求，突出重点，落实6个更加注意，着重解决"四好"突出问题，解决与群众切身利益问题，解决联系群众"最后一公里"问题，狠抓关键环节步骤，顺利地完成了学习教育、听取意见阶段，查摆问题、开展批评阶段，分类整改、建章立制阶段的各项工作。

2.按照构建和谐社会和维护稳定工作的要求，树立"发展是第一要务、稳定是第一责任"的观念，认真对不稳定因素进行排查，制定一对一的维稳预案，及时介入，果断处置，扎实工作，尽量把问题解决在萌芽状态，防止问题扩大和矛盾激化。

一是在两会期间和重大节假日前制定行业维稳工作预案和"信访人员一对一的维稳"预案，狠抓稳控工作，全年没有发生越级上访事件。二是成功处置了××至××线路因推行公司化经营引发客运业主围堵市政府，以及××至××与××至××两线业主因发班问题引发的客运纠纷等问题，及时化解了矛盾。三是今年共收到人大建议、政协提案、县长信箱及345等信访材料76份，对人大建议、政协提案和信访材料所反映的问题进行了认真调查处理，并逐一作了回复。

七、开展文明创建，提升运政形象

我所坚持"两手抓，两手都要硬"的创建方针，以运管工作为中心，以行业建设为重点，以培养"四有"职工为根本，以"五好三优"为内容，以争创市级文明单位和保持文明行业为目标，加强领导，落实责任，积极开展了争创市级最佳文明单位和保持县级文明行业的各项工作。一是在所支部的领导下，构建主要领导亲自抓，班子成员分工抓，党政工团齐抓共管的创建组织体系，将创建工作纳入运管工作目标任务，与业务工作同安排、同落实、同检查、同考核，做到了目标明确，责任落实，奖惩逗硬。二是狠抓文明科室、文明楼院、文明家庭、文明职工等基础细胞建设，促进了创建工作向纵深发展。三是在春节、三八、五一、十一等节假日广泛开展健康有益、丰富多彩的文体活动，锻炼身体，增强体质，抵制封建迷信和黄、赌、毒的侵蚀，从而净化思想，陶冶情操，促进了职工身心健康。四是积极开展"三优一学"和"讲文明、树新风"活动，大力推行首问责任制、一次性告知制、限时结办制、岗位代理制，公开办事程序和收费项目，简化了办事程序，增加了透明度，提高了办事效率。五是坚持"管行业必须管行风"的原则，按照抓行风、正作风、树新风的要求，开门纳谏，广泛听取行风监督员的意见和建议，接受社会监督，进一步加强了道路运输行风建设。六是深化文明行业建设，广泛开展以"爱岗敬业、诚实守信、办事公道、服务群众、奉献社会"为主要内容的职业道德教育，创新服务内容和方法，提高了行业服务质量和水平。七是继续在客运班车、出租汽车和驾乘人员中开展优质文明服务竞赛活动，不断提高了道路运输行业服务水平。八是组织开展"三优三化"创文明车站活动，充分发挥了"窗口"单位的示范作用和辐射作用，展现了行业良好的精神风貌。

八、加快信息化建设，提高行业科技管理水平

我所围绕"科技促运、科教兴运"的交通发展战略，高度重视信息化建设工作，加大科技投入，运用信息技术等现代化科技手段，进一步提高了道路运输现代化管理水平。一是加强与市运政网的远程连接，逐步推行网上报备、网上报告与审批、网上查询、网上收发文、网上进行安全和质量工作考核，部分运政业务在运政网上办理，真正做到了迅速快捷，资源共享。二是完善已建的内部局域网，按要求自制文件实现了统一在局域网上运行。三是加强安全保密和网上信息监管，按规定对系统资源和主要数据资料进行备份，全年没有发生信息数据丢失情况。四是加大对单位职工计算机应用能力的培训力度，在工作中逐步扩大计算机的使用范围，厉行节约，逐步实现了无纸化办公。五是进一步完善GPS三级监控平台，扩大道路运输系

统 GPS 的适用范围，进一步提高了运输监管的科技含量。六是利用电子眼加强对道路运输市场的监控，合法取证，对发现的违法违规经营行为进行了严肃处理。七是鼓励职工在职攻读专科和本科学历，拓宽视野，提高文化素质和管理水平。八是积极组织开展道路运输从业人员安全法规及职业道德培训，共培训18期3000余人，进一步提高了道路运输从业人员安全意识。

九、2020年工作打算

1. 继续深入开展道路运输行业环境综合整治，改善发展环境，提升整体形象。

2. 借鉴外地经验，创新思路，大力发展农村小客车和城镇公交一体化，满足群众出行需求，服务地方经济发展。

3. 继续开展安全专项治理活动，强化源头监管，确保道路运输安全。

4. 认真抓好新增出租汽车运力的投放工作，及时填补县城区出租运力缺口。

5. 加强道路运输市场监管，严厉打击非法营运和各类违法违规经营行为，尽力维护好道路运输市场良好秩序。

6. 认真做好节假日旅客安全疏运工作，确保安全、优质、有序、畅通。

7. 引导企业搞好节能减排工作，努力建设资源节约型行业。

8. 加强"窗口"建设，搞好优质文明创建活动，保持市级文明单位××县级文明行业称号。

9. 狠抓职工业务知识培训和道路运输从业人员培训，加强电子政务建设，提高职工业务水平和行业科技水平。

××县公路运输管理所
××年×月×日

【例文评析】

例文条理清晰，内容真实，结构完整。例文大致可分为两部分：本年度工作总结和下年度工作打算。工作总结从八方面入手：狠抓道路运输保障、大力实施惠民行动、加强安全监管、开展专项整治、坚持绿色环保、加强队伍建设、开展文明创建和加快信息化建设，并通过小标题的形式概述，使工作总结一目了然。同时将2021年工作打算逐条列点地融入工作总结中，明确工作任务，深化工作理念，使下一阶段工作更具有方向性。

【例文3】

××县交通运输管理处2019年上半年工作总结

上半年，交通运输管理处在县委、县人民政府的正确领导下，在上级交通运输部门的大力支持下，团结一心，齐心协力，较好地完成了各项工作任务，现将主要工作简要总结如下：

一、业务工作

（一）道路建设情况

截至目前，我县续建的重要农村公路整体进展情况较为顺利。××村公路改建工程 A 线水泥稳定基层摊铺已完成 1.2 万平方米，累计完成投资 500 万元，完成工程投资的 93%。××公路改建工程全线底基层施工已完毕，目前水泥稳定基层施工的各项准备工作已就绪，××质检站底基层抽检完毕后开工建设，目前已累计完成投资 970 万元，完成工程投资的 97%。××建设项目路基工程目前已完成土石方 9000 立方米，完成桥涵设计总量的 75%；桥梁工程目前桥梁灌注桩已全部施工完毕，承台已完成 25 个，完成总量的 65%。累计完成投资 1200 万元，完成工程投资的 90%。

（二）运输经济

截至目前，安全输送旅客达 20 万人次，旅客周转量 60 万公里，货运量达 480 万吨，货运周转量 10 万吨。道路运输业从业人员达 2 万余人，实现地方税收 9 万元，实现交通运输业增加值 2 亿元。

（三）道路管理养护工作

2019 年，我处通过上路巡查和临时设点检查的形式，加大了治理超限运输力度。在重要路段采取 24 小时监控，投入 2 万元制作了两个限高架，有效地遏制了车辆超限超载现象的发生。截至目前，共承办各类案件 76 起，收缴罚款 21 万元。

按照年初制订的养护管理工作计划，我们严格执行了县道县管、乡道乡管的养护管理原则，实行养护责任制，对列养路线建立了一路一册制，记载年度该线路的养路工人、工具、大中修等情况，并加大了督促检查力度，确保了道路畅通，好路率达 90% 以上。2019 年，计划养护农村道路 90 公里，其中：县道 39 公里，乡道 31 公里，村道 20 公里，截至目前，共投入资金 140 万元，修补路面坑槽 940 平方米。

（四）安全生产

2019 年，我们和系统各成员单位及运输企业签订了《×××》，和施工企业签订了《×××》；各单位和施工企业都制定切实可行的应急预案，应对各类突发事件的发生。并运用横幅、宣传单等多种手段，在人民广场、乡镇集市日宣传安全常识 9 次，7 次组织运管、路政对全县道路施工企业、运输企业、修理厂的安全工作进行检查。截至目前，我县没有发生一起重特大交通事故和安全责任事故。

二、加强党建、精神文明建设和机关效能建设，促进交通各项工作快速发展

（一）加强党的建设

完善了党组抓党建，书记带头抓党建的责任制，落实了党建经费 5000 元。坚持"三会一课"制度，做到有制度、有计划、有记录、有考勤、有交流、有心得，不断提高全局干部的政治思想素质和工作业务水平。注重培养年轻同志，今年有 5 名同志被组织确定为预备党员，12 名同志被确定为重点发展对象，2 名同志被确定为入党积极分子。

（二）党风廉政建设及纠风工作

2019 年，我们对党风廉政建设任务进行了量化分解，做到谁主管谁负责的原则，

实行挂销台账制度，把党风廉政建设工作与其他各项工作紧密结合，同部署、同落实、同考核，并实行"一票"否决制。

充分发挥党风廉政建设牵头作用，召集协办单位联席会议9次，并与他们签订了《党风廉政建设责任书》。为做好交通系统纠风工作，还与公路管理局分局、客运站、运管局、路政局、运输公司、××收费站等10个单位签订了2019年度《纠风目标责任书》。坚持廉政谈话和主要领导上廉政党课制度，继续推行"三务公开"制度的落实，设立举报箱和意见本，24小时受理群众的投诉举报。固定资产购置实行政府采购制，财务收支情况及时向职工公示。

组织交通系统单位召开纠风工作自查自纠工作会议12次，召开行风评议员、义务监督员参加的纠风工作座谈会8次，参加昌广行风热线节目录播1次，向社会发放问卷调查2次，及时解决了上级转办和行风评议员调研、群众提出的建议和意见86条，解决满意率100%。

在纠风工作中，以规范公路执法行为为重点，坚持政策不变、口子不开、力度不减的原则，巩固公路"三乱"治理成果。坚持经常性的明察暗访工作制度，局领导带头上路明察暗访，对公路"三乱"易发地段加强监控，防止"三乱"问题发生。

加强效能建设，进一步健全和完善各项工作的激励制度，加强队伍建设。在日常管理工作上，强化"三严"。在内部管理中以"三化"为保障，上下班实行签到签退制，制作了工作去向牌，使交通局各项工作以制度约束人、以制度考核人、以制度定优劣。

（三）坚持以人为本，强化宣传教育，着力提升干部职工文明素质和行业文明程度

一是加强理论政策教育。以建设学习型党组织、学习型单位为抓手，组织干部职工深入学习习近平新时代中国特色社会主义思想，广泛开展理论政策教育。共投资7000元为干部职工购买了红色书籍，先后3次派局领导和一般干部参加交通厅、交通局举办的各类知识培训班。

二是切实加强思想道德教育。以公民道德建设月等活动为抓手，以"爱国守法、明礼诚信、团结友善、勤俭自强、敬业奉献"为主题，认真开展干部职工文明素质教育。相继开展"我就是交通窗口，我就是交通形象"等活动载体，全面普及文明礼仪知识。积极参加"十大道德模范""十大诚信人物"评选活动，开展学习先进人物典型教育活动，对出租车、公交车驾驶员开展文明出行、文明礼仪等系列教育活动。

三是深入开展民族团结和爱国主义教育。结合民族模范单位创建活动和第十四个民族团结月，切实抓好"爱党、爱祖国、爱社会主义"主题教育，突出了"抓教育，重实践，促和谐"重点，掀起了"唱响'三爱'，构建和谐"的宣传教育热潮，以民族团结教育月活动为抓手，精心安排和设计活动载体，不断赋予民族团结教育新思想新内涵。

四是大力开展道德实践活动。在执法窗口队伍中开展了"最佳运政员""最佳稽查员""最佳收费员"等评选活动；在运管系统开展了"文明出租车""文明客运班

车""文明客运线路""文明客运站""文明汽车维修业户"和"青年文明出租车"活动。使行业文明建设取得了新进展。

五是利用学习、横幅、公交车张贴标语等形式，大力宣传"救死扶伤，扶危济困，助人为乐，敬老助残"的红十字精神，树立了"人人为我，我为人人"的红十字理念。及时征订红十字刊物并按期缴纳会费。

（四）创新活动载体，不断丰富创建活动内涵

不断加大交通文化建设，组织职工开展文化活动丰富多彩。坚持以现代文化为引领，以县委重大活动为契机，举办大型群众性文化活动。2019年5月7日—10日，联合财政局邀请人武部、武警大队、边防大队、雷达连官兵和社区职工，举办了军民共建运动会，以"参与、健身、团结、奋进"为宗旨，充分展示"更快、更高、更强"的文化体育精神，树立了良好的交通形象。

（五）营造环境，强化管理，提升交通形象

一是加大单位环境综合整治力度。进一步搞好单位卫生、绿化工作，各办公室养盆景花不少于两盆，同时还要求干部职工加强室内外卫生工作，保证室内外干净整洁，改善单位办公环境。

二是加强平安交通建设。以开展平安单位、平安大道、平安家庭等"细胞"创建活动为抓手，建立健全平安创建领导责任制、经费保障机制。大力开展普法依法治理先进单位创建及"法治进机关"活动。积极开展交通秩序整治、"六五"普法和以"热爱伟大祖国，建设美好家园"为主题的大教育活动，从思想上、措施上、行动上落实平安创建各项任务。

三、采取的主要措施

（一）注重抓各施工企业的施工质量，加大项目执行办管理力度

一是抓项目执行管理。项目执行办对工程项目实行全过程、全方位的管理，加强了对监理工作质量和施工单位工程质量的监管、检查力度和对工程质量管理、进度管理、质量目标的管理。二是抓监理组的工作质量。重点检查监理对工程实体质量，原材料质量，中间工序的控制，对质量问题的跟踪处理结果。三是狠抓项目部管理。工程开工前，重点检查了施工单位的资质等级，人员资格，实际进场人员和机械设备与投标承诺的符合情况。施工自检体系建立，各项岗位质量规范，质量责任的制定情况。

（二）严格规范施工工艺

要求各施工单位必须按照施工规范和州交通运输局有关要求组织施工。施工现场有序，层次清晰，做到文明施工。路基施工重点检查压实度是否达到要求；路面施工重点检查路面平整度，下封层撒布质量；油面摊铺纵向接缝的施工质量；桥涵施工重点检查混凝土浇筑质量，涵洞回填等问题。

（三）从严管理，实行定期检查和日常巡查相结合的方法，加大对各施工单位的检查力度

今年在各项目复工后，执行办多次组织集中检查，重点对水稳拌和站的材料进

场质量，实验仪器设备，实验人员资质进行了检查。对检查中发现的问题，不讲情面，从严处理，绝不手软，今年上半年共下发停工整改通知书3份，要求施工单位限期整改，监理组跟踪检查，对整改结果进行复查。有力地保障了工程质量，促进施工单位按规范，按程序，按要求施工。同时充分发挥乡政府，村委会的作用，发动群众积极参与工程质量监督，使施工单位自觉接受社会监督。

四、存在的问题

一是资金缺口大。农村公路建设资金除上级补助外，其余均需要县财政配套，财政压力较大。

二是执行办技术力量、人员严重不足。执行办在进行公路项目管理，技术指导和实验检测过程中，由于技术人员不足，严重制约了公路建设质量的提高，降低了对施工现场控制的及时性和准确性，无法达到预期的目标和效果。

三是公路建设管理的各个方面相比其他县市执行力还存在一定差距，各项管理制度还不够健全和完善，与其他县市的公路建设管理的交流还有待加强。

××县交通运输管理处
××年×月×日

【例文评析】

例文从"业务工作""加强党建、精神文明建设和机关效能建设，促进交通各项工作快速发展""采取的主要措施"和"存在的问题"四方面进行工作总结，每一方面都采取并列式布局，并且每一方面通过对标题的使用，让读者清楚了解每段的大致内容。在前两个方面，读者可以从总结处找出亮点，例文做到了详略得当，承前启后，结构清晰明了。

【例文4】

××路网监测与应急处理中心2019年工作总结

2019年，××街道应急管理工作在区委、区政府的正确领导和区指挥中心的指导下，紧密围绕全区工作大局，认真贯彻应急管理工作的要求，开展了超多的基础性工作，较好地完成了各项工作任务。现将一年工作总结如下：

一、全年工作总结

（一）立足科学实用，完善应急预案体系建设

为深入贯彻实施突发事件应对法，完善应急管理预案体系、体制、法制建设，我街道完善了街道应急管理组织体系和预案体系，成立了由一把手任组长的领导小组，并在辖区内6个社区建立了应急组织，使基础建设得到较大加强，应急潜力得到全面提升。一是完善预案。年初，鉴于全区进行社会管理创新改革，结合我街实际状况，重新修订和完善了各类应急预案，包括《××街道突发公共事件总体应急预案》《××街道防汛应急预案》《××街道安全生产事故应急预案》《××街道突

发公共卫生事件应急预案》《××街道紧急疏散应急预案》等专项预案，辖区内6个社区也根据实际状况分别完善了应急预案。二是应急演练。做好应急预案演练。年内，进行2次应急演练，分别为消防应急演练和紧急疏散应急演练。通过演练，一方面检验应急预案的实用性和可操作性；另一方面提高全街工作人员防灾减灾和应急处置潜力。

（二）强化值守应急，提高综合协调和现场处置潜力

一是建立健全值守应急各项制度。依据《××市市政府系统值守应急工作意见》，修改完善我街突发事件信息处置程序及方法，加强两节、两会，个性是敏感时期的值班值守工作。二是建立健全我街突发事件信息报送机制，构成全街上下贯通的政府系统应急信息直报网络体系，试运行区应急管理系统，提高信息报送效率，未出现迟报、瞒报、漏报等问题。三是进一步完善信息员队伍。街道、社区、驻街单位选拔出工作态度端正，有职责感的同志担任信息员，负责信息报送工作。四是加大领导批示督办力度。落实省、市、区领导有关应急方面的指示、批示，切实做到及时专办、及时办结、及时反馈。

（三）完善组织体系，夯实应急管理工作基础

一是建立健全预警防控体系。按照职责分工和工作范围，加强对各类突发事件，个性是重大突发事件及灾害性事件的发生、发展及衍生规律的研究，建立和完善对突发公共事件的检测、预测、预报、预警体系。二是街道、社区及驻街单位按照有领导分管、有科室负责、有专人跟踪联系的要求，配备应急管理人员，健全应急管理制度，在资金紧张的状况下，确保应急管理物资、车辆的配备。对于事故易发单位、易发地点建立专、兼职的应急队伍。三是深入开展隐患排查分析。认真开展风险调查和隐患分析，排查危险源。对辖区范围内可能引发自然灾害、事故灾难、公共卫生事件、社会安全事件等危险源、危险区域进行调查、登记，建立突发事件隐患数据库。四是建立健全应急联动机制。街道与社区、驻街单位加强相互联系、沟通和协调配合，明确各方职责，确保一旦发生突发事件，能够有效组织、快速反应、高效运转、临危不乱，共同应对和处置突发事件。

（四）强化应急管理宣教培训，普及公共应急知识

广泛开展应急管理工作的宣传。做到应急管理工作进街道、进社区、进企业、进学校，切实提高全社会公共安全意识和自救、互救潜力。加强应急管理知识的社会宣传和普及，按照突发事件应对法的要求，充分利用广播、电视、报纸、网络等传媒形式，面向公众进行宣传教育。加强应急管理培训。结合我街实际，组织集中培训1次，提高应急管理和处置突发事件的潜力。以典型带动全面。我街农大社区为明年全运会场馆所在地，同时也是市应急管理典型示范单位，街道以农大社区为标杆，带动全街各社区应急管理建设。

二、2020年工作打算

1.完善预案。完善街道各类应急预案。按照横向到边、纵向到底的目标，依照区2019年应急管理工作的任务，突出抓好专项预案的编制修订，力求使各项应急预

案资料完整，简明扼要，操作性强，贴合实际。

2. 推进平台。充分利用区应急管理系统，到达预警、信息上报、善后处理网上申报常态化。

3. 整合资源。加强应急储备数据库建设，加大应急物资储备资金投入，个性是加强常规应急物资储备。

4. 加强演练。制定贴合自身实际的应急演练计划，进一步提高全街人员的应急处置潜力。

在今后的工作中，我们将在上级的领导下，重视解决交通应急管理工作的困难和问题，依靠和发动广大人民群众，总结经验，研究对策，发扬成绩，完善措施，狠抓落实，进一步加强交通应急管理潜力建设，全力保障群众生命健康和财产安全，为服务经济和社会持续健康、快速协调发展作出新的更大贡献。

××路网监测与应急处理中心
××年×月×日

【例文评析】

例文结构完整，可以分为两部分，前半部分对本年度工作进行总结，其中包括完善应急预案体系建设、提高综合协调和现场处置潜力、夯实应急管理工作基础和普及公共应急知识四方面，同时通过采取并列式结构使总结简单易懂。后半部分的2020年工作打算贴近现状，注重真实性，对于存在问题的认识很具体，真实地说明了自身发展的缺点和不足，并做了积极的打算和可行性的计划。

【例文5】

××船闸管理所2019年一季度工作总结

进入2019年，××船闸管理所在市航道处的正确领导下，按照市处年初下达的工作目标任务，以党的十九大精神和习近平新时代中国特色社会主义思想为指导，紧紧围绕"服务船员，奉献水运"的服务宗旨，抢抓机遇、奋力开拓，在服务船员上下功夫，在安全生产上花气力，在管理创新上做文章，扎实推进一季度船闸工作有序开展。

一、重点工作完成情况

（一）过闸费征收超序时完成，实现季度开门红

一是强化服务创新，以服务促征收。今年来，船舶流量进一步加大，特别是矿石、建材等货物运输周转明显上升，为了做好船闸的服务管理工作，朱码船闸一季度开展了走访水运企业了解水运市场需求行动，掌握重点水运企业在船舶运输中存在的困难和问题，针对走访调研情况，进一步完善船闸服务流程，主动改变服务模式，开通24小时不间断运行模式，根据淮钢和华能电厂运转需求为电煤等能源开辟绿色通道。为了搞好服务，保障辖区航道畅通，为船员提供良好的过闸环境，管

所和地方海事等部门加强协调联动，在船舶积聚流量加大的关键时期，联动协作打通航道，保障船舶畅通航行，安全过闸。二是狠抓源头管理，以稽查促征收。近期来，船舶流量加大，特别是当下的"etc"船舶占主流，为了保障闸费应收尽收，保障闸费不逃不漏，管理所加大对过闸船舶的稽查力度，实行预申报询问核准，船舶待闸二次核查，闸室过闸复查三道检查模式，坚决严查瞒报谎报超载等过闸违规违章行为。

（二）强化安全监管，保障船闸畅通

2019年一季度，管理所安全形势依然严峻，为了保障船闸安全畅通，一是层层签订目标责任状，压实安全生产工作责任，为了进一步落实安全生产目标责任，除了管理所与各科室签订安全生产目标责任状，同时各科室与科室成员签订了安全生产责任书，形成人人身上有压力、个个肩上有担子，进一步夯实和细化工作职责。二是进一步完善安全生产规章制度，严格落实安全生产责任制和安全生产连带责任和一岗双责、失职追责制度，进一步强化红线意识；加强安全生产教育培训，开展了安全生产教育培训；送安全知识上船头，提升过闸船员树立安全意识和逃生自救能力；开展安全"流动课堂"，组织安全员和执法人员上航向过往船员讲解安全过闸、用气用电以及灭火器等安全应知应会知识。三是加大安全生产检查和隐患排查整改力度，管理所实行周安全例查、月安全检查、季度安全督查等安全检查模式，开展重要节日安全检查，对查处的安全隐患做到整改一处消除一处。一季度完成安全检查3次，季度大检查1次，重要节日安全督查1次，完成跨二线闸公路桥桥墩隐患排查整改，完成下游停泊锚地爬梯隐患整改，完成安全提醒教育隐患整改。四是完善应急预案，加强安全保障能力，积极应对冰冻、大风等极端天气对船闸运行带来的不利影响，圆满完成了低水位、汛期和待闸船舶骤增等特殊时段安全服务工作，保障了船闸的安全运行。

（三）加强设备养护，提升工程保障

严格按照船闸设备养护管理办法的要求，加强对船闸门、机、电等运行情况的巡视和带缆钩、爬梯、等助航设施的观测检查，保障船闸安全高效运行。一季度，管理所完成启闭机液压油更换，监控防静电板更换铺设，防雷检测，更换维修电子大屏主控面板，及时发布更新"etc"功能应用等，落实专人加强设备检修和维护。不断提升科技创新能力，积极开展QC小组活动，落实QC课题选题研究，提升服务管理质量。做好二线船闸引航道疏浚工程，积极提供协调保障服务，加强施工现场对接管理；上报办公楼整修工程方案，做好设计、监理和施工单位招投标等前期准备工作。

（四）提升执法能力，强化法律宣贯力度

一季度，管理所积极组织行政执法人员讲村、上船宣传，开展行政执法服务月专项活动，对船舶过闸常见违规行为进行警示和提醒，特别针对在闸室、闸口或者引航道内滞留、未足额缴纳过闸费进出闸时抢档、超越等8种过闸常见违章行为进行教育处罚，有效提升了管理执法能力，营造了安全和谐的过闸环境。通过新春送

"福"到船家及学雷锋主题系列活动，开展普法服务，宣传《中华人民共和国航道法》《江苏省航道管理条例》等水运政策法规，提高船员法律意识，推动了管理所管理执法工作的严格、规范开展。

（五）党建、党风廉政、行风建设和意识形态工作常抓不懈

坚持把党的建设作为首要政治任务，严格按照"三会一课"制度落实党建工作，制定了管理所年度党建工作计划，中心组工作计划，创新党小组"五个一"学习形式，党小组学习3次，中心组学习3次，开展支委上党课1期，普通党员党课3期，大力推动党建品牌和服务品牌的创建工作。深入学习党风建设和反腐倡廉各项规定，积极开展"五微积分"管理实施办法，不定期明察暗访，季度通报，将作风建设常态化。开展党风廉政工作部署会，分析当前党风廉政当下形势，部署党风廉政工作，定期开展党员领导干部约谈提醒，党员之间谈心谈话。认真学习宣贯《关于新形势下党内政治生活的若干准则》《中国共产党党内监督条例》。牢牢掌握意识形态工作的主动权，加强网络舆论的正面引导和把控，管理所召开了意识形态工作推进会。

（六）夯实内部基础管理，做好后勤保障工作

内部管理是船闸工作中的重要环节，是其他各项工作的有效保障。一季度，管理所坚持"科学管理、合理配置、职工参与"的工作理念，加强职工队伍建设、文明创建、档案管理、信息宣传、文书管理等工作。政务信息、宣传报道开局良好，一季度，政务信息上报市处34余条。新闻稿件被各级媒体录用10余篇。举办了"三八节"诗朗诵活动，丰富女性职工的生活，开展了植树造林添绿活动，积极参加无偿献血，调整了食堂就餐模式，申报了省级文明单位争创，大力投入创建全国文明城市，积极开展结对帮扶、共创共建活动，还举办了助学帮困、送"福"到船家、环保志愿行等系列文明创建活动。继续打造便捷、舒适、温馨的船民驿站，推广微信服务公众号，得到了过闸船员的广泛赞誉。

二、存在的不足和问题

一季度，管理所各项工作取得了良好的开局，但仍存在一些困难，船舶流量剧增，停泊锚地待闸区域有限，航道水位变化快等诸多客观因素，对船闸调度管理、措施应对等提出高要求，流量增大停泊锚地船舶无法有序停靠待闸，现场排挡疏航需要安排部分人员，由于管理所人员紧缺，给运行调度上带来了一定的困难。船闸的安全问题一直是困扰管理所的重要因素，跨二线船闸公路桥经常受过闸船舶的刮擦，对桥墩的承重和船闸的安全运行带来了考验。

三、下一步工作计划

（一）进一步抓好队伍建设

立足船闸发展的人才需求，进一步明确职工培养的目标和措施，培养适合多岗位的职工，让船闸职工在工作和学习上齐头并进，广泛开展员工的思想、文化、业务教育，积极争创学习型船闸，争做学习型职工，在业务能力和知识水平上再上新台阶，努力打造一支具有坚定理想信念，良好的道德风范的职工队伍。

（二）进一步抓好闸费征收

继续一如既往地把闸费征收工作作为保住生命线的头等大事，在服务上下功夫、在领导上再加强，在稽查上再保障，全面抓住征收主动权，咬紧全年目标任务不放松。再进一步做好水运企业和过闸船员调查研究，密切关注船舶动态，做好船舶过闸跟踪服务。进一步树立服务品牌，执行"首问负责制"制度，增强服务船民的意识，以服务吸引人、留住船。

（三）进一步强化安全生产工作

船闸的安全工作始终是重点工作，在接下来的工作中，管理所将积极完善各项安全措施，加大安全隐患排查治理，继续开展安全专项学习教育，提升安全意识和安全保障能力，加强安全应急演练，特别是高温、暴雨、台风等恶劣天气的突发应急保障，不定期上船头开展安全宣教，为船闸安全生产上好安全锁。

（四）进一步强化设备养护

做好机电设备保养，以日巡查、定期检查为主，及时消除安全隐患、解决技术故障。按照市处批复的工程计划，做好各项工程建设，确保工程进度；积极开展技术创新，研究解决船闸运行出现的新情况，做好小组活动的前期工作准备，拓展微信公众号服务。

（五）进一步规范内部管理

船闸的稳定高效运行离不开坚强的后勤保障，这对内部管理提出了新要求，下一步将加强管理所内部管理，努力提升工作效率，建立科学的管理制度，完善职工考勤管理，规范职工外出办事程序，强化职责落实。对照年初目标任务，加强政务信息和宣传报道工作，定期通报各科室的任务完成情况，为完成任务打下坚实基础。努力准备省级文明创建事宜，做好创建各项工作。

（六）进一步加强党建和意识形态教育

切实抓好党建基础工作，严格执行"三会一课"制度，每月定期开展党日活动，普通党员上党课等，深入学习十九大以及历届全会精神，做好"学习强国"学习，进一步抓好党小组"五个一"党建品牌创建工作。切实做好意识形态工作，定期召开意识形态工作分析研判会，开展网络舆论教育培训，加强职工网络舆论鉴别力和处理能力，牢牢掌握网络舆论的主导方向。

××船闸管理所
××年×月×日

【例文评析】

例文首先是对过去一季度的工作进行总结，采取并列式布局，从以下几方面入手：过闸费征收超序时完成，强化安全监管，加强设备养护，提升执法能力，常抓党建党风廉政、行风建设和意识形态工作，夯实内部基础管理。总结部分的标题既能一下子吸引住阅读者，给人以深刻的印象，又能概括总结的内容，突出总结的特点。例文后半部分阐述了自身发展的缺陷及今后发展的方向。

【例文6】

××交通综合执法大队2018年工作总结

一年来,在各级领导的关怀和支持下,××县交通综合执法大队围绕构建和谐交通,规范执法,文明执法,服务执法,不断更新理念,创新工作结构,实现了交通综合执法工作的新突破和大跨越。回顾全年工作,大队以队伍建设为主线,从强队伍、重业务、抓规范、保安全、促党建等方面入手,使队伍建设出成果、路政管理上台阶、运政业务更规范、客运市场见成效、水上执法平稳有序、安全管理无事故,圆满完成了全年各项工作任务。

一、全年工作总结

（一）机构改革见成效

2018年3月,《中共××县委机构编制委员会关于县交通运输局承担行政职能事业单位改革试点实施方案的批复》,以××县公路路政管理大队为依托,从原运管所和海事处划转182人,组建了××县交通综合执法大队。组建后,大队进行了公章更换、法人证书更新,顺利办理了原户头的销户、新进职工住房公积金、医疗保险过户;办理人员入编、工作调动手续、工资关系接收;完成工作人员执法证件的信息采集和情况摸底。7月18日,中央编办承担行政职能事业单位改革试点工作评估验收组莅临我大队,对交通综合执法改革工作进行了高度评价。

（二）加强学习培训,提高执法能力

2018年5月,我大队全体协助执法人员参加××市公路路政管理系统协管员培训会并参加了考试,协管员全部考试合格,均取得了××省交通运输协管证。2018年7月,全体队员学习了《××省农村公路条例》《××市交通运输局关于印发执行交通运输行政执法公示制度行政执法全过程记录制度和重大行政执法决定法制审核制度工作实施方案的通知》等交通行政执法新规、制度等相关文件精神。全年,组织全体队员学习各类法律、法规、重要文件26次,开展交通行政执法业务培训19次。

（三）加强执法管理,严格依法行政

大队严格执行《公路法》《公路安全保护条例》《道路运输条例》等相关的法律、法规,全体执法人员做到了严格执法、文明执法、服务执法。一是对执法范围、执法职责、执法行为、执法标准等事项作出了明确规定;二是对路检、路查的执法程序、执法用语、执法忌语进行了规范;三是规范法律文书制作,做到了专人专管、规范整齐,简易程序制作达到熟练化,一般程序制作达到规范化;四是进一步落实各项工作制度,落实交通部"五不准"和"八项禁令"。

（四）运政业务更规范

一是打非治违力度大。宣传发动,利用移动网络平台、掌上××、宣传资料等告知市民乘坐"黑车"的危害性及乘坐正规出租车的基本常识,发动人民群众积极参与"打非治违"行动。二是对"黑车"采取明察暗访,利用摄像机、照相机进行调查取证，采取打时间差等办法，深入非法营运车辆经常出没的地方，走访群众，调查了解非法营运车辆的基本情况，掌握有效证据，为严查重罚提供第一手资料。三是严查重罚，对未取得营运证、从业资格及无出租车经营许可证的非法营运车辆一律严查重罚。四是开展专项打击。机构改革后截至目前，执法大队在"打非治违"行动中共出动执法车辆173余台次，检查车辆1032辆，其中查处非法营运车辆25辆，查处非法拼改装车辆17辆，未年审道路运输证车辆33辆。

（五）水上执法平稳有序

一是继续抓好"救生衣行动"加强码头和渡口的现场管理，特别针对客渡船舶是否执行"六不发航"制度进行了严格检查。严格要求船主督促乘客上船穿戴好救生衣或救生浮具，对救生衣配备不足或乘客未按规定穿好救生衣的船舶一律不予签单放行，杜绝水上交通重特大安全事故发生。二是水运环境保护专项治理工作。为切实做好我县水运行业环境保护整治工作，县海事处在各渡码头进行环境保护宣传，督促各渡口进行路面清扫和船舶清洁，要求采砂作业船舶加强船员教育，严禁将生活垃圾和船舶废油倾倒入岷江河污染水源。三是重点渡口视频监控工作。确保××渡口和××两个重点渡口的视频监控及艘客渡船船载视频监控系统的正常使用，落实专人负责，通过建立水上安全视频监控系统，对船舶航行安全实施不间断动态监控，将事故消灭在萌芽状态，为水上交通安全提供了坚强保障。四是航电安全监管工作。加强对航电日常安全监管工作，制定巡查、巡航计划，要求汉阳航电工作船按规定配备船员、救生、消防等设施，落实专人负责，及时做好水情传递工作，确保辖区水域安全。五是积极推进河长制工作。为认真贯彻落实中央、省、市关于加强河湖渠系管理保护决策部署，进一步加强我县辖区内河流、水库、渠系管理保护，县海事处作为沙溪河治理牵头单位的联络员，围绕水资源保护、河湖水域岸线管理保护、水污染防治、水环境治理等任务，统一部署，广泛宣传发动，建立治理工作协调机制，制定了工作方案，完善了组织机构，对水域实行分段监测、分段落实责任，完成对沙溪河摸底调查工作和资料收集工作，开展河道清理，畜禽养殖污染治理，编制了沙溪河治理四张清单，实行挂图作战，确保我县水环境得到有效改善。

二、下一年工作安排

1. 加强队伍建设，保廉洁，提升队伍形象和素质；注重对违法证据的收集，使执法程序更加严谨。

2. 着力打造一流的交通综合执法队伍，一流的服务态度、公开透明的执法流程、科学高效的管理手段。

3. 加大巡查力度，维护路产路权，强化安全监管。

4. 严格控制红线，审批、监管到位。

5. 加强广告设置管理，确保畅通和提升路容路貌。

6. 加大抛洒滴漏治理，确保道路安全、畅通、整洁。

7. 加大对道路运输市场的整治力度和监督力度，进一步规范道路运输经营行为。深入推进"打非治违"专项整治行动。

8.继续开展打击维修行业非法改拼装营运车辆、无证经营、超范围经营、使用伪劣机动车零部件等违法行为。

9.继续开展水上执法行动,确保无安全事故。

10.加强宣传,提升交通综合执法大队形象和知名度。

11.认真及时完成上级交办的各项工作。

××交通综合执法大队
××年×月×日

【例文评析】

例文结构完整,分工作总结回顾和下一年工作安排两部分阐释。例文前半部分的工作回顾总结主要阐述该单位机构改革见成效、加强学习培训、加强执法管理、运政业务更规范、水上执法平稳有序五方面深入开展,总结全面且客观。例文后半部分主要进行下一年工作安排,重点抓好十一个方面工作,依托大环境,贴近现实,详略得当。

【例文7】

××公路管理局2019年工作总结

我工区现有干部职工人,列养路线条,总列养里程为公里(国道线公里、省道××北线公里、××高速路连接线公里)。一年来,我工区在市局、市处的正确领导下,以迎国检为契机,努力践行"××坦途、上善大道"创建工作,本着畅、洁、绿、美的养护原则,在保畅、保洁、保安全、绿化、美化等方面做了大量工作,不但优化、美化了公路环境,而且大大提升了"文明服务、安全畅通"的服务理念。现将全年工作总结汇报如下。

一、全年工作任务

(一)强化路面保洁保畅,加强公路养护规范化管理

我们始终把路面保洁、保畅作为养护的重点:一是清扫车坚持每日清扫两遍,个别路段随脏随扫,常年保持了路面洁净。二是加强小修保养工作,及时处理路面病害,保证行车安全顺畅。三是加强日常督导,抽调办公室、督查室人员成立督查组,每周不少于三次上路对各路段进行检查,把养路工的上路率作为督查重点,每月都下发督查通报,对存在的问题责令限期整改。对养路工不按时出勤者,给予经济处罚,大大提高了上路率。四是遇到水毁、绿化、清理垃圾等集中性任务时,临时整合养护力量,统一调度,集中突击,常年保持了公路的洁净、安全、畅通。

(二)做好绿化、美化工作,提升公路形象

我工区以迎接国、省检为契机,始终把××国道和××高速连接线的绿化、美化作为重点之一,下大力量抓好。按照经济、实用、美观、和谐的要求,以提升道路整体环境,增加道路植物多样性、立体性为宗旨,将××线25.965公里的绿化

补植作为重中之重，精心组织、认真实施。总的原则是乔、灌、花不留一处空白段，加强管护达到最佳效果。具体措施：一是内边坡紫穗槐由原来的一行补齐至三行，实现边坡绿色全覆盖。二是绿化平台内的桧柏按每25米一棵补齐。平台内的紫叶小檗、女贞、百日红等，以"豆腐块"图形为标准缺失一株补一株，花草以种植芙蓉、蜀葵相间，年内将对蜀葵进行二次修剪，达到最好的绿化美化效果。汛前天气是一年中最炎热、最干旱，为确保成活及时浇水至为关键。出动四台水罐车，不间断地对绿化进行浇水作业。截至6月5日，107线补植紫叶小檗16万株、桧柏186株、紫穗槐20万株、女贞10万余株、月季花5万株，种植臭芙蓉、蜀葵共计31200平方米。绿化后的107国道是花灌相间，杨柳辉映，层层叠韵，郁郁葱葱，成为了一条初具效果的生态路、景观路。此外，认真搞好××高速徐水连接线的绿化补植工作，完成补栽法国梧桐2795株、油松150株、桧柏186株、花碧桃142株、紫穗槐30万株、女贞4万株。

（三）首次实施新工艺机械化处理路面病害，确保道路安全畅通

自5月29日至6月27日，107线徐水段25.956公里和××北线××至××段10公里的路面病害处治工程全面完成。××线××段改建于1997—1998年，已到大修年限，超期服役，造成该路段路面龟裂、网裂及部分路段严重沉陷，路面破损面积较大，给公路交通带来一定的安全隐患。今年是国检年，××线是重要迎检路线，我们按照市处统一部署，对××线××段路面病害组织实施高标准处治。为做到既高标准、又快速施工、工作效率最大化，制定了切实可行的施工方案，达到安全、文明优质、高效的良好效果。一是采用德国产维特根牌w1900-c冷铣刨机铣刨旧路面，该机械能够一次性对两米宽病害路面结构层进行铣刨，具有良好的牵引力，强大的行走驱动、高铣刨能力，确保该机具作业、生产的高效率，破损深度可控制性，900多平方米的路面病害，不到一天时间就铣刨完毕，铣刨后的路槽底面平整、四壁顺直整齐。相同的数量，人工挖补，需要一周才能完成，且质量很难保证。该机大尺寸的输料系统能使铣刨下的材料迅速、可靠地输往运料卡车，直接运走。二是在施工现场采取了措施，使工程施工对道路通行的影响降到最低。具体措施：严格依据《交通疏导方案》封闭施工路段，现场安排专人负责安全疏导，严格按规定设置安全标志、摆放反光标志墩等。三是安排专门人员随时清扫铣刨现场残留的沥青渣土，用大功率吹风机吹净路槽内的沙土，以利新旧路面的紧密结合，减少浮尘对过往路人的不适。四是及时进行喷洒乳化沥青作为结合油，以利新旧路面结合紧密，同时紧密衔接路面铺装工作。做到随挖、随补、随碾压、随放行。五是铣刨时对起点、终点、桥头等接缝处进行接顺处理，降低因施工给过往车辆带来的不适感。在施工过程中，市处领导多次莅临指导工作，工区全体施工人员放弃节假日，每天早上5点天刚亮上路，晚上天黑收工，中午不休息。顶烈日、战酷暑，一天工作十几个小时。经过全体干部职工的不懈努力，克服一切困难，发扬不畏艰难、无私奉献、拼搏奋进的精神，高质量高标准地完成了施工任务。××线完成挖补6736.1平方米、××北线××至××段完成挖补5587平方米。

（四）加强路政管理，保护路产路权

我们加大路政管理力度，重点对××国道及××北线的平交道口、非交通标志牌进行集中规范治理，坚决杜绝私搭乱建、侵街占道现象。在平交道口治理上，采取私人的由个人负担，公益的由工区负担的原则，共治理平交道口15个，同时对非交通标牌进行综合治理，使非交通标牌的手续齐全率达到了100%。一年来，路政管理收取路损索赔（补）偿费178840元，发生路政案件148起，查处148起，结案率100%，清除非交通标志97块，清理路界内垃圾杂物87处，970立方米，堆放物料51处，12.1立方米，并出动挖掘机5台班，装载机8台班，翻斗车27台班，汽车翻46台班，人工374工日。在辖区内主要村庄道口张贴县政府《关于优化公路环境，依法保护路产路权》的通告计44份，出动宣传车16车次，散发路政管理宣传单、路政举报案件联系卡900份。

（五）积极配合县政府开展联合治超工作

县政府十分重视联合治超工作，牵头组建了"××县治理车辆非法超限超载领导小组"，××副县长任组长，负责全县治理超限超载工作的统一协调和调度。积极协调各相关治超成员单位（政府办、监察局、养路工区、交通局、公安局、安监局、工商局、质监局、发改局、法院、检察院等部门），每月由主管县长召集治超成员单位负责人召开例会，就治超工作中发生的难点问题集体研究解决，对治超工作多次召开调度会议，真正成为治超工作的发动机撑腰人。具体做法是：

1. 联合治超相关成员单位挑选精兵强将，充实联合治超队伍。针对治超工作中出现的新情况、新问题，协调县纪委同志常驻治超检测站，加强监督。

2. 严格制度，保障治超工作的顺利进行。一是对治超检测站工作人员加强了执法意识教育，提高认识整顿思想作风；要求治超工作人员有亲属从事运输业的，要主动调离治超工作岗位。二是建立健全考勤、督查、办案、值班、数据上报、治超车辆使用、超载超限车辆处罚、工作考核等一系列工作制度，使治超工作更加规范有序。三是为把日常事务经常化，坚持每天早上交接班时召开简短例会，对工作中出现新问题相互交流经验，以及时改进工作。对治超工作中表现优秀的进行表扬，并上报联合治超领导小组，作为各成员单位考核重用的对象。治超工作文件文书及时归档并派专人保管。四是坚决与带车人、暴力抗法者及阻挠执法的分子斗争到底，决不与违法分子沆瀣一气。摸清"车托"有关情况后，由公安机关依法严厉打击"车托"带车、强行闯关和暴力抗法等行为，有效地震慑了违法分子的嚣张气焰。五是严格纪律。对治超工作人员为违规车主提供治超信息的，违纪轻微人员调离路政执法队伍，严重违纪的经研究对其本人给予纪律处分，在治超工作中严禁携带手机；严禁治超工作人员饮酒上岗。

3. 发挥流动治超的优势，加大道路联合治超力度。××县域内国、省、县等干线公路四通八达，比邻××市，治理难度较大，为有效打击超限超载运输车辆车主的各种伎俩，我们加大了道路联合治超力度，积极开展联合治超工作，发挥流动治超的优势，治超检测站的两个执法中队，采取两班倒制度，实行24小时不间断在主

要干线公路巡查值守。充分挖掘固定检测与流动巡查的稽查方式，力阻恶意超限超载运输车辆。一年来，通过这些有力措施使我县境内的超限超载车辆得到了有效遏制。共计检测出超限超载车辆1591辆，源头劝返517辆，卸载20626.2多吨，罚款2214700元。

（六）强化责任，确保桥梁安全

××国道5米以上的桥涵共9座，××北线4座，××高速连接线1座。为保障公路桥梁的安全畅通，消除桥梁安全事故隐患，一是平时做到勤管、勤看，坚持日常巡查与定期检查相结合的工作方法。二是实行桥梁工程师责任制，签订责任状，实行一桥一个应急管护预案，并做到责任到人，对列养桥涵摸清底数，做好检查记录，发现问题，及时处理，确保桥梁处于完好状态，杜绝了事故隐患，保证了通车安全。多年来，从未出现过一起因桥梁安全引发的交通事故。

（七）强化"爱心驿站"功能，方便服务群众

我工区坚持"公路管理寓于服务之中"的理念，在××国道××铺养护中心设立了"爱心驿站"，并不断拓展其服务功能。大力开展助民便民活动，配备有急救包、修理箱、打气筒、保温水桶、灭火器等便民工具和药品，同时提供临时休息、交通咨询等服务，免费为过往司机、行人提供便利。并在公路沿线适当位置设置路政投诉举报电话，为过往车辆举报、救助提供方便。在日常巡逻中，路政执法车辆携带工具箱、医药箱，为过往司机及群众提供帮助，给困境司机及群众提供救助。一年来，共实施各类救助17次。

（八）加大信息宣传报道力度

一年来共向市局、处报送信息30余条，采纳2条，在《××法制报》刊载报道5篇，《××晚报》刊载报道2篇，《××交通》刊载报道4篇，《××日报》刊载报道2篇，《市公路处信息平台》采用3篇；保定电视台《交通纵横》栏目对我工区工作进行了9次报道；我工区自办《××公路简报》11期。

一年来，我们虽做了大量工作，取得了一些成绩，但距离市局、市处领导的要求还很远，与兄弟单位相比，还存在一定差距。今后，我们将继续总结经验，积极向兄弟单位学习，进一步深化"文明服务、安全畅通"的服务意识，力争打造作亮点，使养护与路政管理工作再上一个新台阶。

二、存在的主要困难

1. 经费不足，改变群众观念不容易。

2. 路面保洁难度大，公路沿线各种重点工程、开发项目众多，工程车不规范装载污染严重，保洁工作事倍功半。

3. 公路沿线非公路标牌、违章临时建筑整治难度大，且容易回潮，乱堆乱放不易控制，马路市场极易死灰复燃。

4. 建立长效机制迫在眉睫。

三、2020年工作思路

为了给公众出行提供"畅通、安全、舒适、优美、生态"的公路通行环境，2020

年美丽公路、四边三化是公路部门的重点工作，我局将全方位进行调查摸底，对重点路段进行划分，以种植绿化和绿色通道建设为重点，完善提升公路绿化，实现省道公路两侧宜林地段绿化覆盖率达到95%以上，平均单侧绿化宽度达到15米以上。清理公路沿线范围内的生活垃圾、建筑垃圾、非法主废品收购点；清理违法和无序非公路标志标牌；整治沿线建筑、桥下空间堆积及马路市场，确保无乱搭乱建的构筑物，确保无违章占道经营。

××公路管理局
××年×月×日

【例文评析】

例文结构简洁明了，语言朴实。例文按照"全年工作任务—存在的主要困难—2020年工作思路"的结构，着重突出主要工作的八个方面：加强公路养护规范化管理、提升公路形象、确保道路安全畅通、加强路政管理、积极配合县政府开展联合治超工作、确保桥梁安全、方便服务群众、加大信息宣传报道力度，给人条理清晰、观点明确之感。在例文最后，作者从四个角度分析存在的问题，贴近现实，客观实际，美中不足的是工作思路方面有些笼统。

【例文8】

××市交通物流发展局2019年工作总结

2019年来，我局在市交通运输局党组的正确领导下，认真贯彻落实省市交通工作会议精神，以物流调研为中心，项目建设为重点，紧紧围绕年初确定的各项工作考核目标开展工作。各项工作任务圆满完成，取得较好成效。现将主要工作情况总结如下：

一、2019年主要工作情况

（一）创新服务举措，开展物流调研

搞好物流调研是我们当前一项重要工作，也是推动我市物流业发展的基础性工作。今年来，我们切实转变服务理念，优化服务措施，牢记"服务"宗旨。一是在以前物流发展情况调查的基础上，积极深入企业了解最新发展情况，及时掌握我市物流发展基础数据，为全市物流发展及政府制定相关物流政策提供必要依据。二是积极配合政府部门做好物流调研。今年5月，我局协同市发改局对全市30家重点物流企业基本情况进行抽样调查。此次调查是按照省发改委及省物流促进会的有关要求进行，调查数据将为制定我省物流相关政策提供重要依据。三是以市物流协会为平台，积极宣传国家、省、市相关物流政策，积极引导物流企业提档升级，今年我们组织申报的湖北大有投资有限公司顺利通过AAAA级综合性物流企业评估，截至目前我市A级物流增至5家（其中AAAA级物流企业3家）。

（二）突出工作重点，狠抓项目建设

市××物流中心项目是纳入省"十三五"规划重点项目，也是我市重点招商引资项目。今年，我局继续将××物流中心项目作为工作重点，做足服务文章，确保项目质量和进度。一是加强领导，明确责任。年初将××物流中心项目确定为今年业务工作重点，明确了由副局长××具体负责，规划建设发展股督导落实，确保该项目建设质量和进度。二是加强督导，确保质量。从迪腾物流项目开工以来，我们按照××省局、××市局对场站项目建设进度及质量等方面要求，积极主动深入企业督导检查，及时发现问题及时解决，同时每月对该项目建设进度有关数据进行了统计上报。截至目前该项目累计完成货币工程量9650万元，占总投资的81%。建设速度快，建设质量好。三是加强协调，搞好服务。为确保省项目补助资金按时到位，我们多次到××省局和××市局协调，今年10月首期补助资金300万元已经到位，明年的资金申请也于11月通过了省专家组的评审。

（三）结合工作实际，搞好各项活动

一是按照市局开展党的群众路线教育实践活动的安排和部署，有计划、按步骤、扎实有效地开展党的群众路线教育实践活动。成立了领导小组，认真制定了活动方案，召开动员大会，使党的群众路线教育实践活动扎实有序地开展。在完成第一环节（学习教育、听取意见）基础上，进入查摆问题、开展批评环节。党员干部能认真查摆遵守党的政治纪律和中央八项规定以及"四风"方面存在的问题，认真进行自我剖析，查找原因，提出整改措施，在此基础上，认真撰写、修改对照检查材料，组织召开了局支部专题组织生活会。在整改落实建章立制环节，严格按照整改内容、措施、责任主体、时限"四确定"的要求，制定班子整改方案，结合民主生活会意见，制定党员个人整改计划，提出切实可行的整改措施，按照重点问题先行改、热点问题及时改、难点问题重点改的要求，逐条对照，逐一落实。同时还结合实际，对已有制度进行一次全面梳理。经过梳理，修订或建立机关管理制度、财务管理制度等5项制度。二是组织开展了以"深入学习党章，严明党的纪律"为主题的"第×个党风廉政宣传月"活动，结合实际制定了具体的实施方案，开展专题学习，切实把开展党风廉政建设宣传教育活动与各项工作结合起来，进一步树立和增强党员干部廉政意识，筑牢党员干部拒腐防变思想道德防线，为我局科学发展、跨越式发展，提供坚强的政治保障。三是积极开展文明创建活动。结合我局实际，开展了以"核心价值观在我心中"为主要内容的学习教育实践活动。认真组织干部职工开展讨论，深刻阐释社会主义核心价值观的丰富内涵，让单位干部职工对社会主义核心价值观耳熟能详。同时还参与了市局组织的"最美人物评选""学习宣传道德模范""我推荐、我评议身边好人"等一系列实践活动，树立行业新风。举办了一场道德讲堂，市××物流有限公司总经理助理××同志，讲述了他敬业奉献、孝老敬亲的感人事迹，使大家深受鼓舞。此外，为迎接"文明城市""环保模范城"达标验收工作。还组织全体干部职工到责任路段开展大扫除和义务执勤活动。四是积极发挥工会组织作用。在党的群众路线教育实践活动和"三万"活动中，局工会组织班子成员深入联系点——××村七、八组，了解群众生产和生活情况。慰问部分困难党员和群众，送去了慰问金；同时还积极响应市委、市政府"送温暖、献爱心"慈善捐助活动，组织干部职工主动奉献爱心，捐款捐物。

二、主要困难和问题

今年来，我局干部职工扎实工作，各项工作保持稳步有序健康发展，各项任务完成取得了较好成绩，但也还存在一些问题：一是经费不足，特别是绩效工资改革和规范经补贴后需要补发的资金来源问题还未解决。二是业务工作缺乏法律法规支撑，工作举步维艰。三是职工队伍老化，工作缺乏活力。职工平均年龄达45岁以上，40岁以下仅有两人；工作任务不均衡，缺乏活力。

三、明年工作安排

2020年，我局将以更强烈的责任感和事业心，团结一致，迎难而上，继续按照××市物流局和市交通运输局年度工作考核目标，力争做到物流项目建设有新亮点、物流产业有新突破、行业管理有新成就和交通物流队伍建设有新提高，努力全面完成年度目标任务。明年我们的主要工作有以下几点：一是继续抓好项目建设，重点抓好迪腾物流中心收尾阶段工作；二是进一步发挥协会作用，积极为会员单位做好服务；三是加快物流队伍人才建设，活跃和丰富职工的精神文化生活，增强队伍活力；四是努力完成上级交办的各项工作任务。

××市交通物流发展局
××年×月×日

【例文评析】

例文大致分为三个部分：2019年主要工作情况、主要困难和问题和明年工作安排。本年度工作总结采取并列式布局，从创新服务举措、突出工作重点和结合工作实际三方面总结工作重点。例文后半部分根据发展的情况，本着实事求是的原则提出了主要困难和问题，使文章逻辑性强，结构严谨，条理清晰，让人容易读懂，值得借鉴。但明年工作安排方面没有针对困难和问题的处理，可以适当进行修改。

第七节　农林牧渔水类事业单位工作总结

【例文1】

××农业技术推广中心2019年工作总结

在2019的半年来，我中心在乡党委、政府的正确领导下，在上级主管职能部门的正确指导下，为我乡的农业增产和农民增收提供了更加优质的服务。同时服从工作安排，尽心尽职，刻苦工作，基本完成了上级下达的各项工作任务，取得了较好的成绩。现将一年来的工作总结如下：

（一）全面了解科技示范户基本状况，明了示范户需求，为今后更好解决问题打下基础

项目的实施是党中央惠民政策的具体体现，进一步融洽了干群关系。对示范户进行物化补贴和技术培训，密切了政府农业部门与农民朋友的关系，农业技术指导员深入农户田间指导农民运用新技术，充分发挥农业技术推广中心代表党和政府联系农民群众的桥梁作用，融洽了干群关系，党群面貌焕然一新。

一是切实摸清10个科技示范户的基本状况和示范户全应对接工作，掌握科技示范户的人口、劳力、耕地面积、生产状况等，为10个科技示范户建立科技档案，每户一本《科技示范户手册》。

二是逐户走访科技示范户，宣传项目资料，了解示范户需求，开展现场技术服务，解决示范户生产中的技术问题。

三是用心主动联系群众，与科技示范户持续联系，及时了解农户在生产中遇到的问题，并及时、有效加以解决。如在示范户××带领下玉米采用地膜覆盖栽培技术，将原种密度提高10%～15%，但是由于充分利用边际效用和改变田间小气候，改善田间通风透光条件，玉米长势十分好，产量大幅度提高。

（二）增强了农业技术人员的职责心，农技人员工作作风发生了根本性转变

科技入户工程明确了农技人员工作职责和目标要求，农技人员公益性职能充分得到了发挥，学有所用，增添了农技人员学农、爱农、为农服务的自豪感，强化了广大农技人员立足本职，加强学习，更好地服务农民的意识。同时，透过项目实施，建立了农技人员绩效考核制度、学习制度，强化了监管，有效保证了农技人员入户工作时间和效率，农技人员工作得到了进一步的肯定，精神状态有了明显好转。加强政治业务学习，不断提高自身素质。用心参加组织的各种政治学习和活动，不断提高政治思想素质。充分利用各种可能的条件和机会，抓紧时间进行业务学习，有效地促进了自身素质的提高。

进一步改善工作作风，增强服务意识，深入基层，心系群众，不断提高服务意识和服务质量，扎实搞好农村服务工作。我站秉着"用感恩心做人，用职责心做事"的原则，在以后的工作中进一步做到"良种良策"为群众办实事、"技术要领"为群众解难事、"科学运筹"为群众做好事。有一个清醒而深刻的认识。被群众说不如主动去听说，就应经常下村走访，深入农业生产一线，真正做到"人到、心到、职责到""问困难、问需求、问发展""送信心、送点子、送技术"，用心宣传和教育群众，带领大家科技致富。

（三）抓好科技培训，及时有效地对病虫害进行防治，提高整体水平

我站技术指导员不仅要有理论水平和业务专长，还要能说会干，把理论知识和技术转变到农民一听就懂，一看就会的实用技术。在培训中要重点抓住农民在生产中一些不科学的操作环节和粗放管理、陈旧陋习开展针对性讲解，通过举办培训5次、发放技术资料200余份、带给实物图片20份等形式使农民在品种选用、科学施肥、精细管理上更加科学合理，从而提高种植技术和科技意识。

（四）构建了农业科技成果入户到田的快速渠道，提高了科技成果的转化速度，加大了农业技术推广的力度，培养了一批"土专家"

在社会主义新农村建设中，科技示范户成了政策宣传员；农村环境综合环境治理标兵；除陋习树新风带头人；更是运用新技术致富能人，是整个农村生产、生活的中坚力量。我站根据作物不同生长阶段的特点，派遣技术指导员深入田间地头查看作物长势，记录详细资料，并作认真科学的分析，有的放矢手把手指导农户，用简单、朴实的语言讲解生产中技术难题，让农民一听就懂，一学就会。

（五）建立示范样板，辐射带动周边农户，让科技示范户真正起到示范辐射带头作用

良种良法得到普及，农业科技人员服务观念不断更新。实施农业科技入户示范工程，实行技术人员直接到户，良种良法直接到田，技术要领直接到人。入户过程中，采用"手把手""应对面"的技术指导方法，指导示范户应用主导品种、主推技术，做到关键环节主动入户，突发事件及时入户，技术咨询随时入户，使示范户心服口服。办好示范样板十分重要，从前期的技术方案的制定到品种的选取，合理配方施肥的应用以及生产过程中的每一环节的配套管理都严格按照"优质、高产、高效、安全、环保"的操作规程，使他们乐于理解新技术，新方法并相互促进相互带动，构成学科学、用科学、用科技、促推广、带全面、增效益的良好氛围。

为确定基层农技推广体系改革与建设示范县项目的工作成效，按照项目要求和省农业厅科教处的部署，落实《农技推广示范县玉米测产方案》，10月12日—20日师宗县农业局技术人员对××、××、××镇等几个乡镇的示范户的玉米进行了测产，按标准规程对所抽田块进行测产。于10月19日，在××镇上补召村的测产状况：经过2天的实地实际测产统计：对示范户××种植的2.5亩玉米田随机取样3个点，实际收获面积0.5亩进行穗立称重其产量为1260公斤，按50%的水分折扣方式计算亩产达630公斤。

××家的1.5亩职责地里种植的玉米，采取了宽窄行条播，大行距1米小行0.6米，株距0.6米，密度亩植3860株。施足底肥，中后期加强中耕管理、水肥管理等措施的实施，亩产量在650公斤，同比去年多密植了300株，产量多出170公斤。数据结果证明该示范户今年玉米的产量明显高于去年，为玉米丰产奠定了坚实基础，起到了明显示范带动作用。

总之，取得的成绩只能代表过去，未来的农业综合服务工作道路还很漫长，本站在今后的工作学习和生活中要不断进取，克服困难，勤奋工作，以扎实的理论知识、先进的技术、良好的工作作风为××镇涉农相关产业的发展作出应有的贡献。

××农业技术推广中心

××年×月×日

【例文评析】

例文条理清晰，内容真实，结构完整。例文工作总结从五方面入手，即明了示范户需求、转变农技人员工作作风、抓好科技培训、提高科技成果的转化速度和建立示范样板，并通过小标题的形式进行概述，使工作总结一目了然。总结情况部分全面且详细，但对于工作不足及其解决方案的阐述过于简短，可适当补充。

【例文2】

××省水文局2019年上半年工作总结

今年是"十三五"的收尾一年。在厅党组正确领导下，我省水文积极进取，奋发作为，圆满完成年度工作任务，实现了"十三五"完美结局。现将工作情况汇报如下：

一、上半年年工作情况

（一）落实全面从严治党要求，水文事业发展势头保持良好

党的十九大尤其是五中全会以来，全面从严治党被提到新高度，成为新常态。我局党委深刻领会中央及省委有关决策部署精神，正确认识我省水利工作新形势，全面落实从严治党新要求，主动适应党风廉政建设新常态。一是做到上紧弦。局党委带头多次组织学习贯彻习近平总书记系列讲话精神，全面贯彻十九届五中全会关于从严治党新要求。在我局开展的党性锤炼活动上，局党委书记专门强调，各分局一把手要把握、认清、适应新形势，强化责任意识、淡化权力意识，既要充分调动职工积极性，又要确保队伍安全。二是做到多形式。突出抓好思想政治、党的组织、党风廉政、机关作风、精神文明、群团组织"六项建设"，重点开展"两学一做"学习教育、创先争优、纪律教育月、以案治本、政风行风民主评议、文明水文站创建等工作，从严治党氛围持续加强。三是做到严监督。强化"两个责任"和"一岗双责"，局党委制定了"三重一大"决策事项清单，省局及各分局制定了党风廉政建设主体责任清单，并在年中进行了督查；出台了党风廉政建设责任制考核实施办法，年底对分局党委进行考核；强化纪委监督执纪问责职能，对发现的苗头性问题及时约谈有关负责人。一年来，整个水文队伍继续保持积极进取的精神状态，水文事业继续保持蓬勃发展的良好势头。

（二）"五个一流"创建活动创新亮点突出，取得阶段性成效

按照"一年打基础、三年上台阶、五年创一流"的总体目标要求，在前期成效的基础上，今年的创建活动重在突出创新抓亮点，通过组织各分局和处室认真提炼年度工作任务、按照"共性工作、个性工作、创新工作"三类科学划分、落实每个分局处室每年要有个创新亮点的硬指标、修订完善创建活动考核办法、坚持开展年中年末两次专项督查等强有力措施，实现创建活动从全面铺开、打牢基础到引向深入、推上台阶的转变。创建活动开展至今，我省水文在人才、技术、管理、服务、

形象五个方面齐头并进,亮点纷呈。水情服务和水资源服务两个"窗口"成为品牌服务,在全国水文工作会议上作典型发言;城市内涝和水生态监测走在全国前列,"佛山经验"受到外省同行多次前来取经;水文测站管理改革率先推进,是全国最先进行改革的省份之一;新仪器新设备新技术深入推广使用,走出一条具有××水文特色的科技创新之路;水文信息化建立足顶层设计,朝全国一流目标迈进;连续三年采取"走出去"策略到高校招聘人才,在全国同行属于创新;《××省水文条例》及水利工程配套水文设施"三同时"制度进一步提升了水文的行业地位,受到部水文局充分肯定。过去三年,既是我省水文基础能力全面提升的三年,也是我省水文核心竞争力大大强化的三年,更是我省水文干事创业劲头足、措施实、成效好的三年。三年来,"五个一流"创建活动不但得到了系统广大职工的广泛认同,而且得到了上级有关领导和部门的充分肯定,被省委组织部列为"书记项目",今年,作为我省×个示范性强、成效明显的项目之一,受到省委组织部通报表扬。

(三)水情服务做到精确测报、超前预警,受到充分肯定

受上半年强厄尔尼诺事件影响,气候复杂多变。我省水文积极践行"奉献、责任、求精"的服务理念,完成场强降雨、个台风、条中小河流及北江、梅江、韩江等站次超警洪水的预报预警工作,启动应急响应次。一是不断提高预测预报的服务水平。通过加强未来天气状况分析,加强气象水文耦合预报研究,不断延长中小河流预报的预见期、提高精细化预测水平,为防汛减灾决策和群众安全转移赢得了宝贵时间。在×月信宜洪水中,提前×小时发布金桐、北界等小河流和鉴江上游出现超警洪水。对风暴潮影响的岸段启动精细化预测,划定影响区域,根据台风的路径动态跟踪预报。二是加强水情信息解读工作。为提高全省水情人员简报编写的水平,我局举办了水情简报预报编写培训班,规范了编写的格式和内容,信息解读的水平有了进一步的提高。今年以来,全省水情部门共向各级政府和三防部门报送各类水情分析材料近×份。三是积极推进城市洪涝监测预警工作。监测点已覆盖到××、××、××等城市中心城区,至××××年,全省已建设×个内涝监测站点,并逐步从易涝黑点扩大到对城区主干道路和下行隧道的实时监控。××市城市内涝实时预警系统已上线应用了三年,在应用的过程中不断提高预警发布的精度、完善发布的机制、更新系统的基础数据、改进系统的发布方式,得到部水文局和地方政府的充分肯定。四是扩展水情信息发布的渠道。大力推广手机短信、网站、微信等新媒体发布水情预报预警信息,通过加入微信群的方式,使水情信息能第一时间传送至基层,提高了水情信息公众服务的时效性和社会公众主动避灾意识。

(四)"三条红线"考核支撑到位,水资源服务水平全面提升

一是做好"三条红线"三级考核支撑。完成考核范围的水质达标率、用水总量和用水效率统计分析评价任务,为国家对省、省对市、市对县三级考核提供科学、公正的基础数据和技术参考。在编制要求不断提高的情况下,实现今年的水资源公报和管理年报编制进度较往年提前完成,质量进一步提高,得到水利部和水利厅领

导的肯定和表扬。二是完善水资源监控体系。依托重大项目，将我省国家级水功能区监测覆盖率提高到×%，省级水功能区监测覆盖率提高到×%；布设常规水质监测断面×个，比上年增加×个；×个国家重要饮用水源地中有×个实现水质在线自动监测，努力做到水质监测常态和动态相结合，为实现水资源总量和强度"双控"、水量和水质"两个监控"提供了基础。三是持续加强水生态监测评价工作。按季度开展座重要供水水库的水生态监测评价和风险评估预警，组织应对多起水库藻类水华突发事件，流溪河水生态综合监测试点取得阶段性进展，为我省水生态保护和饮用水安全提供了重要支撑。

（五）重点项目建设推进有力，基本实现年度目标

中小河流水文监测系统建设项目完成×个水文站的施工建设及附属水位、流量测验设备的安装工作，实现了工程设施设备在汛期投入使用的目标，为水情测报发挥了重要的支撑作用；基本完成洪水预报预警系统建设，进入试运行阶段。水资源监控能力建设项目进入全面实施阶段。国控一期项目建设任务基本完成，实现了与水利部平台的数据交换；国控二期项目正式启动，目前已经完成招标和技术方案编制，力争尽快批复实施。山洪灾害调查评价项目已全部通过初步验收，共完成了29个村（镇）的调查评价和个简易水位站的建设，成果将在今后的预警预报中发挥重要作用。地下水监测工程项目启动招标。各重点项目基本实现了年度目标，没有发生安全生产事故。

（六）新仪器、新设备、新技术应用深入推广，生产力得到进一步解放

继续把新仪器、新设备、新技术的推广应用作为解放水文生产力的重要抓手。一是加强仪器设备培训。组织仪器供应商开展了应用培训，结合山洪灾害调查评价及应急演练大量使用，应用节奏得到加快。二是加强测验技术试验。协调厂家继续开展蒸发、泥沙等自动监测试验，新技术推广使用范围进一步扩大。三是推广巡测模式。完成×个试点分局共个测报中心巡测方案的审查批复工作，巡测模式在全系统得到更广泛的推行。四是完善制度规范。制定了水文缆道、走航式声学多普勒流速仪、多波束测深系统等相关制度规范。科研方面，××省主要河流枯水径流情势演变分析、雷州半岛地下水、地表水联合利用和相互影响研究等项目均通过了验收，并获得了好评；启动了创新科技项目水库群调蓄作用下东江流域枯水径流预报研究和××省中小河流水量水质水生态联合监测技术体系研究的前期工作。我局参与的公益性行业科研专项中小型水库抗暴雨能力预报预警关键技术研究项目已完成全部工作，我局参与的国家水资源专项项目也成功申报立项并启动前期工作，多管齐下力促"技术一流"。

（七）重点项目发挥带动效应，信息化顶层设计全面实施

把落实《××省水文局信息化顶层设计》融入重点项目建设当中，依托中小河流水文监测系统建设项目，完成了全省遥测系统统一接收平台的建设并投入使用，为明年将系统部署到云平台创造了条件。依托水资源监控能力建设项目，大力推进水资源管理系统平台建设。

二、正视存在的问题

上半年，各处室较好地完成了既定的目标任务，这是广大干部职工齐心协力、扎实进取的结果。在肯定成绩的同时，我们也要清醒地认识到工作中还存在一些不可忽视的问题。一是建设管理工作还存在薄弱环节。在建设的有些环节上把关控制不严，管理上还存在不少问题，各单位要高度重视，必须采取得力措施整改到位。二是创新有待进一步加强。各单位各部门要强化创新意识，做到机制创新、思路创新、业务创新、管理创新，通过创新来推进各项工作发展，在全国和全省争取领先地位。三是作风和素质有待进一步提升。要按照中央"八项规定"、省委"六条意见"、省厅"二十条办法"和省局若干实施细则的要求，切实改进工作作风，促进水文事业跨越式发展。同时，要加强学习，提高自身素质，适应新形势的发展需要。四是观念有待进一步更新。思想是行动的先导。解放思想、更新观念是扫除障碍、引领发展的关键。只有观念再更新、思想再解放，水文才能大发展。以上存在的这些问题，需要我们在下一步的工作中，切实采取措施加以解决。

三、全力完成年度工作任务

今年时间已经过半，下半年工作任务更加艰巨、工作责任更加重大，要以更高标准、更快步伐、更强力度为工作要求，奋力推进各项工作取得新成效、新进展、新突破，确保完成全年目标任务。一是在加快发展上要再添新举措。各单位各部门要对照年度目标责任书确定的内容、时限和要求，进一步落实好各项目标任务，理清工作思路，明确责任分工，细化工作措施，确保目标任务全面完成；要按照厅党组提出的"全国一流、中部领先"的要求争先创优，以只争朝夕的精神、勇往直前的气魄、求真务实的作风，见红旗就扛，见荣誉就争，确保各项工作不断创新；要切实加强安全生产，强化安全意识，发现问题，及时整改，确保安全万无一失。二是在深化改革上要稳步推进。下半年，水文改革任务艰巨，事业单位分类改革、内设机构改革、县级水文机构建设、干部竞争上岗和部分市州局主要领导调整等，大家一定要以宽阔的胸怀、平和的心态对待改革。通过改革，进一步理顺工作职能，加强队伍建设，推进事业发展。三是在维护稳定上要细化工作。当前，维护稳定工作任务十分繁重，面对繁重的建设、改革、社会稳定等方面的压力，各单位各部门要高度重视，切实把维护社会大局稳定作为首要政治任务，从讲政治、讲党性的高度来认识和落实社会稳定工作，确保万无一失；要切实做好群众信访工作，做好群众思想政治工作，采取有效措施加大矛盾纠纷排查化解力度，将矛盾纠纷化解在萌芽状态，确保水文和谐稳定。四是在廉政建设上要警钟长鸣。当前，水文建设资金量大，廉政建设任务重，要通过细化措施、专项治理、重点领域风险防控、签订责任状、强化教育和监督检查等手段，以务实的态度严抓违法乱纪行为。每位领导干部要严格遵守廉洁自律的规定和党纪国法，严禁领导干部和工作人员插手工程建设、安排亲属朋友参与工程建设。根据反映，有少数人不听招呼，我行我素，仍然违规插手工程建设。希望每位干部职工都要严格执行廉政准则，自觉接受监督，不以权谋私，营造风清气正的发展环境。五是在改进作风上再下功夫。要贯彻落实中央、省、省水利厅关于改进工作作风、密切联系群众的各项规定，切实转变工作作风，下半年即将开展群众路线教育活动，以扎实的工作作风来推动水文的赶超跨越。

同志们，下半年的水文工作任务艰巨、责任重大。希望大家切实把思想统一到这次会议精神上来，勇于担当，科学谋划，团结拼搏，真抓实干，确保全面完成年度目标任务。

××省水文局
××年×月×日

【例文评析】

例文结构主要从"工作情况—正视存在的问题—全力完成年度工作任务"入手，作者思路明确，具体内容的撰写体现了作者从实际出发，统筹兼顾，突出重点，主次分明；同时以"总—分"大结构辅之并列式分布局进行总结，条理清晰。全文结构完整，内容真实，行文流畅，逻辑缜密，充分体现了作者工作作风严谨、高度的责任意识。

【例文3】

××土地开发整理中心2019年工作总结

一年来，在局党组的正确领导下，在土地整理中心、耕保处的大力支持帮助下，在相关市直单位、乡镇人民政府的大力支持下，我中心紧紧围绕局2019年度工作目标，积极努力开展工作，克服了任务重、工作压力大的实际困难，积极进取，奋力拼搏，较好地完成了各项工作任务，取得了一定成绩。现将一年来的工作情况汇报如下：

一、年度任务完成情况

（一）土地整治项目工作总结

实施省、市投资土地整治项目8个，其中，实施2019年度省以上投资××镇等三个乡镇连片推进农村土地整治项目1个，建设规模2234.30公顷，并通过我市国土资源局的工程验收、技术评定等。目前，我局正积极组织项目审计、行政验收资料等准备工作，预计年前可通过行政验收。同时，争取2019年度省以上投资连片推进农村土地整治项目1个，设计建设总规模2357.19公顷，建设规模约1241.6公顷，该批次项目于今年年底由市招投标办依法组织公开招标，确定了项目监理、施工单位，现项目开工前期准备工作已完成，进入了项目工程实施阶段。

（二）城乡建设用地增减挂钩项目工作总结

变"废"为宝，向内挖掘用地潜力，启动实施城乡建设用地增减挂钩项目5个，涉及龙伏镇等4个乡（镇）、石江等8个村（居）委会，建设总规模50.53公顷，挂钩面积49.19公顷（水田11.01公顷、林地36.26公顷、沟渠道路等其他农用地面积1.92公顷）。复垦分为两大类型，一是对许可证到期、关停的废弃采矿用地，土地使用权由村集体收回后进行复垦建设；二是对农村土木、砖木房屋，户主已新建搬迁，宅基地利用率不高的空心村进行复垦。项目建设拆迁补偿安置、土地复垦工程实施等均采用统筹包干的方式，委托当地镇、村或社会投资主体等负责。现该5个项目已全部竣工，并通过省、市验收确认，项目工程质量良好，栽种落实到位，特别是龙伏镇石江村城乡建设用地增减挂钩项目，项目建设成效明显，得到了上级及当地镇、村的认可。

（三）土地开发项目工作总结

一是对2019年度申请立项的土地开发项目进行核查摸底。根据上级耕地占补平衡政策要求，结合项目实际情况，经局务会研究，选择项目区条件相对较好的××镇督正村等5个项目报××市国土资源局备案立项，同时对未通过备案立项的项目及时叫停，并经局务会研究拿出处置方案，上报市政府批准后，按批示意见进行了处置。二是为切实提高已建土地开发项目的耕地质量。针对往年土地开发项目后期管护不到位、培肥不够、栽种落实困难的情况，我局一方面认真搞好项目工程移交，并根据"谁受益谁管护"的原则，明确管护责任，并签订协议；另一方面建立了土地开发后期管护、耕地地力培肥及耕种补助制度，用"以补促种"的方式提高栽种落实单位种植积极性；同时，严格栽种落实验收工作，联合农业、财政等相关部门分年实地检查验收栽种落实情况，签署验收意见，并严格按验收情况拨付栽种落实经费，对栽种落实不到位或未按要求落实栽种的，扣付栽种落实经费。

（四）认真处理项目遗留问题总结

农村土地开发整治复垦是一项涉及千家万户的系统工程，关系群众的切身利益，也是社会关注的焦点，工作难度大。一方面当地镇、村对项目建设期望值高，希望项目建设能解决各种生产生活问题；另一方面由于受项目区资金限制、自然灾害影响，项目投入使用后，或多或少存在一些遗留问题需完善解决。为切实解决项目中存在的问题，保障农民利益，我局组织当地镇村、设计单位等对存在的问题实地踏勘、核实情况，拿出具体处置方案，报经市政府批示同意，安排980万元专项经费，及时有效解决了存在的问题，确保了项目区农田的及时耕种，维护了地方稳定。

（五）其他任务总结

认真开展"群众工作站"和"党的群众路线教育""社会主义核心价值观学习"活动，听取各级提议和意见，分项目召开村民代表会议，发放便民联系卡，强化服务意识，转变工作作风，切实办人民群众办好事办实事。及时做好"政协人大提议""12345信访件"办理回复和"服务对象回访表""工作点评表""工程进度表""融资办月报表""重点项目月报表""市发报表系统"等各类报表工作，做到项目资料、信息报送等及时、准确、有效。

二、项目建设管理情况

土地开发整治是一件关系农民"饭碗"的大事，更是一件难事，为保证项目质量，我局主要从以下几个方面着手，切实加强项目管理：

（一）加强领导，有效推动项目工程实施

为确保项目顺利实施，我市成立了土地整治项目领导小组和土地开发整理工程建设防控腐败风险领导小组，统筹调度全市土地整治工作，切实加强项目实施管理和廉政建设。项目所在地乡镇对项目高度重视，成立了由镇长牵头，分管副镇长分村联系，专职镇领导实地负责，镇政府联村干部分片包干的管理体系，及时有效发现和处理项目实施过程中存在的各种矛盾，营造了良好的项目实施环境，确保了项目建设顺利进行。认真落实"两员制"，及时掌握、汇报项目实施进度情况。上级有关领导多次到项目区进行现场指导，有效推动了项目工程实施。我局也多次召开调度会、协调会，解决项目实施过程中的重点难点问题。

（二）上下联动，形成土地整治工作合力

为科学组织项目实施，我局积极协调，在取得领导重视与支持的同时，做好宣传工作，调动各方力量，形成合力，切实加强项目管理。一是层层召开动员会议，积极动员村民共同参与项目管理和质量监督，宣传项目实施重大意义，使村民能顾大局、求大同存小异，有效保障施工环境，并发动村组老党员、老干部、组长等对项目实施进行巡查，监督工程质量。二是委派专业监理队伍对项目进行监理，要求各监理单位认真履职，严格项目管理，狠抓工程质量，对监督和巡查中发现的工程质量问题立即进行整改，坚持质量第一，项目隐蔽工程、单项工程等及时检测、及时评定、及时初验，有效杜绝施工单位偷工减料、弄虚作假现象的发生。三是项目所在地国土资源所安排专人协助项目联系人对项目进行管理，及时掌握参建单位施工管理情况，发现和制止各种矛盾的发生，督促项目进度与质量。通过充分调动各级力量，形成了"现场监督、监理巡查、随机抽查、专项检查、群众监督"五结合的立体管理模式，切实加强了项目管理，加快项目进度，提升工程质量。

（三）完善制度，形成土地整治管理机制

一是因地制宜，科学规划。加强项目实施前期调查，严格实行"三上三下"，广泛征求项目所在地群众意见，层层上报审批核准，并对项目规划设计等情况进行公告公示，使群众真正参与项目设计，做到因地制宜、科学规划、合理设计，实现共同决策、共同管理、共同建设。二是实行"阳光招标"行动，严格按照招投标有关规定，依法依程序公开招投标，堵塞和预防项目招投标中的腐败问题及买标卖标情况的出现。三是认真落实各项规章制度，实行项目管理"两员制""周例会、半月调研、月调度"制度，全面掌握项目施工进度，发现和处理存在的问题和困难，有效推动了项目工程实施。四是根据实际需要，进一步细化管理，出台项目"施工管理办法"，实行工程"百米样板制"，明确了工程施工操作细则，有效指导项目实施管理，切实提升项目管理水平。五是严格项目工程验收审计，对工程质量不好、施工工艺达不到设计要求、没有按程序进行变更的，坚决不予验收、审计核减或不予计量，使各施工单位充分明确质量、工艺的重要性，严格按规划设计要求施工，从而有效促进项目工程质量。

（四）严格控制，依法依规进行变更设计

由于诸多因素的影响，项目建设过程中或多或少地存在设计变更问题。控制设计变更、有效指导工程施工一直是我们面临的难题。从源头的查勘选址、测量、规划设计到后期的施工管理进行严格控制科学管理是遏制和减少变更的途径，为此，我局严格执行湘国土资办发〔××〕94号、长国土资政发〔××〕90号文件规定，严格按项目变更管理规定、程序进行合理变更，对擅自变更或不按程序进行的变更坚决不予认可。

（五）廉洁自律，树立土地整治良好形象

在项目实施管理过程中，我们始终以科学发展观为指导，以落实党风廉政建设责任制为抓手，查找项目实施关键环节，重点把握好项目立项、招标、实施、变更、付款、验收等廉政建设风险点，将反腐倡廉工作的"触角"延伸到项目实施管理工作全过程，做到思想认识到位、措施落实到位、制度建设到位。实行周例会制，加强交流学习，提高思想认识。严格执行各项规章制度，杜绝请吃请喝、"索拿卡要"情况出现，使廉政建设工作得到全面加强，牢固树立依法行政和廉洁从政意识，群众对土地开发整理的满意度明显提升，树立了土地整治良好形象。

三、存在的困难

（一）群众对土地综合整治认识不够

农村土地整治是一项系统工程，关系到千家万户的利益，但由于群众实际情况不尽相同，利益诉求不完全一致，少数群众对土地综合整治认识不够，要求高，期待土地整治能解决所有的生产生活问题。

（二）工程变更多，实施进度慢

虽然在项目规划设计阶段按照省、市要求做到了"三上三下"，但由于村、组对设计图纸理解、把握不够，当地地质条件复杂，部分设计论证不够充分等，以及一些项目出于资金等考虑，设计标准偏低，与当前发展现代农业生产的要求不相适应，不能让农民充分满意，导致在实际施工过程中需变更，影响了施工进度。

（三）项目后期管护资金匮乏，项目建设成果管护有待完善

无论是土地开发项目、土地整治项目还是城乡建设用地增减挂钩项目，项目后期管护经费均未纳入预算范畴。项目验收移交当地管护后，虽然本着"谁受益谁管护"的原则，我局与相关单位签订协议、承诺等，要求相关单位进行管护、维修，也投入了大量资金解决项目区存在的各种问题，但由于管护资金短缺、管护责任不落实，项目后期管护工作往往流于形式，后期管护长效机制需进一步建立和完善。

四、2020年工作计划

1. 组织好2020年的省、市投资××镇等三个乡镇连片推进农村土地整治和××镇××社区等20个土地综合整治项目的实施工作，确保项目工程顺利实施，如期竣工。

2. 组织好2020年高标准基本农田建设项目申报、可研、前期测量、规划设计等工作，尽可能多地争取省、市投资土地整理项目，做好项目的申报立项、规划设计、实施准备等工作，为来年融资打好基础。

3. 组织落实已批准立项土地开发项目的实施、工程验收、项目审计、指标确认等工作，确保用地手续及时报批。

××土地开发整理中心

××年×月×日

【例文分析】

例文分为年度任务完成情况、项目建设管理情况、存在的困难和2020年工作计划四部分。工作总结从土地整治项目、城乡建设用地增减挂钩项目、土地开发项目、认真处理项目遗留问题和其他任务等相关工作落笔对本单位的工作情况进行总结，全面客观，详略得当，结构严谨，逻辑性强。同时认识到当前工作存在的问题，并且对下一年的发展作出了工作计划，使文章内容更加完善。

【例文4】

××良种培育中心2020年工作总结

在农业局党委的正确领导下，我中心上下认真贯彻十九大精神，坚持以习近平新时代中国特色社会主义思想为指导，按照"经济发展、生活富裕、和谐文明、场容整洁、管理民主、示范带动"的发展要求，全中心上下团结一心，艰苦创业，为社会主义新农村示范场建设的全面推进而努力拼搏，尤其以职工增收，生产发展为目标，下苦功、出实招、求实效，以环境整治为突破口，想办法添措施，全面改善场区人居环境，创新了工作机制、理顺了发展思路、形成了发展合力，良种中心进入了快速发展的良好局面，现将近一年工作总结汇报如下。

一、全年工作回顾

（一）狠抓理论学习，统一发展认识，形成了发展合力

按照农业局党委的统一部署，我中心广大干部职工以高度的责任感，饱满的热情，务实的态度和创新的精神扎扎实实开展了学习实践科学发展观活力，找准了制约我场发展的关键问题，同时找准到了解决的办法和途径，在发展思路上全场上下形成了共识，通过学习，增强了全中心职工贯彻落实科学发展观的自觉性和坚实性，形成了团结一心、共谋发展的合力。使中心支部的战斗力和中心的凝聚力得到了更进一步的增强。

（二）抓产业结构调整，全面促进职工增收

在总结近几年产业结构调整的经验和教训的基础上，针对我中心现有土地状况和东区开发的实际情况，在产业结构调整上，一是稳定了现有蔬菜种植面积，在蔬菜产业的内部主要是优化品种结构，全面推行无公害种植技术，提高产品品质，加强技术培训和大田指导，提高职工反季节蔬菜的种植技术水平，通过这些措施，全面提高了土地的经济贡献率，这些措施实现了全中心蔬菜亩平增收近1000元，职工家庭人均增收300元以上。二是鼓励业主投入，扩大城市绿化苗木繁殖面积，今年全中心新增绿化苗木面积30亩，既发展了中心经济又解决了职工家庭富余人员的就业问题。三是充分利用现有闲置鱼池，鼓励职工家庭承包，取得了不错的效果。

（三）狠抓科研试验示范工作，不断提高生产技术水平

今年，将试验示范工作纳入了全中心的中心工作，加大了经费的投入，创新了

管理办法，采取的主要做法：一是将科研试验示范的大田种植示范环节，按照风险共担，利益共享的原则，采取订单形式，由技术人员统一指导，职工家庭承担试验任务的方法，加快了科研成果的转化速度。二是在品种引进、筛选上投入了大量的财和物力，今年全场共引进蔬菜品种13个，花生品种1个，其中多数试验效果良好，为下一年的大田生产示范打了下了基础。三是按照中心发展必须要融入县城经济的原则，继续强化了粉葛、黄花、药材的生产示范和育苗工作。

（四）狠抓环境整治、彻底改善了场区居民生存条件

根据人民政府城乡环境综合治理的有关办法，结合我中心实际情况，在中心环境整治上制定了《良种中心城乡环境综合治理实施细则》。广泛宣传发动，将环境综合治理与职工的年终考核相结合，使职工及其家庭成员由被动行为逐步走向了主动行为，彻底改变了场区的脏、乱、差现象。职工的生活习惯明显改善，精神面貌焕然一新。

（五）继续狠抓场区绿化，促进场区生态和谐

今年在资金十分短缺的情况下，采购了绿化苗木1300余株，对渠江岸线和中心干道进行绿化，同时对不宜种植的原砖瓦厂近30亩进行了绿化，目前中心绿化率已达90%以上。

（六）狠抓项目投入，增强发展后劲

我中心是××省仅有的几个新农村示范中心，2020年，省级投入了20万元，目前还在项目实施中，为保证项目在本年度全面完成省厅下达的建设任务，场部成立了项目建设领导小组。同时正着手编制循环农业经济示范中心新一年规划报告。通过这些办法和措施，保证良种中心的发展持续、健康、快速。

二、下一年工作思路

1. 求真务实，在发展现代农业上求突破。要加快传统农业向现代农业的转变，在循环农业经济上作文章，提升农业发展水平，按市场需求，效益优先的原则，推进场区无公害农业的标准化技术水平，全面提高农业发展的科技含量。

2. 继续强化试验示范工作，保证新的农业技物手段及时为生产服务。

3. 加强新技术的推广运用，强化技术培训和技术指导为职工的进一步增收创造条件。

4. 狠抓内部潜力挖掘，充分利用场区资源。

5. 全面推进民主管理，实现中心社会和谐。

6. 继续关注民生，争取政策，确保职工负担不反弹。

××良种培育中心
××年×月×日

【例文分析】

例文从狠抓理论学习、产业结构调整、科研试验示范工作、环境整治、绿化和项目投入的角度多方面对本年单位工作进行总结，贴近现实，先总结工作，后阐述

下一年工作思路。在工作总结处突出陈述工作重点和亮点，做到详略得当，使人一目了然。但例文对于工作中产生的问题并未总结，仍有改进空间。

【例文5】

××农业科学院2020年工作总结

今年，我院以十九大、十九届四中、五中全中精神为指导，抓住中央"××"支持农业科研的契机，紧紧围绕市政府、市农业局关于现代农业发展战略的中心工作，坚持以服务"三农"为目标、以科技创新和科技服务主线，抓基础工作，培育特色农作物品种，全面提升行政管理水平，为我市现代农业发展提供有力支撑。现将主要工作汇报如下：

一、年度工作情况

（一）加大农业新品种、新技术的引进、示范、推广及成果转化力度

以××京津冀协同发展战略为契机，提升农业科技创新能力，服务于××现代农业发展，以培育优质、高产、专用、多抗农作物优良品种为抓手，大力促进科技成果转化为目标，全面推进科技兴农战略。目前，全院共承担研究课题11项。其中，国家项目4项（包括××省市优质、高产冬小麦原种扩繁基地建设项目，国家产业技术体系花生、食用豆、谷子糜子3个综合试验站），省级课题1项（××省××麦区××试验站），农科院自设课题6项。各专业研究室培育出的苗头品系中，正在参加国家、省预备试验或区域试验的有：红小豆新品种"××""××"等；绿豆新品种"××""××""××"等；小麦新品系"××"；玉米新品种"××"；谷子新品种"××""××"等新品系（种）。花生新品种"××""××""××""××"已通过国家鉴定的品种：红小豆"××""××"、绿豆"××"于2020年5月通过国家鉴定；谷子"××"于2020年1月通过国家鉴定，获国家二级优质米称号。加大自育品种的示范推广力度。推广的主要品种有"××""××""××""××"及简化栽培技术。全院各种农作物共收获种质资源22850余份，收获杂交组合1100多个，鉴定筛选单株3320个。一批批应用前景良好，市场潜力大的农作物新品种（系）相继投入农业生产的各个领域。各专业研究室在搞好农业原始创新的同时，加大农业科技成果转化力度。目前已在××省建设19个示范县，每个县建有示范推广基地1—2个。其中：在××县、××阳、××县等建有谷子示范基地；在××县、××县、××县等建有食用豆示范基地；在××、××、××等建有小麦示范基地。今年先后有5名科技干部成为××省科技特派员，负责示范××县新成果、新技术展示、观摩和培训，基地每年培训2—3次，每次培训30—550人次，同比2019年基地数量增加了5个，受训人员增加了600人次。我院为农民直接提供了各类农作物原种共计50000公斤，各类农作物新品种应用面积260万亩，增产粮食6500万公斤，增加社会效益亿元。项目所在地和辐射地区农户新成果新技术的替代率明显提高，农民在增产、增收的同时，农业效益也得到了大幅提高。

（二）国家级、省级四个试验站项目成果

"现代国家产业技术体系花生、食用豆、谷子（糜子）综合试验站"及"××省产业技术体系××麦区××试验站"的各项工作，按照要求，每个试验站要选定至少5个县作为新品种、新技术示范基地。目前"××省产业技术体系××麦区××试验站"的新品种、新技术展示、观摩和技术示范推广工作，总结提出了适宜本生态区种植的冬小麦新品种和先进适用技术。其他三个国家级综合试验站均按与本产业体系签订的合同任务，按进度完成，筛选出适宜本地推广种植的食用豆、花生和谷子系列新品种，其中，"××""××""××""××""××"生产示范效果明显，花生"××"新品种在××省花生主产产区得到了广泛应用，谷子子系列品种"××""××""××"及简化栽培技术，在我市西部××地区近几年5～7月干旱少雨，受灾严重的情况下，充分发挥了谷子适播期长、抗旱耐瘠薄的优势，并通过谷子轻简高效高产栽培技术的实施，仍然获得了良好的经济效益，谷子播种面积逐年扩大，同时带动了一批新型现代农业企业兴起，对于农业种植业结构调整，加快土地流转，吸收当地剩余劳力就业起到了积极的示范作用。

（三）批复项目成果

获农业部批准的"××省市优质、高产冬小麦原种扩繁基地建设项目"该项目已于2020年5月获得国家农业部农业综合开发存量资金专项批复，于2020年6月23日完成了该项目的初步设计工作。该项目地址位于市农科院××试验基地，占地规模200亩，其中建设用地9亩，试验用地1191亩，总投资320万元，其中：中央财政资金200万元，省配套644万元，市配套16万元，项目建设单位自筹40万元。项目资金使用情况为：生产性基础设施投资1105万元，主要用于建设480平方米常温种子库，2240平方米质检挂藏室和9000平方米晒场；田间工程投资×万元，主要用于土地平整、土壤改良和排灌渠系建设；生产性辅助设施投资×万元，主要用于田间道路和试验地围墙建设；仪器设备投资×万元，主要购买质检和土化设备；农机具投资×万元，其他×万元。目前，项目工作已经完成，待项目省市配套资金到位后，项目建设工作陆续展开。

（四）××农业科研基地建设工作进展顺利

今年上半年完成了××试验基地的土地勘界、测绘、用地审批、规划审批、环评等工作，并通过××发改局的立项审批。基地设计、预算工作已经完成，目前正在进行工程招标工作。

（五）坚持人本管理原则，增强干部职工素质

一是用活动开展促进干部部职工作风转变。以习近平总书记系列重要讲话为指引，开展了"深化整改、从严治党理、提升效能、促进发展"整改活动、整治"滥发奖金补贴、庸懒散浮拖"问题专项行动。利用党员活动日，组织全体党员和社区一起清扫马路垃圾等党员志愿者活动、院党总支去××县帮扶困难学生等帮扶活动，进一步推动了干部职工作风的转变。二是加强制度建设。完善修订了《农科院考勤管理制度》《农科院大事记》，进一步促进了我院的规范化建设。针对各项工作，

召开院务会和总支会，行政科研扩大会及时沟通信息，强化督导落实。三是多形式组织学习提高干部职工素质。采取党总支组织学习，各党支部集中学习，在线学习，个人自学等灵活多样的方式抓好各种学习活动，学习《中国共产党章程》《新安全生产法》等，鼓励干部职工自查自省、进位争先。

（六）人才队伍建设和对外合作交流人才是自主创新的基础，农业科技发展要依靠有创新意识和创新能力的高素质人才

根据市人事局统一安排公开招聘，我院于6月新增4名研究生学历年轻同志，结束了连续23年没有新增加大学以上学历的年轻科技人员状况。我们积极争取，希望明年继续增加新生力量，保障科研能够持续发展。院领导班子十分重视对合作交流工作，今年赴××参加"××省地市农科院所科技创新交流会"，参加会议的共有37个单位，会上优秀单位介绍了本单位的科研情况，并参观了××旱作研究所的小麦示范基地，值得我院学习借鉴，这次交流会为我院的科研发展起到了良好的促进作用。按照轮流举办会议的原则，2020年由我院举办"××省地市农科院所科技创新交流会"。11月12日，我们参加市××农业代表团洽谈，在会上宣传了我院的科研成果，并同省长和农场主进行了面对面洽谈，他们有意引进我们的绿豆和谷子新品种。

（七）开源节流促发展，试验场工作稳步推进

紧紧围绕市场需求，扎实推进农业结构调整，实行科学管理，不断扩大特色产业种植规模。根据"节支促增收，开源保供给，强基增后劲"要求，规范房地产出租业务，加大开发创收力度，全年租金总收入82万元，并实现了财政全额返还。农业产品收入×万元，花卉收入×万元，各项工作按要求有序开展，干部职工队伍稳定。

二、明年工作部署

1. 大力推进"××省市冬小麦原种扩繁基地建设项目"的建设项目招投标、监理和工程验收工作，严格按该项项目设计要求，把各个单项工作夯实，保质保量完成任务。继续抓好现代国家产业技术体系花生、食用豆、谷子（糜子）综合试验站及河北省产业技术体系××麦区涿州试验站的后续各项工作。

2. 继续推进××科研基地工作。工程招标完成后抓好工程建设的进度和质量，做好设备仪器采购工作。

3. 加强人才队伍建设，目前我院仍急需补充年轻科研人员，解决科研队伍后继无人现象，加快培养学科带头人后备人才队伍，提高创新能力和社会竞争力。

××农业科学院
××年×月×日

【例文分析】

例文是农业科学院工作总结，首先从加大农业转化力度、国家级省级四个试验站项目、科研基地建设和加强人才队伍建设和对外合作交流人才等几方面入手进行本年工作总结，并列式说明，条理清晰。下半部分阐述下一年度工作部署，共三条，

贴近实际，具有很强的可行性。从行文可看出作者的思路明确，对工作情况了然于胸。

【例文6】

××镇农业综合服务中心2019年工作总结

为认真抓好××镇农业农村产业发展工作建设，实施好农业产业结构调整和供给侧结构性改革工作，镇党委政府以促进农民增收为落脚点，以调整、优化农业产业结构为主线，积极推进农业农村工作，发展农业产业化，大力发展特色农业，提高农业生产效率，促进农旅一体化深度融合发展，实现农业增效、农民增收、农业农村可持续发展，大幅提高全镇农民收入，确保逐步实现全域旅游，将××镇建设成为"十里花廊、万亩药乡"的旅游特色乡镇和国际中药花卉养生特色小镇。

一、产业年度发展情况及方式

（一）以市场为导向，实施园区建设

一是结合长期以来耕作实际，全镇稳定水稻种植6000亩以上，玉米种植3500亩以上，油菜种植9000亩以上，确保全镇粮油供给平衡和粮食安全。二是以××、××等村为中心，沿007县道两边可视范围农田发展中药花卉种植，发展种植2900亩（中药材花卉1950亩，重楼150亩，何首乌300亩，其他中药材500亩）。三是在××、××等村已发展桃子、无花果、李子等精品水果2150亩。四是在××、××等村已发展有机蔬菜种植1650亩。五是在××村建成中药材、蔬菜种植苗木育苗工厂（育苗大棚）4000平方米和中药材加工基地；在××村实施千亩生态玫瑰园建设；在全镇规划实施万亩中药材（金盏菊）种植基地；在以××村为核心实施万亩元宝枫种植基地和在××村、六合村、××村实施988万棒食用菌种植。六是以××、××、××等村为重点，发展畜禽养殖，实现年大牲畜存栏18.7万头（牛羊）、生猪存栏2万头，家禽存栏3万羽，实现农民人均年可支配收入增长保持15%以上。

（二）加强资源整合，实现抱团发展

一是加强土地流转，2019年以来，全镇25个村居以"三权促三变"改革为抓手，组织、引导农户采取以租赁、入股方式流转土地8840亩以上，为农业发展规模化、规范化、产业化奠定坚实的基础（含正在实施的陇嘎水利配套项目400亩经果林种植）。二是整合资金资源，充分发挥政府推动、金融撬动、市场牵动、贫困户联动综合作用，整合贫困户特惠贷资金1800余万元和财政扶贫项目、农业产业发展等资金974万元，吸纳、撬动外部资金和社会闲散资金256万元参与，结合"四在农家、美丽乡村"、小康寨创建等活动，以××、××、××等主要农业生产坝区为重点，景区周边村寨为核心，景区公路沿线为轴线，辐射全镇各村，结合美化人居环境，优化发展环境，积极引导发展农旅一体化产业，促进和发展旅游及旅游服务业和生态种养殖业等观光农业；建成中药材、蔬菜种植苗木育苗工厂和中药材加工基地；发展种植中药材2900亩，精品水果2550亩，有机蔬菜1650亩，黑蒜种植600亩（六合村）、薏仁米种植200亩、稻花渔养殖120亩；发展农家旅馆、餐馆、旅游商品生产经营754户，大力发展乡村旅游，丰富旅游内涵，促进农旅一体化发展，实现全域旅游。

（三）培育经营主体，创新服务机制

成立××农业旅游开发有限公司等镇级平台公司，指导、引导成立村级农业公司57个，鼓励和引导成立农民种植养殖专业合作社23个，发展小微企业257户，助推农业产业发展，激活传统农业死水；实现体制、机制创新，促进农业发展规模化、规范化和产业化。

（四）大力招商引资，突破发展瓶颈

引进农业龙头企业5个（含农旅一体化发展的××市××休闲农业旅游有限公司，××药业、××市××蔬菜发展有限公司，××农业科技有限公司、××食品有限公司等龙头企业）发展桃子、中药材、有机蔬菜、稻花渔、元宝枫、玫瑰等种植养殖、加工和正在引进××食用菌开发科技有限公司发展猴头菇等高端食用菌种植加工，吸纳外部资金助推农业产业的发展，解决农业发展资金匮乏和技术落后的瓶颈问题，促进农业与旅游经济的深度融合；截至目前，全镇共引进龙头企业资金4300余万元，建成××药业中药材加工厂，正在实施千亩生态玫瑰园和万亩元宝枫种植基地（一期工程实施4500亩）和在××、××、××等村建设百万棒食用菌种植100个种植大棚。

（五）绿色产品打造，定位高端培育

我镇紧盯市场需求，根据市场消费需求积极调整供给改革，改变过去单一的旅游服务或农业种植供给模式。结合产业结构调整，对新流转土地的种植模式严格控制，坚持走绿色产业道路。无论是中药花卉，还是精品水果及其他农作物。均全部实现农家肥耕作，确保全程无化肥。力争通过3到5年的培育打造，××品牌就是绿色有机产品的意识深入人心。同时，通过品牌塑造，打造"花海××，养生福地"，依托黄果树、××旅游资源和品牌，提高我镇农业产业附加值。

（六）强化基础党建，激活发展队伍

结合脱贫攻坚驻村工作，我镇认真谋划，积极动员，强化基础党建，狠抓干部队伍建设，夯实基层基础，激发村级发展内生动力，13个村居形成你追我赶的发展势头。在资金还未到位的情况下，各村积极开展土地流转、产业道路建设、产业发展谋划等工作；驻村工作队和镇村高涨的干事激情也带动了广大村民群众。目前全镇村民自发开挖机耕道已超过80余公里，流转土地8400多亩，正在流转2000亩。同时激活了老百姓的发展意愿和思路，推动群众从被动接受变为主动参与。

二、农业村产业发展的措施

一是建立资源整合、投入及产出机制，使各种生产要素达到最大化的投入产出效益，实现农民增收、农业农村可持续发展。二是转变政府职能，加快推进机制体制改革，建立健全现代农业社会化服务体系，在继续发挥政府为农业产业园区建设服务职能的基础上，由过去的政府主导为主逐渐向以市场需求导向为主转变，强化服务意识，将职能转变到为农民和农业生产提供资金、信息等服务方面。三是科学规划，因地制宜，在园区建设中，围绕调整农业产业结构和建立现代农业发展体系，依靠现有的资源优势和要素条件，引导农民积极适应市场竞争；推广先进的农业生产技术和农业生产项目，延伸农业产业化链条，提高农产品附加值。四是提高农业科技创新能力，大力发展农旅一体化产业，推动农业产业不断优化，促进农业经济与旅游经济的深度融合发展。五是加大农村人力资源投入，加大对农村劳动力的培训力度，全面提高农村劳动力综合素质，对农民进行农业科技、农业生产技能等培训，使各种培训具有针对性和实用性。六是鼓励返乡农民工回乡创业，实现农民就近就业。七是健全考核制度，确保农业产业园区建设工作顺利实施。制定《××镇农业产业结构调整工作考核方案》《××镇农业产业园区建设考核方案》《××镇农业产业发展九条指导意见》等文件，层层分解目标到村和有关部门，保证各项工作措施落到实处，完善考核奖励机制，提高农业园区建设和农业产业结构调整工作在全镇工作中的比重，高标准、严要求对农业园区建设和农业产业结构调整工作按照方案细则进行考核。八是制定切实可行的利益联结机制，出台《××镇农业产业利益联结机制》等文件，确保园区建设和发展惠及广大群众，明确两种利益联结机制，第一种利益联结机制是：镇级公司带动村级企业发展的中药材、蔬菜种植等农业产业，产业发展的所有投入由镇级公司负责，村级企业负责组织实施和管理，加强成本控制，总收入在扣除生产成本后的收益按4∶3∶2∶1的比例落实利益分享。即40%归村级公司，用作公益事业、入股土地分红和集体经济发展资金；30%归镇级公司，作流动发展基金，用于品牌宣传、从业人员培训等；20%做村级公司经费，用于支付管理人员工资和村支两委关于产业结构工作绩效等；10%做扶贫发展基金，助推脱贫攻坚，决战决胜。第二种利益联结机制是：引进××农业科技有限公司合作发展的元宝枫种植和××食品公司合作发展的玫瑰种植，产生经济效益扣除成本后的收益按52∶30∶15∶3的比例落实利益分享，即引进企业按投资比例分红52%；镇级公司分红30%，用于归还贷款和作流动发展基金以及用于品牌宣传、从业人员培训等；15%作为群众的土地入股分红（分红不足地500元/亩、田800元/亩时，由镇级公司补足）；3%作为村集体经济，确保贫困户增加收入和村级集体经济发展壮大。

三、存在问题

（一）后续发展资金需求较大

各村居发展势头猛，一是党委政府积极谋划，工作做得实。二是村干部、村民发展愿望强烈，但实际还是存在很大困难，主要是资金需求较大，镇级财政和镇级公司平台无法满足产业发展的大量流转土地、农业产业化基础设施建设和规模化发展农业产业带来的资金需求。

（二）群众技能上不适应需要

今年以来，全镇干部、驻村工作组和13个村居的干部抢晴天、战雨天。深入每家每户进行动员工作。群众思想上已经发生质的转变，但群众在新农业业态上的技能转变还需时日，新兴产业抵御自然灾害和市场风险的能力较弱，需要加强和开展大规模的农业科技培训，培养乡土人才，助推农业产业的健康可持续发展。

四、下步工作

今后，我镇将按照农业农村产业发展和乡村振兴的要求：一是要重点抓好农业适用技术的推广普及和运用，积极联系市农委、市农科院、黄果树农牧水局等上级技术部门，加强对农业产业园区建设和农业产业结构调整工作的指导，加强对农业技术人员的培训，指导规范种植技术，广泛全面提高农产品产量、质量和效益，切实提高农产品的优质率，做到每个村有一个符合实际的实施方案，一个产业项目有一个技术指导人员和项目责任人，重视科技在产业发展中的作用，提高效益上的支持力度和科技贡献率。二是立足农业产业园区建设的实际需要，重点引进推广优化动植物品质技术、农产品加工、保鲜和资源综合利用技术，依靠科技创新，促进产业结构创新，为农业园区建设培植科技后劲，增加科技储备。三是强化农业园区建设等农业产业的发展规划和强力推进，努力建设一批农业示范样板，逐步改变农业的地域性、季节性和可控程度差等传统农业面貌；建成中药材、蔬菜种植苗木育苗工厂和中药材、食用菌加工基地；建设种植、观赏、加工为一体的千亩玫瑰生态园、农旅一体化的万亩元宝枫生态园和观赏经济兼顾的万亩中药材种植基地（重楼、金盏菊、杭白菊种植基地）以及桃子、无花果等精品水果种植基地，争取做到在农业结构调整上有新突破，在土地流转上有新突破，在农产品储藏、深加工上有新突破，在基层农技推广体系建设上有新的突破，希望通过依托黄果树、5个5A级旅游区和全镇旅游资源丰富的优势，以××镇农业旅游发展有限公司带动13个村级公司（含村社一体的合作社），以"三权促三变"为抓手，大力开展农村土地流转，积极实施农业产业园区建设，大力实施"农旅一体化"产业，促进农业经济与旅游经济的深度融合，促进乡村旅游的发展，以产业带动就业，增强农业产业抵御自然灾害和市场风险的能力，拓宽农民增收渠道，确保农民群众有稳定收入，夯实农村、农业发展基础，促进农户增收致富，实现村村有增收产业，户户有致富门路，群众有稳定收入，全面决战决胜脱贫攻坚，确保真正实现全域旅游，将××镇建设成为旅游特色乡镇和国际中药（花卉）养生特色小镇。

××镇农业综合服务中心
××年×月×日

【例文评析】

例文从六个方面全面具体地总结了本单位的工作情况，包括实施园区建设、加强资源整合、创新服务机制、大力招商引资、绿色产品打造和激活发展队伍等，且介绍时有相应的标题对内容进行概括，逻辑严谨，内容承上启下，真实具体，使人易懂。例文最后从两方面阐述存在问题，贴近现实。美中不足之处在于关于下一步工作的阐述内容冗杂，不够清晰。

【例文 7】

××农业农村综合服务中心2020年工作总结

2020年，在市委、市政府的正确领导和上级农业部门的指导支持下，坚持以习近平新时代中国特色社会主义思想为指导，以农业供给侧结构性改革为主线，全面贯彻落实中央和省、市关于"三农"工作的决策部署，进一步激发干部队伍干事创业激情和活力，统筹推进疫情防控和农业生产技术指导服务，大力推广农作物优新品种、先进农业技术和农机装备，为保障粮食等重要农产品保产稳供、促进农业增产增效、农民增智增收提供了坚实的科技支撑。一年来，荣获中国植物保护学会科学技术奖三等奖1项、省农业技术推广奖二等奖1项和三等奖2项、市农业技术推广奖二等奖和三等奖各1项。现将工作情况总结如下：

一、主要工作完成情况

（一）坚持把政治建设摆在首位，党的建设取得扎实成效

坚持"第一议题"、党组理论学习中心组、"三会一课"和每周一下午政治理论学习、领导干部上专题辅导课、正科以下干部学习分享等学习制度，扎实开展"学法规、学文电"工作，组织广大党员、干部、职工深入学习贯彻习近平新时代中国特色社会主义思想，跟进学习习近平总书记重要讲话和重要指示批示精神，教育引导广大党员干部强化理论武装，提高政治素养，把增强"四个意识"、坚定"四个自信"、做到"两个维护"落实到农业农村综合服务各项工作中。一年来，累计开展党组理论学习中心组学习35次、干部职工集中理论学习20多次，邀请专家学者授课5次，领导干部上专题辅导课16次，开展党小组集中学习5次、党员自学8次。持续推进基层党建三年行动计划，深入开展模范机关创建活动，圆满完成中心党总支、党支部换届选举工作，继续深化党支部"六有"规范化建设，机关第一和第二党支部申报"一流支部"；认真落实"部门下沉、共建一流"制度，与下埔社区签订党建共驻共建协议，组织党员下沉社区开展文明城市创建、垃圾分类宣传、人口普查等志愿服务70多人次，帮助和配合社区党组织办好了一批民生实事；扎实开展"强本领、抓落实、作表率"活动，激励引导广大党员在常态化疫情防控中当先锋作表率，选送"乡村振兴·我是党员我先上"微视频3期，基层党组织战斗堡垒作用和党员先锋模范作用不断强化。××同志被评为"全国三八红旗手"，××同志被评为"全国农用地土壤污染状况详查表现突出个人"，××、××被评为"优秀党员"，××同志被评为"××市最佳文明创建信息管理员"。

（二）加强良种良法推广，粮食生产能力稳定提升

制定实施全市良种示范推广工作实施方案，建立良种良法示范基地7个，示范推广水稻、甜玉米、花生等粮油作物优新品种138个，配套推广超级稻强源活库优米等高产高效集成技术和水稻机械化种植精量穴直播、机插秧侧深施肥、农用无人机飞播等机械化技术。建立良种繁育基地，开展禾广丝苗等优质稻丝苗米品种的繁

育，免费发放繁育种子10000公斤。全市主要农作物良种覆盖率达99%以上，其中，水稻达99.5%，甜玉米和马铃薯达100%。全力做好草地贪夜蛾等病虫害监测防控和红火蚁防控督办，采购发放一批监测设备和防控药剂，强化宣传培训和技术指导，粮食生产安全得到有效保障。

（三）加强种植结构优化，特色优势种植产业加快发展

组织农技人员深入田间地头开展"一村一品、一镇一业"发展技术指导，加大农作物种植结构调整力度，推广农作物优新品种、优质高产高效栽培技术和农产品初加工技术，促进水稻、蔬菜、水果、南药、茶叶、花卉、食用菌等特色优势产业加快发展。一年来，引进推广××、××等蔬菜优新品种，在各县（区）推广种植番石榴、岗梅、灵芝、草菇、国兰、可可茶、铁罗汉、番茄、青瓜、向日葵等优新品种，配套推广蔬菜机械化播种、国兰标准化栽培、生态茶园有机替代培肥、三丫苦育苗等先进适用技术，深入田间地头开展指导服务，带动全市种植茶叶、蓝莓、葡萄、铁皮石斛、艾草、牛大力等特色农产品近13万亩。引进推广特色农产品储藏、保鲜、烘干共性关键技术，指导引进一批先进烘干设备，农产品初加工水平有效提升。

（四）加强绿色农业技术推广，绿色农业和生态农村协同推进

制定实施农药使用量负增长技术实施方案及水稻、蔬菜、荔枝等特色作物主要病虫害绿色防控技术方案，设立农作物病虫监测点14个，发布《农作物病虫情报》84期；将提升农业的生产功能与激发农村的生活功能、生态功能有机融合起来，利用冬闲农田推广种植格桑花、油菜花等大田花卉，在全省率先建立主要农作物病虫害绿色防控与乡村美丽田园景观融合示范区10个，通过种植蜜源性显花植物和推广稻鸭（鱼）共育、种养轮作、以虫治虫等新模式新技术，推动田园变花园、村庄变景区；与省农科院合作建立我市首个捕食螨繁殖基地，指导帮助果农用"以螨治螨"生物模式防治柑橘病虫害。主要农作物病虫害绿色防控覆盖率达45.07%，较去年同期提高3.03%；全国昆虫信息素智能缓释防治农作物害虫技术培训班、全省防控草地贪夜蛾暨农药减量增效现场推进会和全省农药减量控害技术交流推进会在我市召开，与会领导、专家对我市病虫害绿色防控工作给予了充分肯定和高度评价。大力发展病虫专业化统防统治，引进深圳大疆推广植保无人机应用，加强植保技术人员培训，专业化服务组织业务骨干在全省植保员职业技能推广大赛上获得三等奖和优胜奖各1项，××市××农林服务有限公司被认定为"全国统防统治星级服务组织"，××县获评全国农作物病虫害专业化"统防统治百县"。2020年，水稻、玉米病虫害统防统治覆盖率分别达43.17%、55.2%，比去年提高1.9%、15.15%，农药使用量减少8.21%。

完成省下达的肥料使用情况调查任务，科学分析评价农用肥料使用状况；制定实施化肥使用量负增长技术实施方案，研究探索水稻花生简化施肥、减肥增效技术新模式，建立水肥一体化配套液体肥示范点4个（600多亩）、控释肥示范点2个（300多亩）、水稻和马铃薯减肥增效示范区5万亩次，带动全市推广应用测土配方施

肥技术约360万亩次，主要农作物测土配方施肥技术覆盖率达95%、肥料利用率达40%。大力推广稻草地膜覆盖保墒、深沟灌溉和微灌、喷灌、滴灌等农田节水技术措施，编发《土壤墒情简报》22期，推广应用农田节水技术约167万亩次，有效促进农业水资源节约利用。开展农作物秸秆、农药包装废弃物、农用薄膜、畜禽粪污等综合利用技术示范，助力发展循环农业、清洁农业，倡导和培育农村绿色生产生活方式。

（五）加强耕地质量保护提升，地力主要指标稳中有升

推进2个国家级、30个省级、60个市级监测点建设，进一步完善耕地质量监测网络体系，开展耕地质量等级调查和耕地地力分析评价，提升耕地质量科学管理水平。大力推广土壤改良培肥技术，建立水稻耕地地力提升和化肥减量增效技术集成示范点2个（450多亩）、增施有机肥示范点2个（200多亩）、柑橘有机肥替代化肥示范区1.5万亩，带动全市推广施用农家肥和商品有机肥约60万吨、310万亩次，推广秸秆还田约165万亩次，促进耕地利用良性循环。加强农产品产地土壤重金属污染预警监测和防控治理，完成50个市级重金属污染预警监测点的采样和送检，实施××县土壤重金属修复治理试验示范项目，探索制定适宜的耕地安全利用和种植结构调整技术措施。通过耕地质量调查监测和省评结果，我市耕地土壤有机质含量和酸碱性呈稳定趋势，地力水平呈稳定向好趋势，平均质量等级对比提升0.18个等级。

（六）加强科技成果引进转化，农业科技创新加快推进

深化省农科院××现代农业促进中心共建，进一步完善6个基层工作站建设，实施院地联合攻关科技合作项目16项，建立示范基地7个，引进推广省农科院主要农作物优新品种129个、新技术19项、新成果10多个；联合省农科院专家合作开展省级现代农业产业园建设的科技服务，强化与农业企业的科技合作和技术服务，走访农业企业100多家，指导帮助建立稻米实验室、××市××花卉研究所，推动一批先进农业科技成果在××转化落地；加强农业技术培训，举办良种良法现场观摩会8场，创新直播课堂线上培训模式，累计邀请省农科院220多人次来××开展技术培训和现场指导达60多次，累计培训服务1000多人。加快推进农业机械化，认真贯彻落实市委书记批示精神，学习引进荔枝采收、保鲜、烘干、包装等先进技术，推广荔枝营销新模式，促进荔枝加工产业发展；建立水稻机械化种植、农用无人机飞播和撒播技术示范点3个，引进推广新型蔬菜移栽机械、茶叶生产主要环节加工色选机械和冬种马铃薯生产全程机械化技术，推动水稻生产全程机械化和特色农产品生产主要环节机械化；培育壮大新型农机服务化主体，推广"××"网约APP作业服务平台和"农机互联物联网+"服务新技术，提升农机信息化服务能力。推进数字农业和智慧农业建设，示范推广特色效益农业节本增效、农机农艺融合、智慧精准等先进农业技术25项，推广应用智能识别虫情测报系统、农林害虫性诱测报设备、农林小气候监测系统、自走式喷杆喷雾机等智能装备，推动农业生产精细化、自动化、智能化。2020年，"重大病虫防治与农药减量关键技术研究及应用"项目获得中国植物保护学会科学技术奖三等奖；"晚熟优质抗裂果荔枝新品种井冈红糯的推

广应用"等多个项目获得或申报省、市农业技术推广奖。

（七）加强农业科技下乡服务，农民科学种田水平不断提升

进一步完善"市农业科技服务专家组"为主导，市、县（区）农技人员联动和省农科院专家参与的农业科技下乡服务机制，7个农业科技服务专家组深入开展农业科技下乡服务活动732场次，发放技术手册、挂图等资料2.7万份，培训及服务农户6.57万人次。扎实推进产业扶贫农技帮扶工作，组织省、市产业扶贫农技帮扶工作组深入省、市级贫困村，建立健全"一村一策"帮扶机制，加强技术培训服务，帮助农户发展特色产业，有效提升脱贫致富能力，巩固脱贫攻坚成果。加强基层农技人员、农民合作社业务骨干、农村创业青年、种植大户、贫困村负责人等农业科技培训，累计举办培训班、观摩会、讲座等33期次，培训2683人次，有效提升农业从业人员专业素质。进一步完善"六大"信息服务平台建设，编发《××农技信息》期刊12期、××农技快讯手机短信63条、网站信息901条、"××微农技"图文信息462条、农技气象视频节目32个，结合天气预警信息向农户发布农业生产防灾减灾措施等信息16条，服务群众11.5万多人次。创新"互联网+"农技信息服务模式，制作农技微视频7期，开展农业实用技术直播课堂1场次。加强与新闻媒体合作，与电视台合作制作播出专题视频栏目5期，与《××日报》《××日报》《××头条》和××电视台、××电台等媒体合作报道40多篇，广泛宣传农业科技成果，普及农业科技知识。

（八）加强农业投入品质量检测，用种用肥安全有效保障

强化种子质量检验站建设，完成省农业农村厅下达的农作物种子质量监督抽查任务，到我市有关县（区）等地抽查6家种子生产经营企业的仓库和33家种子门店，扦取水稻、蔬菜、甜玉米品种83个，种子样品700多份，编制发放检验报告240多份。进一步完善耕地质量监测区域站建设，加强监测质量管理，完成省级地力监测点土壤剖面39个样品，以及59个市级地力监测点和27个农户委托的共计125个耕层样品检测工作。完成我市21家符合考核条件的肥料生产企业考核工作，严格把好肥料产品质量关。

（九）扎实推进意识形态、巡查整改等其他各项重点工作，内部管理和职能运行更加规范

严格落实意识形态工作责任制，通过召开党组中心理论学习中心组学习会和干部职工学习大会、邀请专家和领导干部辅导学等形式，组织开展意识形态工作专题学习；加强中心网站、中心微信群和"××微农技"微信公众号等网络信息平台和《××农技信息》期刊、宣传栏等主阵地建设，弘扬主旋律，传播正能量；制定实施《政务公开舆情回应制度》，加强网络问政、××论坛、12345热线、省一体化信访信息系统等平台的答复工作，注重收集、整理并反馈社情民意和重要舆情信息，2020年未发生意识形态安全事件和重大舆情事件。高标准、严要求推进巡察整改工作，第一时间研究制定整改方案，建立整改台账，明确每个具体问题的整改措施、责任领导、责任部门、责任人和完成时限，并实行整改"销号"制度，一件一件对

账销号，以巡查整改为动力，推动农业农村综合服务事业高质量发展。目前，各项整改工作正在有序推进，取得了阶段性成效。认真推进依法治理、政务公开、保密、财务管理等重点工作，加强有关法律法规、政策文件的学习教育，严格按照上级有关部署要求抓好各项工作任务落实，建立健全规章制度，狠抓制度执行，推动中心治理体系和治理能力现代化水平有效提升。

二、主要存在问题及 2021 年工作目标

虽然 2020 年工作取得了一定的成绩，但对照市委、市政府的要求，对照农民群众的期盼，当前工作还存在一些短板和不足，主要体现在：一是职能转变不够到位，精准服务"三农"有待提升，工作创新有待加强。二是农民科技培训仍需进一步加强，农民盲目用药、随意施肥、大水漫灌和农用薄膜、农药化肥废弃物随意丢弃等现象时有发生。三是新技术新机具引进示范种类较少，示范效果不够明显，农机农艺融合技术推广有待进一步加强。四是能力建设不适应形势发展新要求，抓落实存在能力短板，一些干部职工不愿走出"舒适圈"，工作方法因循守旧，担当不足。

2021 年，将坚持以习近平新时代中国特色社会主义思想为指导，以推动高质量发展为主题，以深化供给侧结构性改革为主线，以发展精细农业、建设精美农村、培养精勤农民为主攻方向，抢抓"双区"建设重大机遇，聚焦乡村振兴和国内一流城市建设，全力实施"五大行动"，保障粮食安全和重要农产品供给，推动农业农村绿色发展，为我市推进乡村全面振兴提供科技支撑。

2021 年的主要工作目标是：引进推广农作物优新品种 130 个以上、农业新技术 25 项以上，开展农业科技下乡活动 1000 场次以上，主要农作物良种覆盖率保持在 99% 以上，病虫害绿色防控和专业化统防统治，主要农作物病虫害绿色防控覆盖率、化肥利用率和水稻病虫害统防统治覆盖率不断提升，水稻生产全程机械化和特色农产品生产主要环节机械化持续推进。

三、下一年工作部署

（一）以发展精细农业为主攻方向，全力实施产业结构优化升级行动和农业科技创新行动

一是实施产业结构优化升级行动。深入实施藏粮于地、藏粮于技战略，推进优质粮食工程，引进推广××、××等优质丝苗米品种和××玉米、××花生、××马铃薯等粮油作物优新品种，集成推广优米、免耕、间套轮作等配套栽培技术，示范推广烘干贮藏保鲜共性关键技术和无人机飞播、精量穴直播等新技术，提高农业良种化水平，推进良种良法配套、农机农艺融合；引导树立耕地"量质并重、用养结合"理念，示范推广增施有机肥、有机肥替代化肥、秸秆还田、种植绿肥等土壤改良培肥技术，促进耕地质量保护提升；指导发展加工产业，延长产业链条，提升附加值，做优粮食产业。对标"圳品""供港品质"，示范推广××、××、××等优新品种，制定特色优势农产品生产技术规程，推行标准化生产，增加绿色优质农产品供给，做精蔬菜产业，做强南药、茶叶、水果等特色产业，做大花卉等新兴产业。

二是实施农业科技创新行动。深化省农科院惠州现代农业促进中心共建，加快

生物技术、智慧农业、丰产栽培、农业节水、防灾减灾等先进技术，以及农机装备、机械化技术、农作物优新品种的引进、示范和推广，协同开展农业关键技术攻关研究，推动一批先进科技成果在惠州转化落地，为提升农产品质量效益和竞争力提供科技和装备支撑。开展南药烘干、水果冻干、茶叶烘焙、花卉烘干等机械化技术指导服务，提高特色农产品初加工水平，服务指导田园综合体建设，助推一二三产融合发展。

（二）以建设精美农村为主攻方向，全力实施绿色农业技术推广行动

一是继续推进化肥农药减量增效。强化绿色导向，加强生态控制技术、"四诱"技术、昆虫天敌等绿色防控技术和生物农药的示范推广，加快水肥一体化、机械深施等科学施肥技术及农田节水技术、新型高效肥料的推广应用，培育壮大统防统治、农机作业等专业化社会服务组织，推动农业生产方式转变。

二是创新推广生态立体农业新模式。深化打造绿色防控与美丽田园景观融合示范基地，不断创新建设机制，总结推广先进经验，助力打造美丽田园景观。依托省农科院惠州现代农业促进中心等平台，引进推广"稻鸭共生""菜禽轮作"等生态立体种养新模式，探索"种（蔬菜）养（鸡）轮作＋性诱＋物理防控"绿色防控技术新模式。大力发展大棚蔬菜立体种植，提升土地利用率，促进蔬菜质量和效益不断提升。

三是大力推广新型清洁农业模式。加强农作物秸秆、农药化肥包装废弃物、农用薄膜、果蔬废弃物、餐厨垃圾等回收处置和综合利用技术示范，强化农用地土壤重金属污染监测、防控和修复，推动农业农村绿色发展。

四是探索发展创意农业。加强与省农科院、××农业大学、××农业工程学院等交流合作，引进水稻特色品种和先进技术，充分依托稻田、茶园、果园、花园、菜园等农业产业资源，结合××、××、村庄庭院等开发利用，通过融入文化、科技、美术、动漫等创意元素，推动打造美丽田园景观，促进农旅融合发展。

（三）以培养精勤农民为主攻方向，全力实施农民科技素质提升行动和农技帮扶行动

一是实施农民科技素质提升行动。紧密对接农民的农业技术需求，创新农业科技下乡服务机制，以"线上＋线下"的模式开展"点餐式"农技服务，推动农业技术人员往基层走、农技项目向基层倾斜、农业科技在基层转化应用。加强农民科技培训，建立分类培训机制，对不同地区、不同层次、不同产业的服务对象开展针对性培训，将电子商务、农产品品牌建设、农村金融、农产品加工技术等纳入培训内容，提升培训质量；建立实训基地和培训师资库、学员档案库，完善学员跟踪服务机制，在种植、加工、销售等开展全链条指导服务，培育一批勤劳作、精技艺、有情怀、敢担当的精勤农民。

二是实施农技帮扶行动。组织市、县、镇农技帮扶工作组，深入贫困村开展"人手5本书""掌握1—2门农业实用技术"计划，普及推广农业实用技术，完善农技信息服务体系，培育农村农业技术人才，加强农业示范基地建设，联动农业龙头

企业或合作社开展产业技术帮扶，不断增强贫困农民自身"造血"能力，巩固拓展脱贫攻坚成果，推动脱贫攻坚与乡村振兴有效衔接。

××农业农村综合服务中心
××年×月×日

【例文评析】

例文总结部分采取并列式布局，从以下几方面入手：党的建设取得扎实成效、粮食生产能力稳定提升、特色优势种植产业加快发展、绿色农业和生态农村协同推进、地力主要指标稳中有升、农业科技创新加快推进、农民科学种田水平不断提升、用种用肥安全有效保障和内部管理和职能运行更加规范，通过大标题即可清晰了解工作状况，起了画龙点睛的作用。例文美中不足在于关于未来规划的阐述过于冗杂，可以适当精简。

【例文8】

××区国家级自然保护区管理局2020年工作总结

今年以来，在区委、区政府的正确领导和上级业务主管部门的指导下，我局深入践行"绿水青山就是金山银山"的生态发展理念，紧紧围绕区委"三五一"工作思路，认真履行职能职责，全力推进各项工作，现将我局相关工作情况汇报如下：

一、2020年工作情况

（一）全面贯彻落实《指导意见》，优化功能分区

按照国家、省、市、区自然保护地整合优化方案要求，扎实做好前期基础工作，对保护区内生态资源和原住村（居）民生产生活、耕地、基础设施建设等进行了本底调查摸底，完成了矢量数据以及报表汇总上报。积极协助方案编制单位做好保护区动植物资源、矿山矿点、风景资源、村庄道路、边界走向等情况的外调工作，对拟调整区域的基本数据进行了采集，同时对技术单位提出的整合优化初步方案结合南岳区的实际提出了意见和建议。

（二）狠抓生态保护主责主业，切实保护资源

一是管护能力不断提升。完成了自然保护区信息化管理平台的更新升级，建立完善了自然资源数据库。按照规划位置对第二批新增设的11部红外相机完成了安装调试，同时对第一批红外相机进行检测修正。启动无人机巡护，添置了手持式巡护监测移动终端等科技设备，及时将采集的野外数据上传到信息化管理平台，实现对野生动植物资源的实时监测和数据化管理。二是社区共建广泛开展。积极开展"3.3世界野生动植物日""4月爱鸟月""5.22国际生物多样性日"等专题活动，通过在游客服务中心发放宣传资料、设置自然保护区生物多样性展板、在区电视台播放专题宣传片等形式进行广泛宣传教育。积极探索社区共建新模式，深入保护区的37个村和15个工区，开展"绿色卫士"生态保护志愿服务活动，上门入户宣讲野生动植

物保护、村民建房、保护区相关法律法规等内容，印发了《关于加强南岳衡山国家级自然保护区陆生野生动物保护及疫源疫病防控的通告》《国家级自然保护区法律法规及管理制度汇编》《倡议书》等资料，累计张贴《通告》100余份、发放宣传资料2000余份，营造了全社会共同保护生态资源的浓厚氛围。同时在中央电视台秘境之眼播出白鹇视频，在中新网、人民网、中国日报、××日报等媒体刊发《××》《××》《××》等一系列宣传报道，取得了良好科普和宣教成果。三是珍稀动植物资源保护全面加强。加强珍稀濒危野生动植物保护，制定了保护区旗舰物种××、××的保护方案。对6株野生××实行"一株一策"保护，采取挂保护牌、安装红外相机、清理毛竹、物候监测等措施，改善苗木生长状况，保护其生长环境和群落，努力创造良好的自然更新环境。尤其是对唯一一株原生幼树，抢在汛期来临之前，通过在幼树周围堆砌自然卵石护围、取周边腐殖土养苑、修剪病枯枝、梳理周边树木枯枝等措施，进行了抢救性保护，使其发出嫩芽。在××天然次生林开展了××野外回归种植活动，将人工培植的100株××木苗，全部移植到原野外生长地××天然次生林内，为××这一极濒危物种种群重建打下基础。对已发现的××种群开展了全面调查，进一步掌握了种群数量、分布区域、变化动态等情况，通过加强对活动区域周边的巡护、减少人为干扰、科学投喂食物等，大力优化××生境。新建了野生动物救护站，引进和繁育了40只成鸟和40只雏鸟，科学喂养让其从人工饲养状态逐步适应野外生境，挑选12只生长发育良好、初步适应半野化环境的××成鸟，选择在较高海拔森林茂密的常绿阔叶林带内进行放归并进行动态监测，为下一步的放归工作提供有效的科学依据。四是巡护监测常态开展。充分利用信息化监测平台，进一步健全完善巡护管理制度，制定了《2020年巡护管理工作方案》，层层压实监管巡护责任。坚持每周一次全覆盖、不间断巡护，累计巡护次数156次、巡护总里程8220公里，加强对保护区内植物的生长情况、保护现状进行动态巡护、跟踪管理，完成生物多样性监测总次数为2710次。对××乡水口9组的两株野生红豆杉系丝带、树前烧香祈福的行为及时制止，并在古树旁设立禁止焚香化纸指示牌；及时制止了在保护区内采挖野生兰草、杜鹃和树桩的行为，并函告区兰草、盆景、赏石协会，做到了发现问题及时处理。充分发挥红外相机监控系统作用，定期进行查看，及时维护和回收照片，共拍摄到野生动物的有效视频300余段、照片1000余张，对红外相机拍摄到的野外非法猎捕线索提交××区森林公安分局申请立案侦查。日常巡护新发现了灰脸鵟鹰、叉尾太阳鸟、白颈鸦、橙腹叶鹎等保护动物新纪录和白鹇、蓝喉蜂虎等鸟类新分布地。五是野生动物疫源疫病防控。认真履行野生动物疫源疫病监测防控及主动预警职责，切实做好辖区内野生动物疫源疫病的日常监测、隐患排查、培训演练、应急处置等工作，严格执行野生动物疫源疫病监测"每日一报"制度，做到勤监测、早发现、严控制。加大对位于保护区内××乡××村11组老虎岩野猪养殖户等重点防控对象的管控，要求其严格落实"一封控四严禁"措施，并现场指导养殖户做好养殖场所的消毒防疫和外界隔离。今年以来未发现野生动物疫源疫病等异常情况。六是人为活动严格管控。严格执行《自然保护区条例》，坚持保护区建设项目严格审批、严格把关，加大对破坏山体及植被的违法行为的打击，共发现制止违法违规行为38起，函告区相关单位18份、××县15份、××县2份，联手协作抓好监管工作。做好保护区××范围内村民建房的前置审批工作，对保护区内"无房户、危房户"进行了全面调查摸底，参与村民建房选址28户。

（三）持续推进问题整改，按期完成销号

一是扎实开展"回头看"。坚持以问题为导向，按照中央环保督察、"绿盾2017""绿盾2018""绿盾2019"自然保护区监督检查专项行动和审计署跟踪审计反馈问题整改的要求，持续推进突出生态环境问题的整改，做到已整改到位的问题不反弹，并认真整理相关台账资料，按程序上报申请销号。二是全面整改新增问题。对2020年生态环境部、林草局下发的38个遥感问题高度重视，逐一现场核查，多次召开会议进行专题调度，对所有的遥感监测问题坚持四个到位和分类施策的原则，制定整改方案，切实加强整改。目前，已整改完成19个，19个正在整改中。

（四）积极主动争资跑项

从保护区的实际情况出发，加大与上级部门的汇报力度，向省林业局申报了《2020年林业国家级自然保护区补助资金项目》，该项目已经省林业局批准同意，补助资金80万元，资金来源为中央财政补助资金，待省财政厅、省发改委审批后，今年可拨付到位；编制了《极危树种××抢救性保护项目申报书》，向省林业局申报2020年中央财政林业草原项目储备库国家级自然保护区补助资金400万元，目前该项目正在审批中。

（五）重点项目建设积极推进

根据安排，3月开始我局为农业休闲观光园的责任单位，组建了项目协调小组，明确了人员分工，制定了年度目标任务清单。目前，××路东侧区域内41.3亩的规划方案文本编制完成，已报送区自然资源局初步审查。但因初步方案与区自然资源局规划要求不符，暂不能审批。安置区配电工程电力入户管线土建工程已基本完工；居民用电（高压、低压）工程依法按程序确定施工单位为××建设集团有限公司××分公司，第一批工程款300万元已付；高压配电设施土建工程已完成主体工程，通过竣工验收。××路、××路、××路等3条道路的移交已聘请核工业××建设工程检测有限公司××分公司进行工程质量鉴定，已完成2条道路的检测，多次召开道路移交工作调度会，要求道路施工单位在规定限期内进行整改，待整改完毕再次检测合格后再进行移交。

二、存在的主要问题

（一）保护与民生的矛盾仍然突出

由于原住村民嫁娶分户和危房改造等生产生活的现实需要，自然保护区核心区、缓冲区内的无房户、危房户建房的愿望非常迫切，刚性需求大，但根据《自然保护区条例》的相关规定，核心区禁止人类活动，缓冲区只能从事科学研究等相关活动，落实严格的保护管理措施与原住村民日常的生产生活，已经形成了极其尖锐的矛盾，村居民意见强烈。

（二）管理体制亟待进一步理顺

一是单位性质与法定职责不匹配。根据《中华人民共和国自然保护区条例》的相关规定，管理局应具有行政管理职能，但目前我局为一般事业单位，没有行政执法权，面对自然保护区范围内发生的破坏资源行为和违法违规人类活动，不具备执法主体资格。根据《中华人民共和国自然保护区条例》相关规定，自然保护区管理机构承担的"统一管理自然保护区、保护自然保护区内的自然环境和自然资源"等职责，与林业局的部分职能职责交叉重叠，致使在动植物资源保护工作上分工不明、职责不清，出现多头管理的局面。二是单位性质导致人员进出不畅。因属事业单位，干部的提拔交流受事业单位限制，基层一线的优秀职工受干部身份限制，无法提拔重用；巡护力量薄弱，专业技术人员青黄不接，特别是自然保护区管理、野生动植物保护、法律、林学、园林、生物工程、景观景点规划设计等专业人才严重缺乏，严重影响干部职工队伍的工作积极性和业务工作的正常开展。

三、2021年工作思路

一是编制《××国家级自然保护区总体规划》和其他专项规划，全面贯彻落实《指导意见》。认真贯彻落实中共中央办公厅、国务院办公厅印发《关于建立以国家公园为主体的自然保护地体系的指导意见》精神，按照获批的自然保护地整合优化方案，明确保护区范围和功能区界限，编制《××国家级自然保护区总体规划》，并按程序上报国家林业和草原局审批，为自然保护区的发展指明方向、明确思路。同时，根据批准的《××国家级自然保护区总体规划》，结合××的实际情况，编制《××国家级自然保护区基础设施建设项目可行性研究报告》和《××国家级自然保护区生态旅游规划》等其他专项规划。

二是理顺自然保护区管理体制，全面做好自然保护区管理。按照国家级自然保护区"一区一法"的立法要求，加大向上汇报力度，争取出台《××国家级自然保护区管理办法》，推动保护区管理走上法制化、科学化、规范化发展道路。完善自然保护区管理机构设置，明确管理机构的性质、级别、编制、经费和管理权限和各相关单位的职能职责，切实解决职能职责交叉重叠、多头管理的问题，形成"政府统筹主抓、部门各负其责、综合协调联动"的工作格局。加强队伍建设，加大对专业技术人才的培养和使用，不断提高管护水平。建立保护区自然资源数据库，加大对珍稀濒危动植物和天然次生林的保护，特别是旗舰物种××、白鹏的保护力度，恢复扩大旗舰物种资源。积极创新科研科普，开展野生动植物及种群、栖息地生态观测和研究、野生动植物种群扩繁及野外回归工作，保护和发展珍稀动植物资源。

三是科学合理利用自然保护区资源，全面践行"两山"理念。全面践行"绿水青山就是金山银山"的生态理念，严格执行《自然保护区条例》，坚持保护区建设项目严格审批、严格把关，严厉打击破坏自然资源的违法违规行为，切实保护好自然保护区的资源。同时，结合保护区的实际情况，在不影响生态环境和自然资源的前提下，充分发挥"服务人民"的功能，积极申报国家级自然教育基地，建设科普廊道，开展适度有序、科学合理的可持续利用活动，为××旅游提供更多优质生态产品。积极探索社区共建模式，建立全民参与的共管机制，引导和帮助群众合理利用自然资源，发展生态型产业，促进自然保护区与周边社区经济协调发展，实现人与自然和谐相处。

××区国家级自然保护区管理局
××年×月×日

【例文评析】

例文思路清晰、主题明确，分本年度的工作情况、存在的主要问题和2021年工作思路三部分阐述。例文注重贴近实际，作者思路明确，语言真实恳切，突出陈述工作重点或是工作亮点，做到详略得当，结构完整，各个标题的提炼使总结内容清楚易懂。全文以"总—分"大结构辅之并列式分布局进行总结，工作计划逐条陈述，条理清晰。

【例文9】

××水库管理所2019年工作总结

××水库管理所成立于2011年，负责"一库、两沟"的运行管理工作。芒林水库总库容2238.9万m^3，芒林干渠和弄岛大沟总长30.85公里（其中：芒林干渠长13.87公里，弄岛大沟长16.98公里），控制灌溉面积6.93万亩，承担着××市××乡、××镇、××农场的部分人畜饮水和下游农田灌溉的双重任务，现将近年来工作总结汇报如下。

一、日常管理工作

一是做好××水库的日常运行管理工作，按时上报水位水情并做好记录，对大坝、溢洪道、输水闸等水工建筑物加强巡查观测，发现问题及时处理、上报。二是水库安全度汛：严格按照水库安全度汛相关要求，加强工程设施的巡查力度，坚持24小时值班制度，确保水库安全度汛。三是按照《瑞丽市全面推行河长制行动计划（2017—2020年）》相关要求和工作职能，积极开展饮用水源安全和水生生物资源保护工作：加大库区管控力度，每天出动工作人员驾驶车辆或船只在库区范围巡查，对钓鱼、野炊以及污染水源环境等不良行为坚决制止，共出动人员72人次，收缴、销毁鱼竿152根，太阳伞鱼护35个，教育劝返钓鱼、野炊人员102人次，遏制了水源污染行为；组织人员对水库岸线、水面垃圾清理，保持水清岸绿的良好环境。四是坚决贯彻落实省委、省政府关于防汛和科学蓄水的决策部署和州委、州政府的工作要求，在做好防汛工作的同时，全力做好科学蓄水工作，确保××水库覆盖范围城乡居民生活、工农业生产和生态用水安全。年底可完成1689.13万m^3蓄水任务。五是加强两条农田灌溉干渠（××干渠、××大沟）的日常管理，保证渠道畅通安全供水，做好农田灌溉用水调度，保障农业生产用水，服务好群众，圆满完成农田水费征收任务。

二、存在问题和困难

一是××水库为中型水库，水域面积宽广且地形复杂，沿库周边有七个村寨的群众生产生活（××农场六队、九队、十三队、十五队、××寨、××寨、××），不利于水库管理和水源地保护工作，虽然做了大量的保护水源、保护环境的宣传教育工作，加强巡查力度，但钓鱼、水源地污染等现象还是不同程度地存在。二是××干渠13公里渠道两边的杂草未进行清除，已影响到了渠道的正常运行和安全，急需全线清除。三是办公用房、职工住宿楼的房门老化损坏，待更换。

三、明年工作计划

一是严格按照水库安全度汛相关要求，加强工程设施的巡查力度，坚持24小时值班制度，确保水库安全度汛；做好芒林水库的日常运行管理工作，按时上报水位水情并做好记录，对大坝、溢洪道、输水闸等水工建筑物加强巡查观测，发现问题及时处理、上报。二是加强××干渠、××大沟的日常管理，保证渠道畅通，做好农田灌溉用水调度，保障农业生产用水，服务好群众，圆满完成农田水费征收任务。三是加大库区水面巡逻，对钓鱼、野炊以及污染水源环境等不良行为坚决制止，常抓不懈地做好水源环境保护工作。

××水库管理所
××年×月×日

【例文评析】

例文利用"总—分"的结构进行内容阐述，从日常管理工作入手，再到存在问题和困难，随后阐述明年工作计划，由表及里，结合了当下社会环境等因素，内容明确，条理清晰。同时例文意图以点面结合方式总结。点上通过具体生动的典型例子，容易理解和接受；面上通过概述事实和统计数字，增强了文章的科学性。例文最后对未来工作计划进行简要阐述，使工作更有计划性。

【例文10】

××市林业和草原局2019年工作总结

2019年，全市林草生态建设工作在市委、市政府和自治区林草局的正确领导和大力支持下，按照市委×届×次全会确定的生态建设思路和市政府印发的《全市林草生态建设指导意见》要求，坚持建设、修复与保护并重，持续推进国土绿化，狠抓特色经济林建设、环保督察涉林涉草问题整改和森林资源保护管理工作，圆满完成了全年各项目标任务，取得了较好的成绩。现将工作总结汇报如下。

一、林草生态建设任务完成情况

2019年，全市共完成各项林草生态建设任务84.64万亩，占计划任务的100.18%，其中新造林完成32.89万亩、种草完成7.55万亩，营林完成44.2万亩；完成生产性投资5.18亿元，其中中央投资0.9亿元，地方投资2.75亿元，争取植被恢复费、列入财政债券资金1.52亿元，社会投资80万元。

（一）国家重点林草生态工程共完成30.19万亩，完成投资8982万元

1.××风沙源治理工程完成27.54万亩，占计划任务的100%，其中造林20.14万亩，种草7.4万亩；投资8090万元。

2.天然林保护工程公益林建设项目完成1.6万亩，占计划任务的100%，其中人工造林1.1万亩，封山育林0.5万亩；投资472万元。

3.退耕还林工程完成1.05万亩，占计划任务的100%，投资420万元。涉及××市5个乡镇、1425户农牧民。

（二）地方重点区域绿化项目共完成7万亩，完成投资1.85亿元

1.通道绿化完成165.6公里、1.68万亩，投资2943.9万元。主要对通乡通村道路、城镇主干道进行提升改造；对关键节点路段进行高标准绿化。

2.城镇绿化完成2.91万亩，投资8962万元。主要对城镇街道、广场、道路出入口进行绿化补植、提升改造。

3.村屯绿化工程完成2.24万亩，建成了139个精品示范村，其中建成国家级森林乡村10个、自治区级森林乡村20个；投资6015.2万元。围绕"乡村振兴"人居环境三年整治行动，重点在"四旁"及村庄主要街道、空闲地、四周视野范围内宜林地进行绿化。

4.××园区绿化完成0.17万亩，投入资金617.5万元。

（三）义务植树基地建设共完成3.1万亩，投资9000多万元

结合"万亩生态园"和特色经济林建设，打造精品示范义务植树基地，市区两级在××区××镇新建特色经济林精品示范基地1000亩，义务植树基地已成为社会各界参与国土绿化的重要平台。

（四）营林项目共完成44.2万亩

其中退化林分修复完成10.2万亩，森林抚育完成34万亩；完成投资18万元。

（五）特色经济林建设工程完成9.76万亩

其中乔木经济林完成6.34万亩，包括0.9万亩、40万株庭院经济林；灌木经济林完成3.42万亩，争取植被恢复费、列入财政债券资金1.52亿元。

（六）社会公益组织种草完成1500亩，投资80万元

肯德基公司联合中国绿化基金会在××采用冰草、燕麦、披碱草等牧草进行免耕补播修复草原。

二、主要做法和亮点

（一）生态环境得到进一步修复治理

以国家重点生态工程为抓手，加大了容器苗造林、优质高产牧草品种的种植比例，有效保证了工程建设质量。××风沙源治理工程、天然林保护工程、新一轮退耕还林工程建设质量明显提高，造林成活率达85%以上；人工草地饲草产量每亩保持在200—3000公斤。全国首个"草原生态修复社会公益绿化项目"在××实施，

肯德基公司联合中国绿化基金会投资修复治理退化草原1500多亩；全区首创提出利用野生混合草种修复草原的治理办法已获得自治区批复，并将我市列为全区野生乡土草种混合采收试点区，采集针茅、冷蒿、驼绒藜等野生草种20多吨。

加大了城镇周边、村庄绿化和毁林毁草修复力度，结合乡村振兴人居环境整治和庭院经济林建设工作，建成了一批包括森林乡村在内的精品示范村，绿化覆盖率达30%以上。××县投资1150万元，对××周边及村内的庭院进行了绿化，打造了集旅游、休闲、民宿、餐饮、采摘于一体的乡村振兴示范点，有效改善了农牧民的生产生活条件。众多志愿者、社会团体积极投身到造林种草绿化大潮中，××夫妇携艺术学院师生在××捐资建设了200亩义务植树基地；环保志愿者在××参加了"绿水青山·支边林"建设活动，人居环境得到进一步改善、国土绿化面积得到进一步扩大、生态环境得到进一步治理。

（二）特色经济林建设实现"绿富同兴"

结合各级各类工程项目建设特色经济林9.76万亩，既有效绿化了生态环境，又辐射带动了村集体经济"清零递增"、贫困户脱贫增收。

在种植模式上，主要是通过"企业+基地+贫困户"、村集体组织、鼓励有实力的企业和能人大户建设示范区、发展村集体经济小果园和农户庭院经济林等形式完成。××市××镇采取"农户（贫困户）+公司+集体"合作模式，按6∶3∶1的方式营造特色经济林，即村民占60%、公司占30%、村集体占10%，不仅调动了贫困户参与经济林建设的积极性，还减轻了公司流转土地的资金压力，这种让资源变资产、资金变股金、农民变股民的"三变"模式为农村经济发展、农民增收致富开辟了新路子。××县××镇××村鼓励贫困农户大力发展庭院经济林，把农家庭院"方寸地"，建成致富增收的"聚宝盆"，实现了经济效益和生态效益双赢；××区在市区两级干部义务植树基地以"政府+企业+村集体"的模式种植了1000多亩特色经济林，由政府提供苗木，村集体提供土地，建成后企业和村集体进行后续管护，实行股份分红使村集体受益，保证了特色经济林建设后续的养护效果和经济效益的发挥。

在兑现办法上，积极争取筹措了1.52亿元用于特色经济林建设苗木补贴，继续实行分级分类补贴，对地径3cm以上乔木经济林每亩补贴2025元，对灌木经济林每亩补贴333元。按成活率达到85%以上，兑现90%的种苗补贴、剩余10%在第二年完成后续养护措施后兑现；成活率在40%—85%的，按30%兑现种苗补贴、剩余70%在补植完成并通过验收后发放；成活率在40%以下的，不予补贴。

（三）林草"生态脱贫一批"任务提前完成

围绕"两补偿、两带动"开展林草生态扶贫工作，做实林草生态扶贫主要目标，选聘贫困人口护林护草员9102人、带动脱贫1万多人，2019年当年选聘国家生态护林员2300人、公益林护林员595人。全市国家生态护林员达到4034名，公益林管护员达4914名，护草员154名，提前完成了市委、市政府下达的林草生态脱贫目标任务；全面落实国家森林生态效益补偿、退耕还林政策性补贴，惠及全市8.1万贫困人口，人均增收361元。大力发展特色经济林、柠条灌木林平茬等林草产业项目，带动 4931 名贫困人口实现增收，人均增收 1758 元。通过××风沙源治理工程、退耕还林工程带动 2441 名贫困人口参与工程建设，人均增收 1069 元。

（四）各项改革工作有序推进

一是机构改革工作全面完成。完成了挂牌和职责职能划转工作，"三定方案"在 3 月底经市委政府批准正式印发，整建制划入草原科、草监局、草原站和××区分局，整合划入了草原、自然保护区、风景名胜区等监督管理职责；划出了防火、森林湿地资源调查和确权登记职责，形成了更为有力的生态保护修复和监督管理的工作合力。

二是国有林场改革稳步推进。主体改革率先完成，全部定性为公益性一类事业单位，人员机构经费均纳入当地财政预算，林场职工安置率、医疗养老保险参保率、住房公积金缴存率达到 100%，走在了全区国有林场改革的前列。配套改革稳步开展，基本配齐了林场管护用房，2019 年新建 13 处；完成了全市 13 个国有林场森林经营方案编制评审工作，国有林场生态功能显著提升，职工生活生产条件明显改善，森林资源得到有效保护和利用。

（五）林草资源经营管护工作成效显著

一是强化了林草资源经营管理。完成了森林资源"一张图"年度更新工作，实现了森林资源监测更新动态化管理；严格执行征占用林地定额管理制度，全年共受理各类征占用林地项目 117 项、0.84 万亩，草原项目 115 项、1.18 万亩；完成了国家森林督查疑似非法占用林地的 689 处查处整改工作。组织实施森林质量精准提升、退化林分修复、灌木林平茬和高产优质苜蓿、大麦复种燕麦高产栽培集成技术示范建设等工程项目，扎实推进林草经营工作，林草质量进一步提升。

二是加大了森林草原执法力度。深入推进扫黑除恶专项斗争工作，与市公安局、生态环境局、自然资源局、水利局五部门联合印发了《关于严厉打击生态环境领域涉黑涉恶违法犯罪的通告》，组织开展了以"打击破坏森林和草原、野生动物资源违法犯罪"为主要内容的多项行动，对垄断森林和草原资源，侵占各类林地、草地、湿地、森林资源等涉黑涉恶行为进行严厉整顿打击和依法查处，全年累计查处各类案件 513 起，涉及草地 1500 亩，收回林地 793.2 亩、收缴木材 17.08 立方米，有效保护了全市的林草资源。

三是深入推进环保督察"回头看"及草原生态环境问题专项督察整改。完成矿山治理整改任务 81 个，整改率达到 74%。完成草原旅游类整改任务 6 家，整改率达到 66.7%。全面完成了草原生态脆弱区与禁牧草畜平衡整改任务，重新核定了草畜平衡区合理载畜量，组织开展了草原生态监测、禁牧和草畜平衡专项督查巡查。监测结果显示，今年全市天然草原植被盖度达到 42%，较 2018 年提高了 10 个百分点。

四是狠抓森林草原防火和禁牧工作。作为重要涉改单位，在机构改革期间，我们始终保持思想不乱、工作不断，严格落实了行业部门的防火责任，加强了对重点时期、重点部位、重点人员"三个重点"的宣传引导、检查督查和执法力度，对上坟引发火情的100多人进行了拘留，调整了243名履职不到位的护林员，有效震慑了一些人员的麻痹大意行为。全年共发生一般草原火灾2起、过火面积994.5亩，切实做好了机构改革之年转隶转制期间的防火工作。全面落实草原生态奖补政策，严格执行禁牧和草畜平衡制度，特别是加大了工程项目区、自然保护区的禁牧执法力度，首例岱海禁牧罚款在一周内执结完毕，依法对违规放牧者处以4万多元的罚款，为湿地自然保护区生态环境执法翻开了新篇章；《××市××草原保护条例》经自治区人大审议通过，为加强××草原保护管理、维护区域草原生态环境安全提供了法律保障。

五是加强森林草原病虫害防治工作。完成森林草原病虫害防治700多万亩、草原鼠害防治270多万亩，无公害防治率在97%以上，四率指标全部控制在自治区下达的目标之内，为全市森林草原建设持续、健康发展提供了基础保障。

（六）机关自身建设取得新成效

一是党建工作质量不断提升。深入推进"党支部标准化建设年"工作，积极开展"××"主题教育，全年组织集体学习52次，领导干部讲党课15次，主题党日活动12次；全面落实党风廉政建设主体责任，组织签订党风廉政责任书，层层压实责任；进一步规范党内政治生活，狠抓"四官"问题整改，开展廉政风险防控工作，营造风清气正的政治生态环境。

二是对口帮扶工作稳步推进。由一名正科级干部任××市××村驻村第一书记，派4人常年驻村，协助帮扶村落实各项扶贫政策，抓党建、抓产业促脱贫。帮助该村成立了"××市绿色家园林业服务中心"，协调各方筹措资金160万元新建了一处多功能村民文化阵地，配备了6台风力灭火器、20余套防火服和2件灭火弹，充分保证了帮扶村农牧民生命财产和林草资源安全。全局68名副科级以上干部包扶××市××镇和浑源窑乡249个贫困户，定期深入贫困户家中开展帮扶工作，为帮扶户排忧解难，捐资捐物送温暖，目前已全部摆脱了贫困。

三是"五城联创"工作持续开展。投入30多万元对××社区进行了美化改造，为小区安装消防灭火器12套；制作宣传标牌13块；建成车棚1处；刮白楼道墙面6处、300平方米；购买垃圾桶30个；安置电动车充电桩4套；清运垃圾8车，××小区环境面貌得到明显改善、居民生活质量得到明显提高。

四是机关文化建设成效明显。举行了"绿水青山·林草梦"主题演讲活动，开展了干部职工羽毛球比赛，举办了第二届绿色情怀迎新年文艺晚会，极大地丰富了机关干部文化生活，展现了机关文化建设成果，增强了机关工作活力。

五是信访接待效率不断提高。派驻一名副科级干部进驻信访大厅专门负责信访接待工作，针对具体情况责成相关科站组织专人赴实地进行核实调查，并在第一时间将调查核实情况、处理结果反馈至相关部门和信访当事人。全年共受理群众来信、来访28件，现已全部办结，切实做到了件件有着落、事事有回音。此外，安全生产、社会治安、工青妇、档案管理、网络管理等各项工作圆满完成年初制定的目标。

三、存在的困难和问题

（一）生态建设任务依然十分繁重

虽然近年来造林绿化工作取得了显著成效，但森林资源总量不足、覆盖率低、质量差的问题依然存在，仍有大量的宜林地需要绿化，生态建设任务十分繁重。另外，通过多年的集中连片建设，现在的造林地点多数在交通不便、立地条件相对较差的地段，造林难度大、成本高，造林成活率和保存率很难达到国家标准。

（二）工程后续管理难度大

地方重点区域绿化项目到期交工后，后期管护责任不明，经费不足，养护压力较大，特别是近几年建成的部分经济林地块缺乏技术和资金的支持，果树后期整形修剪、中耕除草、浇水施肥、病虫害防治等经营管理跟不上，个别地块连最基本的除草都做不到，草比苗高，经济林长势差，影响了今后经济效益的最大发挥。

（三）执法力量薄弱

一是森林公安面临转隶。森林公安改革转隶后，林草部门没有专门的执法机构和队伍，面对破坏森林草原资源案件多发的态势，很难监管到位。二是草原执法人员短缺。机构改革之后，部分县的草原监督管理人员分流到了自然资源局和应急管理局，目前全市共有草原监管人员88人，除市本级11人以外，平均每个旗县仅有7人，草原监督管理与执法存在很大困难。三是禁牧队伍不稳定。大部分乡镇没有专职禁牧人员，且队伍不够稳定，不仅分管领导经常变动，禁牧队员也不能长期从事禁牧工作，不能满足禁牧执法需要。

（四）防火、禁牧形势严峻

进入雨季以后，全市降雨普遍较多，再加实施草畜平衡和禁牧措施，××县农牧区林草生长茂盛、植被盖度远远高于往年，可燃物载量剧增，高火险区域不断扩大，又因机构改革导致各地森林防火机构不顺、人员不足、经费短缺、设备落后，今冬明春防火形势十分严峻；另外，受非洲猪瘟影响，我市牛羊肉价格高、行情好，牲畜饲养量不降反增，而且大部分养殖户没有饲草料基地，以散养为主，再加上一些县对贫困户给予购畜扶持，贫困户饲草料储备不足，只能散放养殖，在工程项目区、通道两侧绿化带放牧现象时有发生，牲畜毁林案件易发多发，防火、禁牧形势不容乐观。

××市林业和草原局
××年×月×日

【例文评析】

例文分为三大部分：林草生态建设任务完成情况、主要做法和亮点、存在的困难和问题。本年度工作总结采取并列式布局，通过列举具体数字将本年度工作进行科学准确的总结。同时认识到自身发展的缺陷，从两方面总结工作中存在的问题和不足，总结非常全面，客观实际。例文特色之处在于：对于工作的亮点进行完整总结阐述，对接下来的工作具有重要的经验借鉴作用。

第五章
公司企业工作总结写作范例评析

扫一扫，获取本书例文

写作思路

　　开篇：这一部分主要采用概括陈述，用来交代总结的缘由、单位名称、时间背景、主要任务等，或对总结的内容、范围、目的作限定，对所做的工作或过程作扼要的概述、评估，这部分文字篇幅不宜过长，只需作概括说明。如××年在各部门的协调配合下，我们紧紧围绕公司奋斗目标，抓机遇、求发展，全体员工齐心协力，顽强进取，充分发扬了"热情、顽强、向上"的企业精神，大力倡导和践行适应时代发展的经营管理理念，同心同德、真抓实干，基本完成了年度生产经营计划，企业各项主要经济指标均达到了历史最高水平。现将××（时间段）的工作总结如下。

　　列举成绩和做法：这是总结的主体部分，这一部分要求依托实践实事求是的来写，不浮夸，不遮掩，深刻透彻地分析取得成绩的原因、条件、做法，揭示工作中带有规律性的东西，成绩有本质的、现象的，也有重要的、次要的，写作时要去芜存菁，可用小标题分别阐明成绩、做法与体会，有观点、有材料，力求做到观点和材料统一，通过具体、典型材料阐明观点，同时要讲透工作成绩，要求材料翔实，言之有物，条理清楚，脉络分明。

　　存在问题、差距和不足：此部分写作应秉承实事求是的科学态度，既要防止好大喜功，只讲成绩，不谈问题，又要防止把工作说成一无是处。须对成绩不夸大，对问题不轻描淡写。可运用图表数据分析问题比文字更简洁有力，清晰易懂。如××年，在××（单位领导）的正确领导、全体工作人员的不懈奋斗下，××（单位名称）虽已取得一定成绩，但仍存在一些不足。一是……二是……三是……

　　总结要将工作内容进行全面性的概括，提出下一阶段的工作计划或思路，对下一年的工作方向提供指导，打好工作基础，一般包括未来工作的制度、措施，应改进的问题和吸取的经验，此段落要剪裁得体，详略适宜，是全篇总结写作的升华部分，如下一步工作计划：一……二……三……

第一节　科技类公司工作总结

【例文1】

××软件服务公司2020年工作总结

去年，我公司作为正处于快速发展阶段的新型软件服务公司，我们潜心研究项目与系统配置，并将主要的精力放在ERP上，作出了一番成绩。ERP作为当今国际上一个最先进的企业管理模式，它在体现当今世界最先进的企业管理理论的同时，也提供了企业信息化集成的最佳解决方案。它把企业的物流、资金流、信息流统一进行管理，以求最大限度地利用企业现有资源，实现企业经济效益的最大化。

一、设备管理组（PM）实施过程

设备管理组（PM）实施过程大致分为以下几个阶段：

1.前期准备阶段：成立了ERP建设领导小组及项目办，组建七大专业组：设备组、项目组、人资组、财务组、物资组、转变组、技术组，并根据省公司要求时间节点排出ERP建设工作计划。

2.设备管理数据收集阶段（1月底～3月底）：设备管理数据收集对象包括维护工作中心、功能位置、设备资产数据清理等。其中又以设备资产数据收集为重点。设备资产数据收集又分为两部分：一是设备数据收集，由各个设备管理部门完成；二是设备资产数据核对收集，由设备管理部门配合财务部门完成。

设备管理数据收集的实施过程，是一个逐步调整数据、修正数据、提高数据准确性的过程，也是各个相关部门逐步熟悉系统与改变看法的过程。尤其是设备资产数据清查工作，涉及公司各个部门，时间长，任务重。为此，××公司项目办专门成立了ERP设备数据清理、资产数据核对工作小组，制订了清理的详细计划（工作量具体到每天）及质量管理办法，明确了数据清理工作，并组织各单位相关人员共50人参加了市公司组织的数据清理培训，确保了设备资产清理工作的有序开展。

ERP是一把手工程，领导的支持是顺利完成设备资产数据收集工作的重要因素。公司相关领导非常重视数据收集，总经理××和生产副总××亲自组织协调数据收集方面的工作。各部门均指定一名设备资产清理责任人，及时与设备资产清理小组沟通，明确收集中遇到问题的提报流程，定期开会追踪数据收集进展以及解决收集过程中遇到的问题，保证了设备资产的准确性。

各部门齐心协力，加班加点，体现出了良好的团队精神，确保每个时间节点工作的完成。2月25日完成第一阶段设备数据模板的录入汇总工作。并根据设备数据清理情况排出了详细的资产核对清理计划，项目办对照资产核对清理计划和质量管理办法进行督促，专人全程监督，确保进度及质量。虽然资产价值拆分与合并工作量大、问题多，在实际清理时遇到了很多难题，通过公司各单位积极配合，截至上线前共收集功能位置数据68条，设备资产数据105条。有力地保障了系统的成功上线。

3. 关键用户培训阶段（4月1日～5月30日）：关键用户到××公司接受设备管理组（PM）管理模式、现状分析、流程框架、线内操作等相关培训，并对系统中本公司的各项权限进行了配置、测试及系统模拟运行等。保障了最终用户模拟运行及系统正式上线后的顺利运行。

4. 最终用户培训阶段（6月1～28日，7月1～28日）：因最终用户培训统一在××市公司集中进行，培训之前项目办对ERP终端用户的培训进行了充分准备，详细列出培训人员名单，统筹安排最终用户的学习与工作时间，做到生产与学习两不误。并于6月1日召开了ERP培训动员会，强调了培训纪律，对培训质量也提出要求。培训期间项目办专门派人负责协调车辆、协调最终用户的饮食起居等工作。

公司领导的大力支持、项目办的细心安排，使参加系统操作培训的设备组28位最终用户（共分4批），全数通过考试，并有4位被评为优秀学员，取得了极好的效果，为ERP成功上线奠定了坚实的基础。

5. 最终用户模拟运行及强化培训阶段（8月1日～9月1日）：最终用户模拟运行及强化培训依然是在××市公司集中进行的。参加模拟运行及强化培训的人员基本上为××公司最终用户中各部门的核心人员。

模拟运行是在ERP模拟××系统中对我们实际业务流程的一个全真模拟，同时也是带权限模拟运行，即运行人运行××模拟系统的权限与ERP正式上线××系统中的权限是一样的，这样就是要大家在全真模拟的情况下发现问题，进而解决问题。

学会ERP系统操作技术才仅仅是个开始——就好比仅仅学会了使用绣花针，但真正要绣出像样的花出来，还有很长的路要走。模拟运行就是把设备、物资、项目、财务、人资五个模块的成员聚在一起共同完成集成测试案例，一是使模拟运行人员熟悉操作过程；二是在跨部门业务关联时，及时和相关部门交流、沟通和提醒，确保流程畅通；三是加深模拟运行人员对相应业务流程的理解，把系统操作和实际业务流程联系起来，提高发现问题、解决问题的能力。

为加强培训效果，设备管理组分别于8月1日和9月1日进行了两轮的强化培训。第一轮主要培训了反操作、报表查询、工作流程处理、上线支持体系（上线范围、上线切换方案、上线补单处理等）以及特殊业务处理（工区备品、外委服务采购组以及外委服务的选择、直接报销业务等问题的处理方法）；第二轮强化培训主要为大家讲解了设备新增业务（如何创建子设备）、典型业务处理（配电变压器更换问题、备品备件问题）、退役报废转移等业务操作、各种单据如何流转（报销单、临时领料单、备品备件申请单、设备资产数据维护表等），并请物资组顾问讲解了创建工单时物料如何正确选取。两轮的强化培训有力地保障了ERP系统上线后的正常运行。

6. ERP 正式上线至年结阶段（10月1日～11月1日）：上线初期，由于刚刚使用××正式系统，许多最终用户不能把系统操作与实际业务联系起来，为此，我们下发了简易的业务流程以及系统操作手册供最终用户参照，同时制定了问题处理以及提报的流程，即最终用户有问题向本单位核心用户请教，本单位核心用户解决不了的问题向公司关键用户请教，关键用户解决不了的问题向现场支持组请教。这样一来各相关部门遇到问题得到了及时的解决及提报。在此期间，设备组长及关键用户又对每个设备的管理所涉及的部门，在现场进行有针对性的指导，并且和各部门核心用户商讨本部门相关业务的处理方法，极大地促进了系统操作与实际业务相联系的进度。另外，在上线初期，一些同时学过设备管理（PM）与工程项目（PS）两个专业的最终用户，容易把设备（PM）的大修项目与项目（PS）的项目相混淆，为此，关键用户通过现场指导、OA 邮件等形式对最终用户进行相关培训和辅导。

至年底月结前，××公司成功完成订单289个，26个大修项目也已全部关闭，至此，各相关部门对 ERP 设备组的操作流程已相当熟悉，并结合实际业务流程对 ERP 有了更深层次的认识。目前 ERP 设备组系统成为各部门设备修理维护的依据，实现了设备管理与物资、财务、项目管理的紧密结合，并为公司决策提供相关的数据信息。

二、设备管理组（PM）经验总结

1. ERP 设备资产数据收集工作是保证 ERP 顺利上线运行的必备条件，也是工作中的难点，因而在数据收集阶段需注意以下几点：

要从公司整体的角度认清数据收集工作的重要性，明确数据收集涉及的部门及项目范围，将数据收集工作在各部门的责任落实到人。

2. 数据收集前，相关人员一定要把省公司下发的设备资产清理实施规范、设备与资产对应目录及建卡原则读懂吃透，知道哪些设备需要收集哪些不需要收集，收集的设备哪些可以打包哪些需建立子设备等细节问题，否则会增加很多不必要的工作量。

3. 在数据收集期间，项目负责人要及时与财务、物资数据比对工作，确保数据准确有效。一定要把握时间节点，定期或提前完成数据收集工作。

4. 在最终用户培训阶段需注意：因设备管理组（PM）涉及部门广、人员多且人员素质良莠不齐，一方面有些人员工作量大，另一方面有些人员不能提高认识，操作水平差，这些都需要引起足够的重视。因为在系统运行的过程中，操作人员对系统还不够熟悉，会成为系统无法顺利运行的又一关键因素。

应建立长期培训机制，这样可以有效解决由于新进人员、岗位调整、人员变迁等原因带来的问题，也为最终用户能持续保持对系统的熟练掌握提供了一个长期有效的平台。

5. 模拟运行和强化培训阶段需注意：应严格按照运行规定的角色职责挑选模拟运行和参加强化培训人员，协调好模拟运行、培训和工作的时间，在整个流程操作过程中，应杜绝"代做"现象。

被挑选的最终用户一定要是各部门中实际业务流程中所涉及的岗位对应的人，这样才能和实际业务流程相符合，模拟运行才能真正起到作用。

ERP 正式上线运行后要让最终用户明确问题处理以及提报的流程，这样当他们遇到问题时才知道解决问题的途径和方法。各相关部门遇到问题需要及时提报。最终用户在系统内操作时一定要小心谨慎，三思而后行，不可过于自信，否则系统就会留下错误操作记录，难以更改；在跨部门业务关联时，及时和相关部门交流、沟通和提醒，确保流程畅通。

另外，应尽早准备好各类 ERP 实施的前提条件和基础工作，不可临时抱佛脚。最重要的是要确保关键用户的积极主动和全程参与，真正起到公司与现场支持组的顾问之间的桥梁纽带作用。

三、存在的问题

ERP 的实施虽然初见成效，但就目前的实施进度而言，还存在一些的问题。

1. 数据维护不明确不及时。系统数据维护部门牵涉比较广，ERP 系统中虽然指定了最终用户及其权责范围，但是在实施过程中，没有得到充分的体现。一些数据实际发生改变之后，在系统中不能得到及时有效地维护。如果公司将进一步明确设备组最终用户及其权责范围，那么数据准确性将会大大提高，同时相关人员如要查询信息也可直接查询系统数据，提高数据的共享性，也减少更多无谓的数据维护事项。

2. 有些人员对 ERP 认识不够。一些员工对 ERP 的认识还是一知半解，没有理解 ERP 对公司的重要程度，致使 ERP 的实施没有达到想象中的效果。ERP 的实施是涉及整个公司的系统工程，远不是一个人或者几个人就能做好的事情，需要全民总动员，大家齐动手。有时需要更改原先的工作流程，有时需要经过一系列调整修正，甚至波及一部分人的实际利益。

所以，ERP 的实现需要强有力的实施。没有规矩不成方圆。必须明确公开相关人员及其权责范围，明确相关考核及奖惩制度。这次总结不是 ERP 工作的结束，而是一个新的起点。"总结经验，不断提高，提高管理水平。"我们会继续努力。

××软件服务公司

××年×月×日

【例文评析】

例文条理清晰，内容明确。从设备管理组（PM）实施过程、设备管理组（PM）经验总结两个方面，采取"总—分"的结构形式，具体且全面地总结了本年度的工作内容。例文注重贴近实际，对工作重点或者是工作亮点进行突出陈述，做到详略得当，结构完整，同时在各个标题的作用下，使例文条理清晰，重点突出。例文最后对工作中存在问题的阐述贴近现实，可实行性强。

【例文2】

××网络服务公司2019年工作总结

去年，我公司在公司领导的正确领导下，在市委、市政府的大力支持及有关部门的通力协作下，按照"以市场运作为原则，开拓进取树形象；以确保收入为目标，与时俱进谋发展"的经营方针自我加压，认真贯彻省公司"四个以"的决策，发扬创新求实、发展进步的工作作风，高标准、严要求地做好了各项工作，各项经营指标取得了突破性的进展。全年共实现总收入40万元，同比上年增收10万元，增长25%，企业取得了快速发展。现将今年的工作总结如下：

一、强化内部管理，提高企业效益

（一）完善了全员目标责任管理，进一步规范内部管理机制

健全激励机制，实施绩效管理。把企业内部经济责任制与目标管理有机结合起来，全面实行量化积分考核奖惩制度。结合实际制定了《××公司2019年员工岗位责任制及目标考评方案》，定岗定员，责任到人。实施月度考核，季度末根据考核结果发放当季效益工资，有效激发了员工干好工作的积极性。

（二）严控费用支出

加强内部财务管理，严格控制费用开支。一是加强材料成本核算，健全材料领、退料制度，大大提高了材料的利用率和节约率；二是加强对工程成本的控制，按工程进度核拨款，加强工程监管，加强跟踪实效；三是压缩日常费用开支比例，尽量减少不必要支出。

（三）加强安全生产管理

抓好安全教育，树立"安全至上"的观念，强调"安全也是效益"。增加安全防护投入，为每个员工办理一份《人身意外伤害保险》。增强自我防范意识，在企业形成"时时讲安全、人人关注安全"的氛围，有效避免了安全责任事故的发生。由于安全管理抓得严，我公司全年未出现一起安全责任事故。

二、推出有力举措，大力拓展业务范围

1. 稳步发展基本业务。我公司采取有力措施发展网络基本业务，年初顺应市场需要，制定了《××公司关于租赁店面经营户安装使用有线电视优惠办法》，既大大拓宽了有线电视的业务范围，增加了收视维护费，又从源头上堵住了私拉乱接有线电视信号的违法行为，进一步规范了市场。经过努力，全年共新增城区用户102户，使我市有线电视用户达到了1200户，新增用户率达8.5%。

2. 重点发展数字电视业务。一是认真进行市场调查，细分市场，并写出了调查报告，有针对性地对不同用户群采取不同的促销手段。二是加大宣传，精心策划。投入宣传经费5000多元，举行现场咨询演示会，印发宣传单，配送邮政广告3000多份，利用有线电视进行广告宣传，并在收视率极高的自办节目《××新闻》前配播"××数字电视欢迎您收看《××新闻》"的广告，收到了良好效果。三是积极发展

集团用户。充分利用省公司的有关优惠政策，由公司领导亲自出面洽谈，争取到了市地税局、国税局、农发行、发改局等单位集体购买数字电视机顶盒，使用户在短时间内迅速增长。四是做好优质服务。树立用户至上的服务理念，在人员少、时间紧、安装任务集中的情况下，分公司员工加班加点，分工协作，为用户做好数字电视机顶盒的安装，耐心解答用户的咨询，以优质服务赢得了用户，赢得了市场。从3月正式推出数字电视业务以来，经过卓有成效的工作，仅在5月前夕数字电视用户就突破了600户，全年共发展数字电视用户达1000户。

3. 宽带互联网业务有了一定发展。我公司首先利用公司办公所在的××大楼原有网络进行布线，发展大楼内单位用户200户。然后逐步向大楼周边小区和用户延伸。目前共发展互联网收费用户100户，全年累计实现互联网业务收入10万元。此外，还为市政府领导办公室接入了广电互联网，受到市领导的高度评价，同时也较好地宣传了我公司增值业务，展示了公司的良好形象。

三、抢抓机遇，实现网络建设的跨越发展

1. 全面完成了城区光缆网改造任务。我市城区广电网络升级改造工程自去年6月开始后，我公司精心组织，周密安排，努力克服施工难度大、涉及面广等诸多困难，到今年5月实现了工程的顺利竣工，除预留的90个光节点外，已经开通光节点38个，并为××工业区、火车站、财政、地税以及市行政中心等部分小区和用户连接上了光节点信号。据不完全统计，我市城区网光缆改造共完成地埋管道开挖埋设20公里，杆路架设30公里，新架墙吊线路10公里，复挂光缆线路10公里，布放管道光缆25公里，布放架空光缆18公里。与此同时，做好了资料整理和工程自检自验工作，并顺利通过了上级组织的验收。

2. 完成了全部乡镇光缆联网和收编整合工作，实现了"全市一张网"的目标。一是加快了市区及周边乡镇联网改造步伐。在公司的正确领导下，我市乡镇联网改造前后二期项目均得以批复，将全县11个乡镇全部纳入了联网范畴。我公司抓住机遇，抓紧组织工程施工，截至8月底已完成市、县至各乡镇光缆联网杆路建设和光缆敷设，以及设备的安装、调试工作。据统计，乡镇光缆联网共架设杆路30公里，新架墙吊线路28公里，复挂光缆线路32公里，布放管道光缆43公里，布放架空光缆18公里，开通乡镇光节点33个。经过扎实有效的工作，较快实现了工程竣工，并在9月初迎来了上层公司组织的验收。二是积极争取市委、市政府的支持，以行政手段推动乡镇联网收编整合的顺利实施。我公司根据市政府批转的《××市农村广播电视网络收编整合实施方案》，对乡镇广电网络实行全面整合，并于9月28日以县政府的名义召开了乡镇联网收编整合会议。经核定，共整合农村有线电视网络47户，整合协议在9月底已签订完毕，资产及网络的移交工作也已在10月全面完成，实现了"全市一张网"的目标。

四、推行优质服务，确保网络优质安全运行

（一）强化服务意识

一是转变员工观念，反复提倡"用户就是上帝，服务就靠质量""人人是效益，

个个是形象""广电是我家,搞好靠大家"等观念;二是设立了服务监督栏,让每位员工面对群众,接受监督;三是在电视台公开服务承诺,推行办事限时制、首问责任制;四是上班时间工作人员一律挂牌上岗,热情接待每位来访者,接听好每一个电话,从细节做起,不断塑造广电人美好形象。

(二)加强网络维护

一是建立部门分工合作机制,保持部门间的联系与沟通,使各部门既分工又合作,密切配合,及时处理各种网络故障,全年共上门为用户维护检修204人次;二是完成了8段光缆线路的正常巡查、维护以及敏感时期的光缆线路巡护任务,有效确保了广播电视信号的畅通,未发生任何责任事故;三是加强了SDH设备及机房前端设备的检修、维护,消除机房用电安全隐患18起,确保了设备安全平稳运转。

(三)做好三线安全整治工作

公司认真传达贯彻上级整治精神,成立了由分管副总经理任组长,各部门负责人为成员的专项整治领导小组,统筹安排,责任到人。在整治工作中区别不同情况分项进行。首先,对城区范围内有线电视与电力、电信线路的交越以及电力、电信搭挂、交越我分公司线路的情况进行了调查统计。然后,根据统计情况,对安全隐患较大、易发生事故线路按照整治的要求限期进行了整治;对隐患较小、不易发生事故的线路作出统一安排,逐步整治;对情况特殊、暂时无法整改的线路与产权单位签订了协议。

到目前为止,××工业大道等路段线路已整改完毕。

五、强化人本管理,提高企业的凝聚力

员工的积极性和创造性是完成各项工作任务的根本保证。我们一直坚持"以人为本"的管理理念,收到了较好的效果。

(一)进一步理顺了工资分配关系

结合省公司有关工资分配的文件精神,制定分公司员工工资分配办法,执行企业工资标准。按照报酬与效益挂钩、与职责挂钩,与贡献挂钩的原则,增加了外线人员和技术人员的补助,增强了一线人员的工作责任心和敬业精神。

(二)扎实开展学习培训工作

一是在年初制定学习、考试制度。要求每个干部职工做好读书笔记,全年达10万字以上;同时,每季度进行3次政治、业务知识考试,聘请市委党校老师进行监考和阅卷,考试成绩与考评工资挂钩,考试成绩公布后严格奖惩。通过每月集中学习,平时分散自学,季度考试的方法,着力提高员工思想政治素质和业务技能水平。二是开展了"三项学习教育"活动,大力倡导良好的职业道德风尚。三是开展学好"两本书"活动。在省公司发出"向全体员工推荐两本书"的倡议后,我公司立即联系购买《没有任何借口》和《细节决定成败》书籍,做到员工人手一册。随后,召开公司全体员工大会,进行专题学习和动员,制订了专题学习计划,要求大家提高认识,认真研读,做好笔记,得到了员工积极响应。四是积极选派技术人员参加省

公司举办的各类学习培训活动，全年培训人员300人次。通过学习培训，有效推动了员工素质的提高，增强了企业的凝聚力和向心力。

（三）抓好企业文化建设

企业文化是在生产、经营、发展、壮大过程中不断形成的理念，是员工共同的价值观，共同的行为准则。为此，我县分公司把企业文化建设作为企业发展的重中之重来抓，不断增强员工对企业的归属感、自信心和自豪感。

首先，做好员工的管理工作和思想工作，时刻关心每位员工的思想动态和精神状态，尊重人的本质，积极为员工的自我教育、自我塑造、自我发展创造条件，以民主平等的态度进行对话交流，多点关心，多点人情味，在分公司内部营造了一种和谐、宽松的工作环境。其次，加强宣传力度，制作了"广电精神""广电网络企业精神"等牌匾，使员工增强对××广电网络企业品牌、企业标识、企业理念、企业精神的理解和认同。最后，积极组织员工撰写论文，参加征文活动，向省、市刊物投稿。公司总经理××撰写的《××市公司的人事关系是加快我省广电网络发展的当务之急》一文在省公司举办的征文活动中被评为三等奖，还有一篇文章获鼓励奖；公司行政财务部经理撰写的《如何加强市级广电队伍建设》一文在××杂志发表。此外，信息上报工作也有很好成绩。今年共在省公司主办的《××广播电视网络工作简报》上刊发信息34篇，列全省各分公司第一。

回顾去年的工作，我公司取得了可喜的成就和效益，使企业获得了跨越式发展，但在经营过程中也存在着一些问题。如分配网改造任务繁重；乡镇联网后，原有网络质量低下，导致管理维护、收费难度加大；机房还未改建，以及机制尚需理顺和完善；工程技术人员业务水平有待进一步提高；队伍建设有待进一步加强等，这都有待于在今后的工作中加以解决。

新的一年，我公司将把管理摆在最突出位置，进一步规范运营，以实现"网络做大，事业做强，效益提高"的目标。

××网络服务公司
××年×月×日

【例文评析】

例文条理清晰，内容真实，结构完整。例文工作总结从五方面入手，即强化内部管理，提高企业效益；推出有力举措，大力拓展业务范围；抢抓机遇，实现网络建设的跨越发展；推行优质服务，确保网络优质安全运行；强化人本管理，提高企业的凝聚力，并通过小标题的形式进行概述，使工作总结一目了然。例文最后将工作中的不足和明年工作安排简洁明了地融入工作总结中，明确工作目标，使下一阶段工作更具有方向性。

【例文 3】

××LED公司2019年工作总结

近年来，公司牢固树立"创新、协调、绿色、开放、共享"的发展理念，以提高发展质量和效益为中心，加快形成引领经济发展新常态的体制机制和发展方式，统筹推进企业可持续发展，全面推进开放内涵式发展，加快现代化、国际化进程，建设行业领先标杆。

一、LED封装宏观环境分析

（一）中国制造2025

全省各级把加快推进工业转型升级作为建设现代化经济体系，推动创新发展、绿色发展、高质量发展的重要支撑，紧紧围绕培育壮大战略性新兴产业，优化提升优势传统产业，强化创新驱动和质量标准引领，全省工业转型升级呈现稳中有进、结构优化、创新趋强、质效提升、氛围浓厚、支撑有力的良好发展态势。工业是实体经济的主体和建设现代化经济体系的主要着力点，推动工业高质量发展是深入实施改革、扶贫、工业化、城镇化发展"四大攻坚战"的必然要求，是加快实现工业提质增效和转型升级的内在需要。

（二）工业绿色发展规划

打造绿色供应链方面，按照产业结构绿色化、能源利用绿色化、运营管理绿色化、基础设施绿色化的要求，以产业集聚、生态化链接和公共服务基础设施建设为重点，推行园区综合资源能源一体化解决方案，实现园区能源梯级利用、水资源循环利用、废物交换利用、土地节约集约利用，提升园区资源能源利用效率。

（三）"十三五"发展规划收官期

在中国当前重点推动战略性新兴产业发展，主要是在劳动力成本等持续上升、追赶型增长方式面临外部约束等背景下的必然政策选择，体现了内生增长的内涵。经典的内生增长理论认为，国家或地区经济可不依赖外力推动而通过自身内在因素实现持续健康增长，内生的技术进步和创新是推动经济持续增长的决定因素，其中技术创新是经济增长的源泉，而劳动分工程度和专业化人力资本的积累水平决定技术创新水平高低。技术进步带来消费需求结构和产业结构分化，由技术研发机制、市场培育机制、制度激励机制共同作用直接推动产业发展。战略性新兴产业内生性增长体现为需求、知识、制度等内生变量的增长。同时，基于中国当前的市场潜能，以及人力资源等方面的雄厚积累，推动战略性新兴产业的发展，是有现实条件支持的。另外，适应转型需求的战略性新兴产业，往往对整个产业的转型具有一定的先行、引领、引导作用。技术的重大突破导致技术分化，形成不同发展方向的技术，继而依靠技术选择形成市场信赖的技术群和企业群。产业创新技术的先行性、主导性和突破性，使产业具有政策导向作用，预示着未来经济发展重心，能够代表未来科技、产业发展的方向，成为产业发展的主流，在未来较长时期内对经济和产业发展具有较强的引领和带动作用。我国经济已经由高速增长阶段转向高质量发展阶段。推动高质量发展是做好经济工作的根本要求。高质量发展是体现新发展理念的发展，突出高质量发展导向，就是要坚持稳中求进，在稳的前提下，有所进取、以进求稳，更好满足人民群众多样化、多层次、多方面的需求。

（四）鼓励中小企业发展

民营企业贴近市场、嗅觉敏锐、机制灵活，在推进企业技术创新能力建设方面起到重要作用。认定国家技术创新示范企业和培育工业设计企业，有助于企业技术创新能力进一步升级。同时，大量民营企业走在科技、产业、时尚的最前沿，能够综合运用科技成果和工学、美学、心理学、经济学等知识，对工业产品的功能、结构、形态及包装等进行整合优化创新，服务于工业设计，丰富产品品种、提升产品附加值，进而创造出新技术、新模式、新业态。引导民间投资参与制造业重大项目建设，国务院办公厅转发财政部发展改革委人民银行《关于在公共服务领域推广政府和社会资本合作模式指导意见》，要求广泛采用政府和社会资本合作模式。为推动"中国制造2025"国家战略实施，中央财政在工业转型升级资金基础上整合设立了工业转型升级（"中国制造2025"）资金。围绕"中国制造2025"战略，重点解决产业发展的基础、共性问题，充分发挥政府资金的引导作用，带动产业向纵深发展。重点支持制造业关键领域和薄弱环节发展，加强产业链条关键环节支持力度，为各类企业转型升级提供产业和技术支持。

（五）宏观经济形势分析

当前，我国经济已由高速增长转向高质量发展阶段，正处在转变发展方式、优化经济结构、转换增长动力的攻关期，建设现代化经济体系是跨越关口的迫切要求和我国发展的战略目标。国家统计局最近发布的数据显示，大前年至去年我国经济发展新动能指数分别为204.1、269.0、332.0，分别比上年增长28.3%、31.8%、23.4%，呈逐年加速之势。

二、去年经营情况总结

去年产值15574.21万元，较上年度13533.38万元增长15.08%，其中主营业务收入14251.32万元。2019年实现利润总额5137.12万元，同比增长16.40%；实现净利润1445.41万元，同比增长17.88%；纳税总额115.91万元，同比增长19.74%。年底，资产总额40349.93万元，资产负债率22.68%。

三、行业及市场分析

目前，区域内拥有各类LED封装企业893家，规模以上企业26家，从业人员44650人。

去年区域内LED封装、模组企业实现工业增加值42622.17万元，同比前年37702.05万元增长13.05%；行业净利润12547.90万元，同比前年11346.32万元增长10.59%；行业纳税总额38946.15万元，同比前年35004.63万元增长11.26%；LED封装、模组行业完成投资37641.85万元，同比前年33182.17万元增长13.44%。

区域内经济发展持续向好，预计到明年地区生产总值6000.06亿元，年均增长7.58%。预计区域内LED达到228844.31万元，利润总额60956.88万元，净利润25882.85万元，纳税18258.36万元，工业增加值75747.72万元，产业贡献率15.94%。

四、存在的问题及改进措施

（一）不断推进高质量发展

推动绿色发展取得新突破，是立足我国经济社会发展现实作出的重要判断，也是《政府工作报告》对做好今年工作提出的一项重要要求。各地各部门必须把推动绿色发展放在重要位置，因地制宜，切实发力，坚持在发展中保护、在保护中发展，持续推进生态文明建设，走出一条经济发展与环境改善的双赢之路，建设天蓝、地绿、水清的美丽中国。

（二）进一步促进节能清洁发展

工业节能与绿色标准化工作涉及面广、参与主体多，需要加强沟通协调。工业和信息化部将会同有关部门，以及地方行业主管部门、节能监察机构、行业协会、社会组织和重点企业共同参与，搭建工作平台，加强工作沟通协调，总结标准制定实施经验，开展地方标准交流，统筹推进工业节能与绿色标准化工作。

打造绿色供应链方面，按照产业结构绿色化、能源利用绿色化、运营管理绿色化、基础设施绿色化的要求，以产业集聚、生态化链接和公共服务基础设施建设为重点，推行园区综合资源能源一体化解决方案，实现园区能源梯级利用、水资源循环利用、废物交换利用、土地节约集约利用，提升园区资源能源利用效率。

（三）抓住机遇实现产业转型升级

在前几年，全国率先实行了合同能源管理、能效标识和节能产品认证等制度。启动了"工业绿动力"计划，开展了千家企业节能低碳行动，重点用能企业节能量提前完成行业目标任务，万元GDP能耗和规模以上工业万元增加值能耗均超额完成行业目标任务。组织园区循环化改造，推广了××纸业"一草三用"生态纸业、××集团工农业大循环等一批循环经济发展新模式，16家单位列入国家循环经济示范试点。制定了《××省清洁生产技术指南》，推广清洁生产先进技术9项，全省共有120家单位通过了清洁生产审核验收，工业固体废弃物综合利用率达到78.6%。累计淘汰水泥产能2.25万吨、炼铁3.67万吨、炼钢4万吨、焦炭3.02万吨，淘汰落后产能企业户数和产能均超额完成国家下达的目标任务。

五、下一年主要经营目标

下一年××集团计划实现营业收入15790.46万元，同比增长10.8%。

六、重点工作安排

下一年××集团将重点推进LED封装项目实施。

（一）产业发展政策符合性

由××投资公司承办的"LED封装项目"主要从事LED封装项目开发投资，符合产业政策要求。

（二）项目选址与用地规划相容性

LED封装项目选址于××工业示范区，项目所占用地为规划工业用地，符合用地规划要求，此外，项目建设前后，未改变项目建设区域环境功能区划；在落实该项目提出的各项污染防治措施后，可确保污染物达标排放，满足××工业示范区环境保护规划要求。因此，建设项目符合项目建设区域用地规划、产业规划、环境保护规划等规划要求。

（三）"三线一单"符合性

1. 生态保护红线：LED封装项目用地性质为建设用地，不在主导生态功能区范围内，且不在当地饮用水水源区、风景区、自然保护区等生态保护区内，符合生态保护红线要求。

2. 环境质量底线：该项目建设区域环境质量不低于项目所在地环境功能区划要求，有一定的环境容量，符合环境质量底线要求。

3. 资源利用上线：项目营运过程中消耗一定的电能、水，资源消耗量相对于区域资源利用总量较少，符合资源利用上线要求。

4. 环境准入负面清单：该项目所在地无环境准入负面清单，项目采取环境保护措施后，废气、废水、噪声均可达标排放，固体废弃物能够得到合理处置，以确保不会产生二次污染。

（四）项目选址

××工业示范区。

（五）项目用地规模

项目总用地面积19649.82平方米（折合约29.46亩）。

（六）项目用地控制指标

本期工程项目预计总建筑面积29474.73平方米，其中：计容建筑面积29474.73平方米，计划建筑工程投资2645.28万元，占项目总投资的38.54%。

（七）土建工程指标

项目净用地面积19649.82平方米（红线范围折合约29.46亩）。项目规划总建筑面积29474.73平方米，其中：规划建设主体工程21511.84平方米，计容建筑面积29474.73平方米；预计建筑工程投资2645.28万元。

（八）节能分析

1. 项目年用电量1157675.45千瓦·时，折合142.28吨标准煤。

2. 项目年总用水量15022.55立方米，折合1.28吨标准煤。

3. "LED封装项目投资建设项目"，年用电量1157675.45千瓦·时，年总用水量15022.55立方米，项目年综合总耗能量（当量值）143.56吨标准煤/年。达产年综合节能量38.16吨标准煤/年，项目总节能率21.15%，能源利用效果良好。

（九）环境保护

项目符合××工业示范区发展规划，符合××工业示范区产业结构调整规划和国家的产业发展政策，对产生的各类污染物都采取了切实可行的治理措施，严格控制在国家规定的排放标准内，使项目建设不会对区域生态环境产生明显的影响。

（十）项目总投资及资金构成

项目预计总投资21207.95万元，其中：固定资产投资16859.14万元，占项目总投资的79.49%；流动资金4348.81万元，占项目总投资的20.51%。

（十一）资金筹措

该项目现阶段投资均由企业自筹。

（十二）项目预期经济效益规划目标

预期达产年营业收入29895.00万元，总成本费23535.88万元，税金及附加339.05万元，利润总额6359.12万元，利税总额7575.29万元，税后净利润4769.34万元，达产年纳税总额2805.95万元；达产年投资利润率29.98%，投资利税率35.72%，投资回报率22.49%，全部投资回收期5.95年，提供就业职位554个。

（十三）进度规划

本期工程项目建设期限规划12个月。

××LED公司

××年×月×日

【例文评析】

例文结构完整，全文采取并列式布局，可分为工作总结和存在问题及未来规划，工作总结从以下几方面入手：LED封装宏观环境分析、去年经营情况总结、行业及市场分析。例文后半部分通过逐条陈列的方式阐述工作中存在的问题和未来规划，具有较强的可行性，使未来工作更有规划性。全文阐述详略得当，突出重点，利用明确的数字来进行工作方面的总结，概述事实和统计数字，增强了文章的科学性。

【例文4】

××新能源车锂电池公司2020年工作总结

在能源枯竭和环境严重污染的双重压力下，传统汽车行业开始逐渐向新能源交通方式转型，电动汽车行业迎来了快速发展的黄金时机，我们××科技公司也抓住了这次机会，投身到新能源锂电池的研究中，取得了一定的成果。

一、锂电池简介

锂电池作为当今新能源研发的一个热门材料，在国内新能源领域占有很重要的地位。近年来，随着对环境的重视，许多国家在锂电池的应用与回收方面相继制定了很多积极的政策，使当今社会越来越重视锂电池的发展。锂离子电池自20世纪90年代由索尼公司首次推向商业化以来，因其具有储能密度高、体积小、污染少、寿命较长等优点，产业发展十分迅速，应用非常广泛，比如智能手机、笔记本电脑、数码相机、电动汽车以及航天领域等。若继续将锂电池产业升级化，就必然对锂电池生产与回收领域有更高的产业标准与要求。

自国家大力推广新能源汽车以来，国内使用新能源汽车的趋势每年增加，导致锂电池生产需求量也在迅速增加，故锂电池规模化回收问题越加突出。首先，市场上的汽车锂电池的平均寿命为5—7年，今年我国将进入首次动力电池规模化退役，据测算，废弃锂电池报废量预估计会有6.4万吨，到明年，这一数字累计将超过7万吨。而废弃锂电池中，阳极材料和阴极材料约占33%和10%，电解液和隔膜分别约占12%和30%。据以上数据来看，将国内废旧锂电池所含的有价金属进行回收再利用无疑是解决当前国内资源紧缺的有效途径，因此，本公司在去年便对废旧锂电池进行回收处理技术进行了深入的研究。

根据国家颁布的《新能源汽车动力蓄电池回收利用管理暂行办法》，提出重点建立回收利用体系，引导汽车生产、电池生产、综合利用等企业密切分工合作，对废旧电池进行溯源管理，对提出的一些有效方案进行试点示范与《关于组织开展新能源汽车动力蓄电池回收利用试点工作的通知》，强调继续落实生产者责任延伸制度，加大物联网等信息化技术在动力电池回收中的作用，继续推进支持回收技术创新研究的政策。更有利于我公司探索出一条高效严密的市场回收管理体制，使动力电池回收行业更加规范化、标准化。

二、具体工艺分析

废旧电池回收处理工艺主要分为三个处理过程：预处理、二次处理与深度处理。废旧电池回收过程中仍有部分电量，所以要对其进行预处理，主要进行深度放电过程、破碎、物理分选。二次处理的目的是使正负极活性材料与基底发生分离，主要用热处理法、有机溶剂溶解法、碱液溶解法以及电解法等来实现。深度处理是处理过程的关键，主要包括浸出和分离提纯两个过程，对有价值的金属材料进行提取。现如今锂电池回收工业中常用的技术有干法回收和湿法回收，其中湿法工艺是目前回收废旧锂电池较为成熟的技术，也是目前研究较多的一种工艺。

（一）干法回收

干法回收是指不通过溶液等介质，直接对有价金属进行回收，主要使用方法有物理分选法与高温热解法。物理分选法是指对电池进行分离拆卸，通过使用物理手段对拆分下来的电极活性物质、集流体和电池外壳等电池组分通过破碎、过筛、磁选分离、精细粉碎和分类一系列操作，从而将高价值金属材料与其他物质分离。虽然操作过程简单，但不能完全对锂电池进行组分分离，并在物理操作过程中，难以对电池中的金属材料进行有效回收。高温热解法是指将经过物理破碎等初步分离处理的锂电池材料进行高温焙烧分解，将有机黏合剂去除，从而分离锂电池的组成材料。虽然此方法操作工艺简单，在高温条件下反应迅速，效率比较高，能够除去残留的黏合剂，适用于处理大量或者结构较为复杂的电池，但是在处理过程中容易产生有害气体，造成二次污染，因此还要对产生的有害物质进行防治，处理成本更高。

（二）湿法回收

废旧锂电池主要包括正负极材料、电解液、隔膜和黏合剂等部分。由于各种金属离子是回收的主要目标，必然要通过化学操作使废旧锂电池材料中的金属离子浸出，电极材料不同，浸出离子的种类不同，主要有 Ni^{2+}、Li^+、Al^{3+}、Co 等。湿法回收工艺是通过酸碱溶液对废旧锂电池重金属离子进行溶解，然后进一步使用沉淀、吸附等手段将溶液中的离子进行再提取，使其以氧化物、盐等形式分离。虽然过程较复杂精细，但回收产品纯度高，故湿法回收工艺是目前废旧锂电池回收工艺的首选，正逐渐成为专业化处理的主流技术手段。湿法回收主要分为三个阶段：首先，对废旧锂电池进行放电处理、拆分破碎等物理操作，筛选后得到主要电极材料；其次，预处理得到的电极材料进行溶解浸出，使其中的金属及其化合物以离子形式进入浸出溶剂中；最后，对浸出溶液中的金属离子进行分离回收，这一步骤是湿法工艺回收处理废旧电池的关键，也是目前研究的难点与热点。

（三）湿法工艺前期预处理

湿法回收工艺预处理主要分为预放电、破碎分离、热处理、溶解处理。由于废旧电池中大都有少量的电量，在处理之前要对其进行彻底放电，以防止后续处理中少部分电量可能会放出大量的能量，造成一定的安全隐患等其他不利因素。破碎处理是为了让正负极材料与其他物质在机械力下进行多级破碎，筛分等操作以使得电极材料富集，以便于后续处理。废旧锂电池中存在难溶的有机物，难以与电极材料和集流体进行分离，因此，目前采用较多的是通过高温热处理来达到工艺目的，处理量巨大的情况下，存在环境污染、高耗能等问题，需要进一步改善工艺，目前针对这一问题，相关的研究也有所增加。在回收 Co 和 Li 元素中所开发的方法是将传统回收工作流程的拆解、初加工、化学操作转化工艺集成到单一机械化学步骤中，具体是以 Al、Li、Ca 为还原剂，从纯 $LiCoO_2$ 和工业锂电池阴极中机械力化学回收 Li 和 Co，不仅提高了回收效率，使工艺简单、节能化，也避免了有毒气体或腐蚀残留液的生成。溶解处理主要利用正极材料与黏合剂等杂质在有机溶剂中的溶解性差异使各部分实现富集。

（四）湿法工艺浸出与提取

湿法工艺后两步即对金属离子进行浸出与提取是两个核心操作，浸出分为一步浸出法与两步浸出法。一步浸出法通常是直接用无机酸对预处理得到的金属材料进行溶解，但浸出过程中往往产生有害气体。随着研究不断深入，有机酸（草酸、柠檬酸等）逐渐运用到酸浸中。相对于无机酸，有机酸不会产生有害气体，且易分离回收。两步浸出法通常是先用碱液对金属材料进行溶解浸出以回收金属 Al，再用酸浸出其他金属。对浸出液中的金属离子进行提取是指将浸出液中的各种有价金属分离，分别进行回收，近年来提取方法主要包括萃取法、离子交换法、沉淀法、电沉积法等，其中最常用的方法为萃取法与沉淀法。目前，在湿法回收废旧锂电池时，浸出与提取处理通常是一体的，通常先进行化学浸出再对浸出液通过萃取或沉淀法等进行提取。

三、存在的问题

从市场回收现状分析，随着充电次数的增加，动力锂电池的性能会不断的衰减，一般而言，当电池容量衰减到 60%～80% 时，需要对电池进行报废处理。目前，市场回收动力电池主要分为梯次利用和拆解回收。梯次利用是对需要回收处理的动力锂电池在其他领域逐级进行利用，发挥其潜在价值，一般在电池性能要求不高的领域应用，如共享电动车、路灯、低速电车、电力系统储能等，直至电容量低于5%再进行拆解与回收处理。这不仅能发挥电池利用价值，还能缓解企业回收处理大量废旧动力电池的压力。梯次利用所创造的市场价值也能为企业带来额外利润，这是公司近些年来一直的努力方向。

目前动力锂电池回收利用体系仍存在一些明显的短板需要不断完善。一般来说，动力锂电池梯次利用需要拆解、余能检测、筛选与重组四个阶段，而国内梯次利用体系建立较晚，与欧美日本等国家在这些方面存在一些技术上与设备上的差距，这种技术上的不足首先是退役锂电池拆解的安全问题，再加上缺乏核心设备和技术上存在短板，退役动力锂电池溯源性较差，评估体系与标准不健全等一系列问题。故有以下几点是我们未来研究的重点：

其一，安全条件是处理废旧锂电池的前提，由于在此方面国内机械化水平限制，在拆解阶段，容易因为不规范操作导致起火爆炸。在筛选电池、余能检测方面可能会产生一致性偏差，随后进入其他领域会带来一些不可避免的影响。

其二，我国一直很重视自主研发的核心技术，提高国际竞争力，核心设备的研制就是首先要突破的难关，比如在余能检测与筛选方面也有很多不足。中国再生资源回收利用协会报废车分会秘书长××曾表示，废旧电池的检测技术在动力锂电池剩余寿命及电池状态无法系统评估，这就导致其回收利用产业链和商业模式也有待完善：

1. 相关回收企业应对大规模废旧动力锂电池的能力不足。

2. 目前市场上的回收未建立成熟的回收体系，个人、车企、电池生产商需要积极配合，防止回收体系杂乱无序。

3. 回收处理技术相对滞后。国内许多研究将重点放在了动力电池的性能与寿命的提升，而回收利用环节却相对的脱节，但由于锂电池的回收处理工艺的不完善，各个环节所需要的成本居高不下，这对企业规模化回收处理废旧锂电池也存在阻力。因此，动力锂电池的回收方面需要储备更多的专业人才，需要保持扎实的技术支撑，开发更经济且适用性广的回收处理工艺。

面对如此繁杂的一系列问题，一方面需要企业投入更大的资金与研究力度，加强与高校及相关科研机构的密切合作；另一方面需要国家对企业的大力支持。从近年来出台的相关政策可以看出国内动力电池回收体系还有很大的升级空间，未来仍需要投入相当的努力来完善。

四、总结与展望

废旧动力锂电池的回收利用是未来亟待解决的问题。作为世界上锂电池制造量与消费量最大的国家，能否利用好废旧锂电池资源对我们的社会经济和环境有巨大的意义，为了能够秉持可持续发展和绿色发展的理念，我国在回收处理这一阶段肩负着更大的责任与义务，这既是一种考验也是一种机遇，我们公司也要利用好这次机会，更加努力。在当前的工业体系中，回收技术各有优缺点，湿法回收仍旧是相对成熟、值得推广的技术，要继续深入研究回收机理，加快动力锂电池产业链的升级与革新，并及时更新相关回收工艺和装备。在我国动力电池回收利用政策不断完善下，应构建综合利用体系，健全市场回收体系，将梯级利用与拆解回收有效融合发展，促进废旧锂电池企业与其他能源企业共生共赢、协调发展。

××新能源车锂电池公司

××年×月×日

【例文评析】

例文角度新颖独特，文章前半部分结合现实情况介绍锂电池，从干法回收、湿法回收、湿法工艺前期预处理、湿法工艺浸出与提取四方面进行具体工艺分析。最后认识工作中存在的问题并提出下一步打算，确立了具体目标。全文详略得当，突出重点，对工作情况认识到位，并且通过对未来工作的计划可以见得例文内容具体，贴近实际。

【例文5】

××新能源发电公司2019年工作总结

去年是新能源发电公司不平凡的一年，这一年新能源公司在公司新一届领导班子的强有力的领导下，各项工作很快走向正轨，工程进度、安全生产、经营管理有条不紊，下面就去年新能源公司的各项工作总结如下：

一、施工生产、经营管理、工程进度

截至去年8月底，由××国电电力建设工程有限责任公司新能源公司承建的××风电场项目顺利移交，但检修道路作为尾工遗留项继续施工，质保期内业主方提出的缺陷仍由项目部继续负责消缺。风电场除对端站（无核准文件无法进入）外其余工程均按业主规定的节点工期全部完成（220kV送出线路、35kV集电线路具备发电条件，风机吊装到场43台设备全部吊装完成）。

二、安全文明施工情况

去年新能源公司所属各项目未发生一起人身死亡、重大火灾、设备、交通和坍塌事故。职业病发病率为零，施工废弃物集中处理，未对环境造成不利影响，实现了新能源公司安全健康文明施工目标和环境目标。

（一）安全文明施工保障和监督体系始终有效运转

各现场项目部根据实际情况及时调整安委会和治安防火领导小组，并先后成立了车辆交通安全委员会等各专门组织机构，具体负责各方面安保工作。制定年内工作目标指标，并将分解到各部门及专业班组。编制去年年度项目管理方案，针对现场存在的危险源制定安全控制措施。组织进行了人身高处坠落事故、触电事故应急预案演练，并达到预期效果。

（二）完善安全管理网络，落实各级安全文明施工责任制

项目部层层落实安全文明施工责任制，安委会定期召开工作会议。建立覆盖到施工班组的三级安全管理网络，满足现场安全管理要求。项目部对所有特种作业人员均严格审核所持证件，加强监督管理。每周定期组织全体施工人员学习安全生产知识。充分利用多媒体开展安全条文学习。项目部安保部对所有施工人员进行入场安全交底，所有人员必须经安保部培训考试合格后，方可进入施工现场。

（三）落实安全文明施工，确保现场安全文明施工环境

去年项目部根据实际情况编制完成安全文明计划书，并严格按计划要求逐项落实。在施工现场布置了大量的安全警示标志，结合施工现场实际及时布置临边栏杆活动围栏安全网水平扶绳等安全防护设施，并统一制作了大量的标准孔洞盖板，及时封闭预留孔洞，以确保施工安全。坚持实施各施工区域文明施工负责人制，保持现场文明施工环境。

（四）加大安全教育培训力度，强化对外包施工队伍的安全培训和适应性培训

项目部组织全体人员进行安全教育，并进行安全规程考试，均考试合格，已对所有人员进行了入场三级安全教育，全部经安全规程考试合格后，方允许进入施工现场。项目部还针对管理层、专职安监人员、分包方安全负责人施工班组，开展分层次安全教育，并与各施工人员签订"四不伤害"保证书。每周定期组织全体施工人员学习安全生产知识施工案例。

（五）加强检查监督力度、严格执行奖惩制度

现场各项目部每周组织安全文明大检查，发现问题及时处理，每月按进度、安全文明施工、质量和合同履约能力进行考核。要求施工工地每月不定时进行安全日活动，加强施工人员安全防范意识。

（六）加强对大型起重机械的管理

为了加强规范起重机械的安全管理，项目部成立了起重机械管理领导小组，建立了起重机械安全管理网络，制定了机械安全管理制度。定期组织机械安全检查。项目部各种大型机械全部经有关部门检查合格，机械状态良好，安全装置可靠，维护保养及时。项目部还多次对机械管理人员、起重指挥人员、机械操作人员、起重安全人员进行培训。项目部所租赁机械均要求各驾驶人做好日常维护保养并做好记录。

（七）认真组织开展各项安全活动，取得了一定成效

为实现安全生产无事故和内部治安稳定的既定目标。"安全生产月"活动期间，项目部根据业主和公司的要求，组织开展了各项活动，营造施工现场安全文明施工氛围。项目部还将安全生产百日督查专项行动与安全月活动相结合，制订了项目部百日督查专项行动方案。组织开展大型机械和化学危险品专项检查，及时消除事故隐患。组织开展秋冬安全大检查工作。

三、质量管理情况

项目部在质量方面，以"严、细、实"的工作作风，在项目部全体职工努力下，

认真实施开展"秋检"和"冬检"各项工作，做到了有计划、有落实、有检查、有总结，使质量各项管理工作取得了一定成效。

（一）建立健全项目质量保证质量监督体系

工程开始，新能源公司根据公司《质量、职业健康安全和环境管理体系》和业主的管控体系，建立健全了质量管理体系。并根据质量管理体系进一步深化，编制了项目部质量管理制度、专业技术监督规定、工程质量检查和验收管理等规定。为加强对项目质量管理工作的统一领导，还建立了质量管理网络；建立了以项目经理为首的项目质量保证体系和质量监督体系，以项目部总工程师为首的技术管理网络；为使项目达标创优工作的长期有效开展，成立了项目创优领导小组，将项目质量管理工作目标指标具体分解到各个部门和专业队。制定符合各部门及各专业队不同职能范围的质量管理目标指标。为确保施工质量，还建立了从项目到施工专业再到施工班组三级检查网络，以及项目质量管理与监督网络。施工至今，未出现任何质量事故，施工质量处于受控状态。

（二）落实各级质量管理责任制

项目部制定了适合实际情况的质量管理制度和各级人员质量管理责任制，明确责任，确定考核指标。定期召开质量工作会议，每周四召集各专业技术员和质量负责人召开质量点评会，用照片和文字等形式，分析上周出现的质量问题，制定对策措施。为确保施工质量，在组织编制作业指导书施工方案时，严格按照规程规范要求，充分考虑施工过程可能出现的质量问题，有针对性地制定符合实际的质量技术措施，特别明确应该执行的有关强制内容，并认真审核。针对当地气候特点，还专门制订了"冬季施工方案"专项措施，每月编制月度项目质量工作计划和质量控制计划，指导各专业的质量管理工作。在施工前、施工中、施工后开展针对性检查，使施工人员执行规定的意识不断强化。对隐蔽作业进行全过程监督，开工以来，已先后对全厂接地、阴极保护装置、基础灌浆、钢筋混凝土施工作业进行了全程监督，确保了施工质量。

（三）认真开展秋冬检查各项工作，取得预期效果

项目部认真开展秋冬检查工作，做到有计划、有落实、有检查、有总结，使秋冬检查工作取得了一定成效，达到预期效果。项目部组织相关人员对现场质量大检查。并对质量管理体系运行情况、质量制度执行情况和质量管理责任制的落实情况进行了检查。经检查基本情况良好。通过秋冬检查，提高了施工工艺质量水平，减少和消除施工质量隐患，提高了质量管理水平。

四、存在的问题和处理对策

1. 自身建设不足，人员不稳定，没有采用合理有效的方法留住人、用好人。处理对策：加强单位各部门、各岗位的监管力度，合理有效的调配现有人力。加强职工思想教育，加强岗位练兵，克服困难，脱离困境。做到精细化管理、精简化人事。

2. 由于技经人员少，工程结算不及时，合同履约情况得不到控制。处理对策：增加技经人员，加快已完工程的结算和已开工程的分包单位的合同签订及合同履约

情况的监管。

3. 拖欠劳务派遣人员和正式工的各项保险及住房公积金的状况严重。

五、新一年工作安排

全面、系统学习十九大三中、四中、五中全会精神，认真领会贯彻十九大精神，以十九大精神统领新一年全年工作。

1. 深化内部改革，挖潜增效，在明年初完成各职能部室的重新整合及员工的重新定编定岗工作，做到择优上岗，人尽其才，最大限度地发挥各部室的职能作用和职工的主观能动性，提升新能源公司的整体管理水平和企业凝聚力，建立一支高效多能的风电队伍。

2. 强化安全全员意识，领导带头遵守并适时宣传，各项工作程序化管理，向安全要效益。

3. 全员树立经营理念，从班组抓起，层层进行成本控制，制定奖罚措施，认真落实，实现成本控制总目标。加强合同管理及履约率的控制。

4. 不断总结经验，扎实基础工作，做到技术在前、措施紧跟、过程控制、记录完善，各项管理上台阶，从进度和质量要效益。

5. 切实加强队伍建设，靠自身完成主要工程量，增加职工收入。为广大职工多办实事，强化团队建设和团队精神，在条件具备的情况下，多开展丰富有品位的文体活动，增加凝聚力。

6. 建立健全专业队伍建设，装备一支精干机动的风电专业检修队伍，完成公司下达的各项施工任务，积极开拓市场、开源节流，在完成现有几个风场消缺任务的同时积极承揽风电场的检修维护工程。

总而言之，安全生产大于天。切实把安全生产深入基层、深入人心，把安全生产机制长期有效地坚持下去，进一步为工程顺利施工打下坚实基础，为促进公司及集团公司安全生产的稳定形势作出贡献。在面对新的发展机遇和挑战，新能源公司全体员工豪情满怀，在公司的强有力的领导下，完成公司下达的施工生产任务。

××新能源发电公司
××年×月×日

【例文评析】

例文从三个角度全面具体地总结了本单位的工作情况，包括"施工生产，经营管理，工程进度""安全文明施工情况"和"质量管理情况"等方面，且介绍时有相应的标题对内容进行概括，逻辑严谨，内容承上启下，真实具体，使人易懂。例文将工作中存在的问题和处理对策融入总结，最后阐述新一年工作打算，详略得当，贴近现实，可行性强。

【例文6】

××消费电子产品公司2020年工作总结

在新时期和新的历史条件下，消费电子产品日渐火热。我公司坚定信心、求真务实、开拓进取、砥砺前行，逐步形成引领经济发展新常态的体制机制和发展方式，统筹推进企业可持续发展。一年来，面对经济下行的严峻形势，公司致力于止下滑、保运行、蓄势能，着力夯实核心业务发展基础。面对产业转型的紧迫任务，公司致力于转方式、调结构、提质量，强力推进三次产业优化升级。初步统计，去年我公司实现营业收入19355.66万元，同比增长33.34%。其中，主营业务消费电子产品生产及销售收入为16947.75万元，占营业总收入的87.56%。

一、电子信息制造行业分析

去年，我国电子信息制造业整体运行呈现出"稳中有进、稳中育新"的特点。据工业和信息化部统计数据显示，去年，我国电子信息制造业主营业务收入较前年增长9.0%。新一年，我国正处在5G商用元年中，随着5G技术的发展，我国电子信息制造业又将有许多新的变化。

1978年，我国实行改革开放，电子信息制造业进入市场化转型阶段，电子信息制造业开始采用市场化运营的模式；1990—1999年，国家对重点领域出台了多部政策，大力扶持产业发展，我国电子信息制造业发展规模化；2000年以后，我国电子信息制造业通过采用代工的方式切入全球电子产业链分工。近年来，我国电子信息制造业规模呈平稳增长的态势。2014—2018年，我国电子信息制造业主营业务收入逐年增加，据工业和信息化部统计数据显示，去年，我国电子信息制造业主营业务收入为14.20亿元，较前年增长9.0%。近年来，我国××地区电子信息制造业规模增长速度较快、产品出口比重较高，电子信息制造业相对较为发达。据工业和信息化部去年12月发布的《中国电子信息产业统计年鉴》统计数据显示，去年，××省电子信息制造业发展指数为78.64，位居全国第一。

近年来，人们对网络的需求快速增长，互联网流量快速增长，成为拉动信息基建的关键因素，电子信息制造业的需求逐渐增长。分类别来看，据工信部统计数据显示，前年，我国电子信息制造业主营业务收入占比最高的为电子元器件类，占比为30.3%，其次为通信类，占比25.7%，计算机类和家电类分别占比15%、8%。分行业来看，去年，我国电子信息制造业中，通信设备主营业务收入超45000亿元，电子计算机、电子器件、电子元件主营业务收入分别为25484亿元、25153亿元、24693亿元。

二、消费电子行业分析

消费电子产品是指围绕着消费者应用而设计的与生活、工作、娱乐息息相关的电子类产品，最终实现消费者自由选择资讯、享受娱乐的目的。消费电子产业向中国的转移极大促进了我国消费电子产业的发展，使我国成为全球消费电子产品产量最大，消费成长空间最大，出口额最大，产品种类最多，产业链最齐全的市场。全球消费电子市场规模从 2012 年开始进入了一个平稳发展的阶段，总体市场规模在 2015 年有小幅下降，2016 年全球市场规模为 9500 亿美元，同比下降 0.5%。下降主要是因为汇率和产品价格下降等因素，实际上消费电子产品的销量是缓慢上升的。与全消费电子市场饱和的状态不同的是，中国消费电子市场规模呈现出稳步上升的态势，市场规模由 2009 年的 8442 亿元增长至 2015 年的 20100 亿元，年复合增长率为 15.5%。

随着居民收入和消费能力的显著提升，人们对智能手机、平板电脑、可穿戴设备等移动终端需求不断扩大，国内消费电子市场将呈现良好的发展趋势。2015 年，我国消费电子市场整体规模达到 20100 亿元，已成为全球最大的消费电子市场。

随着消费市场成熟和生产能力的提高，国际消费电子生产基地大规模向中国转移，特别是高端消费电子产品。我国已成为世界消费电子产业的制造中心，全球 50% 以上的消费电子产品由中国制造。近年来，互联网技术的发展、消费电子产品制造水平的提高、居民收入水平的增加，促使消费电子产品与互联网相融合逐步成为趋势，使用消费电子产品逐步成为居民日常生活的一部分，消费电子产品的销售额也不断提高，消费电子产品已经成为现代人生活的重要组成部分。手机、数码产品、家用电器及其附属产品仍然是消费电子市场中增长最快的产品，平板电脑、笔记本电脑等产品也迅速走向成熟，智能穿戴设备的出现与发展则标志着消费电子产品智能化达到了新的高度。

三、新一年规划

（一）不断推进高质量发展

推动绿色发展取得新突破，需要抓紧形成绿色的生产方式。既要积极调整产业结构，加快对传统制造业绿色改造，构建科技含量高、资源消耗低、环境污染少的产业框架；也要把绿色产业当作新的经济增长点来抓，通过政策引导，加大对环保产业、清洁生产产业、绿色服务业的支持力度。近年来，我们坚决淘汰钢铁、水泥、电解铝等行业的落后产能，取得了很大成绩，有力推动了产业发展向节能环保、环境友好转型。今年的工作还要再接再厉、坚持不懈地抓下去。

（二）进一步促进节能清洁发展

按照空间布局合理化、产业结构最优化、产业链接循环化、资源利用高效化、污染治理集中化、基础设施绿色化、运行管理规范化的要求，加快对现有园区的循环化改造升级，延伸产业链，提高产业关联度，建设公共服务平台，实现土地集约利用、资源能源高效利用、废弃物资源化利用。对综合性开发区、重化工产业开发区、高新技术开发区等不同性质的园区，加强分类指导，强化效果评估和工作考核。到明年，75% 的国家级园区和 50% 的省级园区实施循环化改造，长江经济带超过 90% 的省级以上重化工园区实施循环化改造。我国工业将以系统节能改造为突破口，促进工业节能从局部单体节能向全流程、系统性优化转变，实现工业能源利用效率大幅提升。在继续推进单体节能的同时，更加注重设备、企业、园区的多层级系统节能，在抓好重点行业节能的同时，面向工业全行业全面推进工业节能，在继续重视大企业能效提升的同时，着力推动中小企业节能。改造存量，优化增量，加快传统制造业绿色改造升级，鼓励使用绿色低碳能源，提高资源利用效率，淘汰落后设备工艺，从源头减少污染物产生。积极引领新兴产业高起点绿色发展，强化绿色设计，加快开发绿色产品，大力发展节能环保产业。全面推进，重点突破，着力解决重点行业、企业和区域发展中的资源环境问题，充分发挥试点示范的带动作用。积极推进新兴产业和中小企业的绿色发展，加快工业绿色发展整体水平提升。

（三）抓住机遇实现产业转型升级

未来五年，我公司将继续把准未来趋势方向，继续发挥在消费电子领域的特色优势，将重振产业雄风作为我市经济发展的中心任务，推动产业结构从中低端向中高端迈进，全力打造现代产业发展新高地。

××消费电子产品公司
××年×月×日

【例文评析】

例文结构为"电子信息制造行业分析—消费电子行业分析—新一年规划"，"总—分"大结构辅之并列式分布局，条理清晰，体现了作者思路明确，具体内容的撰写从实际出发，统筹兼顾，突出重点，主次分明。全文结构完整，内容真实，行文流畅，逻辑缜密，充分体现了作者工作作风严谨，有高度的责任意识。

【例文7】

××集成电路设备公司2019年工作总结

公司组织召开了贯彻集成电路设备公司职代会精神暨去年工作总结大会，要求员工认真学习总经理××和××书记的总结讲话，并以会议精神为指导依据公司实际，制定了新一年的工作思路，即围绕一条主线深入开展企业管理年活动，完成两个目标：完成西厂建设搬迁任务、完成全年经济指标落实；三个确保：确保出厂产品零缺陷、确保"四个安全"、确保不影响企业稳定与社会形象事件；实现三个提高：提高全员队伍素质提高公司管理能力、执行能力、学习创新能力，提高外部收入及利润。年度工作思路统一了公司思想，指明了新一年公司发展方向。

一、去年工作总结

去年，我公司紧紧围绕年度工作总体要求和生产经营奋斗目标，团结协作，共同努力，始终保持了良好的发展势头。截至11月30日，公司实现销售收入300万元，其中内部完成200万元，外部完成100万元，超额实现了预定经营指标。

（一）进一步规范企业生产经营管理，提高企业经济效益

1. 安全生产管理。各部门切实贯彻安全无违章、质量零缺陷的各项措施，通过

实行春季安全大检查、"安全生产月"、安全知识培训和安全规程考试，使员工大大提高了安全生产意识，保障了企业正常生产经营。

2. 综合行政管理。公司修订完善了《电路设备公司综合管理制度》，包括办公、接待、档案、后勤、会议、员工异动、考勤、奖惩等15项管理制度，并对各项制度的执行情况进行监察，有力地促进了公司行政、人力资源管理的科学化、规范化，起到了更好地为公司生产经营服务的作用。

3. 财务统计管理。公司加强债权债务清理的管理工作和产品成本核算、企业利润分析的统计工作，整顿往来账目，使公司债权债务余额大幅下降，财务管理更加规范化；按照电路设备公司关于开展"经营管理月"活动的部署，进一步深入开展"多产企业管理年"，公司颁布了《电路设备公司经营管理月实施方案》，认真开展了自查自纠阶段的工作。

4. 物资成本管理。公司先后出台了《增收节支管理办法》《办公用品和低值易耗品使用管理办法》等物资使用管理规定，实行了生产资料和计件工资相结合，对水费、电费、车费、生产资料和办公用品使用做了相关改革，大大节约物资成本，提高了生产效率和员工工作积极性；进一步加强采购管理，评定出13家合格供应方，有效控制了采购物资价格和质量；上半年公司采购共节约29万元。

5. 产品质量管理。公司为强化员工质量意识和质量法制观念，开展了以"注重细节、提升档次"为主题的"质量月"活动，并颁布实施了《不合格产品处罚条例》，对相关责任人及负有连带责任的班长、车间组长、质检员进行严格考核，使质量考核有法可依，质量管理更加规范化、制度化；上半年共考核质量问题12次，考核款项500元；6月公司顺利通过了ISO 9000质量体系外部审核。

6. 生产技术更新。生产技术部加紧对新产品和新技术的开发运用，目前公司已全面实行了GCK、GCS、MNS等配电柜壳体的自行加工制造，节约资金14万元；KYN中置柜通过第二次试制，加工技术也臻于完善；加强了两厂技术交流并对图纸进行标准化完善，为下一步成本核算和材料承包打好了基础。大力开拓外部市场，取得显著成绩在企业内部市场上半年基本未启动的情况下，公司积极拓展外部市场，共实现外部收入100万元，占公司总收入的33.3%，有力保障了公司经营指标的顺利完成。公司继续贯彻"走出去、请进来"的市场化战略，以召开服务质量恳谈会的形式，邀请域内业务单位来公司座谈，及时征求到客户意见和建议，并且巩固了市场；加强与××电器、××开关等外地电器公司的合作，提升了公司知名度和外部市场占有率；对西厂进行改制，与××局合作运营。

我公司紧紧围绕年度工作总体要求和生产经营总目标，知难而进，创新工作，进一步提高外部市场占有率和新产品开发力度；要积极寻求与知名公司、大专院校合作生产高附加值的产品，使产品结构由下游产品向上游产品发展，低压产品向高压产品发展，实现规模扩张和产业优化；近期，公司要与××集团公司合作生产高压电器产品，并通过对外租赁我公司厂房等形式，与服装生产等非电气设备制造业进行合作，合理使用闲置资源。

（二）继续加强党的先进性教育后一阶段的工作，建立先进性教育的长效机制，增强执政能力，进一步促进企业发展

党建工作扎实有效，强化了公司领导班子，身为电路设备公司负责人能保持共产党员先进性，是开展教育活动及培养员工党性的重要时期和关键阶段，公司党政领导高度重视，广泛动员，密切联系群众，在教育活动的深度和广度上下功夫；公司活动开展在紧跟上级部署的前提下，机动灵活地使活动与公司实际发展相结合，边学边改，使教育活动不仅仅停留在学习教育、思想整改上，而是以"党员素质提高、基层组织加强、服务水平提升、企业加快发展"作为检验活动的根本标准；针对公司厂分两地的特殊情况，公司党组织充分发挥网络、传真等现代通信工具的优势，保持两厂保先教育的统一步调，做到教育工作两不误。公司认真组织民主生活会和组织生活会，本着求严、求深、求细、求实的原则，通过召开座谈会、设置意见箱及个别访谈、表格等形式，组织征求了对公司班子成员和党员个人以及对企业发展的意见和建议；广大党员干部深入开展批评和自我批评，不断分析评议，整改提高，增强了党性认识和党性觉悟，提升了业务水平和工作能力，公司先进性教育活动取得良好效果，并得到上级主管部门的认可和赞同。

（三）积极开展员工技术学习、技术练兵、技术比武活动，切实提高员工队伍业务能力、技术水平

同时，吸引人才，加强营销队伍，提高销售人员的业务素质和开拓市场业务的能力。企业精神文明建设初见成效，新季度伊始，公司积极筹划、精心组织，举办了"职工运动会"，广大职工踊跃参与，顽强拼搏，取得了比赛成绩和精神文明的双丰收；公司把企业文化建设融入生产经营中，先后开展了"质量月"和"安全生产月"等活动，通过宣传栏、黑板报等形式广泛宣传教育，并制定了相应的管理细则，不仅使广大职工树立了质量和安全意识，还沉淀成坚实的企业宗旨文化，有力地保障了公司的产品质量和生产安全；在"慈善一日捐"和助学帮困等活动中，公司广大职工积极奉献爱心，捐助资金数千元，体现了公司员工乐善好助和大公无私的高贵情操。我公司围绕构建和谐企业，提出了建设"和谐文化"的基本特征和工作要求。基本特征是："依法治企，科学发展；公平协调，团结有序；严格管理，活力创新；诚信合作，环境友好；安全效益，服务社会。"同时我公司提出了"五个和谐"，即实现企业与社会的和谐发展、企业与员工的和谐发展、企业内部各类群体之间的和谐相处、企业与自然环境的和谐相处，以及企业与国民经济的和谐发展。目前，我公司通过广泛宣传和深入落实，使企业文化建设初见成效。

（四）继续深入开展"多产管理年"活动

1. 以"经营管理月"为契机，进一步规范公司财务统计、物资成本、档案证件管理，对公司产品从设计、采购、制造进行全面监督审查，严格按照分批成本核算办法进行核算，降低成本费用。

2. 加强西厂改制和新厂建设，统一公司运营。公司一直重视西厂改制和搬迁工作，在公司领导和财务部门的综合指导和部署下，西厂和××电路公司完成合作运

营，双方分别占总资本金的 30.26% 和 69.74%，西厂收入和利润实行独立核算；去年西厂共完成产值 80 万元，其中××厂自行签订合同金额 40 万元，××区域市场开拓取得新进展，××地区合同占全部签订合同的 27.6%；新厂建设进入扫尾阶段，完成搬迁指日可待。针对两厂发展具体情况，公司制定了材料互用和经济责任考核等相关措施，有效地控制了两厂物资材料管理和生产经营管理；在经济分析例会、先进性教育、"质量月"等活动中，公司科学部署，认真协调，较好地统一了两厂各项活动的开展。

二、存在主要问题

1. 电路设备公司需要高技术专业人员来研发、创新，但目前人员招聘宣传力度不够，未能吸引更多人才投入我公司。

2. 长期以来，设备公司产品未形成自身的拳头产品和自己的品牌，削弱了公司竞争力，严重制约了企业的发展。

3. 安全质量检查考核力度不够，老好人思想严重，还存在一些安全设施检查不力的情况。

未来公司会本着"创新、创造"的原则，深入发展电路设备行业，争取做出一番成绩，并会对自身的短板进行弥补与构建，争取发展得更好！

××集成电路设备公司
××年×月×日

【例文评析】

例文条理清晰，内容真实，结构完整。例文分为两大部分：本年度工作总结和存在主要问题。工作总结从六方面入手提高企业经济效益、扩大产品生产能力、提高×市场产品占有率、建立先进性教育的长效机制、增强执政能力、提高员工队伍业务能力，技术水平、深入开展"多产管理年"活动和统一了公司运营，并通过小标题的形式进行概述，使总结内容一目了然。同时将工作中的不足逐条列点融入工作总结中，明确工作目标，深化工作理念，使下一阶段工作更具有方向性。

第二节 文化、传媒类公司工作总结

【例文 1】

××报纸公司2019年工作总结

在繁忙的工作中不知不觉又迎来了新的一年，2019 年是有意义、有价值、有收获的一年。

自 3 月 7 日到开发区分公司，两网合并进入实质性阶段，我也自感使命光荣，责任重大。在此非常感谢公司各级领导、各个部门的倾心关怀、大力支持，感谢各分公司的无私帮助和精诚合作。在分公司副经理、业务主管和全体发行员的齐心协力、奋勇拼搏下，在全国纸媒的一片唱衰声中，不辱使命，超额完成了公司交付给我们的早、晚报发行任务。面对纸媒市场的种种阻力，我们毫不气馁，攻坚克难，坚持以规范化、标准化、制度化为核心，以全面全员、全年的"三全订报"为主旋律，在发行模式的创新上勇于探索，大胆实践，创新工作思路，强化发行举措，想方设法攻征订、千方百计上零售、多措并举搞创收。回顾 2019 年的工作，我们主要做了以下几个方面工作：

一、攻坚克难，守土有责

2019 年报纸的发行面临更严峻的挑战，在这种恶劣的大环境下，我们更应清醒地认识到发行是我们的阵地，是根本、是命脉，不容缺失。只有保证发行数量，才能保障我们这支队伍的存活。

全力推广第三方买单业务。要求大家同本辖区物业搞好关系，调取本辖区住户的电话号码实施电话营销。借力传媒平台，开展微信订报、广告换发行、电话卡营销、中秋送月饼、订报送粮油等促销活动。同时建立有效的奖励机制，树立业务标兵，提高了发行员的积极性、主动性和创造性，实现了比、学、赶、帮、超的良性循环。通过一系列的活动和措施，极大地刺激了读者，调动了发行者的热情，也确保了征订业务的完成。

二、提高素质，打造优秀发行团队

在确保报纸发行和经营有条不紊地进行的同时，我们始终坚持把提高发行员队伍的整体素质和自身形象放在首位，有效地提升了我们的团队的核心竞争力。

（一）树立正气

树立行业正气，传递正能量，为发行员创造良好环境，本着公平公正的原则，建立简单而直接的人际关系，用人标准上不看背景、看表现，英雄不问出处。同时，运用多种有效的制约和监督手段，打造公平竞争的环境，做到人尽其才，才尽其用。在严格管理的同时，尊重每一位发行员，通过对发行员的关怀，营造温馨和谐的工作氛围，使发行员感受到团队的温暖和快乐，让发行员每天心情舒畅地投身到工作中，提高了效率，感受着乐趣，最终实现了"快乐传递"。

（二）强化素质

把打造学习型团队当作良好的习惯保持至今。坚持每周至少召开一次发行例会，除了安排发行工作外，还要对大家进行有关发行经验、营销技巧的培训工作。树立发行员的主人翁意识，推行感恩教育，倡导"企业兴旺、员工有责"的主人翁精神，鼓励发行员为公司发展多提合理化的建议，增强发行员对公司的凝聚力和向心力，留住发行所需的人才。努力培养发行所需的订报能手、零售高手、创收好手等行业精英。

（三）狠抓优质服务

要继续弘扬"诚信无价、服务有心"这一优质服务活动的主旋律，强化发行员整体素质的提高和职业道德的培养工作，切实抓好发行队伍的素质建设，正确树立发行团队的品牌意识，在发行服务流程上深抠细节，把发行服务上升到精细化服务的高度，以优质服务来巩固发行市场。把每一份报纸当作挂号信来投递，把每一张DM单按客户要求夹好、送到位。强调提高投递服务质量，文明发行的重要性和必要性，号召发行员在送报之余开展送温暖、搞义工活动，通过为订户力所能及地做些小事来增强我们同订户的情感与交流，也提升了我们发行队伍的整体形象。

三、集思广益，创新经营

发行是生存之基、经营是富裕之门，努力培养发行员转变思想、转变作风，让发行员意识到改变是痛苦的，不改变更痛苦；使发行员明白理念变，天地变，理念不变，原地转。坚持走两翼齐飞的经营发展思路，在做好报纸发行主业的同时，我们始终不忘经营项目的发展，这是我们必须面对的现实。

发行员对经营工作开始有畏难情绪，因为刚开始各种经营项目的起步都很艰难，付出与回报不成比例，导致发行员信心缺失。为调动广大发行员的积极性，经常把公司的经营理念发展蓝图灌输给大家，使大家对未来、对前途充满信心与希望。引导发行员要大处着眼，小处着手，只有做好当下，才能拥有美好将来。通过培训、交流统一了思想，达成了共识。在××刚接手时，××不顾个人得失，率先请缨，表示把大家最不愿干的事交给我，这种甘于付出，乐于奉献的精神，值得我们推广、发扬，我也因有这样的员工感到骄傲和自豪。现在××和××已实现了专人配送，粮油快消品的销售和快递业务平稳有效地开展，××的工作也逐渐走向正轨。

今年的经营工作完成虽然不是很好，但我们积累了经验，总结了教训，在摸索中不断地前进、成长，逐步实现由发行公司到真正物流公司的华丽转身。

××报纸公司
××年×月×日

【例文评析】

例文采取并列式布局，首先以报纸的发行面临更严峻的挑战为起点，介绍了本单位发展中的困难以及工作的主攻方向；其次作者延伸出始终坚持提高发行员队伍的整体素质和自身形象，提升团队的核心竞争力；最后提出坚持集思广益、创新经营。这几方面通过大标题即可清晰了解工作状况，起了画龙点睛的作用。例文的本年度工作总结全面，缺憾在于对不足只字未提，犯了缺乏两点论的错误，我们在今后写作中应该尽量避免。

【例文2】

××广告公司2019年工作总结

2019年度广告部的工作，总体来讲有一定的进步，但是要认识到市场客观因素的促进作用。现在从几个方面总结一下本年度广告部的工作和问题：

一、客户市场方面

客户是企业生存的根本，广告本身就是一个服务性很强的行业，在行业竞争日趋激烈的环境下，客户服务越加凸显出其非凡的重要性。

在本年的工作我们对客户的服务有所改观，基本可以做到想客户之所想，急客户之所急。虽然面对高难度的任务都能够以最大的努力去实现客户的要求，但是也要意识到，在客户服务方面也存在着一定的不足。主要体现在某些工程的报价不及时、客户回访不到位。虽然有些时候存在客户要求过于苛刻的原因，但是这些不应当成为推卸责任的借口。

因此在客户服务方面要有所改进，首先要招入合适的客户服务人员（业务员）其次在人员不到位的情况下切实的完善内部流程体系，以制度来升级客户服务的品质。切实做好从"客户提出需求，我们帮忙解决问题的角色"，转变为"我们为客户提出需求，然后主动为他们提出方案"的模式。

二、内部运作方面

经历了一年的流程管理摸索，相对于去年在工作上的契合度有一定的提高。但是由于人员的流失对于高效团队的建设还是有较大的影响。

怎样维持设计人员的稳定性，完善合理的流程制度，提高设计部的整体运作效率，打造出××的广告部团队，是一个需要长期摸索的任务。

设计部依然存在如下几个方面的问题：

1. 人员专业素质暂时还无法满足设计部正常运作的需要，缺乏创新意识。
2. 方案设计与图纸绘制水平与公司整体发展还有一定差距。
3. 工作积极性不够高，缺乏自我管理与完善能力。

三、成绩与提高

在市场大环境下本年度的工作进展顺利，每项开展的工程都能体现出我们××的风格与实力，在××沿街改造的项目中以我们的优秀品质拿下了今年的最大订单，成功战胜了竞争对手。

在绩效改革的前提下我们广告部的整体回款率较去年有一定的提高，重要的是广告部回款这个环节慢慢地深入人心，每个人从项目的开始就考虑回款的问题，这是很重要的改变。

设计部的人员对于公司的自我宣传与设计作品的自我保护也有提高，目前给客户的方案都会配合公司的出稿模板，设计作品也在不断地精益求精，虽然由于员工能力的局限性不能完全满足客户的要求，但进步还是有的。

四、计划与改进

目前的广告部流程虽然有所成效，但还不够成熟，下一年度广告部的发展重点为"三个一"，一批人、一个制度、一个团队。广告部需要引进一批优秀的员工，通过我们的制度流程磨合，精简出一个高效的团队。

一批人，主要包含客户服务与营销职能的人员与优秀的设计人员；一个制度，主要完善、执行、监管现有的流程体系，使之行之有效；一个团队，就是最终的优化结果也是目标。人员通过制度这个漏斗筛选出目标统一、积极向上的队伍。

在广告市场的竞争日趋激烈，价格战白热化的环境下，我们要进一步强化××的自我宣传，以期赢得客户和市场的最大认同。稳步做好目前工作，围绕标识产品拓展市场，稳中求变，完善我们的服务，控制好工程质量，把××的优秀做到客户的心里。

2019年我们有成绩，有进步，也有不足。进步和不足让我们更加明确我们的目标。逆水行舟，不进则退，所以要不断地调整与优化，在变化莫测的市场环境下要抓住机遇，看清目标，2020年要最大化我们的长处，稳步扎实地做好目前的工作，寻求新的机遇与契机！

××广告公司
××年×月×日

【例文评析】

例文可以分为两个部分：前一年度的工作总结和未来工作计划。例文结构完整，逻辑清晰。从结构上看，例文总结分为两个方面，分别拟写了简洁的大标题概括总结内容，并突出其特点，使阅读者迅速了解总结内容，把握重点。例文后半部分的工作计划中脉络清晰，层次分明。例文内容多样、明确，对广告公司的成绩与提高进行具体论述，计划与改进的思考范围广泛，具有高瞻远瞩性。

第三节　咨询类公司工作总结

【例文1】

××企业管理咨询公司2018—2020年工作总结

2018—2020年，企业管理咨询公司积极贯彻集团品牌发展的战略，作为集团轻资产战略的实施平台，"创品牌、拓项目、定标准"，积极创新业务模式，多渠道、多模式开展合作，通过项目开发突破发展瓶颈，持续扩大管理咨询的业务规模和品牌影响力。

一、加快转型升级，扩大市场知名度

2018年，公司旗下的××大酒店、××度假酒店和××酒店，持续加大加强营销团队建设，加大营销力度，重点要提升客房出租率水平。

公司进一步整合销售资源，在成员单位之间共享客户，增加商务客源市场和家庭休闲客源的业务占有率以优化收入结构。在巩固婚宴、自助餐等明星产品市场领导地位的同时，寻找新客源和开发新产品。

××大酒店、××度假酒店和××酒店影响力持续提升，客户满意度和网络评价反馈良好，先后荣获了"金枕头""金椅子""金口碑""全国百佳酒店""最佳亲子酒店"等大奖。

二、加强互联网营销，打造电商平台

公司依托集团资源，与××合作打造电商平台，在××频道开设旗舰店，参加双11、双12大促，推出899套餐、自助餐等多种产品组合，日均访问量突破2000，实现了品牌和销售的双丰收。

微营销和跨界营销逐步活跃。各成员单位不断加大微信营销的力度。××大酒店完成微官网建设，让客人通过微信及时获悉酒店当期推出的促销活动，方便客人自己实现微信的客房及餐饮预订功能。××度假酒店发布微信公众号"××"，上线了支付宝钱包公众账号服务，实现支付方式的多样化和便捷化。

三、顺利接管××酒店，稳定团队提升服务

根据管委会要求，公司于2015年3月正式接管××酒店。管理咨询公司委派常务副总经理、××酒店总经理××担任××酒店总经理，做好充分的准备工作，稳定酒店的干部队伍和员工队伍，做到平稳过渡。

三年来，××酒店的经营、管理、服务全面提升，其中营业收入增幅超25%，每年超额完成业主下达的各项经营指标；服务品质持续提升，客户满意度逐年走高，尤其是重要的政府接待工作都圆满完成，得到了省市区的高度评价。

四、增强咨询团队力量，项目业主满意度提升

自2014年与文博中心合作，为其××酒店提供项目前期的顾问咨询服务以来，公司组建了专门的顾问工作小组，由集团副总裁领导，配置了工程、财务、投资以及运营等相关方面的专业人才，积极主动地对接业主方的管理团队。

××项目小组根据业主的要求以及××酒店项目的进展，本着对业主高度负责的态度，审核酒店的整体开业计划、开业预算、采购预算、工程设计方案以及人力资源方案，力争从质量、成本、进度等各个方面为业主把关，得到了业主方的高度评价。该酒店项目于2018年第三季度顺利开业，业主对公司提高的专业服务给与高度评价。

五、创新咨询业务模式，提供全过程项目咨询服务

公司贯彻专业化战略，创新酒店项目顾问咨询的新模式。2017年12月，管理咨询公司与××正式签约，为××酒店项目提供筹备期间的顾问咨询服务。

本次合作是公司顾问服务的一次新的尝试和突破，完全根据业主的需求量身定做项目咨询服务，重点为业主提供筹备开业期间的采购顾问服务、财务顾问服务、人力资源顾问服务。应业主的要求和项目的进展，顾问团队提前参与项目前期工作，委派专业人员参加总经理的面试工作，并发挥自身行业信息渠道优势，协助业主开展总经理候选人的背景调查工作；配合国资办要求，分析调研了长三角地区尤其是苏州地区酒店行业的平均薪酬水平，就××酒店管理方提出的初步薪酬方案和总经理薪酬福利水平提出修改意见和建议，协助业主控制运营成本。同时，顾问团队充

分发挥建设多家五星级酒店的经验，为××酒店项目的洗衣房、厨房设备招标方案提供意见和建议。公司高度重视该项目，配置了高规格的顾问专家团队，为提升园区国资的投资效果发挥集团的专业化优势。

在公司的协助下，××酒店于2019年9月顺利试营业。2019年，管理咨询公司与园区××集团签署合作协议，为其××公寓酒店项目提供前期的顾问咨询服务。这是管理咨询公司承接的第一个公寓酒店类型的顾问项目，进一步扩展了顾问咨询的项目类型，为今后开拓公寓酒店市场打下了良好的基础。该项目已经于2020年第二季度顺利开业。

2020年1月，管理咨询公司与××区××管委会达成合作协议，为其投资建设的超大规模会议型酒店提供前期的顾问咨询服务。该项目作为××地区最大规模的会议型酒店，将进一步提升管理咨询公司在超大型酒店项目领域的成功案例和经验。根据计划，该酒店项目将于2021年竣工开业。2018年7月，管理咨询公司与项目区××开发公司签署协议，为其投资建设的××码头酒店项目提供前期技术、筹备开业、品牌授权和经营管理的全过程服务。

六、筹划新品牌体系，"琉苏"品牌落地园区

公司应对委托管理市场发展的新趋势，以市场化和客户为导向，聘请专业咨询机构策划集团全新的品牌体系，创立了五星级的"琉金"品牌和四星级定位的"琉苏"品牌，完成了国家知识产权的登记手续，并初步完成了酒店品牌体系的建设和完善。

2018年第四季度，××集团与园区××达成协议，将于2019年1月起正式接管××酒店项目并挂牌"琉苏"品牌，成为集团新品牌的第一家落地酒店，将具有里程碑的意义。

回顾三年来管理咨询公司的发展，向市场化、专业化和品牌化发展的步伐逐步加速。但是，我们也看到管理咨询公司的影响力与国内外知名酒店品牌还有较大的差距，酒店委托管理项目数量有待进一步提升，顾问咨询服务还有更加广阔的应用前景。未来三年的时间中，公司将坚决贯彻集团的品牌发展战略，以"创新品牌、做好服务、开拓项目"为经营宗旨，全力推广新品牌，不断提升管理咨询公司的行业影响力和知名度。

××企业管理咨询公司
××年×月×日

【例文评析】

例文结构完整，全文采取并列式布局，从以下几方面入手："加快转型升级，扩大市场知名度""加强互联网营销，打造电商平台""顺利接管××酒店，稳定团队提升服务""增强咨询团队力量，项目业主满意度提升""创新咨询业务模式，提供全过程项目咨询服务""筹划新品牌体系，'琉苏'品牌落地园区"。例文注重贴近实际，突出陈述工作重点或者是工作亮点，做到详略得当，同时在各个标题的作用下，使例文条理清晰。例文最后对工作中存在问题的阐述贴近现实，可实行性强。

【例文2】

<h1 style="text-align:center">××投资咨询公司2019年工作总结</h1>

自2017年12月9日我公司挂牌成立以来，作为上海市第四家民间资本性质的咨询公司加入"××市中小企业信用担保协会"以来，已走过了三个年头。

三年来，××咨询公司担保业务、队伍不断发展壮大，与银行金融机构的合作层次不断加深。在促进担保业的发展和推动银保、银企合作方面都取得了可喜的成绩。截至2019年第二季度，我担保公司共为融资诉求企业实行货币担保70家，担保金额3亿元。公司注册资本总金额9900万元，扩资增股5100万元，后续储备资金2700万元。帮助基础设施建设担保资金2400万元。在保贷款余额8500万元。公司在发展的同时，不忘回馈社会，支付用于帮扶助困13.8万元。

××担保十分注重合作金融机构资本运作问题，保障金融机构和中小企业双方的利益，已成为民营资本服务于中小企业的重要组成部分。在着力解决货币、抵押担保瓶颈、缓解中小企业融资难方面发挥着越来越突出的功能与作用。在控制风险的前提下，利益捆绑、实力叠加，发挥资本信用信增的乘数效应，强强联合的战略联盟，逐步成为连接银行和中小企业的桥梁和纽带。

今年，我们将在××市经委的领导下，市中小企业信用担保协会的督促下，朝着自身行业规范发展，行业自律，有序竞争的方向迈进。有效改善服务理念和意识，为钢贸行业的中小企业服务。

一、为银保合作拓宽层次和空间，继续为银企合作搭建可持续性良好互信、宽松平台，促进"三方"共创双赢

近期，××咨询公司在拓宽银保合作的层面和空间、合作规模上与××周边城市相比还略显薄弱。2020年度我们将在××市经贸委等相关经济综合部门的督导下，一是积极创新、积累资本。通过扩资增股方式增强自身硬件设施的、固定资本的投入与建设，初步计划在××区××路××路受让商业（二、三级）地块35亩，筹建松银担保租赁大厦，钢贸生产资料交易楼，建立永久性综合服务平台，竭力打造降低融资成本，促进钢贸物流流通与金融部门扩大合作范围、合作规模。二是积极参与机构信用评选。以市中小企业组织牵头机构参加全省开展的信用评级工作为契机，通过规范和完善将级别结果录入全国统一的企业信用信息基础数据库，进而提升我公司的企业工作效能、职能和功能。三是探索建立银保、银企沟通例会制度。和邀请专家、学者就目前国内金融形势，探索把控风险的有限最佳机制。分析银保、银企合作的状况，研究合作中存在的突出、热点、焦点问题，并研究不断改进和发展的相关工作举措。

二、进一步加强咨询公司与金融机构的合作

目前，新冠肺炎疫情带来的国际金融行业危机对相关实体经济的影响颇深。尤其是对市中小企业发展有一定冲击。可抵押资产有所缩水，财务状况有所转弱。在此困难时期，主动与金融银行机构沟通，达成共识，精诚合作是十分具有迫切性、

必要性、重要性的，只有通过"银—保—企"三方合作，才能共克时艰。一方面担保公司需认真贯彻人民银行上海分行下发的《关于进一步推动金融机构与信用担保机构加强合作的指导意见》精神，通过担保公司甄别，择优选择实力底子较强，依法经营、管理规范、财务较之健全、诚实守信的钢贸、中小企业作为合作对象。促使合作走制度化、规范化、长期化。通过历年合作征求金融银行放大放贷敞口比例。

另一方面，我们公司应树立规范、稳健的发展意识，要把中小企业融资咨询作为主营业务，进一步加强与金融机构的合作，并针对主管部门和评级机构分析发现潜在的风险和薄弱环节。提高风险识别能力和管理水平，在支持企业发展过程中实现自身发展。

三、持续改善对中小企业融资、拓宽金融渠道的服务

在巩固市松川钢贸内客户和中小企业服务的同时，需内部建立健全机构设置及相关制度，改进和优化信贷流程，配合金融部门金融产品的创新，服务效率的提升。并深入探讨和引进淡马锡中小企业业务模式。

在当前经济相对困难的形势下，公司要树立大局意识和责任意识。对已经出台的支持中小企业发展的各项信贷政策措施，要读懂、读细、抓实、抓好。积极探索建立健全钢贸中小企业融资量化考核制度。要对基本面和信用记录较好、有竞争力、有市场、有订单但暂时出现经营或财务困难的中小企业特点的融资产品和服务方式，利用授信、开证、押汇、保理等多种担保融资手段，进一步拓宽中小企业的融资渠道，并做好对中小企业的金融信息咨询和代客理财服务。要加强中小企业金融统计和信息报送工作，探索建立适合中小企业特点的融资信息动态监测制度，及时掌握中小企业金融服务信息。

××投资咨询公司
××年×月×日

【例文评析】

例文角度新颖独特，从继续为银企合作搭建可持续性良好互信、宽松平台，进一步加强咨询公司与金融机构的合作，持续改善对中小企业融资、拓宽金融渠道的服务等三方面入手，紧密联系实际详细阐述。侧重在工作中进行总结，内容全面，结构一目了然。美中不足的是吸取经验教训以及今后打算部分的叙述过于简单，内容不够具体，应适当补充。

【例文3】

××法律咨询公司2019年工作总结

2019年度，××法律咨询公司在省司法厅司法鉴定处的领导和支持下，坚持以实现伟大中国梦，共建稳定繁荣和谐××为指导，以服务为民的宗旨，健全和完善法律服务工作制度，主动为社会提供全方位、多层次、高效率的法律专业服务，形

成了法律服务工作新的格局，也为地方经济建设的全面健康发展尽到了微薄之力。全年中，我公司共受理来访法律咨询500多人次，代理诉讼案件70余件，见证13件，担任常年法律顾问9家，进企业进行法制教育课程8场次，进行社区法制宣传3场次，调解处理民间纠纷25件，为当事人避免和挽回经济损失近百万元，做到了无投诉、无冲突，认真积极的履行职责，赢得了广大群众的信任，也取得了显著的社会效益。

回顾过去的一年，我公司着重进行了以下几项工作，努力造就高素质的法律服务队伍，重视思想素质的提高。在过去的一年中，为了秉承"法律至上、诚信至上、当事人权益至上"的执业理念，我公司特别重视法律服务队伍建设，努力提高法律工作者的技能和素质。

为此，从实际出发，经过认真细致的调查研究，借鉴同行经验，建立了一整套行得通、做得到的业务学习制度，并切实采取措施严格加以落实。

一、加强专业领域学习

虽然我公司执业人员不多，但我们的管理是常抓不懈。为了搞好工作，今年采取了分散学习与集中学习相结合的方式。通过定期学习，对执业人员进行职业道德和执业纪律的培训，教育他们爱岗敬业、坚持真理、维护正义、珍惜名誉、维护自身的形象。我公司订阅了专业的法律报刊，购置了法律工具书，供执业人员学习。尤其是对国家新出台的方针政策和新颁布的法律法规、司法解释我们都及时组织学习、贯彻落实。在加强队伍建设的同时，主要围绕思想、道德、纪律、爱岗敬业、奉献、务实等方面，开展了精神文明建设活动，促进法律工作者自身素质的提高。工作人员在承办案件过程中，兢兢业业、尽心尽力，为当事人提供优质高效的法律服务，受到当事人的一致好评。无一人违规违纪，无一人遭到当事人的投诉。而且在一年中共收到当事人感谢锦旗25面。

二、严格机构内部管理，保证制度有章可循

我公司实行民主管理，建立健全了各项内部管理制度，完善了具体工作标准、操作流程和质量监管方面的配套措施。具体做法包括：

一是制订完善了办理法律事务内部工作流程，对收案实行统一登记、统一委派、统一收案、收费制度。二是落实服务质量跟踪反馈制度，办案质量由当事人进行评议，业务负责人及时跟踪了解。三是建立了疑难、重大案件小组，利用机构例会期间进行集体讨论，集思广益。四是实行"五公开"制度，即公开执业法律服务工作者执业证号、公开收费标准、公开办案程序、公开执业纪律、公开投诉电话。五是健全和规范了业务及档案管理制度，每天安排专人值班，指定专人对档案进行管理。

三、积极参与社会事务，提供全方位、多层次、高效率的法律服务

（一）坚持"以人为本"，积极开展"法律进社区"活动

结合社区居民对法律需求的实际情况，从提高居民法律素质入手，不断创新形式，开展丰富多彩的宣传活动。以群众喜闻乐见的方式进行法律宣传，取得了很好

的宣传效果。一年来，共进入社区进行法制宣传3场次，现场接受义务法律咨询近百人次，调解民事案件10余起，向群众免费发放法律宣传资料1000余份。

（二）坚持"逐步推进"，积极开展"法律进企业"活动

企业经营管理人员一直以来是普法工作的重点对象之一，结合我公司工作人员重点服务的不同性质法律顾问公司，我们制定了切实可行的工作方案，对相应的工作单位进行了认真部署精心组织。开展了一系列活动取得了一定的效果：

1. 对企业有关规章制度、订货合同、劳动合同等进行了全面、细致的梳理，清除和废除了有悖于法律、不利于企业的部分规章制度，拟定出符合该企业实际情况的各类合同。

2. 开展法制宣传讲座，提高企业人员尤其是经营管理人员的法律意识。利用我公司业务负责人×××老师在高校法律教学的优势，重点对《公司法》《合同法》《安全生产法》等法律法规在陕西××寝室用品有限公司、西安××线缆制造有限公司以及西安××线缆有限公司等中小企业进行专题讲座，并带动年轻的法律工作者进行广泛的法制宣传，增强了企业经营管理者和职工的法律意识，提高了法律素质，解决了企业在生产经营中出现的许多问题，受到顾问单位的一致肯定。

（三）坚持服务基层

我公司积极开展普法宣传工作，通过树立"扎根基层、贴近群众、服务群众"的宗旨，定期向社会弱势群体开展法律服务、法律宣传、法律教育和法律援助等活动，及时为群众提供高效优质的法律服务，解除群众困扰，化解各类社会矛盾，促进了社会的和谐美满，赢得了人民群众的信任和支持。

四、存在的问题

回顾一年来的工作，虽然我们在法律服务工作中取得了一定的成绩，在深感成绩来之不易的同时，也清醒地认识到还存在着一些问题和不足，主要表现在：

1. 执业人员知识面窄是我公司普遍存在的问题。今后我们要继续鼓励执业人员加强学习，不断丰富自己的业务知识，更好地为当事人服务。

2. 案源少，诉讼代理收费太低，是困扰执业人员的一大难题。今后执业人员不能拘泥于在办公室等案子，而是变坐堂服务为送法上门。要想当事人之所想，急当事人之所急，以事实为依据，以法律为准绳，为每个当事人认认真真服务。

2020年，我们要进一步开拓非诉讼服务市场，搞好法律顾问、非诉讼调解、合同审查等非诉讼业务。并且会深入更多的社区、民营企业进行法律宣传，担任法律顾问，调处民间纠纷，为广大群众服务。

总之，在今后的工作中，我们将一如既往地抓规范、抓推进，不断落实各项工作制度，更新服务观念，开拓服务领域，提高服务层次，创新工作方法，进一步推进我公司法律服务工作的全面发展，努力为我省社会经济的发展保驾护航。

××法律咨询公司
××年×月×日

【例文评析】

例文内容条理清晰，对全年的工作情况从加强专业领域学习、严格机构内部管理和积极参与社会事务三方面进行总结，利用标题的作用使读者明确总结内容。例文在总结工作后逐条阐述存在的不足以及下一步工作计划，真实且详细。例文内容具体，贴近实际，结构完整。

第四节　管理类公司工作总结

【例文1】

××投资管理有限公司2019年工作总结

2019年是公司成功改制后二次创业的起步之年，也是公司发展的关键一年。在公司党委、行政及公司董事会的正确领导下，在各职能部门的大力支持下，公司领导班子紧密配合，与公司全体员工一起，尽职尽责、克服苦难、勤奋工作，顺利完成了本年的各项工作任务，实现了公司改制后的平稳过渡，也为公司下一步的发展开创了崭新的局面。现将公司本年工作情况总结如下：

一、党建工作

公司党总支深入学习贯彻落实习近平新时代中国特色社会主义思想，以贯彻落实党的十九大会议精神为目标，充分发挥党总支的政治核心作用、党支部的战斗堡垒作用和党员的先锋模范作用，围绕"提高效益、突出特色，办好企业赢创收"的实践主题，在认真剖析、查找问题、分析问题、解决问题、统一思想和认识的基础上，开展评议活动，提出了相应的改进措施，从而进一步明确了公司未来科学发展的思路和对策。

公司党总支秉承"用制度管理，让机制说话"的理念，先后制定及完善了公司《总支委员会会议制度》《总支委员会工作规则》《总支委员会议事规则》《支部党员大会会议制度》等多种制度，从制度上保证了党组织工作的规范性和科学化。在完善制度建设的同时，公司党总支认真制订、严格实施党委工作计划、各党支部活动计划，使各项工作的开展做到了有计划、有布置、有落实、有检查、有总结，工作规范化建设进一步加强。同时各党支部还通过组织专题讲座、学习研讨、心得体会交流等形式积极培养和教育员工，将学习贯彻落实习近平新时代中国特色社会主义思想与做好本职工作有机结合起来，充分发挥了党组织的战斗堡垒作用，进一步提高了党组织的凝聚力、战斗力和创造力。

目前，公司总支共有党员19人，其中：正式党员6人，预备党员13人。本年度公司又有18人郑重地向党组织递交了入党申请书，其中6人已被确定为入党积极分子。

二、内部管理工作

公司本年度逐步探索"以资产为纽带，产权清晰、责权分明、管理科学"的新时代产业发展思路，建立适应当今市场需要和符合我公司特点的产业管理体制、运行机制和适应公司未来发展的资产投入、增值后退出的可持续发展机制。公司董事会明确了公司未来五年的发展规划，提出了"突出主业，多业并举，向多元化发展"的发展思路，明确了公司以及各分、子公司近期、中期、远期的发展目标和发展方向。为切实履行公司的各项职能，确保企业保持健康、良性的可持续发展，实现公司的"二次创业"，公司本年度从基础入手，强抓内部管理，采取了一系列措施，保障了经营决策的顺利实施。

（一）战略发展规划目标确立

为了实现公司二次创业的大发展，明确发展的思路、措施和步骤，2019年6月，公司召开了专门的发展战略研讨会，明确了公司未来五年的发展规划目标，即通过三至五年的努力，把公司基本建设成为综合实力较强、产业结构呈多元平衡发展、产业结构优良、发展后劲充足、运行管理规范、内控和激励机制合理完善、具有良好社会声誉和社会影响力的企业，适时推进上市。

（二）制度建设

为顺应改制后公司的发展，公司以制度化管理为基础，对公司及下属各企业现行规章制度、管理办法进行了系统清理，着手对公司经营管理涉及的各种规章、制度、意见、办法、架构、流程按照废、改、立分类，对一些阻碍公司未来发展的制度、办法进行了及时废除和修订，相继完善出台了包括董事会议事规则、监事会议事规则、重大经营与投资管理制度、总经理办公会议事规则等在内的规范的工作制度和责任追究制度，做到"权、责、利"对等，充分调动公司员工工作的主动性和积极性，提高公司运行效率。同时公司基础管理制度体系中的《行政管理制度》《财务管理制度》《人力资源管理制度》的部分制度条例也经过修订后予以颁布实施，有力推动了公司规范化管理的进程，使日常管理工作走上了有章可循，有制可依的道路。

（三）组织机构建设

按照公司发展以及现代企业管理的要求，结合公司战略规划的发展要求健全公司内部机构，在公司现有职能与发展方向的基础上，对原有部门进行了调整，将行政办公室和总支办公室合并成公司办公室，新增了对外发展与投资部、资产经营部、高新技术发展部、人力资源部、企业发展部等部门。按照分工明晰、权责明确的基本思路，核定各职能部门人员岗位，适当调整和加强业务分工，全面实施岗位管理。

公司目前的部门设置和岗位配备基本满足了公司日常业务的开展，也达到了公司组织机构建设"精干高效"的原则。

（四）员工队伍建设

本年度，公司规范了员工招聘、竞争上岗、动态考核流程等人事管理程序。针对部门调整后的岗位设置，公司采取了内部竞聘及面向社会公开招聘的方式，本着公平、公开、择优录用的原则，对员工队伍进行了调整和充实。公司采取定期组织员工集中培训、鼓励员工自学、选送优秀员工外培等方式，积极为员工创造良好的学习氛围，着力提高员工业务技能，加强员工职业修养与道德素质的培养。公司党总支和工会的相关工作也积极配合和促进了公司员工队伍的建设，为公司未来建立按劳动、技能、资本、业绩等要素分配的经营管理机制和倡导实施人才培养战略奠定了良好的基础。

同时，公司还积极开展了爱国主题文艺汇演和包括篮球、排球在内的各项体育赛事，希望通过思想政治教育和文化体育活动，提升员工综合素质。

（五）企业文化建设

公司本年度在习近平新时代中国特色社会主义思想的指导下，在经营团队中大力倡导主动学习、带头学习、引导学习的良好风气，将理论学习和业务学习变成公司内全体党员干部、普通员工的自觉行为，建立起人人学习、人人发展的学习型公司、学习型班子氛围，不断强化管理干部和基层员工的理论学习和业务技能培训，提高其业务素质，提升工作效率和质量，从而增强公司的市场竞争力。同时，公司还将在现有的基础上进一步加强和完善公司企业CI宣传，制定公司企业文化建设纲要，制定出台公司企业文化建设实施方案，并总结提炼公司的精神理念和价值观；广泛深入地开展"优秀员工""优秀党员"等评选活动，弘扬公司正气；开展形式多样的员工参与活动，丰富员工业务文化生活；集中培训、学习或交流，打造公司经营层与普通员工之间的沟通平台，增强员工之间的相互了解，增强公司的凝聚力和向心力，初步形成具有川师特色的公司核心的企业文化竞争力。

三、项目管理工作

（一）经营性资产经营

作为资产经营管理公司，本年度公司在充分挖掘经营性资产，全面推动对经营性资产的界定及划转工作的同时，本着公开、公平、公正、科学、择优的招标原则，成功组织完成了对××学校××校区以及××校区后续商业服务设施的公开招标工作，并在日常规范管理的基础上，实现了××学校经营性资产的效益最大化。

（二）高新技术孵化工作开展

本年度在公司部门调整过程中，公司专门成立了高新技术发展部，并在科研处设立了科研经费，每年投入130万余元，针对目标区域内有市场前景的科研项目，进行科技孵化。目前我公司已对数个科研项目进行了专项资金支持。

（三）关联公司整合及重组

本年度公司顺利完成了位于××镇的××生产基地的拆迁工作，基地内多家实体的生产设备、物资得到了妥善处理，公司获得了较为合理的拆迁补偿；完成了××投资公司与××投资公司整合的前期准备，有效地实现了××有效资源的充分共享；完成了××公司的股权重组工作，理顺了××公司与××管理中心的管理关系；完成了××公司、××土地评估事务所的股权重组工作，目前××公司的塑料再生项目已开始运作；由××公司、××公司参与投资的××山庄已成功开业，这也标志着公司成功涉足酒店开发业与酒店管理业；××文化在过去主打广告业的基础上，大力发展文化产业，积极涉足新的领域。

（四）对外投资合作开发项目

本年度公司以市场为导向，积极推进"走出去"战略。公司对外投资与发展部积极展开行业研究和信息获取工作，将公司未来发展战略规划的产业与投资战略相结合，针对重点产业、重点项目与外部投资合作方建立沟通、合作渠道，为公司今后从外部市场获取公司发展的资金、技术、战略资源等奠定了良好的基础。

对于投资管理有限公司来说，本年度是新的开始，是对过去的承接，也是对未来的承诺。要实现公司发展的战略目标，把公司发展成为集投资、科技成果转化、研制生产、产品推广运用于一体的现代化综合企业，需要公司全体员工一起付出更为艰辛的努力。在新的一年里，公司将继续以党的十九大、十九届四中全会精神为指引，深入贯彻落实习近平新时代中国特色社会主义思想，在公司全体员工的共同努力下，在各同仁单位的大力支持下，把投资管理有限公司做大做强，为下一步的发展开创一个崭新的局面。

××投资管理有限公司
××年×月×日

【例文评析】

例文从党建工作、内部管理工作、项目管理工作三方面对本年度工作进行总结，采取了"总—分"的结构形式，且介绍每个方面时段落小标题都对本段内容进行概括，全文结构完整，内容真实。文章行文流畅，逻辑缜密，标题简洁明了，格式相同。美中不足是关于工作中的不足以及未来工作规划的阐述较少，可适当补充。

【例文2】

××企业管理公司2019年工作总结

2019年是公司管理创新年，全年以管理创新为根基，以变革应对变化，不断调整各企业经营战略目标和管理机制，不断完善企业内部目标责任状。一年来，在集团公司高层的正确领导下，全公司上下根据年初制定的工作目标，齐心协力，努力拼搏。截至12月底实现经营开拓量15亿元，完成总产值10亿元。回顾过去一年，公司主要做了以下工作：

一、积极调整经营开拓思路，抢抓市场先机

截至2019年6月底，我司共参加投（议）标项目15项，其中中标13项，中标率为87%。完成经营开拓量8亿元，占全年计划开拓指标15亿元的53%。在10亿元签约量中，黑色冶炼2亿元，占总签约量20%，有色冶炼4亿元，占总签约量40%，民用建筑2亿元，占总签约量20%，市政、石油化工等2亿元，占总签约量

20%。为使公司渡过难关，乘势而上，公司把经营开拓放在首位来抓：

一是公司坚定不移地贯彻集团"大市场、大项目、大业主"的经营战略，公司在年初就明确十大市场，二十大重点项目，领导亲自挂帅，全过程跟踪，使经营开拓保持平稳发展的态势。

二是全面实施经营开拓"三级联动"，由公司领导、市场经营部、各子分公司、项目部作为经营开拓的三个层面有机结合起来，在公司的统一调度下，三方协调开展营销工作。领导班子推行领导营销"232"制度，领导每个月至少拜访8个及以上业主单位，至少拜访10个及以上设计院，至少跟踪9个及以上可靠的项目信息。同时，在各子分公司、项目部推行"一院两司三项目"的经营理念。以确保了老市场不断稳固，新市场不断拓展。2019年仅××、××和××三处老市场就中标9项工程，新增合同额8亿元。在稳定老市场的同时，新开辟了××、××、××、××、××等4个市场。

三是调整市场经营部的运营模式，将市场经营部一分为二，把市场开拓与投标报价分开，并取消了市场经营部的承包运营模式，使市场经营部所有员工一心一意开拓市场。

四是健全规章制度，完善激励政策，不断提高经营人员的工作积极性，公司重新制定了《营业开拓奖励办法》，使经营人员始终感到肩上有压力，工作有动力，保证了中标率的不断提高，2019年中标率达87%。

五是进一步规范投标秩序，公司成立了投标评审委员会，确保投标报价的合理和准确，提前预防和鉴别合同条款中存在的风险，提高公司中标率，规避公司投标风险。

二、进一步加强基础管理，提高企业竞争力

（一）进一步加强项目管理，使生产经营平稳进行

一是坚持每周组织召开重大项目调度会，对我司重点项目进行统一调度，对重大项目上存在的问题，及时研究，并采取有效措施加以整改。二是公司承建的××等工程均能按照合同进行施工。公司所承建的××市体育中心工程被评为省优工程奖，××市××区政府行政大楼被评为芙蓉奖，××市××工程、××城等两个小组获得××省优秀管理小组，由公司编制的××工法、××工法、××工法、××工法等四项工法被评为工程建设省级工法。三是为更好完成今年的产值指标，同时也为明年的生产奠定较好的基础，在××月初，公司成立了施工生产工作重点调度小组，并制订了施工生产工作重点调度行动计划，对四季度的施工生产进行部署。

（二）进一步优化人力资源管理

目前我司人力资源基本能满足现有的生产需求，但从长远考虑，需经加大人才的储备和培养，特别是专业技术人员的储备和培养。为满足企业和员工的需求，公司竭尽所能创造条件，开展培训工作。今年共组织47人次参加各类培训、考试、取证工作。同时，为了满足企业发展对人力资源的需求，今年共招聘相关专业的大中院校毕业生×人。对新进公司的青年人才，继续推行导师带徒弟的方式，实行一带一的培养，通过这样的方式，他们不仅增长了工作才干，还提高了业务能力。

此外，新《劳动合同法》的实施，对企业人力资源管理尤其是劳动关系的处理带来很大的压力和挑战，加重了企业的人力资源管理成本，极大地增加了劳动关系处理工作的难度，如何妥善处理好劳动关系，是人力资源工作的难点。针对这种情况，公司积极加强员工劳动合同法及相关法律的学习，另外积极同劳动局等相关部门联系，妥善处理了因各种原因造成的民工投诉事件，截至12月底，处理好各类劳动争议事件9起，确保了公司的稳定，减少了公司的成本。

（三）进一步加强财务管理

一是完成了企业会计准则的实施，使财务工作上了一个新的台阶。根据××有限公司会计核算办法，公司今年完成了企业会计准则的实施工作。建立规范的账套体系，对会计科目、核算项目、费用项目的设置均按照会计准则的规定进行设置。各项目部、子分公司均设有完整账套，目前运作良好。会计人员也基本掌握了财务软件的应用与操作，这不仅提高了财务人员业务能力，而且提高了工作效率，使财务工作上了一个新的台阶。二是有效开展项目成本核算，加强了对各项目部的财务监督管理。经常对各子分公司、项目部的财务状况进行检查。对存在的问题，及时要求项目部加以整改。三是加强与税务部门的沟通，融洽了税企关系，为合理避税做了大量工作并取得了显著成绩。

三、加强思想政治建设，促进企业和谐发展

今年，公司紧紧围绕生产经营和管理创新，做好各分公司、企业、部门职工的思想政治工作。

1. 加强干部思想建设，推进企业科学发展，今年9月，公司举办了中层干部理论学习培训班。一手抓企业改革发展，一手抓党员领导干部思想作风建设，做到企业发展战略与党员干部队伍建设同步规划、同步推进、同步考核。

2. 切实加强领导班子建设，促进企业又好又快发展。今年11月，公司党委以讲党性、重品行、做表率为主题组织领导班子集中学习，进一步加强领导班子的建设。

3. 把思想政治工作渗透到对职工的关怀中。我们在思想政治工作中，坚持把解决思想问题与解决实际问题紧密结合，有效地调动员工的积极性。每逢节日来临之际，公司尽量挤出资金，把组织的关怀和温暖落实到每个职工家庭。对遇到困难的职工，公司尽力所能及的范围内给予帮助解决。营造了"公司是我家，人人都爱它"的良好氛围。

回顾过去一年的工作，我们应该客观地认识全司上下所付出的努力和取得的成绩，但我们也要清醒地认识到公司目前面临的形势和在各项管理工作上存在的问题。如经营开拓思路不广、资金运转仍然很难、管理成本居高不下、创新意识不强等问题，必须引起我们的高度重视，一定要认真对待、仔细分析、采取措施加以解决，否则，要实现明年更上一层楼的经营目标将会更难。因此，我们应该增强忧患意识，迎难而上，转危为机。

××企业管理公司

××年×月×日

【例文评析】

例文内容条理清晰，从"积极调整经营开拓思路，抢抓市场先机""进一步加强基础管理，提高企业竞争力"和"加强思想政治建设，促进企业和谐发展"三方面进行工作总结，同时利用对仗工整的标题使读者明确总结内容，易懂、贴合实际。但是缺少对工作中存在问题的分析，以及针对工作中不足提出改进计划，应适当补充。

【例文3】

××资产管理公司2019年工作总结

在××总的正确领导下，在地产公司各部门及各分支机构的支持与协助下，通过××资产管理公司全体员工的真情付出和用心工作，我公司较好地完成了2019年的各项工作目标。现将一年来的工作简要总结如下：

一、主要工作情况

（一）两校一园

按照工作计划，积极协调、服务两校一园的招生、开学工作；参与××社区教育规划，配合完成并确定××小学的还建和规划设计方案；有效进行学校资产监管和教育督导。在理顺两校一园与公司关系的基础上，密切配合设计和工程等部门，全面参与学校设计、建设、验收等工作，提出了大量建设性的建议、意见。并且，在时间紧、任务重的形势下，在预算范围内，本着达标、适用、耐用的原则，完成了学校设备设施的采购任务，为公司节约资金241万元。9月23日，在公司的大力支持下，我司牵头组织的两校一园庆典活动取得了圆满成功，为彰显××教育配套及"为居者着想、为后代留鉴"的企业理念起到了良好的宣传和市场推动作用。

（二）××温泉生活馆

作为重要的配套设施之一，××温泉生活馆在经营计划一再调整的前提下，克服配套设施不全等种种困难，应业主要求游泳池6月试业。酷暑炎热，全体员工齐心协力，通力合作，优质服务，取得了较为理想的营业效益，日平均接待600多人。由于温泉管道改道、天然气未通导致淋浴无热水等原因，已暂时停业。

（三）商业项目

经多方论证，完成了××商业总体规划，重点参与××社区、××商业规划设计并制定××商业中心营销方案；经过努力，××商业中心已储备部分意向经营商家、品牌超市招商已进入合同商讨阶段；深入研究并系统地策划了"××"项目，获得了××市政府及专家、媒体的高度认可。该项目初步寻求到了意向合作商家；经详细市调考察，成功引进绿满家超市；初步完成社区医疗卫生体系的策划、规划、方案设计等工作，现××社区诊所已确定合作商家，但还没有得到××区卫生局的批准，我司正积极协助商家办理相关审批手续。

（四）温矿泉部

积极完成温泉水、直引水供水任务。在恶劣的地址条件下，克服滑坡地质沉降等困难，及时有效加固管道并进行改线处理。我司经多方争取，取得水利局颁发的温泉水取水许可证和市国土局颁发的地热水采矿权许可证。多次反复现场勘察，最终确定高位水池的选址、定线与布局，现正办理设计报批、报建手续。

二、当前收获

一年来，我司在地产公司和××总的领导与支持下，有条不紊地开展工作，并取得了一定成绩，总结起来，我们的体会有以下几条：

（一）柔性组织

组织机构的柔性化是指在组织机构中稳定性的管理组织机构外，设立为完成一些临时性的、以任务为导向的团队式组织，是企业职能管理的补充。我司运用柔性管理模式，整合各方资源（包括虚拟团队），发挥整体优势，建立以完成任务为中心的临时团队柔性组织，强强联合，专业互补，对市场各种变换不定的情况做出灵活、迅速、及时的动态反映，工作成效明显提升，市场化能力和竞争合力进一步增强。例如，两校一园庆典小组，采购小组、××温泉生活馆游泳池开业筹备小组，××局项目方案小组、××文脉挖掘整理小组等。

（二）以客户导向为核心审视部门工作

我们所做工作的质量最终由客户来评价。我们时刻注意这个原则，围绕着我们的客户，即生活馆的客人、商务部的商家、业主，教育中心的两校一园，温矿泉部的所有业主，构筑围着客户转动的动态管理系统，直接深入市场，贴近客户的需求和期望，做应该做的事，并把事情干得成功漂亮。生活馆客人建议游泳池应该有钟，以便客人游泳能够掌控时间，我们马上满足；业主提出买菜困难，我们马上成功引进绿满家超市；两校一园采购的设备均得到学校认可等。另外，一线部门是二线部门的客户，员工是管理人员的客户，工作流程中下一个岗位或者与下一工作有关的相关人员是上一个程序或岗位的客户。工作中，强化服务意识，始终以客户导向审视自己的工作，检查自己的工作，所以我司人人主动工作就是一种必然，"为居者着想，为后代留鉴"的理念就会自觉成为行为的指南。

（三）良好的团队氛围

秉承地产公司文化，致力建设"专业、敬业、乐业"和"提升、协作、开拓"的公司文化，通过有效沟通、各种形式的培训及有指导的工作实践，建立高绩效的管理团队和高素质的员工队伍，为今后的发展打下了良好基础。我司已形成了有凝聚力、战斗力的团队，工作中大家能同甘共苦，在坚持原则的前提下和睦相处，团结、协作。已基本形成了××总经理提出的"认认真真工作、轻轻松松生活、孜孜不倦学习、踏踏实实做人"的企业作风，团队面貌和工作效果一直较好。

三、存在的问题

在实际工作中，有一些问题还需解决：

（一）强化责任意识

应以业主身份全程有力参与配套项目的策划、规划、设计、施工及验收工作。像生活馆一楼地下室配电房紧邻水泵房且无通风；游泳池地面不防滑；台球室没有专业设计和通风口；健身房无电源、跳操区无镜子、卫生间马桶与淋浴无遮挡；墙面花岗岩烂角；楼体上下相通，能源浪费严重；很多墙体开始霉变，很多部位开始漏水；游泳池无法正常营业；学校黑板重复采购，中学阶梯教室坡度太大无法使用等这一系列的问题，若前期我们能够全程有力参与并且始终坚持正确的意见，完全有可能杜绝这些现象的发生。因此，在相关项目启动前，我司就应全面介入策划、规划、设计、施工、建设等各阶段工作，以保证项目建设的适用性和经济性。

（二）工作效率有待提高

客户通常从两个方面来评价一个企业：一是在正常状况下如何运作；二是发生问题如何反映。在两校一园和××温泉生活馆工程建设施工期间，我司未坚持自己的意见去成功说服相关部门，在反映或多次反映未果的情况下，我司坚持原则不大胆，致使很多问题不能得到及时解决或依然存在。同时对相关工作联系函的追踪也不够到位。工作效率和质量差强人意。亡羊补牢，为时不晚，在今后的工作中，我司将全力以赴，全程参与，防微杜渐，力求工作零缺陷，力保公司利益和地产公司利益。

（三）资料管理跟不上部门工作的需要

我司工作的开展需大量的资料。原商业、酒店筹备处部门设置之初就专门有人负责该项工作。由于该岗位工作人员变动频繁，致使资料的收集整理一度陷入停滞状态。现我司行政综合部牵头公司所有资料的收集、整理和服务工作。

良好的开端是成功的一半。在新的一年中，我们将会在××总的领导下，认真总结经验教训，不断提升，持续锻造核心竞争力，为全面实现本公司的宗旨迈出成功的第一步。

××资产管理公司
××年×月×日

【例文评析】

例文描述准确、内容翔实，从两校一园、××温泉生活馆、商业项目和温矿泉部等四方面进行工作总结，条理清晰，并运用对比的方法，突出这一年本单位的工作成绩。例文不仅做好以往工作的总结，更提出了工作中的收获，作为例文的一大亮点，通过柔性组织、以客户导向为核心审视部门工作和良好的团队氛围三方面的感悟进行工作收获的阐述，使例文更具有指导意义。例文最后对工作中存在的问题进行分条阐述，使文章结构完整，逻辑严谨，值得借鉴。

【例文4】

××人力资源管理公司2019年工作总结

2019年，是××项目建设承前启后的关键一年。为保证项目如期竣工投产，公司全体员工同心协力，全身心投入艰苦而卓越的工程建设和经营筹备工作中。同时，2019年，也是人员需求缺口比较大的一年，是抓绩效管理促建设的一年，是为经营期各项人力资源工作作准备的一年，是员工进一步融入企业的一年。在公司领导指导下，在各部门积极配合下，我们紧紧围绕项目建设，主动出击，在人员招聘、绩效管理、经营期人力资源筹备和企业文化建设等四个方面基本完成了各项工作任务。

一、人员的招聘与配置

企业发展的最终目的是争取效益，获得利益最大化，而人员过剩将是企业沉重的包袱。按照年度工作目标，通过调整机构设置，利用竞争上岗和优化组合的方式完成了定编定员，基本达到最佳的机组与人员配置，使人事改革走上了健康发展的道路。

（一）整合人力资源，以达最佳配置

2019年度招聘压力比较大。我们深入细致开展工作，充分利用各种资源和公司自身优势，顺利完成年度招聘工作任务。全年共招聘人员86人，公司现有员工12%是今年招聘的。其中，大专及以上学历员工70人，占招聘新员工数的81%。今年招聘工作有以下四个方面的特点：

1. 形式多样化。我公司根据当今社会人员需求特点，采用网络招聘、人才市场招聘、同行推荐、员工推荐等多种方式开展招聘工作。

2. 质量趋优化。在招聘工作中，招聘一位员工，平均浏览简历15份以上，共浏览简历近1300份；每一个岗位，平均面试人员在5人以上，面试应试人员4人次。对于像我们这样的基建单位来说，新入职员工能保持基本稳定状态。

3. 成本最小化。在保证招聘质量的前提下，我们严格控制招聘成本，优化配置招聘资源。除支付委托人才咨询公司招聘费用外，其他人员招聘成本趋近于零。

4. 服务人性化。为保证项目建设顺利进行，我们在招聘前与用人部门充分沟通招聘需求；在招聘中充分尊重用人部门的意见，甚至将重点岗位的候选人接至公司，还将候选人送到工地现场实地了解；在招聘后与相关部门协调新员工入职事宜，为新员工跨入一个温暖的大家庭做充足的准备。

（二）采取三级管理考核办法，做好各单位人员人事评价工作

为进一步合理开发和利用人力资源，积极营造一个良好的用人环境，建立灵活的用人机制，采取三级考评管理办法（自评、互评、领导评价），按照思想品德、工作能力、工作态度、工作绩效四项考评标准，先个人自评；后员工之间互评，互评后经所在班组汇评；最后由员工所在部门汇总终评，按照有条不紊的程序对公司员工进行综合素质评价，评价共计540人次。

二、劳动合同管理

劳动合同是劳动者与用人单位确立劳动关系、明确双方权利和义务的协议，为充分利用和发挥劳动合同的作用，遵循平等自愿、协商一致的原则，根据公司员工人事评价结果及"劳动合同签订意向表"，对生产、技术、管理骨干采取长期（5年）合同管理，对生产工人及其他工作人员采取中期（3年）、短期（1年）合同或不再续签合同的管理办法，积极开展工作，确定了合同年限，按照先个人填写"劳动合同签订意向表"后部门填写意见，最后公司依据员工人事评价结果及部门填写意见，确定劳动合同意向，反馈本人，共确定续签劳动合同43人次，于7月底根据确定的合同年限圆满完成5份合同文本的填制及审核工作。为确保无遗漏，特请劳动部门前来公司进行全面鉴证。通过本年度劳动合同续签工作，首次将劳动合同的签订年限改为差异年限，即改变长期以来一直延续的所有员工签订合同年限一样的惯例，将合同期限改为一年期、三年期和五年期，对工作责任心不强、业务水平欠缺的部分员工不再续签，充分发挥了劳动合同的严肃性，明确了岗位的重要性，这对很多员工的触动很大，通过这种形式，使每位员工都认识到，并不是企业效益不好才减人，企业的人员增减用劳动合同的形式来确立，只有双方都达成一致，劳动合同才成立，本次劳动合同的签订激励了员工积极上进、爱岗敬业的主人翁意识，改变了续签合同是走形式、走过场的思想。

三、绩效管理

为实现抓绩效管理促项目建设的目标，我们采取定期考核为主，多元激励优化为辅的方式，促进员工及工作团队的绩效不断改善。

（一）定期考核

定期考核在运作中实质体现就是"三挂钩"，即转正考核与正式录用挂钩，季度考核与季度绩效工资、职务升降挂钩，年度考核与年终奖金、职务升降、人员流动挂钩。通过实施"三挂钩"，全年有9人次获得优秀等级奖励；同时，也有23人因不适应工作岗位需要而以自动离职方式辞退。

（二）多元激励优化

多元激励优化分为三方面：基本薪酬体系优化、业绩奖金体系优化和福利体系优化。

四、经营准备

为实现××竣工投产的近期目标，我们在人力资源工作方面积极筹备，主要推进以下三方面工作：

1. 人力资源储备。我们通过多种途径，储备行政管理、生产管理等管理人才近100人；储备一线各类工种专业人才近80人。

2. 组织架构设计与人员配置计划。在多方沟通的基础上，对公司组织架构初步设计为××部××岗位，人员初步定编为67人。公司组织架构设计与人员配置计划工作以进入整合调整阶段。

3. 定员定编定岗定薪。为实现经营期各岗位薪酬水平市场化，我们在确定岗位及其基本职责基础上，通过艰苦努力，收集各方面信息，基本形成各岗位薪酬水平数据，并使之体系化，为公司的人工成本控制和薪酬激励提供了富有价值的参考资料。

××人力资源管理公司
××年×月×日

【例文评析】

例文从人员的招聘与配置、劳动合同管理、绩效管理和经营准备四方面总结本年度工作，以"总—分"大结构辅之并列式分布局逐条陈述，使其结构清晰。同时点、面结合，点上通过具体生动的典型例子，易懂；面上通过概述事实和统计数字，增强了科学性。

【例文5】

××餐饮管理公司2019年工作总结

2019年，××餐饮管理公司按照××市餐饮服务主管部门的统一部署，以深入学习实践十九大会议精神为契机，着力营造人人学习政策理论、钻研餐饮食品业务，努力服务全市广大消费者、促进餐饮食品管理工作水平。在这一年里，我公司将现有模式脉络理清理顺，调整到位，致力于为广大消费者提供放心、安心的餐饮服务。同时，我公司针对各项问题开展整治活动，为下一步的发展提供坚实的基础，现将这一年度工作进行总结。

一、以提升服务品质为核心，加强服务品质工程建设

餐饮服务品质的建设，是一个庞大的系统工程，是餐饮管理实力的综合体现。2019年度，公司着重从以下几个方面着手，对各运作部门的日常管理及服务品质建设进行了完善，提高了工作质量：

（一）公司成立服务规范整治小组，负责编写操作规程

根据各个部门的实际运作状况，编写了《宴会服务操作规范》《××服务操作规范》《××西餐厅服务操作规范》《××酒吧服务操作规范》等。统一了各部门的服务标准，为各部门培训、检查、监督、考核确立了标准和依据，规范了员工服务操作。同时根据贵宾房的服务要求，编写了贵宾房服务接待流程，从咨客接待、语言要求、席间服务、酒水推销、卫生标准、物品准备、环境布置、视听效果、能源节约等方面作了明确详细的规定，促进了贵宾房的服务质量。

（二）加强现场监督，强化走动管理

现场监督和走动管理是餐饮管理的重要形式，公司监督小组员工坚持在当班期间按二八原则进行管理时间分配，并直接参与现场服务，对现场出现的问题给予及时的纠正和提示，对典型问题进行记录，并向各部门负责人反映，分析问题根源，制订培训计划，堵塞管理漏洞。

（三）完善婚宴整体实操方案，提升婚宴服务质量

宴会服务部是酒店的品牌项目，为了进一步提升婚宴服务的质量，公司经过董事会决议后，完善了《婚宴服务整体实操方案》，进一步规范了婚宴服务的操作流程和服务标准，突显了婚礼现场的气氛，并邀请人力资源部对婚礼司仪进行了专场培训，使司仪主持更具特色，促进了婚宴市场的口碑。

（四）定期召开服务专题会议，探讨服务中存在的问题

良好的服务品质是餐饮竞争力的核心，为了保证服务质量，提高服务管理水平，提高顾客满意度，公司将每月最后一天定为服务质量专题研讨会日，由各餐厅××级管理人员参加，分析各餐厅当月服务状况，检讨服务质量，分享管理经验，对典型案例进行剖析，寻找问题根源，研讨管理办法。在研讨会上，各餐厅相互学习和借鉴，与会人员积极参与，各抒己见，敢于面对问题，敢于承担责任，避免了同样的服务质量问题在管理过程中再次出现。这种形式的研讨，为餐厅管理人员提供了一个沟通交流管理经验的平台，对保证和提升服务质量起到了积极的作用。

（五）建立餐厅案例收集制度，降低顾客投诉率

本年度，公司在各餐厅实施餐饮案例收集制度，收集各餐厅顾客对服务质量、出品质量等方面的投诉，作为改善管理和评估各部门管理人员管理水平的重要依据，各餐厅管理人员对收集的案例进行分析总结，针对问题拿出解决方案，使管理更具针对性，降低了顾客的投诉率。

二、举办首届服务技能竞赛，展示餐饮人员服务技能

为了配合××酒店10周年庆典，公司于8月组织各餐厅编写了竞赛实操方案，经过一个多月的准备和预赛，在人力资源部、行政部的大力支持下，首届餐饮服务技能暨餐饮知识竞赛取得了成功，得到上级领导的肯定，充分展示了各餐厅娴熟的服务技能和过硬的基本功，增强了团队的凝聚力，鼓舞了员工士气，达到了预期的目的。

三、开展各级员工培训，提升员工综合素质

本年度共开展43场培训，其中服务技能培训21场，新人入职培训8场，专题培训13场，培训的主要内容如下：

（一）拓展管理思路，开阔行业视野

各餐厅中层管理人员大部分是由低层员工逐步晋升，管理视野相对狭窄，为了加强他们的管理意识、拓展行业视野及专业知识，本年度为中层管理人员设置了5场餐饮专业知识培训，主要内容有"顾客满意经营""餐饮营销知识一""餐饮营销知识二""餐饮管理基础知识""餐饮美学""高效沟通技巧""如何有效地管理员工"等。这些课程的设置，在拓展中层管理人员的管理思想、餐饮专业知识及行业视野等方面都有积极作用，同时缓解了在管理过程中的各种矛盾冲突，增进了员工与员工之间、员工与顾客之间的感情。

（二）培养员工服务意识，提高员工综合素质

为了培养员工的服务意识，提高综合素质，本年度开展了"餐饮服务意识培

训""员工心态训练""服务人员的五项修炼""员工礼仪礼貌""酒水知识"等培训，这些培训课程，使基层服务人员在服务意识、服务心态、专业服务形象及餐饮专业知识等方面都有所增强，自今年 5 月以来，在历次的人力资源组织的大检查中没有出现员工违纪现象。

（三）开展服务技能培训，提高贵宾房服务水平

为了提高贵宾房的服务接待能力，公司开展了"贵宾房服务接待技能培训""餐厅点菜技巧培训"，以案例分析、演示的形式对服务接待中出现的问题进行分析说明，并对标准化服务、推销技巧和人性化服务进行了实操演示，提升了贵宾房的服务质量。

（四）调整学员转型心态，快速容入餐饮团队

实习生作为餐饮部人员的重要组成部分，能否快速地融入团队、调整好转型心态将直接影响餐饮服务质量及团队建设。根据实习生特点及入职情况，本年度共开展了 × 场"如何由校园人转化为企业人"的专题培训，其目的是调整学员的心态，正视角色转化，认识餐饮行业特点。该课程的设置，使学员在心理上做好充分的思想准备，缓解了因角色转变的不适应而造成的不满情绪，加快了融入餐饮团队的步伐。

（五）结合工作实际，开发实用课程

培训的目的是提高工作效率，使管理更加规范有效。× 月，根据各餐厅管理层执行不到位的现象开发了"执行力"课程，使管理人员从根本上认识到"好的制度，要有好的执行力"，并结合各餐厅执行力不够的具体表现以及同行业先进企业对执行力的贯彻，以案例分析的形式进行剖析，使管理者认识到"没有执行力，就没有竞争力"的重要道理，各级管理人员对执行力有了全新的认识和理解，在管理思想上形成了一致。

四、存在的问题和不足

本年度的工作虽然按计划完成了，但在完成的质量上还做得不够，就部门运作和培训工作来看，主要表现在以下几方面：

（一）管理力度不够，用力不均，部分环节薄弱

管理部门在管理过程中对部分敏感问题的发现能力和管理力度较弱，对多次出现的服务质量问题不能彻底解决，使部分管理问题长期存在，实质问题不能从根本上得到解决。同时，管理人员将主要精力放在楼面服务质量方面，削弱了对管事部、酒水部的管理。

（二）课程设定存在缺漏

在培训过程中互动环节不多，员工参与的机会较少，课堂的生气和活力不够。同时，设定的课程内容和讲师风格不够生动，餐饮专业知识课程设置容量太大，在培训过程中进度太快，语速太快，不能充分调动员工的积极性，不能让员工很好地融入培训课堂中，反而让受训人员对培训内容不能深入理会，削弱了这部分课程的培训效果。

2019 年度工作的顺利开展，归因于领导的悉心指导和关怀，也离不开人力资源

部和行政部的帮助，更得力于公司各分部门对工作的大力支持。新年新起点，希望在下一年的工作中，公司餐饮管理工作可以再上一个新台阶，进一步提升管理水平，使管理更加完善、更加合理、更加科学。打造一支学习型的、优秀的餐饮服务团队。

××餐饮管理公司
××年×月×日

【例文评析】

例文大致分为两个部分，工作总结和存在的问题和不足。本年度工作总结采取并列式布局，从以下几方面入手：以提升服务品质为核心，加强服务品质工程建设；举办首届服务技能竞赛，展示餐饮人员服务技能；开展各级员工培训，提升员工综合素质。同时也认识到自身发展的缺陷，从两方面总结了工作中存在的问题和不足。总结非常全面，客观实际。例文特色之处在于：让读者从每部分的小标题即可清晰了解总结针对的工作状况，起到了画龙点睛的作用。

第五节　房地产类公司工作总结

【例文1】

××房地产公司2019年工作总结

2019年，对于我们房地产行业来说是十分值得深思的一年，房地产业在2016年步入了行业的周期，同样，对于××公司来说更是不平凡的一年，是内涵丰富的一年，是蜕变成长的一年，××公司认真分析当前形势，克服各种不利因素，齐心协力、扎实工作，基本完成了年初的各项目标计划，主要工作如下：

一、2019年主要工作情况

（一）经济指标完成情况

全年开发房屋建筑面积170000平方米，建成房屋面积150000平方米，完成房地产建设投资20300万元，实现销售23500万元，销售面积125000平方米。

（二）项目推进方面

经过一年的艰苦工作，聚信广场完成了项目的前期策划及产品功能定位；完成了一期用地范围内所有建筑物的拆迁、高压线路的搬迁手续及规划方案的设计和审批、地质勘探等大量前期工作，并已进入土石方施工。龙头寺项目完成了项目的可行性研究、前期策划、控规调整及产品功能定位；协调好了用地范围内五回高压线的搬迁事宜；完成了项目土地手续并取得了部分国土证；完成了项目用地范围内各种构建筑物的拆迁；完成了现场施工围墙的修建及活动棚屋的搭建；完成了方案设计并通过了方案的审批；完成了项目融资 7000 万元，并已开始售楼部施工。但对照年初工作计划，两个项目总体推进进展相对缓慢。究其原因，主要有以下几个方面：

一是国家实行宏观调控，公司领导从战略上考虑有意放慢进度。

二是在高压线搬迁上，由于搬迁难度大，在实际运作中几经周折，影响了项目整体推进时间。

三是在项目产品策划和产品定位上反复推敲，花费了时间。

四是在方案的报审上，由于难度大，困难多，致使报审的方案几经反复才通过方案评审。

尽管项目整体推进时间有所滞后，但对项目下步的运作还是利大于弊。首先是项目的产品和功能定位更加准确，××年整个房地产形势好转，将更利于项目的建设和销售。其次是通过努力，增大了项目建设规模，龙头寺项目通过控规调整，建设规模由原来的 22 万平方米增加到了 33 万平方米，增加了 10 余万平方米，聚信广场建设规模从 18 万平方米增加到了 21 万平方米左右，潜在经济效益可观。同时，龙头寺项目通过协调和利用政策还节省了土地成本。最后是基本扫清了前期主要的工作障碍，为项目的下一步运作奠定了坚实的基础。

（三）企业管理方面

在今年的工作中，我们对公司自成立以来在行政管理、机构设置、制度建设及运行机制等方面所存在的问题进行认真剖析，经过梳理，针对剖析出的主要问题及时采取措施加以整改。首先从理顺集团的薪酬体系入手，出台了适合公司发展并具有竞争力的薪酬分配方案，并及时制定和完善了员工绩效考核管理办法。同时，通过对公司现有的管理制度进行修改、补充和完善并及时组织全体员工集中学习，以及在工作中进一步加强了管理，对各种违规违纪行为严格按照制度进行认真处理，使企业管理水平有所提高。

经过公司全体同仁的共同努力，集团被授予"××市第二届五十佳诚信房地产开发企业"，同时以其较强的综合实力和良好的社会效益再次荣膺"××市第四届房地产开发企业 50 强"，并荣获市、区统计工作"先进集体"。集团所属项目也在今年先后获得××区"优秀住宅小区""园林示范小区""××区十佳建设项目""××杯工程奖"等荣誉称号。××地产品牌正逐渐被业界和广大消费者所接受和认同。

上述成绩的取得，是公司全体同仁共同努力的结果，同时，还涌现出了一批爱岗敬业、成绩突出的先进集体和先进个人。

（四）存在的主要问题

在客观总结成绩和经验的同时，我们也清醒地认识到，我们的工作中还存在许多问题和不足，主要是员工素质水平和业务技能参差不齐，团队整体创新意识不够，企业各项规章制度的贯彻执行力度不够。

以上问题必须引起高度重视，并在今后的工作中切实加以改进，借以推进集团公司的全面工作。

二、2020年工作计划

2020年1—10月，全市整体房地产投资额340亿元，比去年增长27.8%，施工面积6466万平方米，比去年增长23.5%，新开工面积1561.43万平方米，比去年增长2.3%，竣工面积1083万平方米，比去年增长59.4%，虽然受4月房产新政影响，销售节奏一度明显放缓，成交量下滑，特别是4—7月更是相对平缓，但进入8月销售开始回升并呈逐步上升势头，销售均价保持稳中略升。2020年，宏观政策将继续调控房地产市场，政府亦将根据调控的效果适时推出跟进政策，以促进房地产市场健康、稳定的发展。但同时我们也清楚认识到，市场的发展及消费者的日趋理性，已经催生了品质时代的来临，只有以"品质"作为核心竞争力才能成为未来市场真正的赢家。面对激烈的市场竞争，能否在新的一年里继续保持强盛的发展势头，实现公司跨越式的发展，工作再上新台阶，将是对我们工作的严峻考验。为此，集团公司经慎重讨论，特提出2020年工作计划如下：

（一）指导思想

以经济效益为中心，通过认真研究产品、研究技术进步、研究市场，加大创新力度，使项目品质具有前瞻性和差异性，使公司的经济效益和社会效益得到提升。

（二）目标计划

计划全年新开工房屋总建筑面积约15万平方米（其中聚信广场项目约8万平方米，龙头寺项目约7万平方米），计划实现销售2亿元。

1. ××广场项目。计划3月基础开始施工，12月底裙房部分竣工并交付使用，塔楼主体结构基本封顶。

计划全年完成一期商业总面积80%的招商量。

计划全年实现销售收入1.5亿元，其中商业部分完成一期可售单位70%销售量，公寓部分完成可售面积50%的销售量，C栋住宅完成可售面积70%的销售量。

2. ××项目。计划3月开始土石方施工，6月开始土建基础施工，12月底前完成因高压线影响而不能施工外的大部分土建并交验，市政道路及中央景观公园形成，完成住宅部分的规划设计，并积极争取协调好高压线拆迁实施方案。

计划全年完成市场已建成部分80%的招商量。

（三）工作措施

1. 进一步改革和完善企业管理体制和经营机制，根据项目及公司发展的需要，及时调整经营班子，合理调整和完善现行机构设置及人员力量的配置。

2. 以市场为导向，强力推进项目运作。"××广场"及"××寺"项目前期工作大的障碍已在××年基本扫除。因此，在2020年的工作中，我们必须集中精力，将两个项目作为公司的形象工程进行打造，全力以赴抓好项目的建设、销售及市场招商工作，并力争运作出一两个亮点出来，使企业品牌及公司形象能得到较大提升。

首先是围绕项目品质的打造进一步加强对产品的研发工作，加大与设计单位的碰撞和沟通力度，并采取各种有效措施加强市场调查研究及产品的自身研发，确保项目品质具有较强的市场竞争力；其次是要组织强有力的班子，加强项目施工过程各个环节的建设管理，保证项目高质、高效按计划推进；最后是要加强和做好市场调研，制订切实可行的营销推广及市场招商方案，搭建好营销及招商队伍，加强营销及招商人员的业务培训，加大销售及招商工作力度，保证项目销售及招商计划的顺利实现。

××房地产公司
××年×月×日

【例文评析】

例文分为 2019 年工作情况总结和 2020 年工作计划两大部分。工作情况总结从经济指标完成情况、项目推进情况、企业管理方面和存在的主要问题四个方面展开说明，全文以"总—分"大结构辅之并列式分布局逐条陈述，使例文结构清晰。本文点、面结合，点上通过具体生动的典型例子，更加易懂；面上对各个项目的情况展开说明，一目了然。

【例文 2】

××房地产开发有限公司2019年工作总结

××房地产开发有限公司在 2019 年度的主要工作，是开发建设并经营××门面房一、二期工程，在园区党工委、政府领导的关心支持下，经过全体员工的共同努力，"××门面房"项目各方面工作都取得了很大进展。为顺利完成该项目，努力到达政府的要求，实现项目的经济效益和社会效益，总结工作经验，找出工作中的差距，合理安排来年的工作，现将 2019 年度工作情况总结如下：

一、2019 年主要工作情况

门面房一期工程已于 2019 年竣工，本年度主要是进行销售和资金回笼工作，以及交户后的质量保修回访工作；门面房二期工程主要施工资料已于 2019 年基本结束，2019 年主要进行销售和资金笼工作，以及门面房门前大理石铺装，和××路亮化及广告牌等其他配套设施的施工，门面房二期工程已于 2019 年 11 月 28 日举行了竣工验收会，此刻已进入全面交户阶段和后期手续的办理。

（一）项目开发及建设工作

在项目建设施工过程中，我公司从项目组织管理、工程质量控制、现场管理等几个方面开展工作。

在项目组织管理方面：首先明确项目组织管理体系、项目工程部主要工作职责，确定项目管理的目的任务，制定工程四大总体目标（质量、进度、投资、安全），在同事的协作下，使商业用房工程得以顺利进行，经过工程例会协调各项工作、解决日常施工中的矛盾，加强相互之间的沟通，及时有效地控制好工程的质量、进度、成本、安全。

在工程质量控制方面：质量管理上，项目部着重抓了三个环节：确立质量目标、确定质量预控方案；产品构成的过程控制；验收控制。开工前确定质量预控方案，公司提出"建精品工程、树××形象"的质量目标，对监理及分包单位明确目标、验收标准等，并审定监理大纲及施工单位的施工组织设计。针对监理、施工单位在节能、智能、质量通病防治等方面的薄弱环节提出改善要求，协助其完善施工工艺、措施的制定。抓好过程质量控制，在过程控制上，发挥监理在质量管理上的职能，对监理充分授权、有效监督；严把原材料质量关，项目部对进场材料质量、数量、规格验收，并监督现场取样送检，以检查到场材料是否贴合合同要求。工程项目部在对于施工单位的质量管理上，主要抓其质保体系建设，发挥质保体系在质量管理上的作用，从思想上重视质量管理，在日常的管理中重点工作是质量巡查，质量跟踪，并结合施工的阶段，组织一些有针对性的质量管理活动，有效利用工程例会制度，讲问题、提问题、解决问题。现场管理中，强调服务意识，为乙方生产质量优质产品创造条件，供给技术支持、管理支持。产品的验收控制中，主要是要求施工方做到自检、互检和交接检，严格监理验收制度，确保按工序报验制度执行。总之，门面房工程的施工质量总体是好的，能较好地按规范施工，按规范验收，此刻门面房二期工程已经各级质量监督检验部门验收合格。

在安全与礼貌现场管理方面：本工程施工场地较小工作面较大，且在镇区主要交通要道占道施工，现场安全较难管理，工程项目部结合实际情景，和施工、监理研究，实时调整现场临时设施，根据本工程安全礼貌项目管理目标，督促施工单位在施工过程中贯彻执行国务院及各部门颁发的安全规程、生产条例和规定；为了提升工地形象和安全礼貌施工，科学安排、合理调配使用施工场地，并使之与各种环境坚持协调关系，要求施工单位按安全礼貌标化工地标准进行施工；督促监理工程师做好安全控制，目的是保证项目施工中没有危险、不出事故、不造成人身伤亡和财产损失；督促监理工程师和承包商按照有关法规要求，使施工现场和临时用地范围内秩序井然，礼貌安全，环境得到保护，交通畅达，防火设施完备，居民不受干扰，场容和环境卫生均贴合要求。

（二）销售工作

总体销售状况：门面房一二期工程应销售总额为12348万元，现已销售9147万元，资金已回笼8006万元，未销售部分3201万元，另外尚有1140万元已销售资金没有回笼。

项目开发的最重要一环是销售，开发成功与否，主要看销售情景，所以公司采取了多种销售策略，多方开源，经过多种渠道，联系多层次客户。公司在上半年主要是对一期工程交户后的客户进行催款，落实二期门面房开发资金，对资金困难的客户，进取联系银行，动员客户及时按揭贷款，以加快公司资金回笼；在二期工程开发建设过程中，对直接分包的分项工程，优先研究购置门面房的施工单位，以房款抵工程款，以减小工程建设的支付压力，如玻璃门工程和室外亮化工程；另外，动员地方一些有实力的个体老板购置门面房，以及一些有意投资商铺的外地老板购买，动员本项目的施工承包人购买本工程的一处较大的商铺，用于抵扣工程款；当然，还用了其他销售手段，比如充分利用户外广告宣传，采用涨价手段，动员公司员工亲朋来购买等。

二、2020年工作计划

2020年公司开发项目目前已有初步计划，主要是将××路东侧地段进行门面房开发，总开发面积约7000平方米，本段开发门面房工程，主要是为了提升××市总体形象改善政府大楼周边环境而建，其经济效益并不高，本工程拟于2019年上半年开工建设，并于2019年5月之前完成各项建设前期准备工作和各项报批手续，并拟定于2019年年底前建设完成，并完成销售50%。

××大楼的开发建设，开发面积约14000平方米，该大楼为××大楼，由××投资，我公司开发建设，并最终销售给××，该工程开发时间已初步确定，但最终开发时间尚需由国土局确定；镇卫生院门前门面房开发，开发面积约3500平方米，该处门面房属于原门面房二期工程，各项手续齐全，有现成的施工图纸，在协调好外部关系和补办一些手续后可直接施工建设，该处一旦确定开发，能够在5个月内竣工，且能够很快完成销售。

进一步对门面房一二期工程剩余门面房进行销售，确保后期开发项目有充足的流动资金。

三、2020年工作思路

总结门面房一二期工程的开发建设，存在四个方面的问题：一是门面房总体开发利润并不算高。二是销售不力，目前门面房销售相对滞销。三是工程建设扫尾工作缓慢，往往无法及时交户。四是现有管理理念相对落后，开拓进取精神不够。针对以上问题，我们总结出如下工作思路：

一是针对开发利润不高的问题，诚然有一个社会效益的方面，开发的初衷是为了城市形象的提高，也包含了××路改造的投资，但其中实际上仍有利润上的开发潜力，比如，在开发规划的初期，没有对房地产开发做全面的调查和研究，没有对投资效益做全面的论证，对其中的部分费用没有充分研究，以致于在开发过程中产生了许多意想不到的开支，如消防和供电工程等；还有在工程建设的管理上也存在一些问题，没有充分协调质量、进度和成本之间的关系，致使了工程建设成本有所提高；另外，在研究销售价格时，没有制定严谨科学的销售策略也对整体的利润有一定的影响；当然还有一些其他方面。总而言之，开发利润不高的问题不是某一方面或其中几个方面造成的，涉及一个系统的成本管理，而系统的成本管理也就是科学的成本管理，是需要在实际工作当中积累经验并不断完善的，同时更需要学习，学习系统的理论和科学的管理方法。我们要在今后的工作中，结合房地产业的实际情景，制定严谨科学的成本管理体制；要从源头抓起，从决策规划和初步设计到施工图设计，到工程施工完毕和最终的竣工决算，甚至能够延伸到项目的寿命周期，都要有详细的成本计划；要加强学习，学习先进的成本管理理念，学习大房地产公司的成本管理经验，努力将房地产开发的经济效益和社会效益最大化。

二是针对目前门面房相对滞销的问题,尽管目前剩余商铺量并不大,但由于总体利润不高,如不将剩余商铺尽快销售出去,就会导致公司周转资金量不足,这对房地产公司来说是十分严重的问题,必须要加以解决。而从市场因素看,××地仍有市场空间可供开发,而放眼整个××地区以及××省乃至全国,市场空间更大,这就需要我们在市场上做好调研,进一步开拓市场,而不能坐等;另外在销售策略上也有文章可做,我们在之前的销售策略上相比较较呆板和保守,需要在销售策略上进一步解放思想。我们将在以后的工作当中进一步拓展思路,在市场开发方面,不能只局限于永安洲,而更应当放眼更大的市场空间,要做好宣传广告工作,能够先在××区域内做好宣传,充分利用传媒力量,在××区域内做广告宣传,吸引有购买力的业主来××地投资,即使没有投资购买,那也是对××地区的一种宣传,对今后的开发也有长远意义;在销售策略上,要起到刺激市场的效果,针对目前门面房的销售现状,我们应在原有销售价格的基础上适当上调销售单价,这样对那些已购买商铺的业主是一种安慰,让他们感受到房屋升值的梦想结果,同时他们也会对我们开发建设的门面房做一些间接的宣传,而对那些持币观望的业主却是一种强烈刺激,会促使他们果断购买;另外在今后的开发规划上要做足文章,要确定所开发的项目有充分的市场,所建房型要能最大限度地满足用户的切实需要,同时还要研究不一样层次的购买力人群,侧重于中低收入人群的需求。

三是针对目前门面房工程扫尾进度不快的问题,总结的关键原因是没有科学合理的进度计划和详细的规划设计,另外在择优选择施工队和合同管理方面也存在一些问题。我们在以后工作中,要抓好各项配套工程的施工,制订详细的工作计划;抓好工程质量,完善各项竣工验收资料,做好工程竣工验收准备工作;在以后的项目招标中,要选择有实力、有信誉的施工单位。

四是关于现有管理理念落后和开拓进取精神不够的问题,我们认为解决问题的关键是改革现有运行体制,要应对市场,采取纯公司化运作;制订公司长远发展规划,建立公司人才计划、投资计划、管理计划,并建立和完善相应的制度;要有将公司发展壮大,做大做强的观念,不可坐享其成;要加强学习,坚持走出去、引进来,要将先进的管理理念为我所用。

以上是我公司2019年度的工作总结及2020年工作计划和工作思路,我公司全体员工,将在到来的2020年的工作当中,放眼未来,着重眼前,各司其职,做好本职工作。

××房地产开发有限公司
××年×月×日

【例文评析】

本文从项目开发及建设工作和销售工作两方面进行2019年主要工作总结,从对开发利润不高、门面房相对滞销、门面房工程扫尾进度不快、现有管理理念落后和开拓进取精神不够四个问题的分析展开对2020年工作思路的阐述。文章利用对仗工整的标题的作用使读者明确总结内容。例文内容贴合实际。不足是缺少对工作中存在问题的分析，并提出改进计划，应适当补充。

【例文3】

××县城建开发有限公司2019年工作总结

今年，我公司在县委、县政府和建设局的正确领导和支持下，公司由原有的管理理念转变为"变则通，通则久"的管理方针，督促全体干部职工进一步解放思想，转变观念，以新的思路解决工作中遇到的新问题。公司全体干部职工团结一致，扎实苦干，在新的管理方针的指引下，进取向上，开拓进取，各项工作都取得了较好的成绩，圆满地完成了年初制定的各项工作目标。现将全年的工作情况总结如下：

一、2019年各项工作的完成情况

（一）经营指标完成情况

全年新开发建筑面积约1.5万平方米，其中商业街占7300平方米，竣工楼房3栋（33#、34#、35#），竣工面积9000平方米，完成建设投资约800万元，实现销售收入1062万元，销售面积9327平方米。续贷900万元，累计贷款约1100万元。减少应付工程款350万元。存货房屋总计约9300平方米，其中1～6区房屋面积为4734平方米，商业街房屋面积为4566平方米，存货约1117万元，应收款243万元。公司机关人员工资约40万元，银行利息约90万元，办公费30万元，招待费17万元，小区物业公司维修费21万元，总费用约每年200万元。本年度公司经营状况较往年有所好转，望全体职工继续努力工作，再接再励。

（二）小区建设情况

今年××小区新开住宅楼3栋，建筑面积1.5万平方米，收尾工程8000平方米。在工程建设中，一是抓工程质量，二是抓工程进度，三是抓安全礼貌施工。雅居园商业街建设项目，是我公司领导班子经过慎重、周密考察后决定建设的，位于××新老城结合部，××以东，与××步行街互应，建成后将成为××商业领域又一热卖点。规划楼层为二至三层的独立单体楼房，建筑面积1万平方米，建设投资约800万元，可根据用户需求在南侧自行按照统一规划建设，满足不同层次的消费者。现已全面竣工并能够使用。

（三）房屋销售经营情况

针对当前我县住房市场供大于求的实际情况，公司一是调整销售价格，尽最大限度降低售价；二是降低工程建设成本；三是应客户需求，能甩项甩项处理，由住户自行设计。同时，利用宣传单、宣传牌、电视台、报纸、网络等多种形式进行宣传，宣传小区优越的位置、良好的物业管理及优质的售后服务，提高了知名度和社会信誉。针对顶层楼房销售难的问题，公司经研究决定降低售价，优惠于内部职工，既解决了部分职工住房困难，又有利于资金的回收。全年销售房屋120套，销售面积9327平方米，销售收入1062万元，销售率85%。

(四)宣传措施转型情况

现今社会是网络信息迅速发展的科技时代,公司也充分的认识到了这点,所以进取开拓新思路。今年经过办公室人员的努力,初步架设完成了自我的网站系统,全面立体的展示公司各方面的发展和业绩,既节俭了宣传经费的重复投入,又扩大了公司的社会效益和影响力,对于公司发展信息的及时传递和网络信息的准确理解供给了便利。

(五)党务工作情况

在新的党支部的所有全体成员以及新一任的支部书记的努力下,建立健全了党内各项工作制度。年内发展预备党员2名,转正2名,新培养入党进取分子3名,党支部的各项工作逐步完善。

(六)物业管理情况

物业管理公司是一个自主经营自负盈亏的企业,但多年来一直没有摆脱围绕总公司吃饭的不利局面。去年总公司投入近30万元的维修费,今年公司又投入了20余万元的维修费,锅炉、管道年久失修,公司年年往里投钱,收取的费用不够开支,造成连年亏损,入不敷出。

今年,为使广大用户过一个温暖舒适的冬天,总公司今年9月下旬就对锅炉管道维修进行了部署,成立了专门领导班子,在人力、物力、财力上给予了物业公司最大限度的支持。并调整了领导班子,由公司副总××亲自抓,并印发了《致××小区用户一封信》,为使广大居民过一个温暖祥和的冬天,说明情况,让居民明白,因物价因素、煤炭价格上涨,今年的取暖费价格较往年有所提高,敬请广大用户予以理解和支持。物业公司是自负盈亏的企业,没有剩余的财力来照顾大家,在取消福利取暖的今日,只能取之于民,用之于民,完全是一种市场行为,所以期望各区居民要顾全大局,如果你居住的一家停暖,将给周围住户造成很大影响,使整体热源受到很大损失,也影响到采暖设施的热平衡。为了广大居民的利益和不影响物业公司的管理,欢迎您进取地参与采暖。

作为物业公司的主管单位——开发公司,在今后的冬季供暖工作中,将进一步深化企业改革,加强内部管理,积极消化和克服种种困难,搞好设备维修和基础设施建设,最大限度地满足广大居民的需求,为今后取暖做出更大的努力。

二、存在的问题

一是年开发总量少,建设规模小,不能适应新形势的需要;二是资金回笼慢,造成公司经营困难,难以开展大的经营活动;三是由于国家土地政策至今仍在冻结,公司没有土地资源来发展业务;四是企业改革力度不够,真正构成激励机制的目标还没有实现;五是小区物业管理人员素质水平和业务技能不高,与居民之间存在这样那样的矛盾,经营状况不佳;六是各分公司的开拓市场意识还不强,围着公司转的经营模式仍没有改观;七是各项工作制度不健全,管理水平不高;八是员工的思想还不够解放,始终未能真正认识到"变则通,通则久"的管理方针的可行性和持续性,思想观念保守。

三、明年工作计划和发展战略目标

（一）解放思想，转变观念，认清形势

定位好职工的公司形象位置。首先给予全体干部职工一个称号"公司形象代言人"，职工个人在公司外面的言行代表着本公司全体，直接影响着公司的形象和声誉。所以应从长远利益和整体利益出发，采取多种方法树立公司的自豪感，产生公司的向心力，全体职工要自觉地维护公司的声誉和利益，让员工随时感觉到自我的一切行为都代表着公司，让员工们真正认识到公司主人翁的重要性所在，时刻以此来约束自我的行为，来到达改变思想的目的，正所谓"行为思动"就是这个道理。

认清企业的市场形势，把握好时机寻求发展。商场如战场，当今社会要想跟上时代的发展，要想有立足之地，要想在激烈的市场竞争中站稳脚步，就必须做到"知己知彼"，所以明年我公司要把市场形势和发展动态明朗化，经过网络信息的广泛搜集充分掌握好市场发展前景，并随时传递给每一位职工，让其真正改变思想观念，充分发挥好自我的职责和本事。

"没有了铁饭碗，擦好自我的吃饭碗。"大家要明白一个道理：我们搞的是开发公司，不是保险公司，铁饭碗哪里都没有了。要加强学习，提高认识，认清形式，要努力在建设上有创新。新一轮解放思想、加快发展的热潮正在全县迅速兴起。聚精会神搞建设，一心一意谋发展。务求做到发展要有新思路，改革要有新突破，开放要有新局面，工作要有新举措。要牢固树立市场观念和精品意识，对每一项建设项目做到精心策划，精心施工，不断提高城建项目的工程质量、功能质量和艺术水平。这也就是"擦好自我的吃饭碗"。

党的思想政治工作绝不是可有可无，无所作为，而是必不可少，大有作为的。应对新形势新情况，在思想政治工作和发扬优良传统的基础上，必须在资料、形式、方法、手段、机制等方面努力进行创新和改善，特别是要在增强时代感、加强针对性、实效性、主动性上下功夫。这要成为今后加强和改善思想政治工作的重点。

（二）公司的规划及战略目标

一是加大开发力度，制定长远规划。因国家土地政策从去年至今仍在冻结，使我们的计划不能实现，我们继续等待时机，一有时机，公司计划从××小区以南新征土地200亩，主要建设××小区二期工程。在××经××以南建一个起点高、规划好、功能全，无论是从整体配套，还是从安全礼貌，真正做到用我们的"诚心、真心、爱心和信心"，让购房者"买得放心，住得安心，感觉舒心，生活开心，对未来和城建开发事业充满信心"。计划绿化覆盖率45%以上，各项指标都到达国家标准，争创全国优秀小区。

规划方案设计新颖、布局合理、户型多样化，为了方便用户，根据各家庭条件的不一样和需要，用户也可按照小区规划标准自行建设，但不能影响整体布局，也可两家或四家一体，也可独家独院，只要不影响小区整体规划，公司可供给几套户型供用户选购，用户自行建设时，公司可供给水、电、暖大配套。计划用3—4年的时间开发建筑面积 8 万～10 万平方米。公司将大力倡导"科技、健康、人文"的二十一世纪科技住宅新概念，致力于建设"设计人性化、环境生态化、建设高档化、服务舒适化"的精品楼盘，打造城建开发品牌，为建设县城、美化县城、服务社会做出积极的贡献。

二是加快旧城改造建设，抢抓短、平、快项目。公司在制定长期规划的同时，还要制定一些短、平、快项目，那就是旧城改造项目，公司的领导班子要务时高效，选择有利地型抓住机遇，不能放过老城区的任何黄金地段，特别是沿街商业用房，要抢占先机，要看得准、建得快，只有这样公司才能迅速发展。

三是瞄准时机，全面迅速启动××新村的建设开发工作。公司开发的××新村项目坐落于××开发区南，××西，距××机场 8 公里，位于××县新城规划区中心街，居住最佳，两桥一路通车后，到××只需 20 分钟，到机场 10 分钟，是新城区唯一的黄金地段。××新村项目占地总面积为 132 亩，总建筑面积 5 万平方米，其中商务会所 7000 平方米。新村绿化率 45% 以上。××新村以联体、多体组合为主，多层、高层点缀，是现代生活居住的梦想场所（××新村规划设计方案、总平面图）（本书略）。

四是要有纵横发展的战略思路。解放思想、干事创业、加快发展，必须有敢想敢干、敢闯敢试的精神，有敢为人先的胆略，一个国家、一个地区、一个单位，要实现繁荣兴旺，就必须始终坚持开拓创新的精神，不要畏首畏尾，左顾右盼，要有发展的眼光，与时俱进。具体地说，公司要想在激烈市场竞争中站稳脚，必须要有纵横发展的战略思想，就是说××县城建开发有限公司要想得到长足发展，在保住××大本营的情况下，要横向东西、纵向南北，说得大一点就是加速企业融入全球经济一体化。我们无论能否成功，首先要敢想敢做，有新思想，才有新思路，如果连想都不敢想，怎样去做。所以我们一有机遇，排除一切干扰和困难，大胆地走出去。

五是建立健全各项规章管理制度。企业改制不是万能的，但根据公司的实际状况看，不规范完善各项制度也是不行的。天冷冷在风里，人穷穷在债里，公司乱乱在管理上，没有好的管理就没有好的效益。任何公司运行中，无论大小都必须有游戏规则，没有游戏规则就不能正常运行。所以需要规范完善各项管理制度。规则制定后，还要切实地执行。这又要求完善的管理活动，公司要求生存、求发展，无论是管理制度还是管理活力，都要严谨完备、精益求精。特别是在当今激烈的市场竞争中，企业要赢得竞争力，就必须具备科学有效的管理，高速度发展的社会，要求企业必须高效运转，所以对于任何一家公司而言，首先一条是做到各部门之间权、责分明，不能相互重叠，更不能互相推诿，否则就会导致效率低下。现代公司的组织分工管理制度，是防止互相扯皮，提高工作效率的唯一正确手段，为此公司要制定切实可行的、全面的、相应的各项管理制度。

六是对各分公司实施全面内部完善和改革。由于各分公司经营状况不容乐观，近年来各分公司始终没有摆脱围绕前总公司要活吃饭的不利局面，都有不同程度的亏损。为进一步深化企业内部改革，2018年1月1日前将各分公司从总公司都独立出去，让分公司自我发展，自负盈亏。使公司下属各单位能够发挥自身潜在的本事，找准一条自我发展的路子，只有这样才能摆脱旧的观念，真正地走出去。总公司腾出时间来，一心一意地搞好开发建设事业。

总之，在过去的一年里取得的成绩是鞭策我们奋进的准绳，过去一年里存在的问题是激励我们发展的动力。认清形势的严峻性，掌握好市场的发展趋势，才能使我们在竞争日益激烈的市场中立于不败之地。从目前的形势看，公司上下齐心协力，干劲十足，职工的精神面貌焕然一新，对公司今后的发展都充满期望和信心，全体干部职工会始终坚持公司确定的"抓住开发主线、发展多种经营、加大改革力度、提高建筑质量、内部强化管理、外树良好形象"的工作思路，解放思想、与时俱进，努力拼搏，扎实工作，为打造城建开发品牌，为建设县城、美化县城、服务社会做出积极的贡献。

××县城建开发有限公司
××年×月×日

【例文评析】

例文从经营指标完成情况、小区建设情况、房屋销售经营情况、宣传措施转型情况、党务工作情况和物业管理情况六个方面进行2019年工作总结，全文结构完整，内容真实。同时文章行文流畅，逻辑缜密，标题简洁明了，格式相同，易懂。美中不足是关于工作中的不足以及未来工作规划的阐述较少，可适当补充。

参考文献

[1] 付传，林爽. 行政公文写作 [M]. 哈尔滨：黑龙江大学出版社，2017.

[2] 李永新. 笔杆子是怎样炼成的：公文写作实战 [M]. 北京：清华大学出版社，2021.

[3] 王凯. 公文写作研究 [M]. 哈尔滨：黑龙江人民出版社，2004.

[4] 唐伯学. 公文 [M]. 北京：教育科学出版社，1992.

[5] 孟延军，高云飞，吕向阳. 党政机关公文标准与格式应用指南：解读、案例、模板（第2版）[M]. 北京：人民邮电出版社，2021.

[6] 杨明生. 公文处理规范与实务 [M]. 北京：中国金融出版社，2003.

[7] 胡占国. 机关工作总结类文字材料写作要领与范本 [M]. 北京：海潮出版社，2015.

[8] 张佐邦，周婉华. 公文学 [M]. 北京：档案出版社，1997.

[9] 王铭. 公文选读 [M]. 沈阳：辽宁大学出版社，2000.

[10] 柯琳娟. 写总结就是这么简单：工作总结写作技巧与范例 [M]. 北京：人民邮电出版社，2009.

[11] 任承佑. 公文与公文写作 [M]. 重庆：西南师范大学出版社，1995.

[12] 岳海翔. 公文写作教程 [M]. 北京：高等教育出版社，2005.

[13] 张保忠，岳海翔. 公文写作规范指南 [M]. 广州：广东经济出版社，2006.

[14] 张保忠. 公文写作评改与答疑 [M]. 广州：广东经济出版社，2004.

[15] 姜媛，赵华. 工作总结写作：规范、技巧与最新例文 [M]. 北京：中国纺织出版社，2010.

[16] 苗发勇. 工作总结写作规范与范例 [M]. 南宁：广西人民出版社，2007.

[17] 夏欣. 计划、总结、述职报告就该这么写 [M]. 北京：中国纺织出版社，2018.